*Kunst-Reiseführer in der Reihe DuMont Dokumente*



*Zur schnellen Orientierung – die wichtigsten Kathedralen Englands auf einen Blick:*



In der vorderen Umschlagklappe: Karte von Großbritannien mit den behandelten Kathedralen

In der hinteren Umschlagklappe: Erläuterung architektonischer Begriffe

Werner Schäfke

# Englische Kathedralen

Eine Reise zu den Höhepunkten
englischer Architektur von 1066 bis heute

DuMont Buchverlag Köln

*Umschlagvorderseite:* Salisbury (Foto: ZEFA/Everts, Düsseldorf)
*Umschlagklappe vorn:* Winchester, Gewölbe (Foto: W. Neumeister, München)
*Umschlagrückseite:* Elgin (Foto: W. Schäfke, Köln)
*Frontispiz S. 2:* König Offa und sein Architekt besprechen Bauarbeiten (nach einer Miniatur des 14. Jh., London B. M. Cotton Nero D. I. Fol. 234)
*Motto auf der Umschlagklappe:* aus O. Lehmann-Brockhaus: Lateinische Schriftquellen zur Kunst in England, Wales und Schottland vom Jahre 901 bis zum Jahre 1307 (Nr. 822). 5 Bde.

CIP-Kurztitelaufnahme der Deutschen Bibliothek

**Schäfke, Werner:**
Englische Kathedralen : e. Reise zu d. Höhepunkten engl. Architektur von 1066 bis heute / Werner Schäfke. – Köln : DuMont, 1983.
(DuMont-Kunst-Reiseführer)
ISBN 3-7701-1313-6


Satz und Druck: Rasch, Bramsche
Buchbinderische Verarbeitung: Boss-Druck, Kleve

Printed in Germany ISBN 3-7701-1313-6

# Inhalt

*Meiner Frau*

# Vorwort

Die englischen Kathedralen des Mittelalters, erbaut in den Jahrhunderten zwischen Wilhelm dem Eroberer und Heinrich VIII., gehören zu den großartigsten Zeugnissen ihrer Epoche. Zugleich belegen sie beispielhaft, wie auch ihre modernen Nachfolger, die immer wieder eigenen Wege, die England in Architektur, Kultur und einer bewegten Geschichte gegangen ist.

Durch ihre Aufgabe, Sitz eines Bischofs, Zentrum einer Diözese zu sein, liegen sie weit über das Land verstreut. So empfiehlt sich weniger die Darstellung in Form einer Reiseroute, sondern vielmehr eine Zusammenstellung nach Gruppen, die aus der Fülle der Kathedralen diejenigen vorstellt, die man sich ansehen muß bzw. ansehen sollte. Die wichtigsten Bauten sind zwischen dem Jahre 1066, der Eroberung durch die Normannen, und dem Jahre 1534, dem Anfang vom Ende der katholischen Kirche des Mittelalters in England unter Heinrich VIII., entstanden. Ihnen, die heute Sitze anglikanischer Bischöfe sind, gilt die Hauptaufmerksamkeit. Hier haben sich während fast eines halben Jahrtausends faszinierende Entwicklungen der Architektur Europas manifestiert. Dabei stehen die Bauwerke, in denen diese Entwicklung begonnen oder zu besonderer Vollkommenheit geführt wurde, im Vordergrund.

Nach dem Neubau von St. Paul's in London um 1700, der ersten Kathedrale nach fast zweihundert Jahren Pause, werden erst im 19. und 20. Jahrhundert wieder Kathedralen gebaut. Ein typisch englisches Gegeneinander und Miteinander von Tradition und moderner Architektur wird dabei sichtbar, das man sich nicht entgehen lassen sollte. Und schließlich gibt es für Unersättliche noch eine Fülle weiterer Kathedralen, mittelalterliche und moderne, besonders wenn man über die Grenzen des eigentlichen England nach Wales und Schottland ausgreift.

Danken möchte ich an dieser Stelle all denen, die mich auf den Reisen zu den Kathedralen begleitet haben: Man sieht genauer hin, wenn man Rechenschaft darüber ablegen muß, was zu sehen ist. Danken möchte ich auch den Bibliothekaren und Bibliotheken für ihre unermüdliche Hilfe im Beschaffen der Literatur, auch wenn ich mit Vergnügen darauf verzichte, jeden Satz mit Anmerkungen zu versehen. Gedankt sei auch allen, die in England meine Neugier mit Haltung ertragen haben, ebenso Frau Ingeborg-Maria Mauz für ihre Hilfe, den Text lesbarer zu machen, und dem Verlag und seinen Mitarbeitern, ohne die das Buch nicht in der vorliegenden Form zustandegekommen wäre. Meine Frau hat die Arbeiten am Buch lange Zeit mit Geduld und Verständnis begleitet. Ihr möchte ich es widmen.

# Die große Zeit der Kathedralen

## Von Wilhelm dem Eroberer zu Heinrich VIII.

Mit der Regierung Heinrichs VIII. hört abrupt die Bautätigkeit an den großen englischen Kathedralen auf. Man hat kaum Geld zum Bauen und danach in den wachsenden Wirren der Reformation und den Auseinandersetzungen mit den Puritanern andere Sorgen und oft auch andere Vorstellungen von den Aufgaben der Kirche. Damit ist ein Kapitel englischer Architekturgeschichte beendet, das mit der Eroberung Englands in der Schlacht bei Hastings am 14. Oktober 1066 durch Wilhelm, den Herzog der Normandie, begonnen hatte. Nannte man ihn bis dahin wegen seiner außerehelichen Geburt – was man noch nicht als Hinderungsgrund für Herrschaft betrachtete – den Bastard, so kennt ihn die Geschichtsschreibung nun als den Eroberer. Er verteilt das Land unter seine Anhänger und die Bischofssitze an die Geistlichen seiner Umgebung. Die einen überziehen das Land unter strenger königlicher Aufsicht mit Burgen, die anderen errichten Kathedralen. Damit beginnt unsere Epoche englischer Architekturgeschichte. Ein knappes halbes Jahrtausend, das halbe Mittelalter, aus dem ein paar Ereignisse und Entwicklungen herausgehoben werden sollen, die das Verständnis der Architekturgeschichte erleichtern.

Die besiegten Angelsachsen hatten zuvor schon unter den Plünderungszügen der skandinavischen Wikinger gelitten, um schließlich unter Knut dem Großen (1016–35) und seinen Söhnen sogar von einer dänischen Dynastie beherrscht zu werden. Aber darüber beklagt man sich heute in England kaum noch. Waren doch die Angelsachsen als Angeln, Jüten und Sachsen selbst Mitte des 5. Jahrhunderts aus fast den gleichen Gegenden als Eroberer nach England gekommen und hatten die christianisierten Briten besiegt. Auch der Sieg des britischen Feldherrn Artur, der in der Sage dann zum legendären König Artus wird, konnte das nicht verhindern.

An die normannische Herrschaft konnte man sich dagegen nur schwer gewöhnen. Die angelsächsische Chronik ist voller Klagen. Das ist verständlich, denn Wilhelm der Eroberer errichtete ein Kolonialreich. Am Tage der Landung auf englischem Boden läßt er aus mitgebrachten Fertigbauteilen ein erstes hölzernes Kastell, einen Donjon, errichten. Der Teppich von Bayeux zeigt es stolz vor. Zahlreiche weitere Forts dieser Art folgen, und dazu wissen wir von einunddreißig Bauten in Stein. Als 1086, ein Jahr vor dem Tode des Eroberers, im Domesday Book alles Land mit Wert, Bevölkerung und Grundsteuerlast erfaßt wird, sind es bereits fünfzig Festungen in Stein. So schnell wie möglich werden auch die anderen Kontrollposten der königlichen Herrschaft durch Steinbauten ersetzt. Das ist das größte Bauunternehmen in England seit römischer Zeit und wird auch von den Kathedralen und Abteien nicht übertroffen. Und bei diesen geschieht einiges.

Schon im Jahre 1070 beginnt Erzbischof Lanfrank in Canterbury zu bauen, wo zugleich auch die Abtei St. Augustinus eine neue Kirche erhält. Im selben Jahre beginnen Bauarbeiten in Bury, 1072 in Lincoln, 1076 in Old Sarum, dem Vorgänger von Salisbury, 1077 in Rochester und in St. Albans, 1079 in Winchester, 1084 in Worcester und kurz nach dem Tode des Eroberers im Jahre 1087 auch in Gloucester, 1090 in Norwich und Ely und endlich 1093 in Durham.

Diese Unternehmungen zeugen von den revolutionären Umwälzungen, die die Eroberung mit sich brachte. Etwa 90% des Grundbesitzes wechseln in weniger als einer Generation den Besitzer. Schritt für Schritt wird fast alles in den Händen von etwa dreihundert geistlichen und weltlichen Herren zusammengefaßt. Das bringt gute Einkommen, und, damit man seine weltliche Herrschaft sichert oder – bei den geistlichen Herren – sich damit brüsten kann, eine große Bereitschaft zu bauen. Stärker als bisher gewohnt ist auch der Druck der neuen Herren, Arbeit und Geld aus ihrem neugewonnenen Besitz, aus Land und Leuten zu pressen. Das normannische Joch lastet schwer.

Die Normannen waren Fremde, bis ins 14. Jahrhundert spricht der Adel, spricht man am Hof französisch und schreibt lateinisch. Erst 1362 macht ein Parlamentsbeschluß das Englische zur Gerichtssprache, da das Französische zu wenig bekannt sei, aber das Parlament selbst wartet mit der entsprechenden Änderung noch zwei Generationen. Der Beginn der englischen Literatur ist mit William Langlands Buch ›Piers the Plowmann‹ von 1362 anzusetzen, und am Ende des 14. Jahrhunderts entstehen bereits die berühmten ›Canterbury Tales‹ des Höflings Geoffrey Chaucer. Bis dahin war man auch in diesem Bereich noch an Frankreich angeschlossen oder mußte auf lateinische Texte zurückgreifen.

Ein ›englisches‹ Selbstbewußtsein der Oberschicht entwickelt sich nur langsam. Erst im Hundertjährigen Krieg um die Herrschaft in Frankreich blüht es auf. Diese Auseinandersetzungen zwischen 1339 und 1453 sind dabei nur der Abschluß einer älteren Entwicklung. Schließlich war Wilhelm der Eroberer, König von England, als Herzog der Normandie lehnspflichtiger Vasall des französischen Königs. Mit dem Erstarken der Dynastie der Plantagenets, besonders unter Henry II. (1154–89), dem bedeutendsten König des englischen Mittelalters, wird die Situation für den französischen König noch bedrohlicher. Durch seinen Vater, den Grafen von Anjou, erwirbt Henry II. diese Grafschaft und die Maine und Touraine noch dazu. Durch seine Heirat im Jahre 1152 mit der geschiedenen Gemahlin des französischen Königs Louis VII., Eleanor von Aquitanien, beherrscht er nun mehr als die Hälfte Frankreichs. Insgesamt ein Reich, das sich von den Pyrenäen bis nach Schottland erstreckt.

Aber schon unter den Söhnen Henrys II., Richard Löwenherz (1189–99) und Johann Ohneland (1199–1216), beginnt das Reich zu zerfallen. Bereits 1204 nimmt der französische König Philipp II. August die Normandie wieder in Besitz. Auch die Auseinandersetzungen um Thomas Becket, den 1170 ermordeten Erzbischof von Canterbury, und die Magna

Charta libertatum des Jahres 1215 schwächen die Stellung des Herrschers. Papst Innozenz III. war es dazu 1207 gelungen, König Johann zu seinem Vasallen zu machen, der England als Lehen aus der Hand seines Legaten entgegennimmt. Die englische Kirche wird nun kräftig besteuert, und zahlreiche ›Ausländer‹ erhalten einträgliche Pfründen an englischen Kirchen und Kathedralen. Das war die übliche Art, Günstlinge und Verwaltungspersonal mit regelmäßigem Einkommen zu versehen. Heute noch wird der englische Angestellte als ›clerk‹ bezeichnet, abgeleitet vom clericus, dem Geistlichen, der für diese Aufgaben bis ins 16. Jahrhundert und danach eingesetzt wurde.

Geistlichkeit und Adel, besonders die großen Barone, sind es auch, die dem König die Magna Charta abzwingen. Aus diesen Gruppen, zu denen dann noch zwei Bürger jeder Stadt hinzutreten, entwickelt sich seit der Zeit Henrys III. (1216–72) das Parlament. Steuern und bald auch Zölle können nur mit seiner Zustimmung erhoben werden: »no taxation without representation«.

Im 14. Jahrhundert entwickelt sich die Trennung in Oberhaus und Unterhaus. Der hohe Adel mit den Bischöfen und einer Anzahl Äbte bildet das Oberhaus, der Landadel und die Bürger das Unterhaus, die Commons. Aber auch wenn die Petitionen des Unterhauses, nach der Zustimmung des Königs, Gesetz werden, so behält doch der hohe Adel seinen bestimmenden Einfluß auch im Unterhaus; er sorgt dafür, daß die richtigen Leute hineinkommen.

Darin zeichnen sich schon die blutigen Auseinandersetzungen verschiedener Adelsfraktionen ab, die ihren Höhepunkt in den ›Rosenkriegen‹ erreichen. Sie prägen von 1455 bis 1485 die zweite Hälfte des 15. Jahrhunderts. Die rote Rose ist das Zeichen des Hauses Lancaster, das von 1399 bis 1461 den englischen Thron beansprucht, während es von 1461 bis 1485 dem Hause York, mit der weißen Rose, gelingt, den Thron zu besetzen. Die beiden Nebenlinien des Hauses Plantagenet und der hohe Adel, der sich an sie bindet, vernichten sich im Laufe dieser Auseinandersetzungen fast völlig.

Erst mit Heinrich Tudor, der 1485 Elizabeth von York heiratet, und seinem Sieg in der Schlacht bei Bosworth beginnt mit der Dynastie der Tudors, die beide Ansprüche auf den Thron vereint, eine neue feste Herrschaft. Aus diesen Nöten der Rosenkriege heraus wird dann auch die Scheidungslust Heinrichs VIII. verständlich, der endlich einen Erben wünscht.

Trotz all dieser außen- und innenpolitischen Nöte gelingt es schon Ende des 13. Jahrhunderts unter Edward I. (1272–1307) Wales zu erobern, und sein Sohn, der zukünftige Edward II. (1307–27) wird zum ersten Prinzen von Wales. Ein Titel, den englische Thronfolger noch heute führen. Die Eroberung Irlands jedoch bleibt eine halbe Sache, und die Versuche zur Eroberung Schottlands scheitern kläglich. Das große Einigungsunternehmen gelingt erst 1603, als mit Jakob I., dem Sohn Maria Stuarts, der schon König von Schottland war, alle drei Kronen vereinigt wurden: England, Schottland und Irland, das gerade zwei Jahre zuvor, 1601, noch unter Elizabeth I. unterworfen worden war.

Aber das bedeutet keinen Frieden. Ganz im Gegenteil; denn nun folgt die Zeit des Bürgerkrieges, 1642–46, in dem so manche Kathedrale verwüstet und ihres letzten Glanzes beraubt wird. Schließlich siegen die Puritaner mit Oliver Cromwell an der Spitze. 1649 wird

König James I. enthauptet, und man versucht, einen puritanischen Staat zu schaffen. Aber kurz nach dem Tode Oliver Cromwells 1660 dankt auch sein Sohn Richard ab. Nun besteigt der Sohn des hingerichteten Königs als Charles II. den Thron. Die Staatskirche wird erneuert, und Bischöfe ziehen wieder in die Kathedralen ein. Die ständig von Plünderungen und Abbruch bedrohten Kathedralen sind gerettet – und das ist ja der hier für uns entscheidende Aspekt der erbitterten Auseinandersetzungen.

Um die heutige Situation der Kathedralen zu verstehen, muß man noch einmal zu Heinrich VIII. zurückkehren. Auf ihn geht im wesentlichen ihre Vielzahl zurück. Erste große Veränderungen hatte es nach der Eroberung, nach dem Londoner Konzil des Jahres 1075 gegeben. Dort beschloß man, daß Kathedralen nicht in Dörfern, sondern in größeren, möglichst befestigten Städten liegen sollten. Mancher Bischofssitz wurde daraufhin verlegt. Grundlegende Änderungen ergeben sich dann erst wieder unter Heinrich VIII. Mit dem Act of Supremacy des Jahres 1534 wurde er zum Oberhaupt der englischen Kirche und diese zur Staatskirche. Die Grundlage für die sich entwickelnde Reformation war gelegt, die in den Auseinandersetzungen des Bürgerkrieges im 17. Jahrhundert gipfeln sollte.

Heinrich VIII. verordnete als erstes die Aufhebung der Klöster. Hier konnte er den seit langem schwelenden Unmut der Bevölkerung zu seinem eigenen finanziellen Vorteil nutzen. Waren die Klöster einst Zentren der geistigen und wirtschaftlichen Entwicklung gewesen, so hatten sie diese Vorrangstellung längst an die Städte verloren. Aber der Reichtum lockte immer noch die Neider. Die Aufhebung der Klöster traf auch die Kathedralen. Oft waren sie ja zugleich Klöster gewesen, was man auf dem Kontinent kaum kannte.

Schon die erneuerte Begeisterung für das mönchische Leben im 10. Jahrhundert hatte unter St. Ethelwold im Jahre 964 in Winchester und unter St. Oswald in Worcester zur Einrichtung klösterlichen, benediktinischen Lebens geführt. Bald folgten Sherborne, dessen Bischofssitz später über Old Sarum nach Salisbury verlegt wurde, und Canterbury diesem Vorbild. Lanfrank als erster von Wilhelm dem Eroberer eingesetzter Erzbischof von Canterbury verstärkte diese Bewegung noch. War er doch selbst zuvor Mönch und Abt im Kloster Le Bec und dann in Caen in der Normandie gewesen. Bald waren insgesamt neun der Kathedralen mit Mönchen besiedelt, fast die Hälfte aller englischen Kathedralen des Mittelalters: Bath, Canterbury, Carlisle, Durham, Ely, Norwich, Rochester, Winchester und Worcester. Nur Carlisle war mit Augustiner-Chorherren besetzt, alle anderen mit Benediktinern. Der Bischof war zugleich Abt, die eigentliche Leitung der Mönchsgemeinschaft übernahm der Prior.

Hier bewirkte die Reform der Kirche durch Heinrich VIII., wenn man nicht von Reformation sprechen will, entscheidende Änderungen. Die Mönche und der Prior an ihrer Spitze wurden in Pension geschickt – soweit sie nicht den neuen Spielregeln folgen wollten. Denn jetzt wurden weltliche Kapitel mit Kanonikern und einem Dean an der Spitze neben dem Bischof eingerichtet. Während der Umwandlung wurde verständlicherweise das Vermögen ein wenig gerupft, und bei der Besetzung von ›Planstellen‹ in diesen Kathedralen der ›New Foundation‹ behielt sich der Herrscher einen wesentlichen Einfluß vor. Das gilt übrigens für weite Teile der anglikanischen Staatskirche bis heute. Der jeweilige Premierminister entscheidet, wen der König oder die Königin z. B. zum Erzbischof von Canterbury ernennt.

Die Kathedralen der ›Old Foundation‹ sind demgegenüber selbständiger in ihren Wahlentscheidungen. Das sind die Kathedralen, die, wie auch auf dem Kontinent üblich mit der einen normannischen Ausnahme der Klosterkathedrale von Monreale in Sizilien, Weltgeistliche als Kanoniker und Dekan oder Probst hatten: Chichester, Exeter, Hereford, Lichfield, Lincoln, London (St. Paul's), Salisbury, Wells und York. Für sie hatte sich in Salisbury eine Verfassung herausgebildet, die als modellhaft galt. Vier Ämter standen an der Spitze des eigentlich gleichberechtigten Kollegiums der Kanoniker: Der Dean als ›Aufsichtsratsvorsitzender‹, an zweiter Stelle der Procantor als Leiter des Chorgesanges. Er ist Hauptverpflichtung und Daseinsaufgabe des Kapitels. Dann der Schatzmeister, welcher Geräte, Gewänder und Gelder verwaltete, und schließlich ein Kanzler für die allgemeine Verwaltung. Man tagt im Kapitelhaus, das ja gerade bei den weltlichen Kathedralen seine glanzvollste architektonische Lösung gefunden hat.

Im Chor wird das Gremium der Kanoniker durch Chorvikare ergänzt. Das sind junge Nachwuchsgeistliche, welche die Kanoniker, die oft im Dienst z. B. des Königs mit anderen Aufgaben beschäftigt waren, gegen bescheidene Bezahlung im Chorgesang vertraten. Der ›Vicars Close‹ in Wells ist das schönste Beispiel dafür, wie man im späten Mittelalter diese Herren individuell, aber gemeinschaftlich unterbrachte und versorgte. Zusätzlichen Verdienst erwarben sich manche von ihnen mit dem Lesen der Messen in den Gedächtnis- und Grabkapellen.

Die vielfältigen Aktivitäten Heinrichs VIII. für die englischen Kathedralen sind damit noch nicht abgeschlossen. Er hat ihre Zahl ebenso vermehrt wie er ihre Einkünfte verminderte. Er schuf, nachdem auch die großen Klöster aufgehoben worden waren, eine Reihe neuer Bischofssitze und verwandelte dabei ehemalige Klosterkirchen in Kathedralen, die nun zum Typ der ›New Foundation‹ gerechnet werden: Bristol, Chester, Gloucester, Oxford und Peterborough. Bis auf Bristol und Oxford, die mit Augustiner-Chorherren besetzt waren, handelt es sich um ehemalige Benediktinerklöster. Auch Westminster Abbey ist bei dieser Aktion für ein Jahrzehnt Kathedrale geworden, war aber dann der Konkurrenz von St. Paul's auf diesem Gebiet nicht gewachsen.

Heinrich VIII. hat gut gewählt. Einige der wichtigsten Bauten der englischen Architekturgeschichte des Mittelalters sind so zu Kathedralen geworden. Daher bietet nun ein Rundgang durch die Kathedralen Englands auch fast alle Höhepunkte, die die mittelalterliche Architektur der Insel zu bieten hat. Weniges fehlt daher in unserem Überblick, wie die großen Zisterzienserabteien Fountains und Rievaulx oder Beverley Minster.

Einige der Unterlassungen Heinrichs VIII. auf diesem Gebiet sind noch im 19. Jahrhundert korrigiert worden, als Ripon, St. Albans und Southwell zu Bischofssitzen wurden. Und weitere interessante mittelalterliche und moderne Bauten kommen hinzu, als durch die Industrialisierung und das allgemeine Bevölkerungswachstum Änderungen und Neugründungen von Diözesen notwendig werden.

## Bauherren und Bauleute

Das Bauen von Kathedralen kostete immense Summen und dann meist noch mehr als veranschlagt. Schließlich sollte man nicht vergessen, daß die ungeheuren Kosten für den Bau von St. Peter in Rom zu einem der auslösenden Momente der Reformation geworden sind. Damit ist schon die ständige Sorge der Bauherren charakterisiert. Die Bischöfe und ihre Kapitel, Weltgeistliche oder Mönche, mit Dean oder Prior an der Spitze, beschäftigen sich regelmäßig mit diesen Kostenproblemen, und die für Westminster Abbey, York oder Exeter erhaltenen Abrechnungen über die Baukosten sind für uns eine ergiebige Quelle ersten Ranges. Man sieht dabei auch, daß der König nur in seltenen Fällen eingreift, um den Bau mit seinen Hilfsmitteln zu unterstützen. Nur bei Westminster Abbey besitzt er größeren Einfluß. Sonst verleiht er Marktrechte, die durch die einkommenden Abgaben vom Umsatz, nicht anders als heute die Mehrwertsteuer, eine gute Einnahmequelle bedeuten.

Auch Sachspenden kommen vor. So gibt König William Rufus Ende des 11. Jahrhunderts einen seiner Forste Bischof Walkelyn für den Bau der Kathedrale von Winchester zum Einschlag frei. Dessen Leute sollen vier Tage lang so viel schlagen können, wie sie schaffen. Als der König wenig später seinen Forst wieder zur Jagd besuchen will, findet er ihn nicht mehr vor. Walkelyn hatte ein ganzes Heer von Holzfällern aufgeboten und stellt nun, leicht beschämt, sein Amt zur Verfügung. William beläßt ihn darin, wird aber beim nächsten Mal sicher etwas vorsichtiger gewesen sein.

Selten hört man etwas darüber, warum gebaut wird. Viele Gründe sind ohnehin offensichtlich. Das Kapitel braucht einen Chor für regelmäßige Chorgebete, Altäre zum Lesen der Messen, zu denen die Mönche und Weltgeistlichen verpflichtet sind, und bei Hochfesten regengeschützten Raum für Prozessionen. Groß genug muß die Kathedrale auch sein, um einem möglichst großen Teil der Gläubigen der Diözese Gelegenheit zur Teilnahme an Hochfesten zu geben. Aber das ist wie heute bei großen Bauunternehmungen nur die Spitze des Eisbergs der Motive. Selten wird ein weiteres so deutlich ausgesprochen wie in Sevilla im Jahre 1401. Da wird der Baubeschluß vom Kapitel mit der Bemerkung begleitet, sie wollten eine Kirche von solcher Größe und Großartigkeit erbauen, daß die, die sie einst vollendet sehen, das Kapitel für (größen)wahnsinnig halten sollen.

Bei den frühen normannischen Kathedralen des späten 11. und beginnenden 12. Jahrhunderts hat man oft den Eindruck, daß z. B. im Schiff Joch an Joch gereiht wird, um eine noch längere Kirche zu bekommen. Das Renommierbedürfnis gilt auch für spätere Projekte, die Erneuerung der Chorräume, die immer nobler gestalteten Kapitelhäuser, die Sitzungssäle des Kathedralenaufsichtsrates oder die immer eleganteren Grabkapellen, die in die Räume der Kathedralen hineingestellt werden. Diese Art von Eitelkeit ist denen lästig, die sie finanzieren sollen. Aber ihren Nachkommen wird sie zum Genuß, denn wie langweilig bescheidenes funktionelles Bauen ist, darüber braucht kein Wort verloren zu werden.

Der Wille zu beeindrucken gilt auch noch ebenso entscheidend in anderer Hinsicht. Hier ist das Volk das Ziel. Denn die Kathedrale und davon abgeleitet mehr oder weniger jede Kirche ist nicht nur Bischofskirche, Chorraum des Kapitels und repräsentative Architektur,

*Mittelalterlicher Baubetrieb, 14. Jh. (englisches Altes Testament, Pierpoint Morgan Libr. Ms. G 638 f 3)*

sondern sie stellt dar, bietet ein Schauspiel, das wir heute nicht mehr auf den ersten Blick verstehen können.

Wir sind es ja nicht mehr gewöhnt, daß Architektur etwas bedeutet. Ganz im Gegenteil, die Funktion soll die Gestalt des Bauwerks bestimmen können. Für den Kirchenbau galt und gilt teils auch noch heute anderes: Das Kirchengebäude stellt das Himmlische Jerusalem dar, so wie man es sich in unterschiedlichen Jahrhunderten, der Beschreibung der Apokalypse des Johannes folgend, immer wieder neu vorgestellt hat. Er schildert eine vieltorige, vieltürmige Stadt, die sich am Ende der Zeiten im Licht von Edelsteinen strahlend auf eine neue Erde niedersenkt. Ein auf den ersten Blick fremdartiges Bild, da wir gewohnt sind, uns ›Himmel‹ volkstümlich als grenzenlose Bläue mit einigen Wolken als Sitzplätzen vorzustellen. Aber das gilt erst seit dem 16. Jahrhundert, bis dahin war ›Himmel‹ eine Stadt, Architektur.

Trotzdem blieben Vorstellung und Abbild im Bau der Kathedrale für den Beschauer etwas Erstaunliches. Ringsum kannte er kaum steinerne Bauten. Fachwerk prägte das Gesicht der Städte und Dörfer. In diese Umgebung hinein wird die Kathedrale gebaut. Da wirken selbst die relativ niedrig gehaltenen englischen Kathedralen hochaufragend. Und die farbige Fassung des Äußeren, von Architektur und Skulptur, mit Vergoldung und lebensnaher Farbgebung riß das Bildprogramm der Fassade, wie in Lincoln, Salisbury oder Wells, aus der steinernen Distanz. Man trat den Hierarchien des Himmels, dem Jüngsten Gericht mit den Auferstehenden und dem gestrengen Richter persönlich gegenüber; lebendigste Propaganda in einer Umwelt, die von Bildern und Informationen nicht so übersättigt ist wie die heutige.

Damit stößt man auf einen Aspekt beim Bau von Kathedralen, gültig auch für andere Kirchen, den man oft übersieht. Der ›steingewordene Glaube des Mittelalters‹ ist auch Zeuge der Notwendigkeit, die ›Gläubigen‹ zum Glauben zu bringen. Von Ketzern einmal abgesehen, die sich ja immerhin intensiv mit Glauben auseinandersetzen, werden die meisten Menschen des mittelalterlichen Jahrtausends keine glühenden Mystiker gewesen sein. Sie hatten andere, alltägliche Sorgen, nicht anders als heute. Und so sind diese gewaltigen Bauten zugleich ein Versuch, Glauben zu verkünden und zu verbreiten.

Und das war notwendig. Abgesehen von den in ganz Europa verbreiteten Bewegungen der Katharer des späten 12. und frühen 13. Jahrhunderts, die auch in England auftreten, macht sich dies besonders im 14. Jahrhundert schlagartig bemerkbar. John Wyclif, Professor in Oxford, übersetzt erstmals die Bibel vollständig ins Englische, bekämpft die weltliche Herrschaft der Kirche, leugnet die Transsubstantiation im Abendmahl, ist gegen Papst und Klöster, Heiligenverehrung und Beichte. Ein bereits protestantisches Programm, das 1382 dazu führt, daß eine Reihe seiner Lehrsätze als ketzerisch verurteilt werden.

Dabei haben die Ereignisse des Jahres zuvor, der große Bauernaufstand des Jahres 1381, sicher mitgewirkt, auch wenn Wyclif den Aufruhr nicht unterstützte. Geführt von Wat Tyler und John Ball, der mit wenig Erfolg die Abschaffung aller sozialen und wirtschaftlichen Unterschiede fordert, öffnet sich den Bauernscharen sogar London. Königliche Räte, darunter der Kanzler und Erzbischof von Canterbury, Simon Sudbury, fallen ihnen zum Opfer, werden im Tower geköpft. Ein blutiges Strafgericht des Königs folgt, und die soziale und religiöse Unruhe bricht sich erst ein gutes Jahrhundert später wieder Bahn. Vor dem Hintergrund dieser sozialen Spannungen und religiösen Auseinandersetzungen erhalten die Bauten, die man so gerne bewundert, ein anderes Gesicht. Sie sind nicht Relikte einer noch heilen Welt, sondern Versuche, die Zerrissenheit der mittelalterlichen Welt zu heilen, den Weg zum Heil für alle zu weisen.

Die herrliche Lage inmitten grünen Rasens, des klassischen englischen Rasens, die man als Tourist und Fotograf so sehr zu schätzen weiß, ist noch ein zusätzlicher Beleg der Sonderstellung der Kirche. ›The Close‹ war der abgeschlossene, ummauerte, nur durch wenige verschließbare Tore zugängliche Immunitätsbezirk. Hier waren Bischof und Kapitel oder Abt und Mönche Herr auf eigenem Grund und Boden. Auch der Einfluß weltlicher Gerichtsbarkeit endete erst einmal vor diesen Toren, hinter denen oft noch heute Dean und Mitglieder des Kapitels und oft auch der Organist und andere Bedienstete der Kirche ideale Wohnlagen im Zentrum der Städte genießen.

Verbrecher jeder Art konnten in der Kirche Asyl suchen. Das galt auch für Pfarrkirchen. Manchmal hielten sie es jahrelang aus, aber meist hatten sie nur begrenzt Zuflucht. Bereits Verurteilte hatten normalerweise vierzig Tage Zeit, entweder ihre Strafe zu erleiden oder das Königreich für immer zu verlassen. Wer sich als Verdächtiger in den Kirchenraum flüchtete, dem wurde nach Abschluß des Prozesses die gleiche Wahl gestellt. Ähnliches Asylrecht gab es zwar auch auf dem Kontinent, aber nicht so ausgeprägt wie in England. Manche

Kathedralen wie Durham, Norwich oder Ripon besaßen ausgedehntere Asylrechte, die auf königliche Privilegien zurückgingen. Eine Sonderstellung, die von der Bevölkerung als angenehm empfunden wurde, als das öffentliche Rechtswesen noch wenig entwickelt war, die aber als störend gewertet wird, als sich im hohen Mittelalter das Gewohnheitsrecht des Common Law entwickelt, aufgebaut auf der Fülle verzeichneter und überlieferter Gerichtsfälle.

So spiegelt die Kathedrale die unterschiedlichsten Aspekte ihres Zeitalters. Der Spiegel mußte aber erst einmal bezahlt werden, und er war, wie gesagt, sehr teuer. Der Neubau der Kathedrale von Salisbury, im wesentlichen im 13. Jahrhundert durchgeführt, hat etwa 40000 Mark Silber gekostet, das sind etwa 10000 Kilo Silber bei einer einst erheblich höheren Kaufkraft dieses heute fast billigen Edelmetalls. Diese ungeheuren Summen, ungeheuer in einer Welt, deren Lebensstandard etwa dem unserer heutigen ›Dritten Welt‹ vergleichbar ist, kommen auf unterschiedliche Weise zusammen. Das Kapitel, Mönche oder Weltgeistliche, stellt einen Teil seiner Einkünfte zur Verfügung. Aber meist gibt ein Bischof oder ein Abt aus reichen persönlichen Einkünften den finanziellen Startschuß und hinterläßt auch in seinem Testament Mittel für die Fortführung der Bauarbeiten. Weltliche Stifter treten hinzu. Der König kann das sein, aber auch die hohen und niedrigen Adligen der Umgebung, die Bürger selten einzeln, eher einmal als Bruderschaft, die dann ein Fenster stiftet wie das der Glockengießer in York.

Seit der Mitte des 13. Jahrhunderts macht sich das auch in der Architektur bemerkbar. Der stiftende Adel wird mit seinem Wappen auf Schlußsteinen oder an ähnlich dekorativen Stellen verewigt, und jedem Besucher wird gezeigt, daß man sich diese Ehre etwas hat kosten lassen. Andere Einkünfte fließen weniger freiwillig. Oft läßt man Pfarren oder auch Sitze des Kapitels für eine befristete Zeit, meist ein Jahr, unbesetzt, um die Einkünfte in die Baukasse abzuführen. Manches Mal werden auch bei der jährlichen Beichte zu Ostern auf bischöflichen Befehl die Bußen als Geldstrafen zugunsten der Baukasse ausgesprochen. Empörte Klagen darüber sind erhalten geblieben. Und eine der wichtigsten Quellen schließlich sind die freiwilligen Spenden der Bevölkerung. Teils gehen Geistliche der Kathedrale auf Predigt- und Bettelreisen, manches Mal werden Reliquien mitgeführt. Und umgekehrt spürt man in vielen Bauabschnitten der Kathedralen das plötzliche Anschwellen von Pilgerströmen, die mit ihren Spenden am Altar des verehrten Heiligen die Bauherren auf Baugedanken brachten. So reicht die Spannweite der Finanzierungsmöglichkeiten von der für das Seelenheil wichtigen erkauften Eintragung in die Gebetsbruderschaft des Kapitels über Spenden breiter Bevölkerungskreise bis zum sehr persönlichen Denkmal, das eine Bauleistung werden kann.

In Canterbury hat sich Prior Oxenden ein solches Denkmal mit einem eleganten Fenster des Decorated in der Südseite der Kapelle des Heiligen Anselm im Jahre 1336 gesetzt (Abb. 3). Die Abrechnung ist erhalten geblieben:

| | | |
|---|---|---|
| Für die Arbeit der Steinmetzen | £ | 21 17s 9d |
| Für das Abbrechen der alten Wand | | 16s 9d |
| Für Mörtel | £ | 1 0s 0d |

| | | |
|---|---|---|
| Für Eisen | £ | 4 4s 4d |
| Für Stein von Caen | £ | 5 0s 0d |
| Für die Arbeit der Schmiede | £ | 3 5s 4d |
| Für Glas und die Arbeit des Glasers | £ | 6 13s 4d |

Von der Gesamtsumme von 42 Pfund, 17 Shilling und 2 Pence wurden vier Fünftel von Prior Oxenden gestiftet, und so trägt das Fenster noch heute seinen Namen.

Die kleine Baurechnung läßt zugleich einen Einblick in den mittelalterlichen Baubetrieb zu. Ein wenig mehr als die Hälfte der Kosten besteht aus dem Lohn für die Steinmetzarbeiten, die natürlich für ein arbeitsintensives Fenster besonders aufwendig sind. Auch ist nicht erwähnt, ob in diesen Kosten auch der Entwurf des Maßwerks und das Anfertigen der Schablonen für die Steinmetzarbeiten durch den Architekten enthalten sind. Dabei ist das eigentlich die erste Frage, die beim Anblick dieser Bauten auftritt.

Man weiß relativ viel über die Architekten des englischen Mittelalters. John Harvey hat ein ganzes Lexikon zusammengestellt. Aber man weiß trotzdem zu wenig. So reicht z. B. das Material für Henry Yevele, den John Harvey gerne als den größten Architekten des späten Mittelalters gesehen hätte, nicht aus. Es scheint, daß er mehr Organisator von Bauunternehmen, Lieferant für Material und großartiger Verwalter als Architekt war. David Maclees hat mit Recht Zweifel an seiner Rolle als Architekt vorgebracht. Die verschiedenen Baurechnungen, die mehr oder weniger bruchstückhaft für York, Exeter, Canterbury, Lincoln oder Westminster Abbey erhalten sind – und das ist erheblich mehr, als auf dem Kontinent zu finden ist –, geben nur einen unvollkommenen Einblick in die Bauplanung.

Sie enthalten die Abrechnung des custos operis, meist eines Kanonikers, also eines Geistlichen, der im Auftrag des Kapitels überwacht, wohin die Gelder der Baukasse fließen. Da wird dann nur die Kostenseite der geistigen Mühen erfaßt. Die Reisespesen und das Honorar für die Beratung durch einen Architekten erscheinen, oder sein jährliches Honorar wird verzeichnet. Seine Materialkosten für Pergament können aufgezeichnet sein, aber der Entwurfsvorgang fehlt, und auch Pläne selbst sind nicht erhalten geblieben. Nichts wissen wir von den Überlegungen und Diskussionen, die die erste Planung begleiteten. Nur die Reißböden, ausgedehnte Gipsflächen, wie sie in York und Wells erhalten blieben, zeigen noch die Spuren der Arbeit des Architekten. Hier wurden die Vorgaben des Entwurfs im Maßstab 1:1 mit rechtem Winkel und Reißzirkel, wie ihn das Frontispiz S. 2 zeigt, eingeritzt. Danach konnte man Schritt für Schritt die Schablonen für die Arbeit der Steinmetzen anfertigen.

Wer diese Stellung erreicht hatte, bezog meist ein jährliches Honorar, das das Einkommen eines Landedelmannes übertraf, und genoß das entsprechende Ansehen. Fertigte er dazu noch Bildhauerarbeiten selbst an, wurde das separat honoriert, und manche Beratertätigkeit mag weitere Nebeneinnahmen gebracht haben.

In diese Laufbahn kam man nicht durch ein Studium. Man lernte sein Handwerk von ganz unten und von früher Jugend auf; nur vielseitige Begabung ermöglichte den Aufstieg zur Leitung des Baus von Kathedralen oder Befestigungsanlagen des Königs. Bessere Einstiegsmöglichkeiten hatte man wie immer natürlich als Sohn oder Neffe eines Architekten. Die Familie Ramsay aus Norwich, die dann besonders in London arbeitete, ist ein Beispiel dafür. Aber in jedem Fall lebte man von Jugend auf im Dunstkreis der Baustellen, lernte mit dem Stein zu leben, trug die Kenntnis seiner Möglichkeiten im Blut.

Seit dem 13. Jahrhundert kann man erwarten, daß der Architekt auch schreiben kann, kaum aber wird er Latein gelernt haben. Da trennten sich schon längst die Wege der Ausbildung zwischen Geistlichen und Handwerkern. Seine Kenntnisse der Geometrie, die für Entwürfe und Schablonen erforderlich sind, erwarb der Architekt in der Bauhütte, weitergegeben von Meister zu Lehrling. Kenntnisse, die man, wie es die Handschriften Cooke und Regius im späten Mittelalter fordern, hütet und als kostbares Handwerkszeug nicht an Außenstehende preisgibt. Diese Aura des Geheimnisvollen haben Ende des 18. Jahrhunderts die Freimaurer aufgegriffen, um so ihr einst aufrührerisches und aufklärerisches Gedankengut vor zu schneller Preisgabe zu sichern. Die Kenntnisse der mittelalterlichen Bauhütte waren weniger gefährlich. Und es war leider nicht ein einziges Geheimnis, nicht eine geometrische Formel allein, die weitergegeben wurde, mit deren Kenntnis wir nun ganz simpel die Schönheit mittelalterlicher Bauten erklären könnten.

Das Skizzenbuch des französischen Architekten Villard de Honnecourt aus dem frühen 13. Jahrhundert oder die deutschen Lehrbücher der Zeit um 1500 von Lorenz Lacher oder dem Regensburger Dombaumeister Matthäus Roritzer geben uns einen Einblick in die Kenntnisse der Architekten. Sie sind bescheiden, kaum mit dem zu vergleichen, was man an den Universitäten kannte, und so versucht man auch immer wieder, sich Geometrietraktate in die Volkssprache übersetzen zu lassen und verehrt Euklid als ersten Vertreter des Berufes. Es hat keine einheitliche Entwurfsmethode für Kirchenbauten gegeben. Der Streit um die Vollendung des Mailänder Domes, ob die Höhe der Gewölbe ad quadratum oder ad triangulum, nach dem Quadrat als Grundmuster oder dem Dreieck als Grundmuster festzulegen sei, spricht Bände. Beides war möglich, und auch andere Methoden, z. B. mit dem Fünfeck als Grundlage, lassen sich inzwischen nachweisen.

Entscheidend ist das im Laufe langer Jahre am Bau Gelernte, wobei auch Wanderjahre bis auf den Kontinent möglich sind, und schließlich ist der Spielraum entscheidend, den letztendlich der Auftraggeber läßt. Mancher läßt dem Architekten freie Hand, andere geben einen Bau als Beispiel an, das möglichst noch übertroffen werden soll, oder greifen selbst mit in die Gestaltung ein. Das wäre bauerfahrenen Geistlichen wie dem Kanoniker Elias de Dereham für die Kathedrale von Salisbury oder Bischof Wykeham von Winchester für das Schiff seiner Kathedrale durchaus zuzutrauen.

Damit ist auch ein anderes Problem um das ›Geheimnis‹ mittelalterlicher Baukunst angeschnitten. Gerade bei den englischen Bauten zeigt die Baugeschichte ja nur wenige Fälle, in denen ein Architekt frei auf grüner Wiese planen und bauen kann. Nach dem Ausufern der Bauwut in normannischer Zeit werden ihm eigentlich immer nur kleine Bauabschnitte angeboten, wo man sich mit vielem an ältere Bauteile anpassen muß.

So war auch der Höhepunkt der Laufbahn, die vom Steinmetzlehrling zum Steinmetz, zum Bildhauer und dann zum Architekten führte, nicht mit völliger Freiheit verbunden.

Aber die Ausbildung und das Können des Bildhauers gab dem Architekten vielleicht die Fähigkeit zur plastischen Gestaltung der Räume mit, die man in unserer Zeit so oft vermißt.

Auf der Baustelle herrschte er nicht allein. Der custos operis kontrollierte als Vertreter des Bauherrn den Verbleib und die Auszahlung der Gelder, und auch in der Leitung der an der Baustelle Beschäftigten stand er nicht allein. Neben ihm, gleichen Ranges oft, stand der Chef der Zimmerleute, der carpentarius, unentbehrlich für Gerüste und Dachstuhl, und oft der Meister der hölzernen Gewölbe, die bei englischen Kathedralen manches Schiff überspannen. Höhepunkte sind wagemutige Konstruktionen wie das Oktogon über der Vierung der Kathedrale von Ely (Farbt. 22) oder offene Dachstühle wie der der Westminster Hall in London.

Und Zimmerleute gab es überall. Keine Gebäude entstanden ohne sie, die große Mehrzahl über Jahrhunderte aber ohne Steinmetz, ohne Architekten. Die relativ geringe Zahl der Steinmetzen und ihre häufige Wanderschaft zu neuen Arbeitsplätzen mag auch noch das Gefühl der Zusammengehörigkeit gefördert haben, das in ›Geheimnis‹ und Geheimnistuerei seinen Ausdruck findet.

Im Ostfenster der Kapelle des Winchester College, einer Stiftung Bischof Wykehams, erscheinen die drei mit dem Bau Beauftragten friedlich im Gebet vereint. Als carpentarius ist Hugh Herland dargestellt, als Architekt William Wynford und als custos operis der Geistliche Simon Membury. Aber auch der Glaser, Thomas of Oxford stellt sich selbst an einer anderen Stelle dar, und die Reihe der wichtigen am Bau beschäftigten Berufe läßt sich noch um einiges erweitern, wie das schon die Rechnung für das Oxenden-Fenster in Canterbury zeigte (s. S. 17f.). Die Schmiede, die von kunstvollen Türbeschlägen oder Gittern über Nägel bis zum Schärfen der Werkzeuge eine Fülle von Aufgaben hatten, seien zuerst genannt. Tonfliesen für den Fußboden, oft dekorativ mit Mustern ausgelegt, fertigten die einen, andere deckten das Dach mit Blei, andere waren auf die Bearbeitung des Purbeck-Marmors spezialisiert, und wieder andere faßten die Arbeiten in Farbe, Maurer versetzten

*Architekt, Holzbaumeister und Verwalter im Ostfenster der Winchester College Chapel*

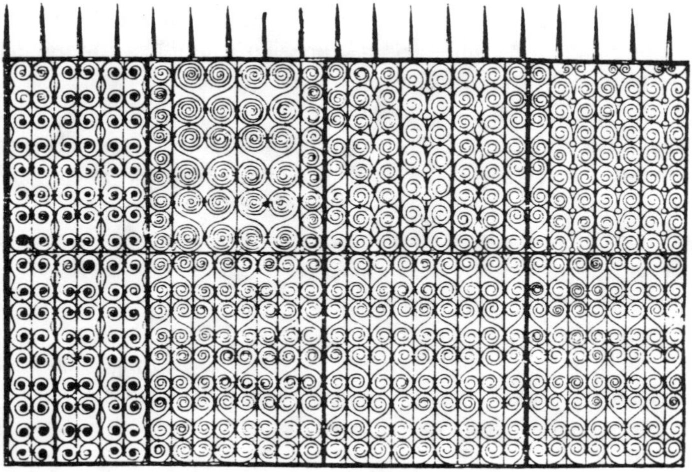

*Schmiedeeisernes Gitter aus der Kathedrale von Chichester, 13. Jh. (Victoria and Albert Museum, London)*

die Steine, die die Steinmetzen fertigten, und billiges Hilfspersonal ergänzte das bunte Bild. Manchmal mögen es, wie es im 13. Jahrhundert für Westminster Abbey nachweisbar ist, bald vierhundert Leute gewesen sein.

Die Lohnkosten zwingen zur Rationalisierung. Mitte des 13. Jahrhunderts wird die Schubkarre entwickelt. Zwar verbreitet sie sich nur langsam, aber wo sie erscheint, macht sie einen Arbeitsplatz überflüssig. Noch heute ist unter dem Dach mancher Kathedrale oder im Vierungsturm zu Canterbury das hohe Tretrad zu sehen, mit dem die Steine und andere Lasten in die Höhe befördert wurden. Auch diese Entwürfe gehörten zu den Aufgaben der Architekten, wie es Gervasius von Canterbury Ende des 12. Jahrhunderts für William von Sens lobend erwähnt oder wie es das Skizzenbuch Villard de Honnecourts belegt. Technische Phantasie wächst an den Kathedralen, Neuerungen und Neugierden werden entwickelt, die die mittelalterliche Wirtschaft beleben und bereichern.

## Englischer Stil: Norman, Early English, Decorated und Perpendicular

Die Bezeichnungen für die Epochen mittelalterlicher Architektur in England zwischen 1066 und den Anfängen der Reformation hat Thomas Rickman im Jahre 1817 in London publiziert. Sein ›An Attempt to Discriminate the Styles of English Architecture from the Conquest to the Reformation‹ war so erfolgreich, daß eine siebente Auflage noch im Jahre 1881 auf den Markt gebracht wurde. Wie jede knappe Etikettierung einer komplexen Entwicklung, die ein halbes Jahrtausend umfaßt, hat sie ihre Schwächen, und der wahre Kunsthistoriker hat eigentlich unglücklich damit zu sein. Aber er wird sie auch weiterhin benutzen, und die Diskussion über Zeitbegrenzungen, Anfänge der einzelnen Stile und Definition und Bedeutung wird kaum einmal aufhören können, denn das macht einen Teil des wissenschaftlichen Lebens aus.

Die von Thomas Rickman gewählten Bezeichnungen betonen die nationalen Eigenarten englischer Architektur. Das sollte nicht daran hindern, zu sehen, daß immer wieder Einflüsse vom Kontinent nach England ihren Weg finden. Und in den letzten Jahren wird man auch verstärkt darauf aufmerksam, daß auch das Umgekehrte möglich war, daß z. B. die zukunftsweisende Entwicklung des Systems von Strebebögen, noch unter dem Dach der Seitenschiffe, und von Kreuzrippengewölben kurz nach 1100 schon in Durham erscheint oder daß viele der Motive der europäischen Spätgotik aus englischen Formen des Decorated entwickelt zu sein scheinen.

Die *angelsächsische Architektur* vor der Eroberung 1066 war bei allem legendären Reichtum der Ausstattung in ihren Ausmaßen bescheiden gewesen. Die angelsächsische Kathedrale von Winchester, der königlichen Hauptstadt, ist ein gutes Beispiel dafür. Wie ein Rettungsboot liegt der Grundriß, den die Ausgrabungen ergeben haben, neben dem riesenhaften heutigen Bau. Dabei war der normannische sogar noch etwas länger als der heutige des Perpendicular. In angelsächsischer Zeit riß man altehrwürdige Bauten auch nicht einfach ab, man erweiterte, baute an.

Auf solche rücksichtsvollen Gedanken kamen die Normannen, die neue Herrenschicht der Eroberer, nicht. Bewußt zerstörte man das Angelsächsische, um Eigenes an dessen Stelle zu setzen. Die romanische Architektur, die die Normannen dabei verwenden, wird als *Norman* bezeichnet. Eigentlich hatte der letzte angelsächsische König Edward der Bekenner, von Blut und Erziehung ein halber Normanne, bereits damit angefangen. Seine Erneuerung der Westminster Abbey, die man auf dem Teppich von Bayeux angedeutet sehen kann, entsprach erstmals den Bauten, wie sie zur Zeit seines Exils in der Normandie errichtet wurden. Aber einmal in England ansässig, werden von den Normannen im Norman die Vorbilder der Normandie nicht sklavisch nachgeahmt. Es entsteht keine koloniale Architektur. Zu beiden Seiten des Kanals wird auf teils unterschiedlichen Wegen die Entwicklung zur Spätromanik fortgeführt. Was Lanfrank als Kathedrale in Canterbury erbauen läßt, scheint tatsächlich manche Ähnlichkeit mit seiner Abtei in Caen zu haben, deren Bau er zuvor betreute. Auch werden die Bauten, die jetzt entstehen – und eigentlich jede der mittelalterlichen Kathedralen besitzt normannische Bauteile oder einen normannischen Vorgängerbau – von Architekten aus der Normandie geplant und errichtet. Selbst ein großer Teil des Fachpersonals wird importiert worden sein. So bleibt es beim grundlegenden Aufbau des Schiffes in Arkaden, Emporen und dem Obergaden, vor dem ein Laufgang Überwachung und Reparaturen erleichtert. Wie in der Normandie sind Chöre mit Umgang oder drei gestaffelten Apsiden als Abschluß möglich. Aber in der Gestaltung des Schiffes tritt in einer Reihe von Kirchen schon eine Sonderform auf, bei der die Arkaden zu den Seitenschiffen auf unglaublich massiven Rundpfeilern ruhen. Teils werden sie wie in Durham mit Pfeilern über kreuzförmigem Grundriß abgewechselt, teils werden sie einfach hintereinandergereiht. Ein Bild, das noch in der St. Magnus-Kathedrale in Kirkwall nachwirkt.

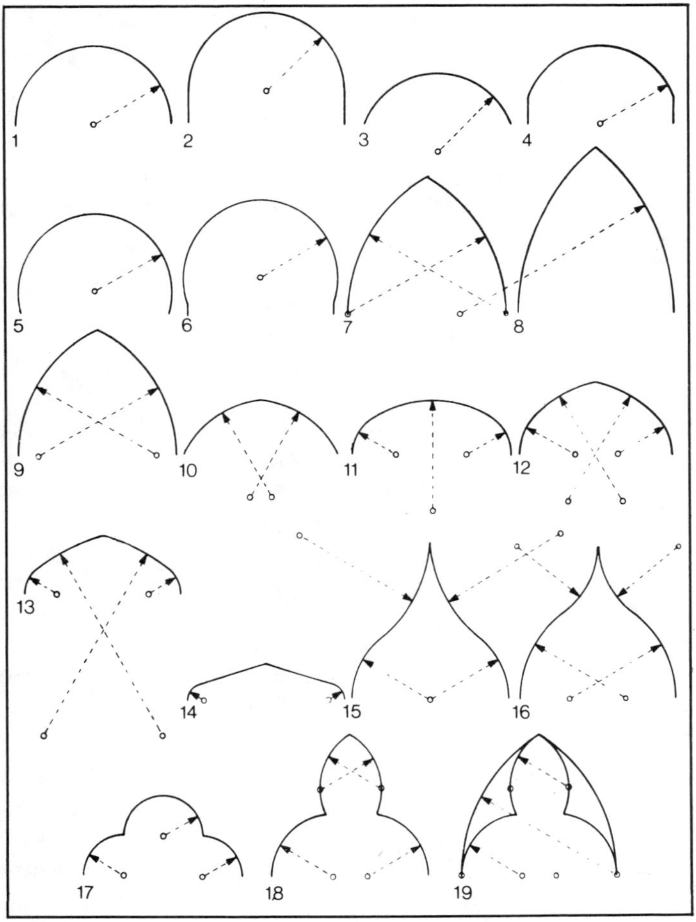


*Die unterschiedlichen Bogenformen für Arkaden, Fenster und Türen entstehen durch Variation des Zirkelansatzes*

*1 Rundbogen*
*2 Gestelzter Rundbogen*
*3 Segmentbogen*
*4 Gestelzter Segmentbogen*
*5 Hufeisenbogen*
*6 Gestelzter Hufeisenbogen*
*7–10 Spitzbogenformen*
*11 Korbbogen*
*12, 13 Spitzbögen mit vier Zirkelansätzen*
*14–16 Kielbogenformen*
*17–19 Dreipaßbögen*

Experimentierfreudig ist man auch bei der Gestaltung der Westfassade; so ist noch in Ely (Farbt. 2) eine Fassade mit einem zentralen Turm erkennbar, Southwell zeigt eine Fassade mit zwei Türmen (Abb. 86), man findet westlich vorgelagerte Querhäuser oder die gigantische Dreibogenstaffelung von Lincoln (Farbt. 7).

An anderen Stellen zeugen die Bauten von erheblich weniger Phantasie; ganz im Gegenteil: Gleichförmigkeit prägt das Erscheinungsbild. Und der Höhepunkt des bischöflichen Stolzes, den die Architekten wohl teilten, war es offensichtlich, immer mehr von den gleichen Bauteilen aneinanderzureihen. Statt der zwei Chorjoche in der Normandie findet man bald drei und vier in England, und die Schiffe werden auf die gleiche Weise länger und länger. Eine Betonung des Additiven, die zum typisch englischen Zug von Architektur wird, tritt hervor.

Beim größten Teil der englischen Kathedralen haben sich Bauteile aus normannischer Zeit erhalten. Meist ist es das Schiff, da man die Erneuerungen in gotischer Zeit in der Regel mit Chor und Altarraum beginnen ließ. Das gilt z. B. für St. Albans, Chichester, Ely, Peterborough (Abb. 39), Hereford, Gloucester (Abb. 21), Rochester, Oxford (Abb. 79) oder Southwell (Abb. 88). Voll ausgebildete Querhäuser hat Winchester zu bieten; und nur mit einem Gewölbe des Perpendicular überformt bietet Norwich das beste Bild einer normannischen Kathedrale (Abb. 78). Den gewaltigsten Eindruck macht allerdings immer noch Durham mit seinen massiven Pfeilern (Abb. 11).

Die Fähigkeiten bei der Steinbearbeitung verbessern sich im frühen 12. Jahrhundert deutlich. Das Mörtelbett der Steine wird dünner, die Fugen werden fast unsichtbar, die Oberfläche der Steine wird glatt, und man erlaubt sich eine reichere Gliederung und einen fast barocken Reichtum an Dekoration. Seit der Mitte des 12. Jahrhunderts entwickeln sich daraus, wie mit den Fassaden von Ely oder Rochester oder um 1175 mit Teilen des Schiffes von Worcester die Grundlagen für den eigenständigen Übergang zur Gotik. Diese Übergänge bis zum Ende des 12. Jahrhunderts werden als *Transitional* bezeichnet.

Neben der eigenständigen Assimilation der in der Ile de France entwickelten Gotik, die hier schon zu spüren ist, dringt die Gotik mit dem Neubau des Chores von Canterbury unter dem Architekten Wilhelm von Sens auch als direkter Import ein.

Bis in die Mitte des 13. Jahrhunderts reicht nun die Epoche der frühen Gotik, die als *Early English* bezeichnet wird. Endgültig wird nun auf den runden Bogen verzichtet, die Möglichkeiten des gebrochenen Bogens werden voll ausgeschöpft, der Strebebogen nimmt die an einer Stelle der Wand gesammelten Lasten auf und leitet sie weiter. Aber hier setzt auch schon englische Eigenart ein: Das System der Strebebögen spielt nirgends eine soche Rolle wie z. B. in Frankreich. Man verzichtet darauf, den Gewölben die gleiche, Staunen erregende Höhe zu geben. Höchstens die Hälfte, kaum einmal zwei Drittel der zeitgenössischen französischen Höhen werden erreicht. Die Betonung von Länge, von Addition bleibt. Sie wirkt auch in der Gruppierung von Lanzettfenstern, wie sie die Fassade von Ripon (Abb. 80) oder die ›Five Sisters‹, die Fünf Schwestern im nördlichen Querhaus von York vorführen. Kaum eine Rose erscheint, und entgegengesetzt kontinentalen Vorstellungen entwickelt man in Lincoln, Peterborough (Abb. 42), Wells (Abb. 46) oder am Höhepunkt des Early English, in der der Kathedrale von Salisbury (Umschlagvorderseite, Farbt. 4, Abb. 44), die Bildschirmfassade, die auf Türme fast verzichtet. Sie bietet ein weit umfassenderes Bildprogramm in Wells oder Salisbury, als man es auf dem Kontinent in dieser Form wagt.

Eine aus dem Maasgebiet aufgegriffene Mode, die schmückende Verwendung dunkel glänzenden Steins, des Purbeck-Marmors, breitet sich aus. Er betont das Linienhafte der gotischen Architektur, das auch in den Gewölben in England eigene Wege zu gehen beginnt.

Noch vor der Mitte des 13. Jahrhunderts treten in Ely und Lincoln die ersten Scheitelrippen auf, Rippen entlang des spitzen Winkels des Gewölbescheitels längs und auch quer zur Achse des Schiffes. Sie werden zu einem weitverbreiteten Motiv für die nächsten Jahrhunderte. Die Scheitelrippen ermöglichen auch, daß vom Kapitell aus weitere Rippen ausgehen, die Tiercerons. Sie träfen, durchgezogen, nicht wieder auf ein Kapitell, treffen sich aber an

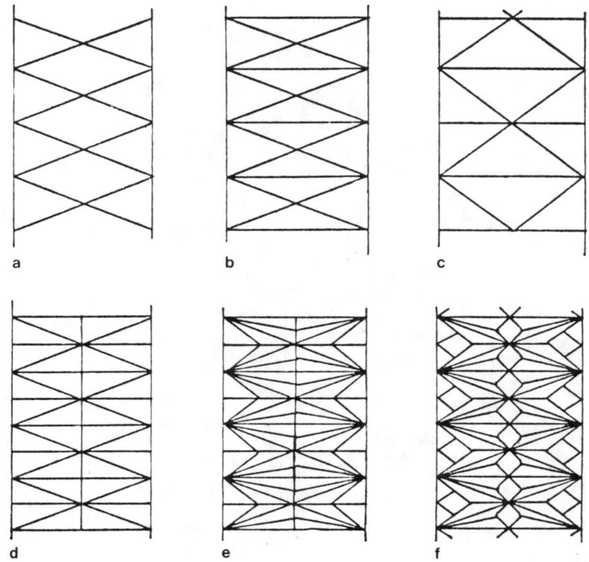


*Entwicklung der Gewölbeformen*

*a vierteiliges Gewölbe*
*b vierteiliges Gewölbe mit Gurtbögen*
*c sechsteiliges Gewölbe*
*d Gewölbe mit Scheitelrippen*
*e Gewölbe mit Tiercerons*
*f Mustergewölbe mit Tiercerons und Liernen*

der Scheitelrippe mit ihrem Gegenstück von der anderen Seite des Schiffs zu einem zusätzlichen Schlußstein. Mit diesen Wedeln von Rippen am Kapitell verliert der Gurtbogen seine jochabgrenzende Funktion. Gewölbe und Jocheinteilung der Wand sind gegeneinander verschoben, und die durch die geringe Höhe ohnehin hervorgehobene Längenwirkung der Architektur wird dadurch zusätzlich betont.

Schon vor der Mitte des 13. Jahrhunderts hatte sich eine immer reichere bildhauerische Gestaltung durchgesetzt. Zuerst noch steif, fast abstrahierend, werden die Formen der Natur zum Ende des Jahrhunderts immer lebendiger kopiert. Höhepunkt sind die Blätter der Kapitelle des hinreißenden Kapitelhauses von Southwell (Abb. 89).

Der bis in die Mitte des 14. Jahrhunderts reichende Strom üppig schwellender vegetabiler Formen, teils oberflächendeckend, knospend, blühend, hat den Begriff des *Decorated* geprägt. Gleichzeitig damit beginnt sich, teils mit den 1246 begonnenen Arbeiten an Henrys III. Westminster Abbey, das Maßwerk in den Fenstern durchzusetzen, so wie es um 1220 im Reims erdacht worden war. Bis dahin hatte man schon begonnen, den Raum über den durch einen Spitzbogen zusammengefaßten Lanzettfenstern mit einem kleinen runden Okulus oder einem Drei- oder Vierpaß, wie ein Kleeblatt, zu durchbrechen. Aber immer noch schnitt man das Fenster oder mehrere Öffnungen aus der Wand, die nun ganz in Glas verwandelt wurde, von eigener Architektur getragen.

Die geometrischen Formen des Maßwerks, Kreise, Drei- und Vierpässe, haben dieser ersten Phase bis zum Ende des 13. Jahrhunderts die zusätzliche Bezeichnung *Geometrical* gegeben. Dann beginnt selbst das Maßwerk zu wuchern und sich zu bewegen. Gegenläufige Bögen werden aneinandergesetzt. Schwingende, flammende Formen entstehen. Sie geben

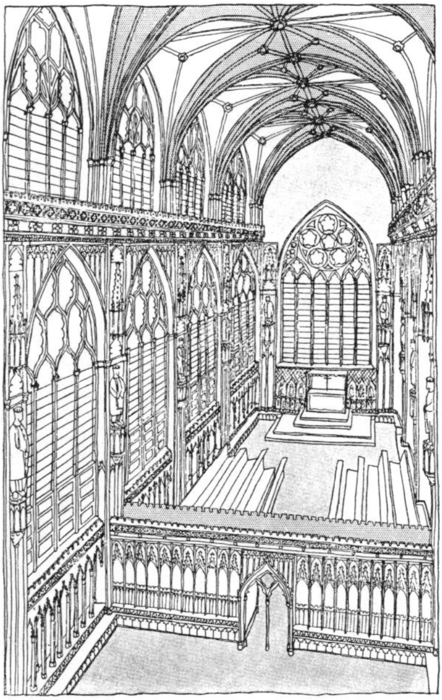

*Die Anfänge des Perpendicular: Rekonstruktion des Innern der Palastkapelle St. Stephen's, Westminster (M. Hastings) und ein Holzschnitt der Ostfassade (1684)*

der zweiten Hälfte des Decorated das Attribut *Curvilinear.* Das Westfenster der Kathedrale von York oder das ›Auge des Bischofs‹ in Lincoln sind berühmte Beispiele dafür, wohl Vorläufer und Anreger des ›Flamboyant‹ auf dem Kontinent.

Diese Freude am ornamentalen Muster wirkt auch im Gewölbe. Hier treten zu den Tiercerons als zusätzliche Rippen die Liernen. Sie gehen nicht vom Kapitell des Dienstes aus, sondern bilden mit zusätzlichen Schlußsteinen meist Netz- und Sterngewölbe.

Das Curvilinear beschränkt sich aber nicht auf das Maßwerk der Fenster. Die Spitzbogen selbst wird davon ergriffen, wird zum Kielbogen, und dann dreht man ihn nischenförmig noch dazu in den Raum hinein, wie es in der Marienkapelle von Ely oder an der Fassade von York (Abb. 60) zu sehen ist.

Auch die Gesamtkonzeption der Kathedrale ändert sich. Marienkapellen werden nun Allgemeingut, meist als axiale Verlängerung im Osten angefügt. Der Aufbau der Wand wird nun zweigeschossig angelegt, man verzichtet auf die Emporen. Das ermöglicht einen höheren Obergaden, ermöglicht mehr Licht: Leuchtende Fenster im Rahmen einer prunkvollen Architektur, als Schauplatz einer Liturgie, die nun den Chorgesang zu polyphonem Klang entwickelt. Der Höhepunkt der Raumvorstellung des Decorated ist das Oktogon in Ely (Farbt. 22), wo die zerstörte Vierung in einen weiten achteckigen Raum verwandelt wird, ähnlich wie es die Marienkapelle in Wells bereits andeutet.

In den Jahren um 1330 bereitet sich die strenge Reaktion auf diesen Überschwang schon vor. Das Obergeschoß des Kapitelhauses von Old St. Pauls's in London wird von William Ramsay in strengen, eng nebeneinander gestellten Linien gegliedert. Die Gliederung der Palastkapelle der englischen Könige St. Stephen's in Westminster bildet ein Gitterwerk. Aber auch in der fernen Provinz geschieht in Gloucester der gleiche Schritt. Die Wände des normannischen Chores werden mit einem Gitternetz von Maßwerk überzogen, das sich im riesigen Ostfenster fortsetzt (Abb. 21).

Diese kostensenkende, vornehme Art, gotisch zu bauen, setzt sich nach der Mitte des 14. Jahrhunderts durch und trägt den Namen *Perpendicular,* strenge Linien wie mit dem Lot senkrecht gezogen, im Gegensatz zur Bewegung des Decorated. Der höfische Londoner Ursprung wird dem Stil ebenso bei seiner Verbreitung geholfen haben wie die Pest der Jahre 1347 bis 1349, die ein Drittel der Bevölkerung Englands forderte, ohne beim Bauhandwerk eine Ausnahme zu machen. Die Löhne stiegen, trotz aller obrigkeitlichen Versuche, dies zu verhindern. Mancher Bau mußte für Jahre, ja Jahrzehnte stillgelegt werden, und gerne griff man diese billigere, einfachere Art des Bauens auf. So wird das Perpendicular auch abfällig als ›businessman's gothic‹, als Geschäftsleutegotik bezeichnet.

Aber das ist nicht nur ungerecht, es ist auch falsch. Zwar entsteht mit dem wachsenden Reichtum Englands seit der Mitte des 14. Jahrhunderts die große Fülle der von den Bürgern errichteten Pfarrkirchen in Perpendicular, aber die wegweisenden Bauten sind noch immer die großen Kirchen: die Schiffe der Kathedralen von Winchester und Canterbury (Abb. 4),

*London, Old St. Paul's, Rekonstruktion des Zustandes vor dem Einsturz des Vierungsturmes und dem Großen Brand von 1666*

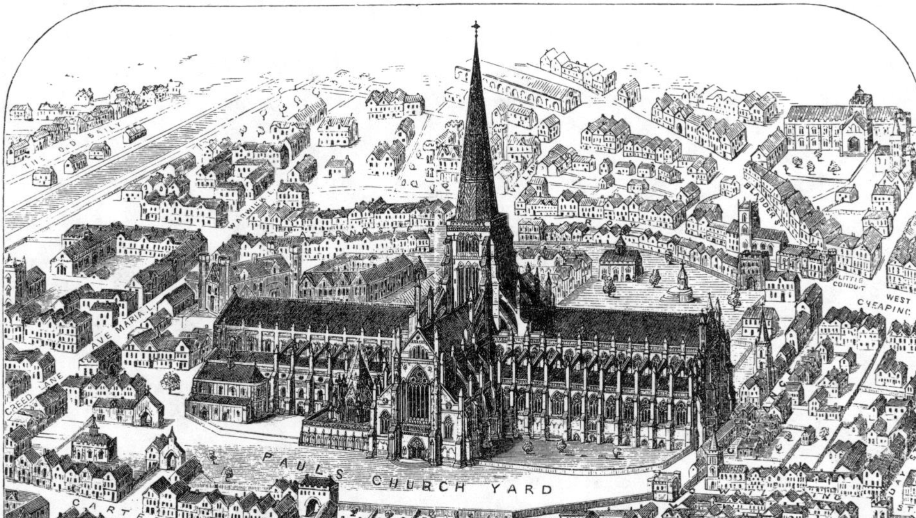

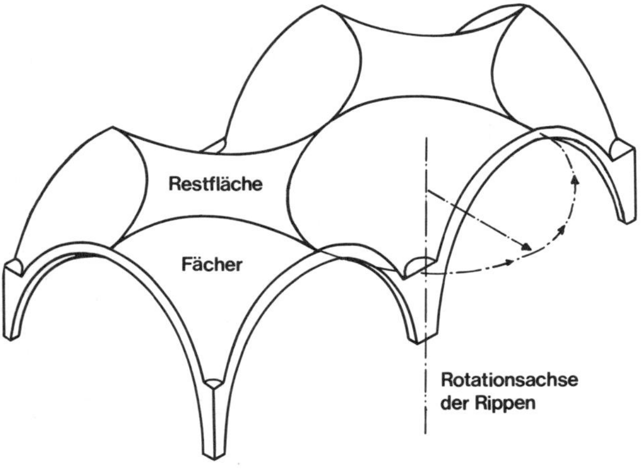


*Schema eines Fächergewölbes*

der Retrochor von Peterborough (Abb. 41), die Gewölbe der Kathedrale von Oxford (Abb. 79) oder die Kapelle Henrys VII. im Osten der Westminster Abbey (Abb. 34).

Die separate Kapelle, kastenförmig als rechteckiger Saalbau riesenhaft vergrößert, ist die neue Raumvorstellung. St. George's Chapel in Windsor oder King's College Chapel in Cambridge sind die herausragenden Beispiele. Und hier vervollkommnet das Perpendicular in Verbindung mit dem Fächergewölbe, das wohl erstmals im Kreuzgang der Kathedrale von Gloucester (Farbt. 3) erscheint, den konsequenten rechteckigen Raum. Die Rippen werden als Schmuckfächer zusammengefaßt und unter die flache Decke gesetzt.

Nur Bath Abbey versucht dieses Ideal auch noch als Kathedrale zu verwirklichen, kurz bevor das Ende mit Heinrich VIII. einsetzt und das Perpendicular, nach der herrschenden Dynastie als *Tudor* benannt, mühsam weiterlebt. Aber auch im 17. Jahrhundert wird noch und im 18. Jahrhundert wird bereits wieder gotisch gebaut – ein zählebiger Stil.

## Typisch englisch: Kreis, Reihe, Rechteck und andere Besonderheiten

Über das Englische in der englischen Kunst haben mit Dagobert Frey und Nikolaus Pevsner zwei bedeutende Kunsthistoriker geschrieben. Beide sind keine Engländer, auch wenn Nikolaus Pevsner nach der Emigration in England geblieben und inzwischen Sir Nikolaus geworden ist. Offensichtlich fallen die englischen Eigenheiten also den Engländern selbst weniger auf als dem Neuankömmling, der sich erstmals an der Bushaltestelle oder vor der Kinokasse ans Ende der Schlange stellt. Es wird nicht gedrängelt, man reiht sich hintereinander auf. So treten auch in der Architektur, manchmal auf den ersten Blick, manchmal erst aus einer Summe von Beobachtungen, insulare Besonderheiten hervor. – Ich glaube nicht, daß man von nationalen Eigenarten sprechen sollte, denn die wechselvolle Geschichte der Insel zeugt davon, daß man nach dieser Fülle von Einwanderungs- und Eroberungswellen, von denen die der Normannen nur die letzte war, kaum von einheitlicher Herkunft reden kann.

Aber schon in jungsteinzeitlicher und bronzezeitlicher Architektur erscheint das betonte Rechteck in den Wohnbauten von Skara Brae oder der betonte, geradezu monumentale Kreis im Ring of Braemar im hohen Norden auf den Orkneys oder im Süden mit Stonehenge. Hier kann schon von Architektur gesprochen werden. In andere Bereiche der Kunst soll hier nicht ausgegriffen werden, eigene insulare Ausformungen sind bereits in dieser Frühzeit zu sehen.

Bleiben wir ruhig beim Kreis, den man ja zugleich als die unendliche Reihe bezeichnen könnte. Es wird dabei architektonisch immer wieder das gleiche Element angesetzt, ohne daß ein Anfang oder ein Ende zu sehen wäre. Was für Stonehenge und die weit über zweihundert Steinkreise, die die Archäologen nachgewiesen haben, gilt, gilt wieder für die moderne katholische Kathedrale von Liverpool (Abb. 94). Das scheint ein weiter Sprung zu sein. Es gibt vermittelnde Bindeglieder dazwischen, die zu den Höhepunkten englischer Architektur überhaupt zählen. Die mittelalterlichen Kapitelhäuser und dann die Stadtarchitektur des Crescent und des Circus seit dem 18. Jahrhundert.

Die gotischen Kapitelhäuser der Kathedralen von Salisbury, Lincoln (Abb. 30), York, Southwell oder von Westminster Abbey gehören zu den schönsten Beispielen der Zentralbautendenz gotischer Architektur. Und man findet sie nur in England. Schon in romanischer Zeit erscheint ein erstes in Worcester, weitere sind für Bridlington, Evesham und Hereford nachgewiesen. Nur in dieser Gestalt eines Kapitelhauses können die Mitglieder der meist weltlichen Kapitel gleichberechtigt nebeneinander sitzen. Selten hat ein drängendes soziales Bedürfnis so eindeutige architektonische Konsequenzen gehabt.

In Bath haben in der zweiten Hälfte des 18. Jahrhunderts Vater und Sohn John Wood dem Kreis neuen stadtplanerischen Ausdruck gegeben. Das Modebad wuchs, aber statt einzelner Villen oder Reihenhäuser errichteten sie mit Royal Circus und Royal Crescent abgeschlossene kreis- und halbkreisförmige Palastarchitekturen. Allerdings gehören sie Stückchen für Stückchen anderen Besitzern, die gleichberechtigt nebeneinander im ›Palast‹ wohnen. Ein irritierendes Bild, das weit verbreitet über England Nachahmung gefunden hat. Dem entspricht bei den freistehenden Einzelhäusern moderner Zeit der Straßentyp ›Close‹, eine Ringstraße, die jeden Durchgangsverkehr abweist.

Als Architekturmotiv wirkt der Kreis in England gerade deshalb so auffällig, weil er sich vom viel verbreiteteren Grundmuster, der Reihung in der Geraden, fast kontrastierend abhebt. Ob es die Schlangen an den Haltestellen sind oder die endlosen Reihen der Arbeiterhäuschen, moderne Hochhäuser an der Victoria Street in London oder die großen mittelalterlichen Kathedralen, immer wieder werden gleiche Elemente geduldig aneinandergesetzt.

Man kann beliebig unter den Schiffen der englischen Kathedralen wählen: Fast immer herrscht eine horizontale Schichtung vor und nicht wie in französischen oder anderen kontinentalen Bauten fast allgemein eine jochweise Gliederung, die die Vertikale betont. Die Formen der Arkaden, die Emporen darüber und schließlich der Obergaden und das Gewölbe werden aus Reihen gleichartiger Einzelformen gebildet. Kaum einmal wird mit übergreifenden Großformen gruppiert, zusammengefaßt. Ein Tunneleffekt entsteht und

*Winchester, Schiff, 1080*

*Lincoln, Chor, 1190*

*Der Wandaufbau der englischen Kathedralen von 1080 bis 1360*

war wohl auch angestrebt, den der gerade Chorschluß betont. Länge heißt das Ziel. Nichts hindert, in der Vorstellung noch ein Joch hinzuzufügen oder eines hinwegzunehmen.

Das gilt auch für den Chor und die Querhäuser und gilt auch für die Detailformen. Gereiht werden in romanischer Zeit die schlanken Arkaden, einzeln oder sich dekorativ überschneidend. Im Early English reiht man Lanzettfenster, sei es an der Fassade von Ripon (Abb. 80) oder mit den ›Five Sisters‹ in York. Die zentralisierende Rose tritt der horizontalen Reihe gegenüber in den Hintergrund, wird nicht zum gestaltenden Element der Fassaden. Geschickt verbindet sich die serielle Reihung mit dem Raster des Rechtecks, meist als schlankes Hochrechteck. Dieses Gitterwerk erscheint ausgeprägt schon in der normannischen Architektur der Fassade von Ely und beherrscht die spätgotische Architektur des Perpendicular. Ganz zu schweigen davon, daß es auch in der modernen englischen Architektur auffälliger hervortritt als auf dem Kontinent. Beginnt man einmal darauf zu achten, begegnet man ihm ständig.

Im Aufbau der Wände in romanischer und gotischer Zeit entsteht das Rechteck aus dem gleichberechtigten Nebeneinander horizontaler und vertikaler Linien, Gesimse und Dienste

*York, südliches Querschiff, 1230*

*Ely, Altarraum, 1240*

*Westminster, Chor, 1250*

bilden ein Raster, keine übergreifenden Einheiten, oft wird sogar eher die Horizontale betont, die endlose Reihe.

In den Fassaden ist ebenfalls das Rechteck zu einem typisch englischen Element geworden. Wird die Fassade überhaupt betont, oft genug ist ja ein seitlicher Eingang durch eine Vorhalle zum Haupteingang gewandelt worden, dann entsteht mehrfach eine Bildschirmfassade. Schon in Rochester werden kleine Türmchen neben den Seitenschiffen hochgeführt und dazwischen eine dekorative Fassade ausgespannt (Abb. 83). Das gilt auch für die normannische Fassade von Lincoln, deren gotische Umgestaltung diesen Eindruck noch betont (Farbt. 7). Das Vorbild von Lincoln wird in Peterborough (Abb. 42) wieder aufgegriffen und wird in Salisbury (Umschlagvorderseite, Farbt. 4, Abb. 44) und Wells (Abb. 46) vollends zum Bildschirm mit reicher Skulpturenausstattung.

Wie ungewohnt dieses Bild für den Kontinent ist, zeigt das Beispiel des Straßburger Münsters. Hier war auch im späten 14. Jahrhundert eine rechteckige Bildschirmfassade entstanden, einzigartig auf dem Kontinent, bis dann die Bürger beschlossen, daß man mit Türmen diese Silhouette wieder auflösen müsse.

*Lincoln, Altarraum, 1260*

*St. Albans, Chor, 1290*

*York, Schiff, 1300*

Dem englischen Streben zum Rechteck entspricht auch der Verzicht auf Turmhelme. Er scheint mit der Vollendung der Türme im späten 14. Jahrhundert in Wells einzusetzen. Hier hat man keine Helme mehr geplant, wie auch bei den meisten späteren Türmen. Als Abschluß erscheint eine Krone von Fialen oder ein Zinnenkranz, der den hohen Kubus des Vierungsturmes in kleine Rechtecke auflöst.

Das gilt auch für die Räume selbst. Die Halle, besser noch der schlichte Saal ist ein unverkennbar englisches Raumideal; seien es in normannischer Zeit die gruppierten Räume von Schiff, Chor und Querhäusern oder dann die Marienkapellen gotischer Zeit, die als rechteckige Säle zusätzlich angefügt werden. Das zukunftweisende Beispiel ist die Marienkapelle von Ely Anfang des 14. Jahrhunderts. Das Gewölbe ist schon fast als flache Decke gespannt. Das ist der Raum, wie ihn dann die kleinen Grabkapellen vorgebildet haben und die großen Kapellen in Windsor und Cambridge verkörpern werden. Das Fächergewölbe, das das Kreismotiv wieder einmal bringt, wird dann nur genutzt, um die eigentlich flache Decke zu gestalten.

Der rechteckige Raum und eine daraus additiv gebildete Gruppe von Räumen ist schon für den angelsächsischen Kirchenbau typisch. Das gleiche Prinzip gilt wieder in normannischer

*Wells, Chor, 1340*

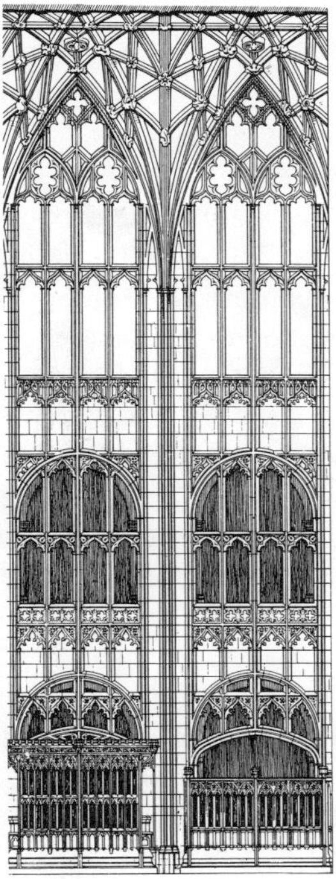

*Gloucester, Chor, 1340*

*Winchester, Schiff, 1360*

und gotischer Zeit. Selbst was in normannischer Zeit in fast einem Zug gebaut wird, war ursprünglich eine sauber getrennte Folge von liturgischen Räumen. Das Schiff diente dem Volk und den Prozessionen des Klerus, blieb daher bis zu den im Stehen unerträglich langen Predigten der Reformation meist auch ohne Gestühl. Die große Grenze ist dann der Lettner, der fast immer vor der Vierung den Chorraum abschrankt. Eine feste Mauer, manchmal sogar in doppelter Ausfertigung als pulpitum und rood-screen, als Lettner und Triumphkreuzschranke. Ein kleiner Gang blieb dann dazwischen als Zugang für den Klerus zum Chor. Das Triumphkreuz darüber bildete eine weitere Raumschranke, die heute oft durch die Orgel ersetzt ist. Man sollte sie also nicht verfluchen, weil sie die Sicht versperrt.

Die Chorschranken machen dann wieder aus den Querhäusern eigene Räume. Und der Chor mit seinem Gestühl öffnet sich nach Osten nur widerwillig zum Altarraum, dem presbytery. Der Altarraum wird nach Osten durch den reredos, eine Altarrückwand, steinerne Imponierarchitektur wie z. B. in St. Albans abgeschrankt. Über die Chorseitenschiffe erreicht man den Retrochor dahinter. Hier ist z. B. Raum für das Grab des Heiligen, zu dem die Pilgerscharen strömen. Nach Osten schließt endlich die Marienkapelle die Raumfolge ab. Die auch auf dem Kontinent in Ansätzen erkennbare Systematisierung der

Räume ist bei den englischen Kathedralen zur Perfektion gebracht. Ein Blick auf die Grundrisse zeigt das. Sie betonen auch die Reihe der Räume mehr als die geschlossene Gesamtgestalt des Baues der Kathedrale.

Dabei spielen die häufigen doppelten Querhäuser und die geraden Chorschlüsse, meist ja des Retrochors, eine auffällige Rolle. Nur in normannischer Zeit oder bei deutlich kontinental beeinflußten Bauten wie Westminster Abbey oder Vale Royal Abbey in Cheshire, deren Chorgrundriß aus der Mitte des 14. Jahrhunderts nach dem Vorbild der Kathedrale von Toledo durch Ausgrabungen bekannt ist, erscheint der kontinentale Typ des rundgeführten Chorumgangs mit ausstrahlenden Kapellen.

Doppelte Querschiffe und gerade Chorabschlüsse gehen auf ein gemeinsames Motiv zurück. Für die großen Kommunitäten an den Kathedralen, seien es Mönche oder Weltgeistliche, brauchte man eine Fülle von Altären. Diese sollten, darauf legte man Wert, exakt nach Osten ausgerichtet, orientiert sein. Eine astronomische Genauigkeit, die vom Vorbild zisterziensischer Kirchenbauten angeregt und immer wieder aufgegriffen wird. Schon Stonehenge scheint ja als vorgeschichtliche ›Kathedrale‹ ein riesiges astronomisches Instrument gewesen zu sein.

Auch das doppelte Querschiff hat in Cluny und St. Benoît-sur-Loire kontinentale Vorbilder. Wahrscheinlicher erscheint noch, daß Canterbury seit dem Ende des 12. Jahrhunderts das maßgebliche Muster war, dem man zu folgen hatte, wenn man eine ›richtige‹ Kathedrale haben wollte. Hier hatte man bei der ersten großen Erweiterung um 1100 einfach eine zweite Kirche mit Querschiff an den alten Choransatz angehängt, um Raum zu gewinnen.

Die Kathedrale von Canterbury ist auch ein gutes Beispiel für eine weitere englische Eigenart, den ›Close‹. Heute genießt man das weit ausgedehnte Grün des klassischen englischen Rasens als perfekten Hintergrund für die Architektur und beneidet die Bewohner der wenigen Häuser im Bereich um ihre ideale Wohnlage im Zentrum der Städte.

Entstanden sind diese Grünanlagen aus bitterer Notwendigkeit. Spuren der einstigen Befestigungsanlagen mit Toren und Mauern sind oft noch zu erkennen und wurden manches Mal in den Auseinandersetzungen mit Bürgern der Bischofsstädte genutzt. Furcht vor räuberischem Gesindel war ein anderer Grund, Kathedrale und Wohnbereich der Kleriker, die nachts zum Gottesdienst gingen, von der Außenwelt zu trennen. Aus diesem Grund genehmigt der König 1285 den Bau von Mauern und Toren rings um Old St. Paul's, das gleiche gilt 1319 für Lincoln. Und in diesen Jahrzehnten um 1300 geschieht das gleiche bei einer ganzen Reihe von Kathedralen.

Noch ein anderer Grund mag eine Rolle gespielt haben. Mit einem ausgedehnten Freiraum rings um die Kathedrale, nur mit einigen Steinbauten für Bischof und Kleriker bebaut, ergab sich zusätzlich eine Sicherung gegen ein allzu leichtes Übergreifen eines Brandes aus der meist in Fachwerk errichteten Stadt, wie man es aus Canterbury kennt.

Ein paar kleinere, aber auffällige Besonderheiten mögen diesen Überblick abschließen. Seit der Zeit König Edwards I., im späten 13. Jahrhundert, erscheinen Wappen als fester Bestandteil der Architekturen. Auf dem Kontinent kennt man sie meist nur als kurzfristige hölzerne Dekoration oder zurückhaltend auf dem einen oder anderen Schlußstein, im einen oder anderen Fenster. In England treten sie hervor, spielen bald eine selbständige Rolle. Eine Fülle von Schlußsteinen bietet Raum dafür, aber auch von Maßwerk gerahmt werden ganze Mauerflächen damit bedeckt. Als Datierungshilfe ist das oft nützlich und auch heute noch ein dekorativer Einfall.

Diese Betonung der Persönlichkeit und ihres Wirkens als Stifter dokumentiert sich ebenfalls seit dem späten 13. Jahrhundert in den Grabkapellen, den ›chantry-chapels‹. Solche Kapellen werden bei den großen Kirchen selten wie auf dem Kontinent zwischen die Strebepfeiler außen angebaut. Man errichtet ein kleine kostbare Architektur in der Kirche, meist zwischen zwei Pfeiler des Schiffes oder Chores gesetzt. Ein elegantes steinernes Gitterwerk, das Raum für das Grabmal und einen Altar bieten muß. An ihm las wöchentlich, täglich oder noch öfter ein Geistlicher eine Messe für das Seelenheil des Toten, seiner Familie und meist des Königs. Der Geistliche wurde aus den Zinsen eines angelegten Kapitals oder den Erträgen eines anderen Besitzes entlohnt. Mit den meist bescheidenen Einkünften aus solcher Tätigkeit fristeten zur Zeit Heinrichs VIII. mehr Geistliche ihr Leben als mit denen eines Pfarrers. Dann verschwanden die dafür fest angelegten Gelder in den Schatullen des Königs und seiner eifrigen Helfer, und viele der Grabkapellen gingen unter. Aber manche architektonische Köstlichkeit ist erhalten geblieben, Spitzengewebe gotischen Maßwerks, wie sie im Großen nie hätten errichtet werden können.

Dem kühlen, klaren Geist, von dem Kreis, Reihe und Rechteck in der englischen Architektur sprechen, einer Nüchternheit, der wohl Ende des 13. Jahrhunderts die ersten mechanischen Uhren zu verdanken sind, entspricht eine letzte, hörbare Eigenart. Das ›change-ringing‹, das Wechselläuten. Es ist ein mehr artistisches, mathematisches als melodisches Vergnügen, mit Glockenläuten auf diese Weise umzugehen. Der Kriminalroman ›Die neun Schneider‹ greift darauf zurück. Dorothy Sayers hat ein schwieriges Muster des Wechselläutens, nine taylors, zum Titel genommen.

Das Grundprinzip ist einfach. Wenn man drei Glocken hat, kann man sie in sechs verschiedenen Reihenfolgen läuten, die sich zu verschiedenen Mustern ordnen lassen wie z. B.:

| | | |
|---|---|---|
| z. B.: | 1 2 3 | 3 2 1 |
| | 2 1 3 | 3 1 2 |
| | 2 3 1 | 1 3 2 |

und wieder 1 2 3. Dabei wechselt die erste Glocke meist regelmäßig ihren Platz oder die zweite und dritte. Muster dieser und anderer Art lassen sich auch für mehr Glocken konstruieren. Bei vier Glocken gibt es schon 120 verschiedene Möglichkeiten der Reihenfolge, bei fünf sind es 720, bei acht bereits 40320 Möglichkeiten. Große Geläute verfügen über zehn, elf Glocken. Diese Variationen des Wechselläutens kann man in unterschiedlichen Mustern ordnen, deren Durchführung sich über Stunden hinziehen kann. Sucht man auf dem Kontinent die Harmonien im Geläut oder im Glockenspiel sogar Melodien, konzentriert man sich hier auf mathematische Vergnügungen. Ein Klang, der faszinieren kann, dem man durchaus folgen kann, den man nicht wieder vergißt und der für mich das reizvollste Symbol dafür ist, wieviel in England anders ist.

# Die großen Kathedralen

## *Was man gesehen haben muß*

## Canterbury

*(Farbt. 11, 13, 14, 16, 18; Abb. 1–8)*

Nach glücklicher Landung auf englischem Boden, wenn man den Kanal mit einem Schiff und nicht mit einem Flugzeug überquert hat, führt noch heute fast immer der Weg in die große Metropole London an Canterbury vorüber. Man sollte der Anziehungskraft der Weltstadt einige Stunden, wenn nicht einen Tag widerstehen und hier seine erste Bekanntschaft mit englischer Geschichte und englischer Architektur schließen. In Canterbury spiegeln sich beide in einer Fülle, wie sie uns nicht wieder begegnen wird.

Im Jahre 597 nahm hier der Heilige Augustinus, mit dem die zweite Christianisierung Englands beginnt, seinen Sitz. Eigentlich hatte ihn Papst Gregor der Große zum Bischof von London bestimmt, aber König Ethelbert von Kent, als Heide mit der katholischen fränkischen Prinzessin Bertha verheiratet, schenkte ihm hier nach Bekehrung und Taufe seinen Palast. Augustinus glaubte darin eine ehemalige christliche Kirche zu erkennen, griff so alte Tradition wieder auf und legte damit bis heute fest, daß der Erzbischof von Canterbury der erste geistliche Würdenträger der englischen Kirche ist.

Mit dem Tode König Ethelberts verlor zwar das Königreich Kent seine bestimmende Rolle, aber die Nachfolger des Heiligen Augustinus – nicht mit seinem Namenspatron, dem großen Schriftsteller, Theologen und Bischof von Hippo in Afrika zu verwechseln – wahrten in langen Auseinandersetzungen besonders mit dem Rivalen York ihre Stellung. Zu ihnen gehören Heilige und Politiker, und oft sind beide Eigenschaften untrennbar miteinander verknüpft. Nachdem mit der Synode von Whitby 664 entschieden war, daß sich die Organisation der römischen Kirche durchsetzen würde, gelang es Erzbischof Theodor von Tarsus (668–693), die nicht fest umrissenen Gebiete der Missionszeit durch geregelte Bistümer zu ersetzen.

Ende des 10. Jahrhunderts belebte ein weiterer Heiliger auf dem Thron von Canterbury, Erzbischof Dunstan (959–988), nach den tiefgreifenden Verwüstungen der Wikingerzüge die christliche Kultur neu. Er gründete und erneuerte Klöster, war als Staatsmann in den Diensten der Könige von Wessex tätig, formte den Krönungsritus der englischen Könige

*Canterbury, Westfassade der Kathedrale (17. Jh.) mit dem normannischen Nordturm*

und war nicht zuletzt als Musiker, Illuminator von Handschriften, Goldschmied und Glockengießer berühmt. Sein Nachfolger Alphegus (1005–12) fiel 1011 in die Hände einer dänischen Plündererschar, die ein hohes Lösegeld für ihn erzielen wollte. Alphegus verbot zu zahlen. Nach Monaten bitterer Gefangenschaft, denn von dieser Einstellung waren seine ›Besitzer‹ nicht gerade begeistert, erschlugen ihn einige von ihnen in wütender Trunkenheit. Zuerst in St. Paul's in London begraben, führte man seine Gebeine 1023 feierlich nach Canterbury zurück. König Knut der Große (1018–1035), der für wenige Jahre den Traum eines skandinavischen Großreiches verwirklichte, legte seine Krone auf dem Hauptaltar der Kathedrale nieder, um die Sünde seiner Landsleute zu sühnen. Canterbury besaß wieder einen Heiligen mehr. Er fand seinen (vorläufig) letzten Ruheplatz in einer kleinen bescheidenen angelsächsischen Kathedrale, deren Reste unter dem heutigen Bau verborgen liegen und deren Rekonstruktion bis heute umstritten ist. Die Tradition, Mauern einer Kirche noch aus römischer Zeit zu enthalten, gab ihr Glanz, mehr noch als die reiche Ausstattung. All dies ging 1067 in Flammen auf, ein Jahr nachdem nun statt eines angelsächsischen Herrschers ein Normanne, ein Franzose der Sprache nach, auf dem Königsthron saß. Der Boden für einen Neubeginn auch im Kirchenregiment war bereitet.

Wilhelm der Eroberer berief 1070 Lanfrank, bis dahin Abt seiner Klosterstiftung St. Etienne in Caen in der Normandie, zum Erzbischof von Canterbury. Zuvor hatte Wilhelm mit Mühe und päpstlicher Assistenz Erzbischof Stigand vom Thron von Canterbury und aus einigen anderen Ämtern vertreiben müssen. Mächtig schon am Hofe Edwards des Bekenners war er einer der wichtigsten Helfer von Wilhelms Gegner Harold gewesen. Es kostete Lanfrank erst einmal Mühe, wieder eine päpstliche Entscheidung und den Sieg im Konzil von Winchester, bis auch der Erzbischof von York, Thomas, im Jahre 1072 sein widerwilliges ›concedo‹ – ich gestehe es zu – zum Primatsanspruch Canterburys gab. Die Streitigkeiten sollten noch drei Jahrhunderte lang immer wieder aufflammen, aber hiermit wie mit dem von Lanfrank begonnenen Neubau der Kathedrale war die Grundlage für den heutigen Glanz des Baues gelegt.

So beginnt die Baugeschichte der *Cathedral Church of Christ,* wie wir sie heute sehen, mit der Thronbesteigung Lanfranks am 29. August des Jahres 1070. Schnell mußte es nun gehen, und groß sollte der Bau werden, damit sich hier wie bei anderen Kathedralen und Kastellen, die in den gleichen Jahren begonnen werden, die Macht der Eroberer manifestieren kann. Als Lanfrank nach Canterbury gerufen wurde, waren die Bauarbeiten an der Kirche seiner Abtei St. Etienne, die Wilhelm der Eroberer in Caen gestiftet hatte, in vollem Gange. Auf diese Erfahrungen als Bauherr griff Lanfrank zurück, importierte schon fertig bearbeitetes Steinmaterial aus der Normandie und übertrug die Bauleitung in Canterbury einem Architekten, den er aus seiner Zeit in Caen kannte. Auch im Bauplan, den man aus den teils erhaltenen Resten und aus den Grabungen recht genau rekonstruieren kann, hielt man sich in vielem an das Vorbild der Abteikirche in Caen. An das Querhaus im Osten werden fünf Apsiden, nur wenig in der Länge gestaffelt, angeschlossen. Die Emporen des Schiffs werden als zusätzliche Kapellen und Räume über die Querschiffe hinweggezogen. Aber anders als in St. Etienne wird hier eine Krypta errichtet, und am nordwestlichen Eingang zur Krypta und

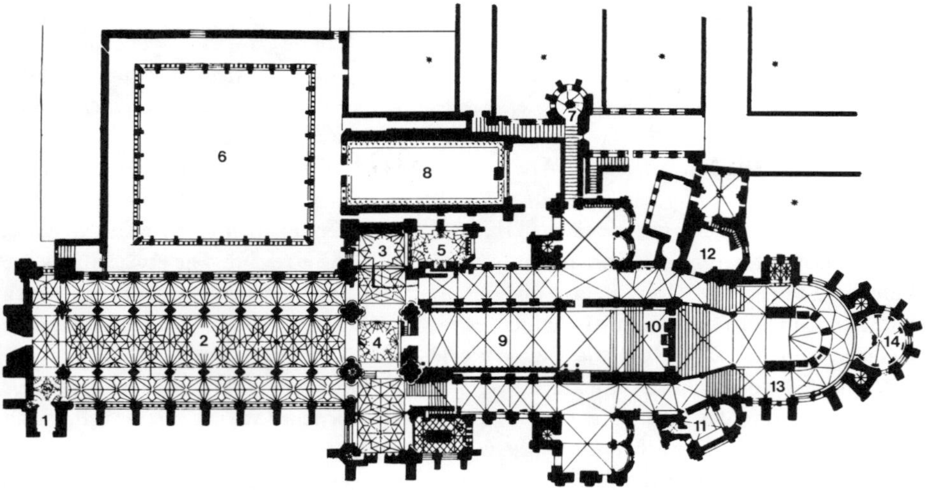


*Canterbury, Kathedrale, Grundriß 1 Nordvorhalle 2 Schiff 3 Martyrdom (Ort der Ermordung Thomas Beckets) 4 Vierung (Vierungsturm Bell Harry) 5 Marienkapelle 6 Kreuzgang 7 Wasserturm 8 Kapitelhaus 9 Chor 10 Altarraum mit dem Thron des Erzbischofs 11 St. Anselm-Kapelle 12 St. Andreas-Kapelle 13 Grab des Schwarzen Prinzen 14 Corona-Kapelle*

mit der Westwand der Krypta selbst und zwei ihrer westlichsten Säulen sind heute noch Spuren von Lanfranks Bautätigkeit zu sehen. Vom Kreuzgang aus kann man auch an der Nordwestseite des Vierungsturmes noch Spuren seines romanischen Vorgängers entdecken.

Nach kurzer Bauzeit, kürzer als die in Caen, weil hier sicher noch bedeutendere Einkünfte hinter dem Bauunternehmen standen, wurde 1077 die Weihe vollzogen. Damals waren sicher Chor, Vierung und Querschiffe und die ersten zwei, drei Joche des Schiffes vollendet. In den Jahren danach wird man noch am Schiff weitergebaut haben und hatte so Zeit, sich hier abweichend von St. Etienne eine neue Lösung für die Westfassade zu überlegen. Noch bis 1834 stand der nordwestliche Turm der Fassade Lanfranks, bis er dann, neugotischem Streben nach Einheitlichkeit gemäß, durch eine Kopie des in der ersten Hälfte des 15. Jahrhunderts erbauten Südwestturmes in perfektem Perpendicular ersetzt wurde.

Aus dieser Zeit kennen wir das Erscheinungsbild vom Turm Lanfranks gut. Im Gegensatz zu den Türmen von St. Etienne, die erst über einer glatt gespannten Fassade ausgebildet werden, setzte man hier Türme, die sich vom Boden an reich gegliedert und gestuft heraushoben. Eine andere Vorstellung von Fassade wird angedeutet, von der man gerne mehr wüßte. Das Innere der Türme scheint in die Emporen und Arkaden des Schiffs integriert gewesen zu sein. Fassade und Inneres besaßen so jeweils eigene Gestalt. Manche Reste sind noch unter den Dächern verborgen oder an versteckten Stellen aufzuspüren. Wichtiger ist, daß das Maß des Schiffs der Kathedrale Lanfranks bis heute die Gestalt der Kathedrale bestimmt.

Lanfrank hatte sicher einen Bau errichtet, der an Länge den angelsächsischen Vorgänger um das Doppelte übertraf, von Höhe und Volumen der Räume ganz zu schweigen. Aber er hatte auch die nach benediktinischer Regel reformierte Mönchsgemeinschaft um ein gutes Hundert Mönche erweitert. So konnte er die Ideale verwirklichen, die ihn aus seiner Heimat Oberitalien ins Kloster Bec in die Normandie geführt hatten, bevor er, statt dort als Scholaster die Studien zu leiten, Abt in Caen wurde. Damit wurde mehr Raum für Klostergebäude erforderlich, und ein neuer Palast für den Erzbischof kam hinzu, der Bereich des Close, der Immunitätsbezirk, mußte erweitert werden, auch wenn er damit noch nicht seine heute erhaltene spätmittelalterliche Größe erreichte. Die etwa 140 bis 150 Mönche nahmen für Gottesdienst und Chorgebet sicher den größten Teil der neuen Kathedrale in Anspruch, und so wundert es nicht, daß unter Lanfranks Nachfolger, dem Heiligen Anselm (1093–1109), die Kathedrale nach Osten verlängert wird.

Nach dem Tode Lanfranks hatte König William Rufus, der politisch nicht besonders erfolgreiche Sohn des Eroberers, den Sitz erst einmal vier Jahre vakant gelassen. In dieser Zeit konnte er über die reichen Einkünfte verfügen.

Mit Anselm kam einer der großen Gelehrten des hohen Mittelalters auf den Thron von Canterbury. Schon als Nachfolger Lanfranks als Leiter der Studien im Kloster Bec und seit 1079 als Abt hatte er sich mit seinen Schriften einen hohen Ruf erworben. Mit ihnen, seine berühmteste ist wohl ›Cur Deus homo‹ – Warum Gott Mensch geworden, versucht er gegenüber dem auch zu seiner Zeit geläufigen Atheismus und Unglauben den christlichen Glauben verständlich und rational erfahrbar zu machen. Dieser Wille zur wissenschaftlichen Durchdringung des Glaubens mit dem populären Prinzip ›Fides quaerens intellectum‹ – Glaube sucht Einsicht macht ihn zum ›Vater der Scholastik‹, die den Geist des noch folgenden Mittelalters prägt.

Anselm nahm das Amt, das ihm William Rufus in einem Augenblick der Furcht um sein Seelenheil bot, nur widerstrebend an. Und so kam es auch schnell zu Auseinandersetzungen, da der König nach ›normannischem Brauch‹ tief in das Handeln der Kirche eingriff. Gegen Ende der Regierung Williams II. befand sich Anselm im Exil. Er kehrte im Jahre 1100 zurück, als der König einem ›Jagdunfall‹ zum Opfer fiel. Aber mit seinem Bruder und Nachfolger Henry I. ergaben sich die gleichen Probleme und ein neues Exil von 1103–1106. Erst kurz vor seinem Tode 1109 tritt wieder Frieden ein.

Daher werden wegen seiner langen Abwesenheiten und politischen Inanspruchnahme auch oft die Bauarbeiten unter seiner Herrschaft dem jeweiligen Prior, dem mächtigen Leiter der Mönchsgemeinschaft zugesprochen. Sicher nicht völlig zu Unrecht. Aber wir wissen, daß Anselm z. B. alle Einkünfte, die ihm aus dem Besitz Petham zustanden, für den Bau zur Verfügung stellte. Und seiner hohen Einschätzung von der Stellung der Kirche muß der prachtvolle Bau, der entstand, als Ernulf (1096–1107) und Conrad (1108–1126) Prior waren, gut entsprochen haben. Ernulf war schon in Bec Schüler Lanfranks, Studienkollege Anselms gewesen, so daß die Leitung des Baues in vertrauten Händen lag. Als Ernulf 1107 Abt von Peterborough wurde, soll die hölzerne Decke des neuen Chores, fast eine zusätzliche Kirche, schon bemalt gewesen sein. Die allseits gerühmte Ausstattung, von deren fast byzantinischer Pracht außen im Bauschmuck und im weiten Raum der Krypta der Reichtum der Bildhauerarbeit und die selten zugänglichen Wandmalereien in der St. Gabriels Kapelle zeugen, wird gerne seinem Nachfolger Conrad als ›Conrad's glorious choir‹ zugeschrieben.

Eine Weihe des neuen Baues, der ja mit Schiff, Querschiffen und Chor samt den Kapellen und den darüber aufragenden Türmen einer zweiten Kirche gleichkam, wird erst für das Jahr 1130 berichtet. König Henry I. soll sie veranlaßt haben. An jedem der Altäre zelebrierte ein Bischof, voller Lichterglanz ließ die Farben aufleuchten, und der König schwor ›beim Tode Gottes‹, daß es wahrlich prächtig sei.

Von dieser Pracht ist heute nur noch in der Krypta eine Ahnung zu gewinnen. Schon beim Bau der Krypta, die besser als Unterkirche bezeichnet werden kann, ist die Bauabsicht der Mönche, des Priors und des Erzbischofs zu spüren. Eine bewegte Kathedralenlandschaft ist entstanden. Zwischen dem Schiff des Perpendicular, wie schon zum Schiff Lanfranks, und dem Boden der Oberkirche besteht ein Höhenunterschied von über drei Metern. Der Lettner bildet eine zusätzliche Schranke. So kann sich das anspruchsvolle liturgische Leben der Mönchsgemeinschaft abseits von Gedrängel und Lärm des Volkes im Schiff vollziehen, das seinem Lebensgefühl und seinen Bedürfnissen sicher etwas direkter Ausdruck gab, als es heute Touristen und Gläubige tun.

Unter den etwa 150 Mönchen waren die meisten zu Priestern geweiht. Damit war eine große Zahl von Altären erforderlich, um ihnen die Möglichkeit zu geben, ihre tägliche Messe zu lesen. Das macht verständlich, daß Unter- und Oberkirche in ein Ensemble von Kapellen verwandelt wurde.

Ein Blick auf den Grundriß macht ihre Zahl schon aus der Bauplanung erkennbar: je zwei in den Querschiffen und zusätzlich drei, die in den vom Chorumgang erreichbaren Kapellen untergebracht waren. Im Chor waren weitere Altäre aufgestellt. Und das galt und gilt für beide Etagen.

Eine so ausgedehnte, mit Fenstern versehene Krypta (Abb. 7) war und ist etwas Ungewöhnliches. Die Fenster sind zwar später zum großen Teil im Perpendicular vergrößert worden, aber an einigen Stellen ist der ursprüngliche Zustand noch zu sehen, besonders in den Kapellen. Vergleichbares gab es damals im Rheinland mit der Krypta des Kaiserdomes in Speyer. Und faszinierend ist es zu sehen, wie bis in die Details der Ausrichtung der Achsen der Zuschnitt des Grundrisses sich an die Krypta der Kirche St. Maria im Kapitol in Köln anschließt. Sie hat offensichtlich als Vorbild gedient.

Um sich ein Bild vom Zustand im frühen 12. Jahrhundert zu machen, muß man die spätmittelalterlichen Änderungen berücksichtigen. Nach dem großen Brand von 1174, der zum Neubau und zu der Verlängerung der Oberkirche führte, setzte man auch die Krypta nach Osten fort. Dabei wich die östliche Achskapelle der größeren Neuanlage, die im Schimmer des polierten Purbeck-Marmors und im weichen Licht des Kalksteins zu den schönsten Räumen der Kathedrale gehört.

Im späten Mittelalter wurde der vielverehrte Marienaltar im Zentrum der Krypta, Our Lady Undercroft, mit steinernen Schranken umgeben und mit einem (untergegangenen) schmiedeeisernen Gitter abgeschlossen. Diese goldschmiedehaft zierlichen Bildhauerarbeiten, bezauberndes Perpendicular, teils stark beschädigt, gehen entweder auf eine Stiftung des Black Prince oder der Lady Mohun zurück. Lady Mohuns Grab unterbricht etwas drastisch den Verlauf der Schranken. Und auch der Black Prince, der älteste Sohn König Edwards III., Held grausamster Kriegsführung im Frankreich des Hundertjährigen Krieges, hatte den Wunsch, nahe Our Lady Undercroft begraben zu werden. Schon 1363, lange Jahre vor seinem frühen Tod 1376, hatte er im Alter von 33 Jahren im südöstlichen Querhaus eine Grabkapelle gegründet und ließ dort zwei Priester Messen für das Seelenheil seiner Familie und Vorfahren lesen. Dazu wurden die beiden romanischen Kapellen in ein Beispiel der Perpendicular-Architektur von strahlender Leichtigkeit verwandelt. Hier fehlt die Farbigkeit der Ausstattung, die rings um den Altar Our Lady Undercroft noch zu ahnen ist. Das romanische Gewölbe läßt dort noch die Darstellung des bestirnten Himmels erkennen. In der Mitte der Sterne waren kleine Spiegel eingesetzt, die dann das Licht der Kerzen rings um das silberne Bild der Muttergottes funkelnd wiedergaben.

Aber als der Black Prince, der wohl nach der Farbe seiner Rüstung oder der Livree seiner Bediensteten und nicht nach der Schwärze seiner Seele die Bezeichnung der Schwarze Prinz trägt, 1376 starb, folgte man nicht seinem erklärten Willen, hier begraben zu werden. Neben dem Schrein des Heiligen Thomas in der Trinity Chapel werden wir ihm wiederbegegnen. Nur dort, fand man, sei der richtige Ehrenplatz für den großen Ritter des englischen Spätmittelalters.

Leider hat man in den letzten Jahren, in brennendem pädagogischem Bedürfnis, einen großen Teil des freien Raums im Westen der Krypta für Ausstellungszwecke zugebaut und verstellt. Trotzdem sollte man sich auf die Wanderschaft begeben und einmal die romanischen Kapitelle in ihrem Reichtum an Darstellungen studieren und sich an der Dekoration der Säulenschäfte freuen. Sie geben immer noch eine Ahnung vom romanischen Glanz, der König Henry I. zu so zweifelhaften Schwüren hinriß.

Nach der Weihe des Jahres 1130 mögen kleinere Bauarbeiten noch weitergegangen sein. Sicher hatte man bereits Mühe, die Türme über den Kapellen des Heiligen Andreas auf der Nordseite und des Heiligen Anselm auf der Südseite des Chores zu stützen. Der kostbare Wasserversorgungsplan aus der Zeit von Prior Wibert zeigt sie noch als betonten Ostabschluß des Baues. Da sie ihren lichten Unterbau an Kapellen in Krypta und Oberkirche zu sehr belasteten und da trotz aller Stützungsversuche immer wieder Einsturz drohte, sind sie zu Beginn des 14. Jahrhunderts abgetragen worden.

Der Wasserversorgungsplan ist ein überzeugender Beleg für die Bauaufgaben, mit denen sich Prior Wibert beschäftigt, nachdem er die durch die Baukosten zerrütteten Finanzen wieder in Ordnung gebracht hat. Neben der prachtvollen Kathedrale waren die Klostergebäude bescheiden geblieben. Sie werden nun den gestiegenen Ansprüchen angepaßt. Auch die hygienischen Vorstellungen wandeln sich. Der Wasserversorgungsplan, in dem wohl der Architekt und zugleich Ingenieur (wie Villard de Honnecourt oder Leonardo da Vinci) seine Vorstellungen festhielt, legt davon Zeugnis ab. Überrest dieser Mühen ist nahe der Fassade des nordöstlichen Querschiffes der Wasserturm (Abb. 6). Mit reichstem spätromanischem Bauschmuck versehen trug er im Obergeschoß eine Zisterne. Dieser hohe Standard der

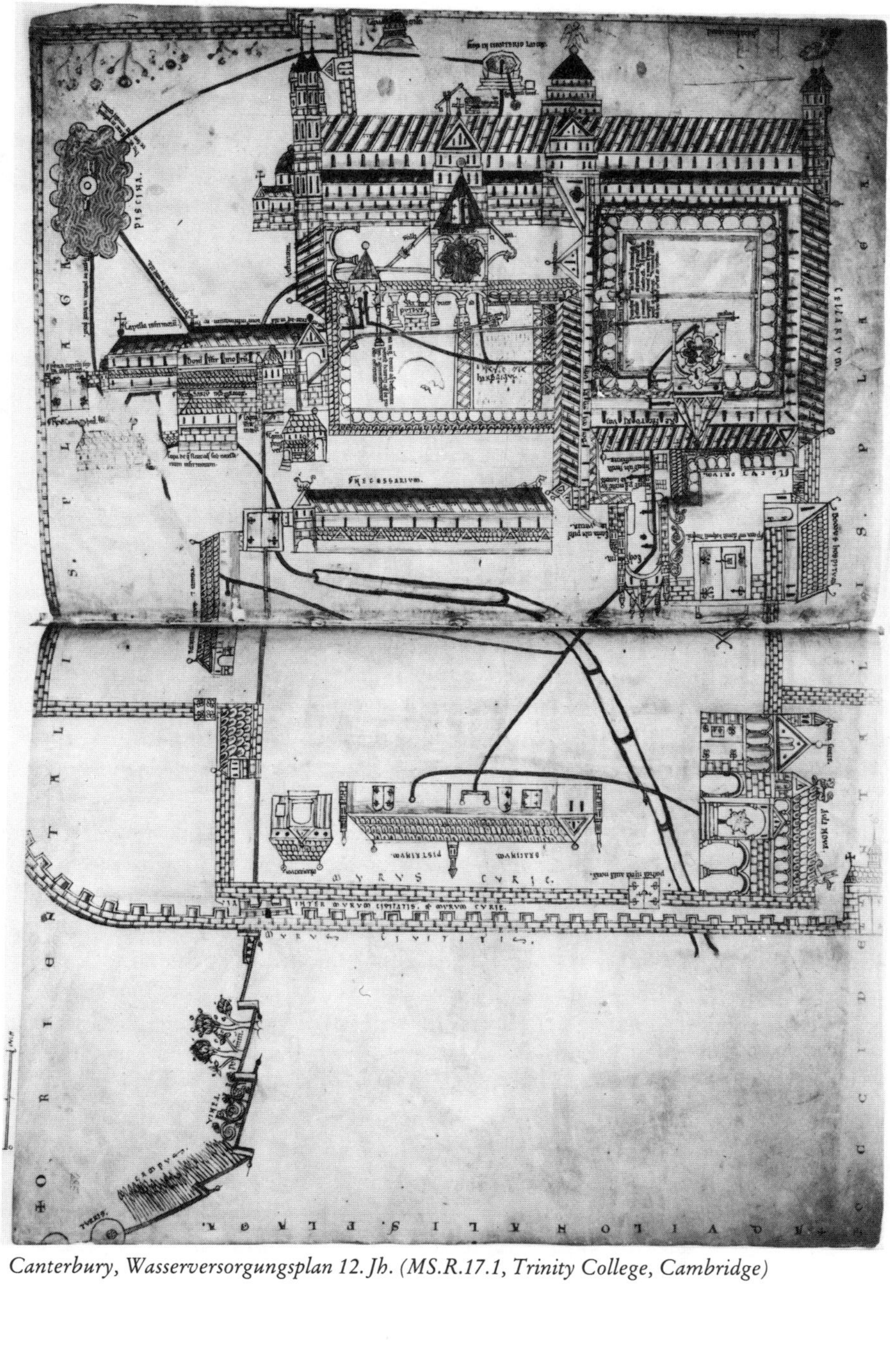

*Canterbury, Wasserversorgungsplan 12. Jh. (MS.R.17.1, Trinity College, Cambridge)*

Hygiene mag mit dazu beigetragen haben, daß 1349 nur vier der Mönche der großen Pestepidemie zum Opfer fielen.

An der Kathedrale selbst finden wir Prior Wiberts schmuckfreudige Bautätigkeit an den oberen Geschossen der kleinen Treppentürme wieder, die auf der Westseite der östlichen Querschiffe hochgezogen sind. Die Romanik hatte ihre letzte barocke Ausformung erreicht, man spielt und prunkt mit allen Formen, während in Frankreich das System gotischer Architektur entwickelt wird.

Dramatische Ereignisse sorgen wieder wie bei der Eroberung Englands 1066 und dem Brand des folgenden Jahres für eine Gelegenheit, Neues zu erbauen. Am 29. Dezember 1170 wird Erzbischof Thomas Becket im nordwestlichen Querschiff seiner Kathedrale ermordet. Der Bericht vom blutigen Ende des Kampfes zwischen Kirche und König in England, die Wunder, die am Schrein des Heiligen geschehen, die Heiligsprechung am 21. Februar 1173 haben schon eine populäre Pilgerfahrt entstehen lassen, als 1174 ein Brand in der Stadt auf die Kathedrale übergriff. Gerade am Tag zuvor, am 4. September, war Erzbischof Richard als Nachfolger des Heiligen mit seiner päpstlichen Bestätigung aus Rom zurückkehrend in Canterbury eingezogen.Vor dem Hintergrund dieser Ereignisse, die die Gemüter des Abendlandes bewegten, fiel nun die Entscheidung, gotisch zu bauen.

Das Leben des Heiligen Thomas Becket wird gerne in holzschnittartigem Schwarzweiß-Kontrast geschildert, das macht sich literarisch auf den ersten Blick immer sehr eindrucksvoll. Aber es trifft nicht zu. Rückblickend ist der Weg Thomas Beckets von bewundernswerter Konsequenz.

Aus gutbürgerlicher normannischer Familie stammend, war die einzige Aufstiegsmöglichkeit in ›bessere‹ Kreise ein Studium, das den Weg in die Verwaltung öffnete und fast zu adelsgleichem Rang erhob. Mit fünfzehn Jahren kam Thomas nach Paris, wo mit Petrus Abaelardus oder Petrus Lombardus nur zwei der Spitzenkräfte der frühen Scholastik zu erwähnen sind, die zu seiner Zeit dort lehren. Sieben Jahre später kehrt er nach England zurück, 1140, um wenige Jahre später, schon anerkanntes Mitglied des Hofes von Erzbischof Theobald von Canterbury, zu weiteren Studien nach Bologna zu reisen. Hier wurde gerade das Kirchenrecht unter Johannes Gratianus neu durchdacht und in die Form des Decretum Gratianum gegossen, das die nächsten Jahrhunderte bestimmen sollte. Das Verhältnis von Kirche und Herrscher spielt dabei eine entscheidende Rolle. In Italien begann auch Beckets endgültiger Aufstieg. In einer Disputation vor Papst Eugenius III. 1148 gewinnt er die Unterstützung des Papstes für den zukünftigen Herny II. Dieser war der Sohn Matildas, der Tochter Henrys I., und erhob Anspruch auf den englischen Thron gegen Stephen, den Sohn einer Schwester Henrys I. Nach kriegerischen Auseinandersetzungen und Verträgen konnte Henry II. nach dem Tode Stephens 1154 den Thron besteigen.

1155 wurde Thomas Becket, bis dahin Archidiakon der Kirche von Canterbury, Kanzler des Königs. Becket ist wenige Jahre älter als sein Herr, gewandter, erfahren bereits im politischen Geschäft, elegant im Auftreten, brillanter Verwaltungsfachmann und Diplomat. Bald verbindet beide eine enge Freundschaft. Sie wird zur Grundlage des drohenden Unheils. Nach dem Tode von Erzbischof Theobald 1161 bleibt der Sitz ein Jahr vakant. Das hatte immer noch den Vorteil, daß die Einkünfte in dieser Zeit in die Kasse des Königs gelangten. Aber zugleich fehlte der englischen Kirche der Primas, der zuständige Partner des Königs in den Auseinandersetzungen um Geld und Macht der Kirche. So kam Henry II. auf den Gedanken, seinen Freund auf den Thron von Canterbury zu erheben. Thomas soll ihn davor gewarnt haben, und angesichts des folgenden Dramas erscheint das glaubhaft. Als Theologe und Kirchenrechtler hätte Thomas seine Schulung, seine Studien, seine Diskussionen mit Johannes von Salisbury, dem zukünftigen Bischof von Chartres (1176–80) vergessen müssen. Aus ihren Gesprächen scheint Johannes von Salisburys ›Policraticus‹ entstanden zu sein. Thomas gewidmet, schildert der ›Policraticus‹ den von Gott beherrschten Staat, in dem der weltliche Staat den Körper, die Kirche aber die Seele darstellt, der sich der Körper unterzuordnen hat.

Hier entzündet sich der Konflikt, als Thomas 1162 am 2. Juni zuerst zum Priester und am 3. Juni 1162 zum Erzbischof geweiht wird. Er ergreift Besitz von seinem Amt, und das Amt ergreift ihn. Schnell wird der Wille Henrys sichtbar, die Kirche seiner Verwaltung zu unterwerfen. Verbrecherische Kleriker sollten vor sein Gericht, nicht mehr vor das der Kirche gezogen werden. Verkehr mit Rom, mit dem Papst sollte seiner Genehmigung bedürfen, mit den Konstitutionen von Clarendon sollte die Kirche fest in das im König gipfelnde Feudalsystem integriert werden. Thomas leistet Widerstand. Mit teils kleinlichen Streitigkeiten und Prozessen soll er gebrochen werden, aber er flieht ins Exil nach Frankreich am 2. November 1164. Papst Alexander nimmt sich seiner an. Erst nach langen und bitteren Auseinandersetzungen gelingt es, scheinbar Frieden herzustellen. Am 24. Nobember 1170 kehrt Thomas nach Canterbury zurück, triumphal von der Bevölkerung empfangen. Noch einmal exkommuniziert er die Bischöfe, die den jungen König Henry, Sohn Henrys II., im Juni gegen seinen und des Papstes Willen gekrönt hatten. Die Krönung eines englischen Königs stand dem Erzbischof von Canterbury zu. Die Exkommunikation scheint den Zorn Henrys II. so entfacht zu haben, daß verhängnisvolle Äußerungen fielen und die Ritter Reginald Fitz Urse, William de Tracy, Hugh de Morville und Richard Brito aufbrachen, um ihrem Herrn Genugtuung zu verschaffen. Aus seiner Wut erwachend und Böses ahnend schickte Henry noch Boten hinter ihnen her, um sie aufzuhalten. Vergeblich.

Am 29. Dezember 1170 treffen die vier mit bewaffneter Begleitung, die sie in des Königs Namen requiriert haben, nachmittags in Canterbury ein. Sie verlangen die Aufhebung der Exkommunikationen. Thomas weigert sich, der Papst habe sie veranlaßt, erst müsse Genugtuung geleistet werden. Diese Auseinandersetzung geschieht noch im Palast des Erzbischofs. Die Ritter ziehen sich zurück, um mit Waffen den Forderungen Nachdruck zu verleihen; Thomas begibt sich zur Vesper in seine Kathedrale. Die zurückgekehrten Ritter folgen ihm fast auf den Fersen. Im nordwestlichen Querschiff entbrennt ein neuer Disput. Statt in der winterdunklen Kathedrale sich zu verbergen, tritt Thomas den Rittern entgegen. Bald fallen die ersten Schwerthiebe, der dritte Schlag, von der Hand Richard Britos geführt, öffnet Thomas' Schädel, legt das Gehirn frei. Das Schwert zerbricht dabei am Boden. Ein abgewetzter Stein im Boden des Querhauses zeigt noch heute den Ort des Geschehens.

Hugh de Morville hatte mit gezückter Waffe die herbeigeströmte Bevölkerung zurückgehalten. Nun kommt sie näher, taucht Stoff in das Blut, versucht es in Fläschchen aufzufangen. Nach einer Nachtwache der Mönche am aufgebahrten Leichnam fand dieser ein erstes Grab in einem Marmorsarkophag in der Krypta. Ohne Messe, war doch die Kathedrale durch das Vergießen von Blut entweiht. Schnell zeigen sich die ersten Wunder, eine der großen Pilgerfahrten des Mittelalters beginnt. Noch lange nach Chaucers ›Canterbury Tales‹ des späten 14. Jahrhunderts ist sie lebendig, bis sie König Henry VIII. zum Erliegen bringt.

König Henry II. fiel auf die Nachricht von Thomas' Ermordung in Entsetzen und Trauer. Obwohl bei der päpstlichen Exkommunikation der Mörder und ihrer Helfer nicht mit Namen genannt, war ihm verboten, eine Kirche zu betreten. Päpstliche Legaten überwachten seine Buße, und vor seinem ganzen Volk, dem hohen Klerus Englands, büßt er am 12. Juli 1174 am Grabe seines inzwischen heiliggesprochenen Gegners. Barfuß, nur mit einem Wollhemd bekleidet, zieht er in die Krypta. Inzwischen umschloß ein steinernes Gehäuse den Sarkophag. Durch eine der niedrigen Öffnungen, die man für die Pilger gelassen hatte, steckt er seinen Kopf und berührt den Marmor, der ihn in Verbindung mit Thomas bringt. Jeder der anwesenden Prälaten versetzt ihm fünf Schläge mit der Geißel, jeder der Mönche Canterburys drei weitere. (Sehr intensiv können sie allerdings nicht ausgefallen sein, sonst hätte er das wohl kaum überlebt.) Die anschließende Nacht verbringt er am Grabe im Gebet, ohne Speise oder Trank. Ein Politiker der Gegenwart hätte wohl längst von seinem Amt zurücktreten müssen in Henrys Position, aber hier trägt das Amt aus göttlicher Gnade den Herrscher, und Sünden können noch abgebüßt werden.

Das Feuer, das am 5. September 1174 ›Conrad's glorious choir‹ in Flammen setzte, brach nahe dem Südwestturm aus Lanfranks Zeiten im Hause Lambin Freses, des Münzers aus. Es breitete sich auf benachbarte Häuser aus, bald flogen Funken auf den Chor der Kathedrale, und das große Werk aus der Zeit des Heiligen Anselm verwandelte sich in Asche, geschmolzenes Blei, kalziniertes Mauerwerk und zerborstene Fenster. Die Mönche standen entsetzt vor den Ruinen ihres stolzen Baues und beschlossen, ihren Besitz rings um die Kathedrale weiter auszudehnen, freien Raum zu schaffen, um die Brandsicherheit zu erhöhen. Um den Wiederaufbau in Gang zu bringen, riefen sie eine Architektenkommission zusammen.

Über kein mittelalterliches Bauunterfangen sind wir so gut unterrichtet wie über die nächsten Jahre des Wiederaufbaues in Canterbury. Das verdanken wir Gervasius, Mönch und Chronist des Klosters und seiner Bischofskirche. Aber je genauer sein Bericht ist, und er versteht einiges von den Problemen zeitgenössischer Architektur, desto mehr Fragen entstehen für uns und bleiben ungelöst.

Architekten aus England und aus Frankreich, aus allen Bereichen des angevinischen Königreiches und darüber hinaus werden zusammengerufen. Das Konferenzergebnis war geteilt. Einige meinten, eine normale Reparatur wäre möglich, andere plädierten für Abriß der Reste und einen Neubau. Mit der Berufung des Architekten Wilhelm von Sens siegte die zweite Partei, aber der Sparsamkeitswille der Mönche verlangte, daß die Außenmauern des

*Chaucers Pilger auf dem Weg nach Canterbury, Holzschnitt des 16. Jh.*

Baues mit den hohen und weiten Fenstern aus Anselms Zeit erhalten blieben. Ein Kompromiß, den man heute beim Gang durch den Bau kaum spürt und der zum Reichtum der Formen nur beiträgt. Auch das Untergeschoß der östlichen Querhäuser und die beiden Kapellentürme am Chorumgang mit ihrem Reichtum spätromanischer Dekoration blieben stehen.

Wilhelm von Sens leitet die Bauarbeiten bis 1178. In diesem Jahr stürzt er, während er Bauarbeiten am Gewölbe leitet, mitsamt dem Gerüst zu Boden. Schwerverletzt versucht er noch einige Zeit, die Bauarbeiten vom Krankenlager aus zu leiten. Vielleicht diente ihm während dieser Zeit Gervasius als sachkundiger Zwischenträger. Aber der Versuch scheitert; ein Architekt mußte die Baustelle im Blick behalten. Wilhelm von Sens kehrt über den Kanal zu den Seinen zurück.

Dabei denkt man natürlich an Sens, aber Gervasius sagt bedauerlicherweise nichts dazu. Und zumindest ist nicht nur die Kathedrale von Sens das Vorbild Wilhelms von Sens gewesen, der vielleicht dorther stammte und mit diesem Namen, da sich Thomas Becket dort lange im Exil aufgehalten hatte, gut renommieren konnte.

In Sens betonte man die Joche durch einen Wechsel von Zwillingssäulen und massigen Bündelpfeilern, die den Gurtbogen tragen. Wilhelm von Sens greift mit seinen Pfeilern, im Wechsel rund und achteckig, auf die nur Rundpfeiler verwendenden Kathedralen in Paris oder Laon zurück. Aus Laon mag auch das Motiv der dünnen, mit Schaftringen betonten Dienste stammen, das hier in dunklem Purbeck-Marmor zu neuem Prunk gerät. Aber auch dieser Farbkontrast hat wohl kontinentale Vorbilder im Bau z. B. der untergegangenen Kathedrale von Arras. Hier lag die Verwendung des dunklen Marmors aus dem Bereich von

Namur und Tournai nahe. An den Vierungspfeilern in Canterbury liegt er wie ein dunkler Schleier vor dem hellen Kalkstein, in der Konzeption ähnlich einigen Pfeilern in den Seitenschiffen der Kathedrale Notre-Dame von Paris. Aus diesem Bereich des Nordostens Frankreichs und aus dem Westen des heutigen Belgien, von Sens bis Tournai, stammen auch die Vorbilder und Anregungen, sicher auch die Bildhauer, die den fast spätantiken Reichtum an Kapitellen in Kalkstein aus Caen produzieren.

Je drei statt eines Dienstes über den Rundpfeilern nehmen über den achteckigen Pfeilern den Gurtbogen des sechsteiligen Gewölbes entgegen. Stärker werden die Grenzen der Joche nicht betont.

Über den Arkaden werden die Öffnungen des Triforiums im Chorbereich, dessen Bau Wilhelm von Sens leitete, in je zwei Bögen zusammengefaßt. Er hatte sogar begonnen, statt eines dunklen Triforiums hier eine durchlichtete Empore einzurichten. Aber das ist bereits einer der Punkte, an denen sein Nachfolger William der Engländer ändernd eingreift. Er zerlegt jenseits der beiden Kapellentürme die Empore in vier spitzbogige Arkaden, ein strafferer Rhythmus prägt das Bild. Auch sonst scheint der englische Wilhelm ein sehr fortschrittlicher Architekt gewesen zu sein. Er bekommt die Chance, das zu beweisen. Schon Wilhelm von Sens hatte einen neuen Chorabschluß geplant. Wir wissen nicht genau, was er vorgesehen hatte. Erst der ›Engländer‹, der noch bis zu seiner Berufung nach Canterbury auf dem Kontinent gearbeitet haben muß, legt nun die Fundamente für die Trinity Chapel, die Kapelle der Dreieinigkeit, in der der Schrein des Heiligen Thomas Becket aufgestellt werden sollte. Er kann nicht mehr ändern, daß der Obergaden niedrig gerät, die Fenster sogar erst oberhalb des Ansatzes der Gewölbe beginnen. Aber statt des einen Fensters, das Wilhelm von Sens im Chor der Mönche mit ›normannisch‹ innen vorgelagertem Laufgang erbaut hatte, setzt er zwei. Und er importiert eine sensationelle Neuerung vom Kontinent. Ende der siebziger Jahre hatte man in Paris ein erstes Mal Strebebögen über den Dächern der Seitenschiffe errichtet. Sie sind später durch modernere ersetzt worden. In Canterbury sind, knapp über den Dächern, an der Trinity Chapel des englischen William die ältesten gotischen Strebebögen erhalten. Auch der dreigeschossige Aufbau der Wand, nach dem Vorbild von St. Denis oder Sens, sollte sich ja mit Chartres als zukunftweisend bestätigen. In Canterbury aber und in der ganzen englischen Gotik bleibt man in den Vorstellungen von der Höhe eines Schiffes bescheiden. In Canterbury wird das Schiff durch die doppelte Stufung der Treppenanlagen nach Osten sogar immer niedriger, engt sich schützend, rahmend um den Schrein des Heiligen.

Als Krönung schließt sich innen rund, außen turmartig die Ostkapelle an. Sie wird nach dem Teil des Schädeldecke des Heiligen Thomas Becket, der dort verehrt und in einem Reliquiar gezeigt wurde, auch ›Corona‹ genannt (Abb. 8). So erhält außen und innen der Ostteil mit der Trinity Chapel, die sich zwischen den abgearbeiteten Mauern der Kapellentürme durchdrängt, ausweitet und rundet, und der Corona eine fast barocke Bewegung. Ein einzigartiges Ereignis an dem Bauwerk, mit dem die Gotik in England Fuß faßt.

1 CANTERBURY Gotischer Chor ▷

2 CANTERBURY Kreuzgang

3 CANTERBURY Oxenden-Fenster von 1336

4 CANTERBURY Schiff ▷

5 CANTERBURY Grabdenkmal des Schwarzen Prinzen

6 CANTERBURY Unterkonstruktion des Wasserturms

7 CANTERBURY Krypta

8 CANTER-
BURY
Gewölbe der
Corona

9 DURHAM von Westen

10 DURHAM Türzieher am Portal der Nordseite

12 DURHAM Kathedrale von Norden
◁ 11 DURHAM Schiff nach Osten
13 DURHAM Strebebögen

14 DURHAM Neville-Screen als Chorabschluß

15 DURHAM Inneres der Galiläa-Kapelle

16 ELY Ostfenster der Marienkapelle

17 ELY Portal des Priors

18 ELY Bischof Alcocks Grabkapelle

19 GLOUCESTER Stützbögen der Querhäuser

20 GLOUCESTER Kathedrale von Nordosten

21 GLOUCESTER Chor nach Osten ▷

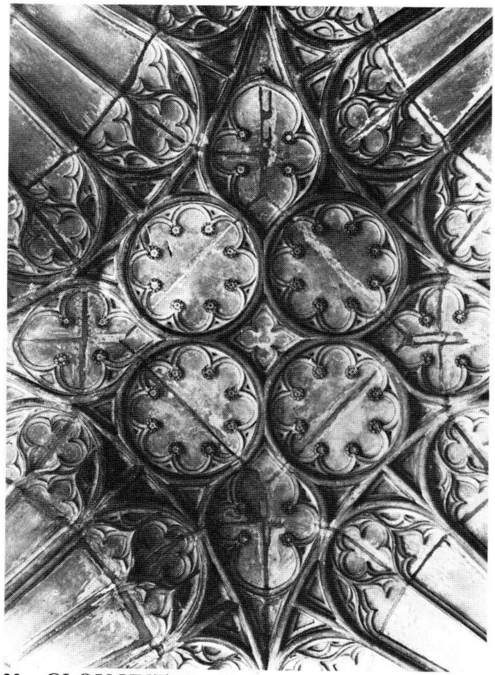

22 GLOUCESTER Chorgewölbe, Ausschnitt
24 GLOUCESTER Ostwand des südlichen Querhauses

23 GLOUCESTER Kreuzgang, Fächergewölbe
25 GLOUCESTER Grabdenkmal für König Edward II.

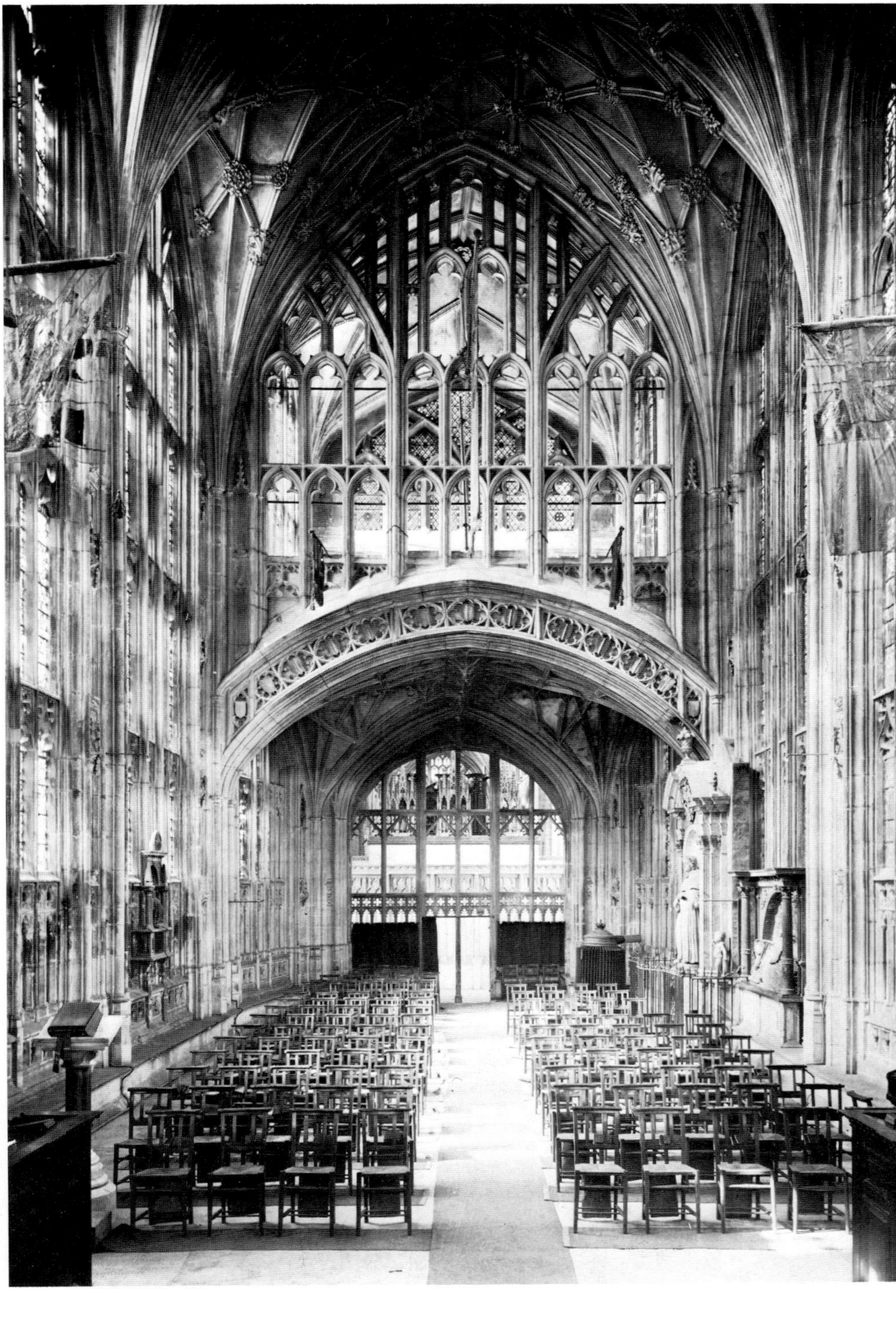

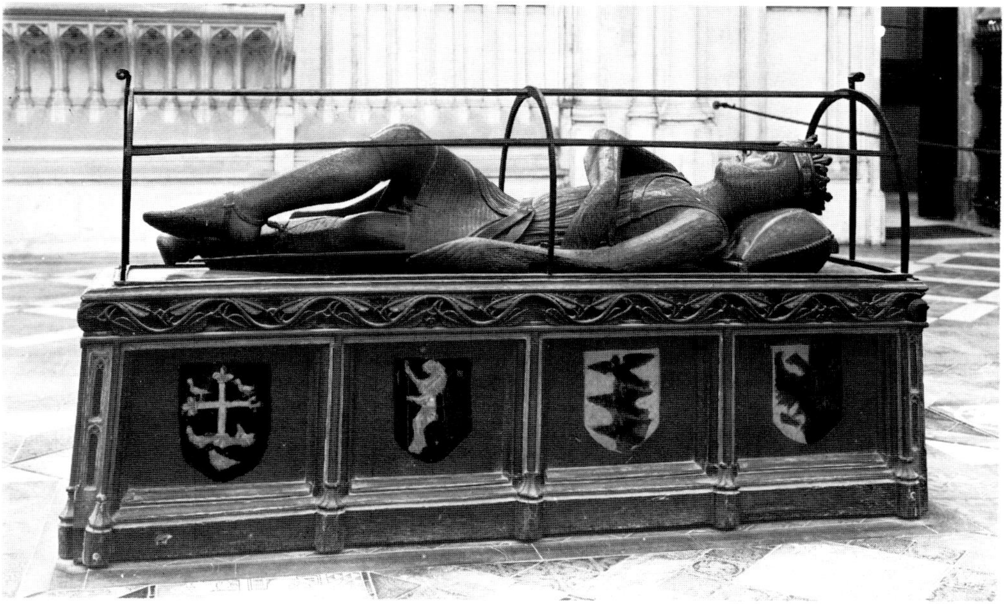

27 GLOUCESTER Grabmal des Robert Kurzhose, Herzog der Normandie

◁ 26 GLOUCESTER Blick von der Marienkapelle zum Chor

29 LINCOLN Hauptportal der Westfassade ▷

28 LINCOLN Sedilia mit Ostergrab im Chor

Größer, höher, prächtiger als der Vorgängerbau aus der Zeit des heiligen Anselm, dazu ein aufschlußreiches Beispiel modernster Architektur war das Bauwerk binnen zehn Jahren vollendet. Das ist für mittelalterliche Verhältnisse ein Rekordtempo und auch heute noch erstaunlich. Bereits 1180 hatten die Mönche, voller Ungeduld drängend, ihren erneuerten Chor beziehen können. Vier Jahre später waren die Bauarbeiten abgeschlossen. Nur einmal, 1183, hatte man sie aus Geldmangel unterbrechen müssen. Zu diesem Zeitpunkt hatte das Tempo des verschwenderischen Bauens in kostbarsten Materialien das Geld schneller verbraucht, als Pilger und Einkünfte des Konventes Nachschub erbrachten.

Schon mit dem fortschreitenden Bau hatte man die Fenster geplant und eingesetzt. Die unvorhergesehene Verlängerung hatte sogar zu einer Erweiterung des Programms geführt. Heute sind die Fenster fast alle in den großen Perpendicular-Fenstern im Westen des Schiffs und im südwestlichen Querhaus zusammengetragen. Im Obergaden finden sich heute Kopien des 19. Jahrhunderts. Aber erkennbar ist noch, daß der ursprüngliche Plan die Vorfahren Christi nach Lukas schilderte und daß, als mehr Fenster erforderlich waren, dieser durch Personen aus der Genealogie, die Matthäus aufzählt, erweitert wurde.

Reiche Bestände mittelalterlichen Glases sind auch auf der Nordseite des Chores noch zu sehen, aber das ist nur ein zusammengestückeltes Puzzle einstigen Glanzes einer ganzen Serie von Fenstern zur Lebensgeschichte Thomas Beckets. Auch die leuchtende Pracht der Fenster der Corona ist nur noch zum Teil mittelalterlich, in den Jahrzehnten vor 1200 entstanden. Im Zentrum Szenen aus dem Leben, aus der Passion Christi, rechts aus dem Leben des Heiligen Thomas mit den ältesten Darstellungen seiner Schreine. Das linke Fenster, der Baum Jesse, ist dagegen fast völlig eine Erfindung des 19. Jahrhunderts.

Im Zentrum der Trinity Chapel stand seit der feierlichen Übertragung der Reliquien im Jahre 1220 der kostbare Schrein, um den sich die Scharen von Pilgern drängten. Viele von tiefer Sehnsucht nach Heilung bewegt, viele vom Wunsch nach Fürsprache des Heiligen getrieben, viele von geradezu moderner Reiselust gereizt, wie sie uns Geoffrey Chaucer Ende des 14. Jahrhunderts in seinen lesenswerten ›Canterbury Tales‹ schildert. Das Gedränge der Pilger über Jahrhunderte hat den kostbaren Bodenbelag rings um die steinerne Basis des Schreins abgeschliffen und poliert, und fast als Rinne ist der Boden nahe dem Schrein ausgehöhlt.

Westlich des Schreins, westlich seines ehemaligen Standortes, liegt ein aus kostbaren Steinen geschnittenes Mosaik, opus alexandrinum. Außen schmücken den Boden runde Steinscheiben, in die Darstellungen von Löwen und Greifen, den Sternzeichen des Zodiacus, Monatsdarstellungen, Tugenden, die Laster besiegen, und manches Monster eingetieft sind. Sicher liegen die Steinscheiben, in die man wieder farblich kontrastierende Steine als Hintergrund eingelegt hat, nicht mehr in der ursprünglichen Anordnung. Aber beim Schimmer des Marmors des Säulen, mit der Vorstellung der einst farbig betonten Kapitelle, der Fenster und Wandmalereien, die meist untergegangen sind, kann man sich in die einstige Pracht hineinträumen.

◁ 30 LINCOLN Kapitelhaus

Hier wurde dann ein- oder zweimal am Tage die Schutzhaube des Schreines mit Hilfe eines Flaschenzuges, der am Schlußstein des Gewölbes befestigt war, hochgezogen. Der Glanz des wohl kostbarsten Schreines der Christenheit erstrahlte, an dem ›das billigste Material Gold war‹. Unter der Leitung des Kunstsachverständigen Elias of Dereham, Domkapitular in Salisbury, und des Sakristans Walter of Colchester des Klosters St. Albans hatte man 1216 den Schrein begonnen. So war er rechtzeitig im fünfzigsten Jahr des Martyriums des Heiligen vollendet und konnte auf den Schultern von Erzbischof Stephen Langton, einem der Hauptbetreiber der Magna Charta, vom päpstlichen Legaten, von dem jungen König Henry III. und vom Erzbischof von Reims, der auch die Messe zelebrierte, in die Trinity Chapel übertragen werden.

Zahllos war der Schmuck an Edelsteinen über dem kostbaren Gold und vergoldeten Silber. Zentrum der Bewunderung war aber immer der große Rubin, der einst 1179, als Louis VII., König von Frankreich, dem Heiligen seine Verehrung erwies, auf wunderbare Weise von seinem Finger sprang. Seit der Zerstörung des Schreins 1538 schmückte er die Hand Henrys VIII. Manches an späteren Änderungen wissen wir aus den erhaltenen Rechnungsbüchern, zahllose Stiftungen von kleinen Goldperlen armer Handwerker bis zu königlichen Geschenken kamen hinzu. Für vornehme Gäste, wie den Humanisten Erasmus von Rotterdam und seinen Begleiter Colet im Jahre 1513, nahm der Prior sogar einen weißen Zeigestock und erklärte die Geschenke einzeln den neugierigen Touristen.

Den fünfzigsten Jahrestag hatte man bewußt und geschickt gewählt und ließ sich nach römischem Vorbild ein Jubeljahr alle weiteren fünfzig Jahre genehmigen, in dem allen Gläubigen nach Beichte und Absolution vollkommener Ablaß sicher war und die Spenden reichlicher als sonst flossen. Allerdings reichten die Spenden des Jahres 1220 nicht einmal – und sie wurden nie wieder übertroffen –, um die Kosten des großen Festes der Translation am 7. Juli 1220 zu bezahlen.

Damit ist für große Bauarbeiten an der Kathedrale auch erst einmal das Geld ausgegangen, und Ruhe kehrt ein. Für die Translation der Reliquien hatte Erzbischof Stephen Langton die von seinem Vorgänger Hubert Walter begonnene große Halle des erzbischöflichen Palastes vollendet. Allerdings auf Kredit, und erst Erzbischof Bonifatius (1245–70) vermerkt, daß seine Vorgänger zwar wohl daran getan hätten, die Halle zu errichten, aber er sei der eigentliche Erbauer, da er ihre Schulden bezahlt habe. So hatte jeder seinen Stolz.

Heute sind nur noch spärliche Reste der Halle, in Bauten des 19. Jahrhunderts einbezogen, erhalten. Sie zeugen aber noch von der neuen Blüte gotischer Architektur, die sich in Kent vorbereitet. Die Bauarbeiten, die im 13. und frühen 14. Jh. an der benachbarten Abtei St. Augustinus, der bedeutenden Konkurrenz der Kathedrale, deren Ruine vor den Mauern der Stadt man einen Besuch abstatten sollte, bilden die Grundlage zur Entwicklung des Perpendicular. Die wichtigste Rolle spielen dabei die königlichen Architekten Michael und Thomas von Canterbury, deren Leistung mit der Kapelle St. Stephen im Palast von Westminster die Formen des Perpendicular bei Hofe einführen und zur Mode machen.

Mit der Translation der Reliquien war auch die Würde des Priors gesteigert, seine Bedeutung gewachsen. Er erhielt das Recht, die Mitra zu tragen und den Bischofsring zu führen. Das scheint Ende des 13. Jahrhunderts Prior Thomas of Ringmere zu Übermut verführt zu haben. John Peckham, der erste Franziskaner auf dem Thron von Canterbury, setzt ihn deshalb ab. So gewarnt wird 1285 Henry of Eastry zum Prior gewählt. Er konzentriert sich hauptsächlich auf die Modernisierung der Klausurgebäude. Unter anderem richtet er einen eigenen Raum zum Rasieren der Mönche ein. Auch in der Kathedrale dienen seine hohen finanziellen Investitionen dem Chor der Mönche. Er läßt die Chorschranken errichten, die den Raum des Chorgebetes der Mönche von den Scharen lärmender Pilger trennen. Hier erscheinen, Ende des 13. Jahrhunderts zusammen mit dem Chorgestühl begonnen und 1304/5 vollendet, Leitformen des späten Decorated mit den Kielbögen des Maßwerks und den Zinnen des abschließenden Gesimses. Teils noch vergoldet und farbig gefaßt, wirken die Chorschranken weniger als Steinmetzarbeit, sondern mehr als das Produkt eines Goldschmiedes.

Bald danach trägt man endlich die schon immer gefährdeten Türme über den Kapellen der Heiligen Augustinus und Anselm ab. Damit ist die Möglichkeit geschaffen, in der Kapelle des Heiligen Anselm, an der Südseite des Chores, ein größeres Fenster einzurichten. Das geschieht allerdings erst 1336 unter Prior Richard Oxenden, dem Nachfolger von Henry of Eastry.

Nahe dem zukünftigen Standplatz des Schreins des Heiligen Thomas hatte zu Beginn des 13. Jahrhunderts bereits Erzbischof Hubert Walter sein Grab gefunden. Er war unter Richard Löwenherz und seinem Bruder und Nachfolger Johann Ohneland der bedeutendste Staatsmann des Landes. Am deutlichsten sprach das der politisch nicht sehr erfolgreiche König John selbst aus, als er vom Tode Hubert Walters (1193–1205) hörte: »Jetzt bin ich wirklich König von England.« Womit er sich allerdings getäuscht hatte, denn die Streitigkeiten mit dem Nachfolger Stephen Langton (1207–1229) führten schließlich zur Beschränkung der Macht des Herrschers in der Magna Charta von 1215. Weniger ist man sich meist bewußt, daß unsere Zitierweise der Bibel nach Kapiteln und Versen ebenfalls eine Schöpfung von Stephen Langton ist, der hier als Gelehrter für Ordnung sorgte. Er liegt in der kleinen Kapelle begraben, die sich östlich an das südwestliche Querhaus anschließt.

Einen Ehrenplatz nahe dem Schrein erhielt erst wieder der Volksheld und Publikumsliebling Edward of Woodstock, der Schwarze Prinz. Wir sind ihm bereits in der Krypta begegnet, wo er eine Chantry mit zwei Priestern gestiftet hatte und dort auch sein Grab wünschte. Der Konvent der Mönche entschied anders. Diese zusätzliche Attraktion für die Pilgerscharen sollte nahe dem Schrein des Heiligen Thomas stehen. Und so geschah es. So wie sich seine Popularität bis heute gehalten hat, so hielt sich auch sein Grab.

Von kantigem, zinnenbewehrtem Gitter umgeben liegt der Held des Hundertjährigen Krieges gegen Frankreich, vor dessen blutiger Kriegsführung die Franzosen zitterten, auf hohem Sockel aus Purbeck-Marmor (Abb. 5). Acht emaillierte Schilde mit dem Straußenfederwappen seiner Gemahlin Philippa von Hainault und acht mit seinem eigenen, das die französische Lilie und den englischen Löwen zeigt, sind ringsum angebracht. Die Straußenfedern führen seitdem die Prinzen von Wales als Thronfolger im Wappen, und populär blieb auch sein Motto »Ich dien'«, das er selbst als Unterschrift benutzte: »De par Homout Ich

dene« – Rittertum par excellence. In voller Kriegsrüstung, in Bronze gegossen und vergoldet, liegt sein stolzes Bild auf dem Sockel, gerahmt und geschützt von einem steinernen Baldachin, der auf der Unterseite eine Darstellung der Trinität aus Holz trägt. Die Hoffnung des Toten, Gott zu schauen, wird Bild. Über dem Baldachin sind die Zeichen seines Rittertums, Helm, Schild, Rock und andere Teile seiner Ausrüstung, aufgehängt (Farbt. 14). Die Originale, die nahebei in einem Glaskasten untergebracht sind, zierten einst seine feierliche Beerdigung im Jahre 1376.

Schon ein Jahr zuvor hatte Erzbischof Simon Sudbury den Thron von Canterbury bestiegen und den Plan gefaßt, das baufällige Schiff aus der Zeit Lanfranks zu erneuern. 1377 krönte er den Sohn des Schwarzen Prinzen, den gerade zehnjährigen Richard II. Die unruhigen Zeiten, die nun folgen und die im Bauernaufstand unter Wat Tyler gipfeln, behindern nicht den Bau des Schiffes, eine der großen Leistungen des Perpendicular. Selbst als Erzbischof Simon Sudbury von den Aufständischen gefangengenommen wird, die ihn für den Planer unbeliebter Steuern halten und im Tower von London köpfen lassen, gehen die Bauarbeiten weiter.

Nach kleineren Arbeiten in den westlichen Querhäusern beginnt man 1377 mit den Bauarbeiten in den Seitenschiffen, trägt dann zwischen den Westtürmen, die vorerst stehenbleiben, und dem romanischen Vierungsturm das ganze Schiff ab. Damit hat der Architekt anders als in Winchester freie Hand, um den Aufbau seines Schiffes zu entwerfen. In Winchester wird unter Beibehaltung des romanischen Mauerwerks nur umgebaut. In Canterbury kann der Architekt auf schlanken, hohen Pfeilern einen hallenartigen Raum mit faszinierenden Durchblicken konzipieren (Abb. 4). Die neuen Arkaden zu den Seitenschiffen haben die Höhe der alten und der Emporen dazu. Die hohen Seitenschiffenster erhellen den Raum, die kaum auffallenden Fenster des Obergadens geben eigentlich nur dem Netzwerk der Gewölberippen Relief und Licht. So ist fast eine Hallenkirche zustande gekommen. Beim Betrachten tritt die große plastische Durchgliederung der Pfeiler in den Vordergrund. Dafür greift man sogar auf die frühgotischen Schaftringe zurück. Weit vortretend ziehen die Pfeiler an den Fenstern des Obergadens vorüber und lassen mit dem zierlichen Netz von Liernen und Tiercerons fast schon das Fächergewölbe ahnen. Die Maßwerkgliederung der Obergadenfenster, schmal und tief in den Raum greifend, ist bis zum Gesims über den Arkaden durchgezogen. Die Öffnungen zum Raum über den Dächern der Seitenschiffe, von kleinen quadratischen Fenstern mit eingeschriebenem Vierpaß beleuchtet, sind kaum zu erkennen. Auch die hohen Fenster der Seitenschiffe treten mit ihrer kleinteiligen Gliederung in den Hintergrund, mehr rechteckiges Raster als gotisches Maßwerk. Die übergreifenden Lanzettformen sieht man erst auf den zweiten Blick, der dann auch das Spitzengewebe der gestaffelten Arkaden im Abschluß des Fensters entdeckt.

Lange hat man diese strenge und gelungene Architektur dem vielgerühmten Henry Yevele zugeschrieben. Aber seine Verbindung mit Canterbury zu dieser Zeit beschränkt sich auf

◁ *Canterbury, Wandaufbau in der Corona-Kapelle und im Schiff*

Arbeiten an der Stadtmauer. Hier ist er zuständig und liefert auch für den Teil, der zum Bereich der Kathedrale gehört, in umfangreichem Maß das notwendige Material. Im Zusammenhang mit den Arbeiten an der Stadtmauer wird er auch erstmals 1385 erwähnt, als das Schiff bereits seit fast zehn Jahren im Bau ist. Die dürftigen Hinweise der schriftlichen Quellen, Ausnahmeregelungen von Gerichtsverpflichtungen und Stellung von Gewändern durch den Prior, weisen eher auf John Box als ersten Architekten bis 1376. Da aber der Baubeginn des Schiffes 1377 liegt, mag damals bereits Thomas of Hoo als sein Nachfolger die Planung in seine Hand genommen haben. Seit dem Ende des 14. Jahrhunderts bis nach 1416 tritt Stephen Lote als dessen Nachfolger ein, er mag beim Entwurf der Gewölbe sich beteiligt haben.

Die Gewölbe verhelfen dem, was mit den hohen Arkaden zu den Seitenschiffen und der geschlossenen Maßwerkführung in Triforium und Obergaden angelegt ist, zum Erfolg. Elf unterschiedlich kräftige Rippen werden jeweils zusammengefaßt, fast schon in Form eines Fächergewölbes. Die für englische Verhältnisse zarten und zurückhaltenden Schlußsteine unterbrechen nicht den Fluß der Linien. Dabei treten zu den durchgezogenen Gurtbögen und Diagonalrippen die zarter gezeichneten Tiercerons. Sie gehen von den Diensten aus. Das eigentliche Sternmuster rings um das durch die Scheitelrippen betonte Grundgerüst wird dann von den Liernen gezeichnet, die nicht von den Kapitellen der Dienste ausgehen. Dieses System muß man sich ja ständig wiederholen, um die Konstruktion dessen zu begreifen, was das Auge fasziniert. Man spürt, daß nun der Schritt zum Fächergewölbe nicht mehr weit ist.

Um 1405 sind die Gewölbe vollendet. Aber die Bauwünsche gingen inzwischen längst über das Schiff hinaus. Noch vor dem Tode von Erzbischof Courtenay im Jahre 1396 hatte man sie auf den Kreuzgang, das erneuerungsbedürftige Kapitelhaus und das westliche Querschiff ausgedehnt. Etwa 1395 hatte man mit den Arbeiten am Kreuzgang begonnen, ein prunkendes Gewölbe (Farbt. 11) mit insgesamt 864 Schlußsteinen vor die teils noch alten Wände gesetzt und die Arkaden zum Innenhof mit luxuriösem Maßwerk des Perpendicular, dichten Parallelen und netzförmigem Couronnement, geschlossen (Abb. 2). Im Gewölbe kommt man dem Fächergewölbe inzwischen wieder einen Schritt näher, und da man hier die Schlußsteine immer gut vor Augen hat, zeigen sie hier Farbe, die erneuerte Farbe der Wappen frommer adeliger Stifter.

Seit 1391 hatte Thomas Chillenden als Prior auch die Bauarbeiten in den Griff genommen. Seine konsequente Finanzverwaltung erbrachte auch die notwendigen Summen aus dem eigenen Besitz zu dem hinzu, was er an Stiftungen werben konnte. So wird auch das Kapitelhaus erneuert. Die Giebelfenster greifen das Grundmuster der Seitenschiffe wieder auf. Darüber spannt sich ein siebenfach gebrochenes Tonnengewölbe, von einem zarten Maßwerk an Rippen überzogen, aus dem das Auge Sterne, Karos, Quadrate herauslesen kann.

Nach seinem Tode im Jahre 1411 scheinen die Arbeiten im westlichen Querhaus einzusetzen. Für die nächsten Jahrzehnte prägt die Persönlichkeit von Erzbischof Henry Chichele (1414–43) die Kathedrale. Sein farbenprächtiges Grabmal, in Höhe des nordöstlichen Querhauses in die Chorschranken eingefügt, ist eines der schönsten Zeugnisse des späten europäischen Mittelalters. In vollem Ornat, das Haupt von Engeln behütet, ruht er oben, um uns darunter mit fast nacktem Leichnam an die Wirklichkeit des Todes im Glanz dieser Welt zu erinnern.

Zu seiner Zeit wird mit der ›Modernisierung‹ der westlichen Querhäuser im Sinne des Perpendicular begonnen. Stephen Lote entwirft und beginnt den Bau des Südwestturms, den nach seinem Tode Thomas Mapilton vollendet, der erstmals 1423 als Architekt, master mason, der Kathedrale erwähnt wird. Thomas Mapiltons Entwurf für die Vorhalle des Südwesteingangs zeigt den Kontrast der beiden Architektenpersönlichkeiten. Auch wenn der Südwestturm Mitte des 19. Jahrhunderts reicher dekoriert worden ist, als man nach seinem Vorbild den noch normannischen Nordwestturm ersetzte, steht doch sein strengerer Grundcharakter dem prunkenden Reichtum der südwestlichen Portalvorhalle gegenüber. Schon bei der Restaurierung im 19. Jahrhundert hat man allerdings das Skulpturenprogramm der Vorhalle geändert. Neben die erhaltene Darstellung des Altars, an dem Thomas Becket sein Martyrium erlitt, Vorankündigung des Pilgerziels, treten nicht mehr die Gestalten seiner Mörder, sondern Erzbischöfe von Canterbury, die auf ihren Plätzen nicht besonders glücklich zu sein scheinen. Zahlreiche Schlußsteine mit Wappenschildern im Gewölbe der Vorhalle rufen wieder edle Stifter in Erinnerung. Darunter tritt besonders Lady Margret Holland mit einigen ihrer sukzessiven Ehemänner in den Vordergrund. Sie läßt sich auch eine ganze Kapelle an der Stelle der St. Michael geweihten Kapelle am südwestlichen Querhaus errichten. Das scheint 1437 eine der ersten größeren Arbeiten des neuen master mason Richard Beke, der etwa 1434/5 Architekt der Kathedrale geworden war, gewesen zu sein. Ihr Grabmal und das ihrer beiden Ehemänner füllt fast den Raum. Richard Beke, zuvor Leiter der Bauarbeiten an der London Bridge über die Themse, hat wohl auch den Entwurf für die Chantry Chapel König Henrys IV. an der Nordseite des Chores geliefert.

Henry IV. hatte schon vor seinem Tode 1413 gewünscht, in der Kathedrale von Canterbury begraben zu werden, und gebeten, eine Kapelle zu errichten, in der zwei Priester Messen für sein Seelenheil halten sollten. Bis zum Jahre 1438 liegt er in seinem Sarg neben der Nordseite des Schreins von Thomas Becket. Erst dann entschließt sich sein Enkel, Henry VI., den Willen seines Großvaters zu erfüllen und zu finanzieren. Man wählt die nächstgelegene Möglichkeit dafür, den Zwischenraum zwischen zwei Strebepfeilern des Chores, und errichtet einen zierlichen Raum mit den ersten Fächergewölben der Kathedrale. Heute ist die Kapelle Edward dem Bekenner gewidmet, dem heiligen königlichen Vorfahren, den die Lancasters besonders verehrten. Sein Grabmal mit einer qualitätvollen Alabasterfigur hat Henry IV., der als einziger König in der Kathedrale begraben wurde, direkt daneben, nahe dem Schrein des Heiligen Thomas Becket, als Gegenüber zum Grabmal des Schwarzen Prinzen.

Als Gegenstück zur Grabkapelle Lady Hollands wird die zuvor dem Heiligen Benedikt geweihte Kapelle am nördlichen Querhaus, dem Ort des Todes von Thomas Becket, nun in eine Marienkapelle verwandelt. 1448 beginnt man mit den Arbeiten, die an diesem geheiligten Ort nur mit größter Rücksicht auf den Bestand durchgeführt werden. Noch heute ist der Stein am Ort seines Todes wie eine Reliquie im Boden gefaßt, die Wände ringsum noch im alten Bestand erhalten. Erst darüber und hinter dem Gitter zur Marienkapelle, der Lady Chapel, wandelt sich das Bild zu geradezu höfischer Zierlichkeit, die durch die letzte Restaurierung und Säuberung, ohne die ursprünglichen Farben, nun wie ein vornehmer Schleier wirkt. Rechts neben dem Eingang hängt eine sorgsame Kopie der Darstellung der Ermordung von Thomas Becket, die als Original, kaum erkennbar, die Unterseite des Baldachins über dem Grabmal von König Henry IV. bildet.

Nachdem Mitte des 15. Jahrhunderts der Südwestturm und die Marienkapelle vollendet sind, nimmt Richard Beke sein elegantestes Werk, das pulpitum, den Lettner als westlichen Eingang des Chorbereiches in Angriff. Da es sich mit seinen Darstellungen ausgewählter englischer Könige um eine eindeutige Verherrlichung der Dynastie der Lancasters handelt, die bereits 1461 den Thron an das Haus York mit Edward IV. verliert, können wir froh sein, daß er erhalten blieb. Von links nach rechts treten Richard II., Henry V.(?), Ethelbert und dann auf der anderen Seite des Portals Edward der Bekenner, Henry IV. und schließlich Henry VI. auf, der unglückliche letzte Lancaster auf dem englischen Thron, der 1471 im Tower ermordet wird. Edward IV. scheint es bei seinen häufigen Besuchen in Canterbury vorgezogen zu haben, nicht den Lettner zu verändern, sondern durch eine eigene Stiftung den Glanz des Hauses York zu betonen. So stiftet er das strenge Fenster auf der Nordseite des Nordquerhauses, am geheiligten Raum des Martyriums von Thomas Becket, mit seinem kleinteiligen, rasterförmigen Maßwerk. Um 1482 hat es seine Verglasung erhalten. So tragen die politischen und kriegerischen Auseinandersetzungen der Rosenkriege, die rote Rose der Lancasters gegen die weiße des Hauses York, zum Schmuck des Baues bei.

Abschluß und Krönung des Baues und seiner Baugeschichte ist der Vierungsturm (Farbt. 13), nach einem goldglänzenden Engel, der einst auf seiner Spitze strahlte und den Pilgern als Landmarke diente, auch als Angel Steeple bekannt oder heute häufiger nach einer großen Glocke des späten 15. Jahrhunderts Bell Harry benannt. Bereits 1433 war der Grundstein dafür gelegt worden. Damit sollte die Schauseite der Kathedrale vollendet werden, die ja noch heute den ersten Eindruck vom Bau prägt. Den nordwestlichen Turm der Fassade hat man erst Mitte des 19. Jahrhunderts seinem Nachbarn angepaßt. Zügig, aus einem Guß, über siebzig Meter hoch steigt der Vierungsturm auf. Nur genaue Bauuntersuchungen und die recht gut erhaltenen Baurechnungen enthüllen sein langsames Entstehen und den überraschenden Wechsel der Baupläne. Zuerst war nur eine Etage geplant. Über weite Strecken stehen bis heute die vier begleitenden Türme, zugleich als Stützpfeiler genutzt, nicht im Verband mit dem Mauerwerk des Turmes. Erst nachträglich ist der Raum dazwischen mit der zweiten Etage gefüllt worden. Dabei wechselte man auch vom reinen Steinbau zu einem Mauerkern aus Ziegelsteinen.

Schon wenige Jahre nach Baubeginn hatte Prior Molash wegen Finanzschwierigkeiten seine Bauleute entlassen müssen. Dann werden die Bauarbeiten erneut durch ein Erdbeben in den nächtlichen Morgenstunden des 23. April 1449 unterbrochen. Es soll gerade ein Vaterunser lang gedauert haben. Mancher mag es dabei gesprochen haben. Daraufhin

*Canterbury, Ornament vom Sockel für den Schrein des Hl. Dunstan*

verstärkt man die Vierungspfeiler im Jahre 1452 und zieht Ende des 15. Jahrhunderts die wie ein Spitzengewebe wirkenden Verstärkungsbögen ein, als man sich zu einem zweiten Geschoß entschließt.

Seit 1491 ist John Wastell bereits mit den Bauarbeiten beschäftigt, der dann 1496 zum Architekten der Kathedrale wird. Er vollendet den Turm und kann etwa 1504 sein brillantes Fächergewölbe einziehen. Es ist das Vorspiel zu seinem Gewölbe für die King's College Chapel, das 1515 vollendet wird. Im zentralen Kreis weist es das Wappen des Priorats, ringsum stehen die Initialen TGP für Thomas Goldstone als Prior der Bauzeit mit seinen drei goldenen Steinen dazu als Wappenzeichen. Und die Schlußsteine zeigen die Wappen des großen Stifters, Erzbischof Morton, der bereits 1501 starb, seines Nachfolgers William Warham, König Henrys VII. und wieder des Priors Thomas Goldstone.

Am Ende der Bauunternehmungen steht 1507 oder 1517 der Bau, durch den man bis heute den Bereich der Kathedrale betritt, *Christ Church Gate*, eine prunkvolle Torfestung. Reich mit den Wappen der Tudors bedeckt, demonstriert es den Antritt der neuen Dynastie, die nun alle kämpfenden Parteien der Rosenkriege zu ihren Vorfahren zählen kann und so neuen Frieden verheißt.

Der Friede und Glanz, den das Tor mit den ersten Zeichen der Renaissance in den Pilastern des Untergeschosses verheißt, erwies sich bald für England und fast noch mehr für die Kathedrale als trügerisch.

1538 wird erst einmal Thomas Becket der Prozeß gemacht. Die Anklage auf Hochverrat und Rebellion wird während dreißig Tagen an seinem Schrein verkündet, und da der Heilige nicht erscheint, um sich zu verteidigen, wird er schuldig befunden. Die Gebeine werden verbrannt, seine Besitztümer, der kostbare Schrein und die reichen Weihgeschenke verfallen als Besitz eines Verräters der Krone, und Heinrich VIII. ist immer in Geldnöten. Die

Ergebnisse der Plünderung füllen zwei große Truhen mit Gold und Silber zu gleichen Gewichtsteilen, dazu mit zahlreichen Edelsteinen; Kisten so schwer, heißt es in den Berichten, daß kaum sechs, sieben starke Männer sie aus der Kathedrale tragen konnten.

1540 wird dann das Kathedralkloster aufgehoben, während der aufgeklärte und vorsichtige Erzbischof Thomas Cranmer die königliche Reformation mit vollzieht. Noch einmal fallen mit dem Rest der Ausstattung reiche Schätze in des Königs Hände. Die große mit Silber beschlagene Triumphkreuzgruppe mag ein Beispiel für den heute kaum vorstellbaren Prunk der Einrichtung sein, die nach den erhaltenen Listen einem überfüllten Museum geglichen haben muß mit Schreinen, Gemälden, Tapisserien, liturgischem Gerät in Gold und Silber.

Im Auf und Ab der Auseinandersetzungen und Glaubenskämpfe des nächsten Jahrhunderts folgen weitere Zerstörungen und Versuche der Erneuerung. Große Teile der Fenster gehen unter, zahlreiche Grabdenkmäler verschwinden, und die Krypta wird zur Kirche der zahlreich in Canterbury Zuflucht findenden Hugenotten. Aber als eine der Kathedralen der New Foundation und Sitz des Primas von England ist sie immer noch strahlender Mittelpunkt der Kirche Englands.

## Durham

*(Farbt. 1; Abb. 10–15)*

Im Norden des Königreichs England liegt die Kathedrale von Durham zusammen mit der Festungsanlage des Bischofs hoch über einer Schleife des Wear als lange Zeit uneinnehmbares Bollwerk (Farbt. 1). Zumindest ist es den Schotten, gegen die es gerichtet war, nie gelungen, es zu erobern. Die Beziehungen waren aber nicht immer unfreundlicher Natur. Als am 11. August 1093 der Grundstein für den heutigen normannischen Bau gelegt wurde, war König Malcolm III., der den durch Shakespeare bekannt gewordenen Macbeth geschlagen und erschlagen hatte, als Ehrengast anwesend. Auch war der Heilige Cuthbert, dessen Gebeine seit 995 hier ruhten, ja nicht vor den Schotten, sondern erst vor den Wikingern ›geflüchtet‹. Als Bischof von Lindisfarne, des ›Holy Island‹ vor der Ostküste Englands, war er im Jahre 685 im Ruch der Heiligkeit gestorben, und bereits nach zehn Jahren hatte man für seinen unverwesten Leib einen Schrein hinter dem Altar der Kirche von Lindisfarne errichtet. Bei der exponierten Lage vor der Küste wundert es nicht, daß die Wikinger hier im Jahre 785 ihren ersten aktenkundigen Raubüberfall verüben. Wieder ein Jahrhundert später weichen die Mönche vor den ständigen Raubzügen und finden nach Wanderungen und durch ein Wunder den oben erwähnten strategisch so hervorragenden Platz. Binnen weniger Jahre ist eine neue Kirche errichtet, und die Gebeine Cuthberts finden vorläufig Ruhe.

Baupläne hatte schon der erste normannische Bischof auf dem Thron von Durham, Walcher of Lorraine, der 1071 ernannt wurde. Da er seinen Reformeifer nicht zügeln konnte, wollte er neue Mönche nach Durham bringen. Die alten führten einen seiner

*Durham, Kathedrale von Süden (17. Jh.)*

*Durham, Kathedrale, Grundriß*

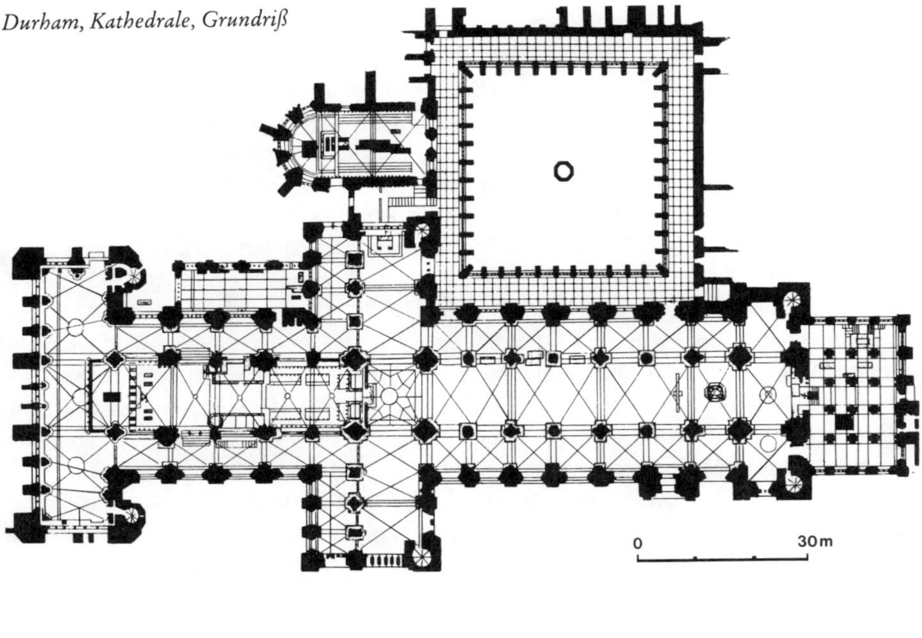

Ansicht nach zu lockeren Lebenswandel. In einem dabei ausbrechenden Aufruhr wird Walcher erschlagen, und erst unter seinem Nachfolger William of St. Carileph (1081–96) wird der Neubau begonnen.

Jetzt ist die Architektur revolutionär. Der Chor wird mit Kreuzrippen, die Gurtbogen werden sogar als Spitzbogen eingewölbt und diese Gewölbe in den Emporen mit Strebebogen abgestützt. Die technischen Grundlagen der gotischen Architektur sind vereint, aber es dauert noch eine Generation, bis sie unter Abt Suger in St. Denis bei Paris für einen gotischen, lichterfüllten Raum genutzt werden. Hier sichern die Gewölbe die im Schiff bewahrten Schätze vor Brand. Als sie 1104 vollendet sind, überträgt man die Gebeine des Heiligen Cuthbert am 29. August in den neuen Chor. Heute ruhen sie dort unter einer einfachen Steinplatte. Ein hölzerner neugotischer Baldachin des 20. Jahrhunderts, entworfen von Sir Ninian Comper, bezeichnet den Ort. Den kostbaren Schrein hat man 1540 den unersättlichen Kassen Heinrichs VIII. geopfert. Die Gebeine des Heiligen rettete man.

1827 hat man das Grab geöffnet und frühe Schätze angelsächsischer Kunst geborgen, die heute im Schatz der Kathedrale am Kreuzgang zu besichtigen sind. Große Teile des Eichenholzsarges, mit ausdrucksvollen Schnitzereien bedeckt, gehören dazu, Stoffe und ein elegantes Brustkreuz. Man fand aber auch, wie es die Legende seit Jahrhunderten überlieferte, das Haupt des Heiligen Königs Oswald im Sarg des Heiligen Cuthbert. Zum großen Ruf, den dieser Heilige in England und darüber hinaus genoß, trug möglicherweise auch seine Abneigung gegen Frauen bei. Sie durften sich seinem Schrein gar nicht erst nähern. Eine Linie in dunklem Frosterley-Marmor im Westen des Schiffes kennzeichnet die Grenze, bis zu der sie Zutritt hatten, und bei Überschreitungen soll der Heilige recht unwirsch reagiert haben.

Nach dem Tode von Bischof William of St. Carileph im Jahre 1096 hatten die Mönche selbst die Fortführung der Arbeiten finanziert. Als Bischof Rannulf Flambard (1099–1128) den Thron besteigt, findet er die Bauarbeiten bis zum Schiff gediehen. Die Einwölbung des Chores ist aber erst 1104 vollzogen. Auch dann gehen die Bauarbeiten, die Rannulf Flambard nur aus den Spenden der Pilger finanzieren läßt, ohne eigene Mittel zu investieren, langsam voran. Erst fünf Jahre nach seinem Tode, 1133, wieder während einer fünfjährigen Vakanz des Bischofsthrones, sind die Gewölbe des Schiffes vollendet.

Das Juwel der normannischen Kirchen Englands, eine der großartigsten Leistungen unter den romanischen Kirchen Europas, hat danach nur noch wenige Veränderungen erfahren. Ende des 12. Jahrhunderts wurde im Westen die Galiläa-Kapelle angefügt, in der Mitte des 13. Jahrhunderts wurde statt des Chorrunds ein östliches Querhaus angesetzt, die Kapelle der neun Altäre, und im 15. Jahrhundert mußte der Vierungsturm erneuert werden.

Immer wieder überwältigend wirken die geradezu gigantischen Pfeiler, abwechselnd rund und auf kreuzförmiger Basis mit vorgelegten Halbsäulen (Abb. 11). Mit ihrem Durchmesser von mehr als zwei Metern und entsprechend gut sechs Metern Umfang kennzeichnen sie zugleich die Vorsicht, mit der man an eine Einwölbung heranging. Tief eingeschnittene Linien geben der glatten Oberfläche Bewegung. Farbige Differenzierung wird den Eindruck einst noch verstärkt haben. Dabei sind die Muster bewußt verteilt. Jeweils symmetrisch zur

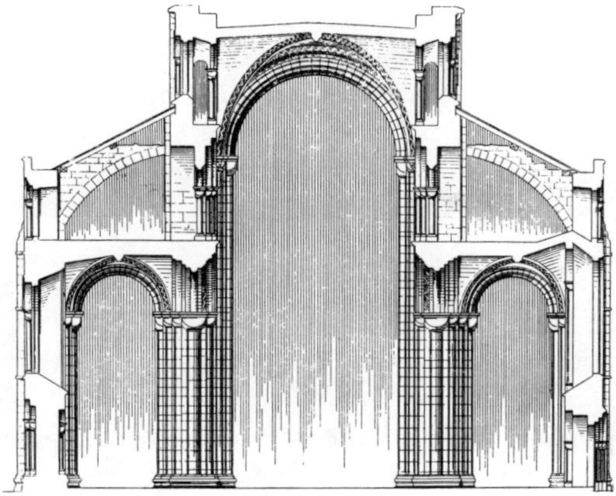

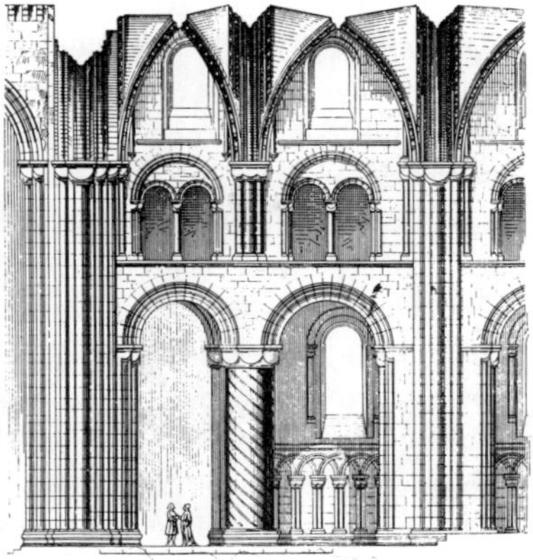

*Durham, Kathedrale, Schnitt durch das Schiff und Wandaufbau im Chor*

Achse des Baus gesetzt, finden sich spiralförmige Linien nur im Bereich des Chores und an den Rundpfeilern des östlichen Seitenschiffes des Querhauses. Im Schiff erscheinen andere Muster. So werden mit den links oder rechts gedrehten Spiralen die Altarräume herausgehoben. Ein Motiv, das in normannischer Zeit noch an einigen anderen Stellen Englands erscheint und im 13. Jahrhundert am Schrein Edwards des Bekenners in Westminster Abbey mit italienischem Ursprung wieder begegnet. Diese im Extremfall um ihre Achse gewendelten Säulen gehen auf Vorbilder am Schrein des Apostels Petrus aus konstantinischer Zeit in Alt-St. Peter zurück. Noch Berninis Baldachin im heutigen St. Peter in Rom aus dem frühen 17. Jahrhundert greift diese Möglichkeit auf, heiligen Raum abzuschranken.

Über den kräftig profilierten Arkaden zu den ebenfalls kreuzrippengewölbten Seitenschiffen öffnen sich die Emporen, die die Strebebögen unter den Dächern verbergen. Gurtbögen mit deutlich erkennbarem Spitzbogen überspannen nur bei jedem der Pfeiler über kreuzförmigem Grundriß das Schiff. Die halbkreisförmig gezogenen Diagonalrippen sind nicht über das ganze Quadrat eines solchen Joches gezogen. Je zwei Rippenkreuze füllen querrechteckig den Raum ohne trennenden Bogen dazwischen, ein Motiv, das keine Schule machen wird. Es verwirrt die klare Gliederung, die nun möglich wird und die beiden Wände des Schiffes zu einer Raumplastik zusammenfassen kann, während bisher zwei Wandreliefs gegeneinander gestellt werden mußten.

Noch bevor man um 1220 mit frühgotischen Anklängen schließlich die Westtürme vollendete, setzte sich Bischof Hugh of Le Puiset (1154–95) mit der westlich vorgelagerten Galiläa-Kapelle ein Denkmal elegantester spätromanischer normannischer Baukunst. Eigentlich hatte er, wohl für den Schrein des Heiligen Cuthbert, einen östlichen Anbau geplant, was der Heilige und seine Mönche nicht zuließen. Empfand man die neu aufblühende Marienverehrung als Konkurrenz? So stehen nun die kostbaren Purbeck-Marmor-Säulen im Westen vor den vermauerten ehemaligen Westportalen. Fünf Schiffe rahmen die drei geschlossenen Portale, deren Raum nun Altäre einnehmen.

Durch Restaurierungsarbeiten unter Kardinal und Bischof Langley zu Beginn des 14. Jahrhunderts ist die Erscheinung des Raumes heute verändert. Das hölzerne Dach wurde modern ersetzt, und die Fenster wurden vergrößert. Auch außen hat man die Silhouette durch Zinnen und Strebepfeiler völlig verändert, aber der Reiz des fast maurisch wirkenden Säulenwaldes blieb erhalten (Abb. 15). Die ursprüngliche Planung hatte wohl im Osten nur je eine Doppelsäule aus Purbeck-Marmor vorgesehen. Beim Umzug fügte man zwei weitere dazu, wohl um mehr Sicherheit bemüht.

Der Begriff ›Galiläa‹ für diese westlich vorgelagerten Räume erklärt man vielleicht am besten damit, daß hier die sonntägliche Prozession zum Altar ihren Weg beginnt wie Christus von Galiläa nach Jerusalem zum letzten Abendmahl. Würdige Grabstätte ist der Raum für Beda Venerabilis, einen der großen Historiker des frühen Mittelalters. Er lag ursprünglich in seinem Kloster Jarrow begraben, wo er 735 gestorben war. Aber im Jahre 1022 stahl ihn dort Aelfred, der Sakristan und Mönch von Durham, um die Reliquiensammlung der Kathedrale zu ergänzen. Dadurch, daß er sich stehlen ließ, erteilte der Heilige ja auch seine Zustimmung dazu.

Mit den großen Pilgerscharen und mit der Rolle als Bollwerk gegen die Schotten wuchs auch die Macht des Bischofs. Bis 1836 war seine Herrschaft im County Palatinate, in der Pfalzgrafschaft geradezu königsgleich. Seinem König brauchte er nur Heerfolge zu leisten, keine Rechenschaft abzulegen. Eine für England ungewöhnliche Machtfülle. Sie drückt sich auch in einer weiteren Rechtsstellung der Kathedrale aus, die sie für Kriminelle zur Attraktion machte. Am Portal im Nordwesten ist eine Bronzemaske in Form eines Löwenkopfes angebracht (Abb. 10). (Das Original des 12. Jh. befindet sich in der Schatzkammer.) Wem es nach z. B. einem Totschlag in Notwehr gelang, diesen Türzieher zu erreichen, fand Asyl. Begnadigte ihn binnen 37 Tagen der König, war er wieder frei. Geschah das nicht, wurde er zum nächsten Hafen geleitet und mußte England für immer verlassen. Dieses erweiterte Asylrecht galt längst nicht für jede Kirche, im englischen Königreich waren es nur gut dreißig, denen dieses Privileg zustand. Nachts hielten zwei Mann in einem Raum über dem Portal Wache (er ist im 18. Jahrhundert abgerissen worden), um jederzeit das Portal öffnen zu können.

Viele der großzügigen Gaben und Stiftungen für das Kloster waren mit der Auflage versehen, Seelenmessen zu lesen. Mitte des 13. Jahrhunderts hatten die Mönche jährlich bereits 7000 Meßverpflichtungen dieser Art. Das forderte Raum für Altäre. Im frühen 13. Jahrhundert zeigten sich Risse in den Gewölben des 1104 vollendeten Chores. Hier mußte etwas geschehen. Bereits 1235 werden Ablässe für den Bau erteilt, und 1242 beginnt man unter dem Architekten Richard of Farnham mit Reparaturen und einem Neubau. Die erste Planung hatten wohl noch unter Bischof Richard Poore stattgefunden, der bis 1228 Bischof von Salisbury gewesen war. Hier war eine ganze Kathedrale neu zu bauen gewesen. Aber unter seinem Nachfolger Nicholas of Farnham (und die Namenverwandtschaft zum Architekten Richard of Farnham läßt sicher Rückschlüsse zu) wird nun das Ostquerhaus der Zisterzienserabtei Fountains, das gerade seiner Vollendung entgegengeht, zum Vorbild gewählt. Wie in Fountains wird ein weites Ostquerhaus ohne Apsis und ohne Verlagerung des Hauptaltares angefügt. Richard of Farnham, ›architector nove fabrice Dunelmensis‹, nutzt geschickt den Abfall des Geländes nach Osten. Der Boden des Ostquerhauses liegt gut einen Meter tiefer als der des Chores. Der Raum wirkt schlanker, gotischer, nicht nur durch seine Formen des Early English, bei gleicher Höhe der Gewölbe. Jedem der namengebenden neun Altäre ist ein Lanzettfenster zugeordnet. Die mittleren Giebel füllt eine Rose. Ihr schwächliches Maßwerk entstand erst bei der Restaurierung der Kathedrale Ende des 18. Jahrhunderts unter James Wyatt, der sich hier einiges an schlechtem Ruf erwarb. Mit hohen kräftigen Linien zeichnen Säulen aus Forsterley-Marmor, Ersatz für Purbeck, die Struktur des Raumes nach. Er bietet zugleich dem Schrein des Heiligen Cuthbert die würdige Folie und Raum für größere Pilgerscharen, ohne daß der Schrein hätte verlagert werden müssen. Aber auch ohne den Mittelpunkt des Schreines bleibt die ›Chapel of the Nine Altars‹ ein außergewöhnliches Raumerlebnis. Nur im kurz zuvor vollendeten Ostquerhaus des Klosters Fountains findet sich der gleiche Verzicht auf eine Fortsetzung der Bauachse nach Osten mit Chor, Retrochor oder Marienkapelle.

In den nächsten Jahrhunderten folgen bis heute eigentlich mehr Reparatur- als eigenständige Bauarbeiten. Das gotische Bedürfnis nach mehr Licht wird bescheiden befriedigt. Unter Bischof Hatfield (1345–81), dessen Grab und darüber errichteter Bischofsthron (der höchste der Christenheit, heißt es) auf der Südseite des Chores steht, ließ das große, siebenbahnige Westfenster in die Westfassade einsetzen (Abb. 9). Das von ihm dafür gestiftete Glasfenster mit der Wurzel Jesse ist untergegangen. Auch noch unter Bischof Hatfield wird 1359 das sechsbahnige Fenster des nördlichen Querhauses geöffnet, und zu Beginn des 15. Jahrhunderts folgt das südliche Querhaus. Dagegen bleiben die Fenster in Seitenschiffen, Emporen und Obergaden unverändert. 1428 begann man unter Bischof und Kardinal Thomas Langley mit den erwähnten Änderungen in der Galiläa-Kapelle.

Damit reißen die dringenden Reparaturen nicht ab, denn schon 1429 setzt ein Blitz den hölzernen Helm des Vierungsturmes in Brand. Aber bares Geld scheint knapp gewesen zu sein. Der Prior zieht mit zwei kostbaren Reliquien zum Sammeln durch die Lande, und erst 1455 beginnt man mit dem Bau des neuen Vierungsturmes. Er wird dann allerdings auch zu einem Paradebeispiel des Perpendicular. In der Eleganz zwar nicht mit ›Bell Harry‹ der Kathedrale von Canterbury zu vergleichen, wird er mit seinen hohen, wuchtigen Formen zur Krönung des Baues (Farbt. 1; Abb. 12). Schlanke Doppelfenster machen das untere Geschoß zur lichten Laterne über der Vierung. Ende des 15. Jahrhunderts wird dann auch das zweite Geschoß errichtet, und der Turm erreicht eine Höhe von gut 66 Metern. Noch heute kann man die mittelalterliche Schilderung Robert Hegges in seiner Legende des Heiligen Cuthbert nachvollziehen: »... he that hath seene the situation of this Citty, hath seene the map of Sion, and may save a Journey to the Jerusalem.« – Wer die Lage dieser Stadt ( die sich damals rings um Kathedrale und Festung scharte) gesehen hat, hat einen Plan Sions vor sich und mag sich eine Reise nach Jerusalem ersparen.

Diese Darstellung Jerusalems hat allerdings manches an größeren Reparaturen und durchgreifenden Restaurierungen über sich ergehen lassen müssen. Bereits aus der Zeit des Priors John of Wessington (oder Washington), eines Vorfahren des ersten Präsidenten der

Vereinigten Staaten, zu Beginn des 15. Jahrhunderts hört man davon. Eine erste Vernichtung eines Teiles der ›papistischen‹ Ausstattung bringt die Reformation. Dabei gehen z. B. der Schrein des Heiligen Cuthbert und die Skulpturen des Neville-Screens unter. Der Neville-Screen (Abb. 14), die aus zierlichen Baldachinen gereihte Rückwand des Hauptaltars, ist um 1370 von John Lord Neville of Raby in London in Auftrag gegeben und großenteils auch gestiftet worden. Sein Vater Ralph war als Sieger der Schlacht am Neville's Cross 1368 als erster Laie in der Kathedrale begraben worden. Seinem Gedächtnis diente die kostbare Steinarbeit, in London aus Kalkstein von Caen gefertigt, verschifft und schließlich über Land nach Durham gebracht. 1380 kann das Kunstwerk geweiht werden. In der Mitte stand Maria, begleitet von den Heiligen Cuthbert und Oswald. Ursprünglich voll farbigen und vergoldeten Prunks gelangte so ein Spitzenwerk des frühen Perpendicular nach Durham, dessen Entwurf man vielleicht etwas voreilig gerne Henry Yeveley zuschreibt. Er ist das einzige erhaltene Beispiel des Baldachintyps der Altarrückwände, andere in Exeter oder Peterborough sind untergegangen. Seit der Mitte des 14. Jahrhunderts setzt sich auch bis ins 16. Jahrhundert gegenüber dieser offenen Form die geschlossene Altarrückwand durch, wie man sie z. B. in Southwark findet. Seine immer noch eindrucksvollen Reste sind wohl zum Vorbild des Chorgestühls und des Taufbrunnens des 17. Jahrhunderts geworden.

Diese wahrlich raffinierten gotisierenden Arbeiten wurden über ein Jahrhundert nach der Reformation notwendig, in der zwar das Kloster aufgehoben worden war, aber Durham Bischofssitz blieb. Nach der Schlacht von Dunbar am 3. September 1650, in der Cromwell über 10000 Schotten gefangen nahm, schickte er 4000 davon nach Durham. Hier wurden sie, sicher nicht ohne puritanische Hintergedanken, in der Kathedrale untergebracht. Bis auf das Gehäuse der Uhr wurde das gesamte Holzwerk verfeuert. Erst mit der Erneuerung des Königtums konnte Bischof John Cosin nach Durham zurückkehren. Von seinem Architekten James Clement stammen die Entwürfe für Chorgestühl und den Taufbrunnen in der geschickten Mischung gotischer und klassizistischer Elemente. Der Lettner in Alabaster und Marmor, nach einem Entwurf von Sir George Gilbert Scott 1870–76 errichtet, schließt dann nicht nur den Chor, sondern auch die erschreckendste Phase der ›Restaurierungen‹ ab.

Ende des 18. Jh. ist die Kathedrale in rapidem Verfall begriffen. Schlimme Dinge werden von Bischof und Kapitel erwogen, aber dankenswerterweise nicht alle ausgeführt. Seit 1777 beginnen die Architekten John Wooler und George Nicholson mit ihren Arbeiten, erst seit 1794 tritt auch James Wyatt in Erscheinung, der zum Symbol der instinktlosen Restaurierungen und Abrisse geworden ist. Fast wäre z. B. die Galiläa-Kapelle verschwunden, und den Ostteil des Kapitelhauses des frühen 12. Jh. hat man erst im 19. Jh. wieder rekonstruiert. Aber das Auffälligste sind die Zinnen der Westtürme und die Abtragung – heute geradezu unvorstellbar – von 5 bis 10 Zentimetern der Außenhaut des Mauerwerks.

Wieder von Scott stammt der Entwurf der schwerfälligen neuromanischen Kanzel und aus derselben Zeit auch der größte Teil der nur teils qualitätvollen Fenster. Auch der Kreuzgang ist erneuert. Aber trotzdem lohnt sich der Rundgang, besonders auch in die Schatzkammer mit den Objekten aus dem Sarg des hl. Cuthbert, dem man mit einem Rest an Wandmalerei im Osten der Galiläa-Kapelle auch in voller Farbenpracht noch begegnen kann.

# Ely

*(Farbt. 2, 22; Abb. 16–18)*

Das Gebiet der Kathedrale von Ely liegt inmitten von ehemaligem Sumpfgebiet. Nachdem seit römischer Zeit, besonders seit dem 16. Jahrhundert wieder unter holländischer Anleitung Versuche zur Trockenlegung gemacht wurden, ist es fruchtbar und ergiebig. Noch heute laufen die Pumpen und füllen die Kanäle. Die über Jahrhunderte abgeschiedene Lage der Isle of Ely, der Insel von Ely, gesichert durch unwegsames Sumpf- und Marschengelände, machte sie früh zu einem beliebten Zufluchtsort, dessen hinterwäldlerische Lage, auch wenn kaum Wald vorhanden ist, jedoch Folgen für die Bewohner hatte. Noch im 17. Jahrhundert beklagt sich ein zufälliger Besucher, Lieutenant Hammond, über den torfigen Geruch und die »sumpfige Haltung der Einwohner«. Das hat sich längst geändert, die Kathedrale zeugt noch immer vom Glanz, den so anrüchige Vergangenheit hervorbrachte.

Als die Gründerin des Klosters Ely, St. Ethelreda, Tochter des Königs Anna von East Anglia, 673 hierher kam, um Schutz vor den Anschlägen ihres Gemahls zu suchen, fand sie nur ein kleines Dorf vor. Die Insel von Ely war ihr Besitz aus einer ersten Ehe mit Fürst Tondbert, der gut ein Jahr nach der Hochzeit starb, wie Beda Venerabilis berichtet. Als brave Tochter ging Ethelreda auch die nächste vom Vater gewünschte Ehe ein und wurde Gemahlin König Egfrids von Northumbria. Nachdem sie auch in dieser Ehe über zwölf Jahre ihre Jungfräulichkeit bewahrt hatte, ging sie mit Egfrids Genehmigung ins Kloster Coldingham. Als er seinen Sinn änderte, sie zurückholen wollte und vielleicht noch weitergehende Pläne hatte, flieht Ethelreda oder Audrey und findet Sicherheit auf ihrem Besitz Ely. Hier gründet sie ein Nonnenkloster, dessen erste Äbtissin sie wird. Nach ihrem Tode sechs Jahre später, 679, wählt man ihre Schwester Sexburga als Nachfolgerin und schließlich deren Tochter Ermenilda im Jahre 699 als nächste Äbtissin. Alle Damen wurden bald als Heilige verehrt, aber die Familie war noch nicht vollständig. Eine zweite Schwester, Withburga, hatte ihr Grab und erste Verehrung im Kloster zu East Dereham in Norfolk gefunden. Abt Brithnoth löste das Problem der Familienzusammenführung im 10. Jahrhundert mit einem rauschenden Fest im Kloster Dereham. Während alles noch unter dessen Folgen litt, ließ er die Gebeine Withburgas nach Ely bringen.

Schon im Jahre 695 hatte man die Gebeine der heiligen Ethelreda in Gegenwart des Bischofs Wilfrid von York und ihrer Schwester erhoben, fand sie unverwest und brachte sie in einem römischen Sarkophag, den man in der Nähe von Cambridge auftrieb, im Chor der angelsächsischen Kirche unter. Damit begannen Pilgerscharen zu strömen. Das endete erst mit der Reformation Heinrichs VIII. im 16. Jahrhundert.

Nur einmal waren die Pilgerfahrten für ein Jahrhundert unterbrochen. Wie Peterborough und andere Klöster, Städte, Dörfer und Sitze fiel auch Ely im Jahre 870 den dänischen Wikingern zum Opfer. Ihnen gegenüber, die im Umgang mit Wasser erfahren waren, bot der Sumpf keinen Schutz, erleichterte mit seinen Wasserläufen nur den Anmarsch. Erst 970 wird unter Abt Brithnoth ein neues Kloster gegründet und vom heiligen Dunstan geweiht.

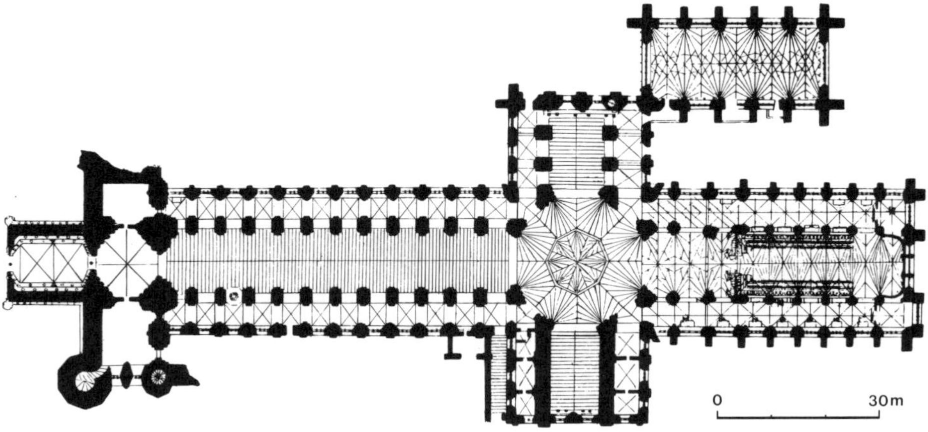


*Ely, Kathedrale, Grundriß*

Die einzige sichtbare Spur aus angelsächsischer Zeit, der Sockel eines Steinkreuzes, steht im südlichen Seitenschiff. Die lateinische Inschrift berichtet, daß es von Ovin gestiftet wurde, dem Chef der Güterverwaltung der heiligen Ethelreda: »Lucem tuam Ovino da Deus et requiem, amen.« Dein Licht, Gott, gib Ovin und Ruhe, Amen.

Nach dem Siege Wilhelms des Eroberers über Harold in der Schlacht bei Hastings wurde die Isle of Ely unter Hereward the Wake, dem Neffen des Abtes von Peterborough, zu einem letzten Nest angelsächsischen Widerstandes. Obwohl es die Mönche selbst waren, die den Normannen den Weg durch den Sumpf wiesen, um endlich ihre langsam lästig werdenden Gäste los zu werden, mußten sie hohe Strafen zahlen. Alles Kapital, das sich im Laufe der angelsächsischen Zeit in Form von Marienfiguren, Kreuzen, Altarverkleidungen, Kelchen und selbst golddurchwirkten Stoffen angesammelt hatte, mußte dafür eingeschmolzen werden. Harold hatte noch Thurstan als Abt einsetzen können.

1081 starb der erste normannische Abt Theodwin, und Simeon, einst Mönch in St. Ouen bei Rouen, wurde sein Nachfolger. Simeon war ein Bruder des Bischofs Walkelyn von Winchester und zuerst dort Prior gewesen. Schon in Winchester war es ihm schnell gelungen, die Herzen seiner angelsächsischen Mönche zu gewinnen. Das gleiche gelingt ihm auch in Ely. Seine Baubegeisterung mag mit dazu beigetragen haben, denn obwohl er neunzig Jahre alt war, ließ er sofort 1083 mit dem Bau eines neuen Chores beginnen. Es entstand eine runde Apsis, die bei Grabungen 1850 an den Fundamenten zu erkennen war. In den neuen Chor konnte man 1106 die Gebeine der heiligen Ethelreda übertragen, aber erst Ende des 12. Jahrhunderts war die Kirche vollendet. Der frühe normannische Chor ist nicht erhalten. Aber auch ein Vergleich der Ostseiten der Querhäuser mit dem Schiff zeigt die Spuren der langen Bauzeit.

Im Schiff ist die Gliederung präziser, durchdachter. Der Querschnitt der Pfeiler wechselt zwischen Rund- und Bündelpfeiler. Halbrunde Dienste, mit Mauerbändern hinterlegt, in

*Ely, Kathedrale, Westfassade (18. Jh.)*

die horizontalen Gesimse eingebunden, grenzen die Joche ab. Dabei erreichen die Emporen fast die gleiche Höhe wie die Arkaden zu den Seitenschiffen, ohne daß man deshalb den Obergaden einschränkt, der wie gewohnt von einer Dreibogenstellung mit einem Laufgang innen begleitet und gerahmt wird. Seitenschiffe leistet man sich auch auf beiden Seiten der Querhäuser mit einer verbindenden Emporenbrücke, die nicht mehr erhalten ist. Auch die Decken sind verändert. Engel in bunten Farben schmücken die Hammerbalken der Holzgewölbe des 15. Jahrhunderts in den Querhäusern. Die an Peterborough erinnernde Decke des Schiffes, ähnlich auch im westlichen Querhaus, ist so in ihrer farbigen Gestalt erst im 19. Jahrhundert entstanden. Vorher war offenes Balkenwerk zu sehen. Ohne Honorar hat ein Amateur, Henry Styleman le Strange, sich an das Vorbild der Decke in St. Michael in Hildesheim anschließend, der Decke ihre wohltuende Fassung gegeben.

Prunkstück der Bildhauerkunst normannischer Romanik ist der ehemalige Zugang vom Kreuzgang zur Kirche, die Prior's Door (Abb. 17). Über reich ornamentiertem Gewände tragen zwei Köpfe das Tympanon mit der streng stilisierten Darstellung Christi als Richter des Jüngsten Gerichtes. Er erscheint in der Mandorla, die von zwei Engeln getragen wird. Das östlich gelegene Gegenstück, die Monk's Door, ist bereits, dem Stande gemäß, bescheidener gehalten.

Am Ende der normannischen Bauzeit steht die grandiose Westfassade. Mit ihrem hohen zentralen Westturm greift sie vielleicht noch auf angelsächsische Vorbilder zurück. Der Reichtum kleinteiliger Arkadengliederung wirkt wie eine elegante Fingerübung, mit der man dann schnell in der Lage ist, die Ansprüche der frühen Gotik zu bewältigen. Das bezeugt die zierliche Vorhalle, wieder einmal als Galiläa bezeichnet. Der Übergang zu den Formen des Early English vom späten Normannischen her ist selten so nahtlos. Drei fast gleich hohe und fast gleich breite Lanzetten bilden das Westfenster des Obergeschosses der Vorhalle.

Angesichts all dieser Eleganz wirkt das Fehlen des nordwestlichen Querhauses um so störender. Am Ende des 16. Jahrhunderts ist es in sich zusammengestürzt. Das zwingt uns, die Symmetrie der Fassade in der Vorstellung zu erneuern. Damit bleibt sie aber auch gut im Gedächtnis. In dieser Anstrengung merkt man dann kaum noch, daß das letzte Geschoß des Westturmes späte Gotik bietet und ein einst vorhandener Helm im Jahre 1801 als baufällig abgerissen wurde.

Einer der Gründe für den langsamen Baufortschritt der Kirche im 12. Jahrhundert war ein außergewöhnlicher Erfolg des Abtes Hervé le Breton im Jahre 1109. Es gelang ihm, mit päpstlicher Bestätigung Bischof zu werden. Das neue Bistum wurde aus dem weiten Bereich des Bistums Lincoln herausgenommen. Der neue Bischof behielt den Sitz des Abtes bei, kein eigener Bischofsthron wurde angefertigt, aber sonst waren die neuen Herren von Ely nicht bescheiden. Vom Besitz des Klosters sicherten sie sich den Löwenanteil und hatten bis 1836 die weltliche Gerichtsbarkeit in ihrem Bistum inne. Selbst die Todesstrafe konnte hier verhängt werden. Nur der Bischof von Durham galt als noch mächtiger und selbständiger. Um die Finanzen der Bischöfe von Ely zu schonen, hatte schon Hervé le Breton sich von jeder Verantwortung für den Bau, der nun eine Kathedrale geworden war, freigehalten. Die

Stiftung der Vorhalle war das erste Zeichen eines Bruchs dieser Tradition unter Bischof Eustace. Offensichtlich waren die Bischöfe inzwischen so reich, daß sie sich das leisten konnten.

Auch die Einkünfte der Mönche, zeitweise über siebzig an der Zahl, mit dem Prior nun an der Spitze, stiegen. Ely wurde ein beliebtes Ziel von Pilgerfahrten, und die Jahrmärkte an den Festtagen der hl. Ethelreda, am 23. Juni, ihrem Todestag, und am 17. Oktober, dem Jahrestag der Übertragung ihrer Gebeine, sind noch heute von finanziellem Nutzen für den Ort.

Das Gedränge im Chor der Kathedrale störte zu Beginn des 13. Jahrhunderts Bischof Hugh of Northwold, der 1229 den Thron bestiegen hatte, so, daß er beschloß, die Kirche nach Osten verlängern zu lassen. Mit reicher Verwendung von Purbeck-Marmor, aufwendiger Steinmetzarbeit und eleganten Lanzettfenstergruppen gehören die östlichen sechs Joche zu seinem 1252 vollendeten Bau. Die Grundmaße des normannischen Baues in Höhe der Arkaden, Emporen und des Obergadens werden beibehalten. In Gegenwart von König Henry III. und von seinem Sohn Edward konnte er am 17. September 1253 die Weihe vollziehen. Die Arbeiten hatten den Bischof 5350 Pfund, 18 Shilling und 8 Pennies gekostet. Daneben rühmen seine Zeitgenossen seine freigebige Haushaltung und seine großzügige Unterstützung der Armen. Sein qualitätvolles Grab hat er auf der Nordseite des Hauptaltares gefunden. Er starb am 6. August 1254, kurz nach der Vollendung des neuen Chores.

Erst im 14. Jahrhundert entschloß man sich zu neuen Bauarbeiten. 1321 begann man im Anschluß an die Nordostecke des nördlichen Querhauses mit dem Bau einer Marienkapelle. Ein lichter, rechteckiger Raum entsteht, gut 30 Meter lang und 14 Meter breit. Ein flaches Steingewölbe überspannt ihn, das weiteste, das in England zu finden ist. Die Dienste des reichen Sterngewölbes steigen hinter einer Verkleidung von zwei Etagen von Nischen auf, um dann den Rippenfächer ins weite Gewölbe zu entlassen. Damit ist in noch kleinem Format die Gestalt der großen Kapellen vorgegeben, wie sie dann in Windsor, Cambridge oder ähnlich noch in Bath entstehen.

Die Farbigkeit muß einst überwältigend gewesen sein. Das heute nüchtern wirkende Gewölbe war in einem warmen Blau gefaßt und mit silbernen Sternen übersät. Dazu dann der Kontrast der Schlußsteine mit glänzend vergoldeten Darstellungen der Geburt, der Kreuzigung, Mariens, von Blumen, Blättern und Grotesken. Noch bedrückender als das Fehlen der Farben wirkt heute die barbarische Zerstörung der Skulpturen. Szenen aus dem Leben Mariens und der Legende Julian Apostatas sind erkennbar, aber nur ein Kopf aus allen Reliefs ist den Schlägen der reformatorischen Wut entgangen. Diese Szenen rankten sich um die Tabernakelnischen, die die unterste Wandgliederung bilden. Der Kielbogen des Wimpergs ist schwungvoll nach außen gebogen – reines überquellendes Decorated. Noch heute meint man, daß diese Vegetation eigentlich weiterwachsen müßte. Mitte des 14. Jahrhunderts war die Kapelle weitgehend vollendet. Die Fenster im Westen und Osten (Abb. 16) sind aber wohl erst nach der Unterbrechung durch die große Pestepidemie 1348/49 in den siebziger Jahren entstanden.

Dieser verschwenderische Reichtum an Steinmetzarbeiten, den zum großen Teil einer der Kanoniker, John of Wisbech, finanziert hat, ist nur ein Teil der umfangreichen Bauarbeiten

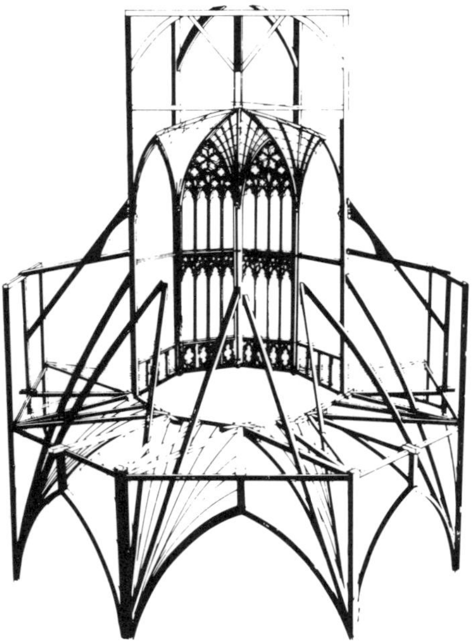

*Ely, Schema der Holzkonstruktion über dem Oktogon*

im frühen 14. Jahrhundert in Ely. Wisbech soll beim Graben an der Stelle der späteren Marienkapelle einen Schatz gefunden haben. Er muß nicht der einzige gewesen sein.

Denn kaum hatte der Sakristan, der Vermögensverwalter der Mönche, Alan of Walsingham, 1321 den Grundstein für die Marienkapelle gelegt, da stürzte der normannische Vierungsturm ein, zerschlug die Vierung und die ersten Joche des Chores. Niemand wurde verletzt, und Alan of Walsingham nutzte die Gelegenheit. Es wurde nicht einfach wiederaufgebaut. Die Marienkapelle war schon aus einer Vorstellung von einem weiten, freien Raum entstanden und geplant. Nun schuf man eine einzigartige Konzeption darüber hinaus.

Die vier Vierungspfeiler wurden einfach nicht wieder erneuert. Ob Alan of Walsingham, von dem ein hohes Kunstverständnis berichtet wird, selbst diesen genialen Gedanken hatte oder ob ein ungenannter Meister aus London den Plan entwickelte, mag streitig bleiben. Unbestreitbar ist das Oktogon eine der faszinierendsten Architekturen Englands (Farbt. 22).

Man nutzt jeweils die nächsten Pfeilerpaare in Chor, Querhäusern und Schiff, um über diesem Achteck mit verstärkten Pfeilern scharf trapezförmig begrenzte Rippenfächer eine wieder achtseitige Laterne tragen zu lassen. Die raffinierte Holzkonstruktion Master Hurleys, dem man das ungeheure Honorar von £ 8 zahlt, wird so gefaßt, daß sie Stein nachahmt. Das Sichtbare übersteigt das in Stein Vorstellbare. Eine bewußte Zerstörung der

Realität des Sichtbaren geschieht. Unbewußt weigert man sich, das Gesehene als möglich anzuerkennen. Das muß unsere Vorfahren ohne Kenntnis von Spannbeton und Stahlkonstruktionserfahrungen noch tiefer getroffen haben.

Die vier Diagonalseiten des Oktogons von 25 Meter Durchmesser werden mit Fenstern geöffnet, die Dienste mit Nischen umkleidet. Ein Motiv, das an die Marienkapelle erinnert. Die Nischen stehen auf acht fein gemeißelten Kapitellen, die Szenen aus der Legende der heiligen Ethelreda schildern. Mühsam war die Suche nach Stämmen, um die sechzehn langen Träger zu formen, die, zu spitzwinkligen Dreiecken zusammengesetzt, die Laterne tragen. Jeweils zwei dieser Stämme ruhen auf einem der acht Pfeiler und tragen zusammen die Last von gut 400 Tonnen der außen mit Blei verkleideten Holzkonstruktion.

Die drei zerstörten Joche des Chores finanzierte Bischof John of Hotham. Für den Preis von insgesamt 2034 Pfund, 12 Shilling und acht dreiviertel Pennies hält man sich zwar an das normannische Grundmuster mit den Höhen der Arkaden, der Emporen und des Obergadens, wie das auch im Chor des Early English der Fall ist, bietet aber einen geradezu überschwenglichen Reichtum an Steinmetzarbeiten. Auch das Chorgestühl entsteht neu, im 19. Jahrhundert von flämischen Schnitzern mit Reliefs bereichert und von Sir George Gilbert Scott mit einem Lettner von eleganter Zierlichkeit geschlossen.

Unter den Grabkapellen, die nun die Räume zu füllen beginnen, ragen zwei am Ende der Geschichte des Klosters heraus. Bischof Alcock (1486–1500) nimmt das östliche Joch des nördlichen Chorseitenschiffes als Grabkapelle in Anspruch (Abb. 18). Immer wieder erscheint im reichen Maßwerk unter dem Fächergewölbe mit hängendem Schlußstein sein wortspielendes Zeichen, ein Hahn auf einem Globus. Auch hier hat man alle Skulpturen zerschlagen, teils sauber weggemeißelt.

Auf der gegenüberliegenden Seite hat sich Bischof Nicholas West (1515–34) ebenfalls eine Grabkapelle erbaut. Hier greift man beim Bau sogar über die alte Ostwand hinaus. Das Gewölbe, mit noch reichen Spuren der farbigen Fassung, reizt durch die Mischung spätgotischer Linienführung mit frühem Renaissancedekor.

Ein wenig weiter nach Osten liegt das Grabmonument von John Tiptoft, Earl of Worcester, begleitet von seinen beiden Frauen. Der durchaus gelehrte Mann hat sich im Bruderkrieg des englischen Adels, in den Rosenkriegen, erst den Namen des ›Schlächters‹ – the Butcher – erworben, bevor er unter dem Beil eines gegnerischen Henkers fiel. Eines der vielen Beispiele dafür, wie wenig die Künste die Fülle ihrer Zeit zu spiegeln vermögen. Deutlich treten meist nur die Hoffnungen hervor.

## Gloucester

*(Farbt. 3, 19; Abb. 19–27)*

Die frühe Geschichte der Abtei Gloucester, die erst mit der New Foundation Heinrichs VIII. im Jahre 1541 Kathedrale unter dem Patronat der Trinität wurde, ist ein dauerndes Auf und Ab guter und schlechter Zeiten. Im Jahre 681 hatte der Kleinkönig Osric von König Ethelred die Erlaubnis erhalten, den Aposteln Peter und Paul hier ein Kloster für Nonnen und Mönche zu errichten. Bei einer Erneuerung im 9. Jahrhundert wird ein Stift daraus. Dies wieder wird von Knut dem Großen im Jahre 1022 aufgelöst, und der Bischof von Worcester gründet nun eine Benediktinerabtei. Für einen Neubau Mitte des 11. Jahrhunderts, der nur noch St. Peter geweiht ist, verpfändet Abt Wilstan große Teile des Grundbesitzes an Bischof Aldred von Worcester. Dieser wahrt die Ländereien in seinem Besitz, als er Erzbischof von York wird. Dementsprechend schrumpfen die Einkünfte der Abtei so zusammen, daß nur noch zwei Mönche und acht Novizen übrigbleiben, als Wilstan im Jahre 1072 stirbt.

Damit ist für Wilhelm den Eroberer wieder eine ›Planstelle‹ frei, die er nun an seinen Kaplan Serlo vergibt. Serlo war vorher Kanoniker der Kathedrale von Avranches, später Mönch auf dem Mont-Saint-Michel gewesen. Mit gewohnter normannischer Tüchtigkeit sorgt er hier für Ordnung und neue Blüte, gewinnt die entfremdeten Ländereien zurück und beginnt den Bau einer Abteikirche nach normannischem Geschmack. Öfters nimmt Wilhelm der Eroberer hier Aufenthalt, und aus dem alten Kapitelhaus von Gloucester ist Weihnachten 1085 sein Befehl datiert, das Domesday Book anzulegen, den Überblick über die Steuerkraft seines Königsreiches. Er und seine Söhne geben auch manche Schenkung, und so kann Bischof Robert von Hereford am Feste der Apostel Peter und Paul im Jahre 1089 den Grundstein der normannischen Kirche legen. Am 15. Juli des Jahres 1100 kann Bischof Samson von Worcester die Weihe vollziehen, und wenig später, im Jahre 1103, findet Abt Serlo sein Grab in der Kirche, die zum größten Teil unter seiner Herrschaft errichtet wurde.

Vollendet war sie noch nicht. Man darf wohl annehmen, daß der Chor mit seiner Empore, die als Raum für mehrere Kapellen genutzt wurde, und der ausgedehnten Krypta darunter, die Vierung und die ersten Joche des Schiffes vollendet waren. Hier ändert sich der Aufbau der Wand. Das ist selbst heute noch gut zu erkennen. Die Empore wird durch ein schmales

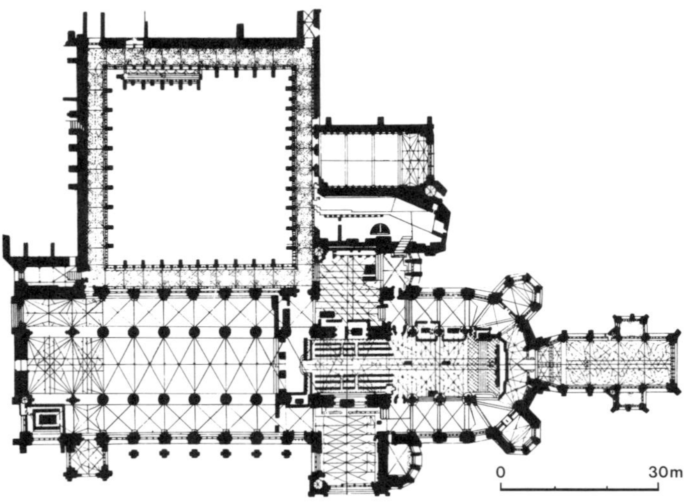


*Gloucester, Kathedrale, Grundriß*

*Gloucester, Kathedrale von Süden (17. Jh.)*

Triforium ersetzt, und statt der niedrigen Arkaden des Chorbereiches ragen die Rundpfeiler mit mehr als zwei Meter Durchmesser nun gut zehn Meter hoch auf. Etwa 1160 war das Schiff mit einer wohl zweitürmigen Westfassade vollendet, dabei hat man in den Seitenschiffen bereits ganz modern Kreuzrippengewölbe benutzt. Einer der Anlässe für den langsamen Baufortschritt mag ein gefährlicher Brand des Jahres 1122 gewesen sein. Erhalten sind die Kreuzrippengewölbe allerdings nur auf der Nordseite; denn kurz nach der Vollendung, eigentlich schon vorher, beginnt eine Serie von Bauschäden spürbar zu werden. Das macht vielleicht noch einmal deutlich, daß man keineswegs immer in mittelalterlichen Zeiten so solide gebaut hat, wie man es in seinen Träumen von goldener Vergangenheit gerne sähe.

Bereits 1170 stürzt der südwestliche Turm der Westfassade ein, erfüllt den Kirchenraum mit dichtem Staub und fliegenden Trümmern, verletzt aber niemanden, da sich alle Teilnehmer der Messe gerade in der Vierung drängen, um des bischöflichen Segens teilhaftig zu werden. Der Schaden wird repariert, und erst einmal herrscht nun Ruhe, nachdem man auch die Pfeiler und Gewölbe der Krypta verstärkt hat. Hier hat man auf feuchtem Sand gebaut, und noch bis ins letzte Jahrhundert stand oft genug Wasser in der Krypta.

Zeit und Finanzen reichen aus, um 1242 die Einwölbung des Schiffes zu vollenden. Es heißt dabei ausdrücklich, daß die Mönche diese Arbeiten ausgeführt hätten. Die Notwendigkeit eines Gewölbes hatte den Mönchen ein Brand von Gloucester im Jahre 1190 gezeigt, der auch den Dachstuhl des Schiffes vernichtete. Dabei wird der Obergaden verstärkt und aufgestockt, und die vierteiligen Gewölbe werden von einer Scheitelrippe zusammengefaßt. Erst weit über den Pfeilern, in den Zwickeln der Arkaden, steigen die Dienste der Gewölbe über kleinen Kopfkonsolen auf. Ein spannungsgeladenes Bild, das der Kontrast der romanischen Pfeiler zum feingliedrigen gotischen Gewölbe bietet.

Zu Beginn des 14. Jahrhunderts werden die nächsten Bauarbeiten notwendig. Die Außenwand des südlichen Seitenschiffes begann zu kippen, mußte mit mächtigen Strebepfeilern abgestützt werden. Das Seitenschiff bekam neue Gewölbe und neue Fenster. Dabei modernisierte man zugleich und erneuerte in blühendem Decorated.

Abt John Thokey (1307–29) hatte bei der Erneuerung der Südwand des Schiffes gespürt, welche Kosten und Aufgaben die Erhaltung eines solchen Baues bedeutete. Ringsum hatten im weiten englischen Königreich Kathedralen und Abteien im Laufe des 13. Jahrhunderts entweder ihre alten Heiligen neu popularisiert, in neue glänzende Schreine gehoben oder neue Heilige erworben. Nur Gloucester war bisher leer ausgegangen. Weder mit König Osirc, dem Gründer, dessen Grab auf der Nordseite des Hauptaltares liegt, noch mit Robert Curthose, dessen Grab man um 1280 mit einer neuen bunten Grabfigur aus Holz versehen hatte, die immer noch in der Mitte des Chores zu bewundern ist (Abb. 27), war viel Staat zu machen. Das hieß, sie zogen keine Pilgerscharen an, mit deren Spenden man Bauunterhaltung und Modernisierung hätte betreiben können.

Robert Curthose war der älteste und unfähigste der Söhne Wilhelms des Eroberers gewesen. Als ältester Sohn mit gewissem Recht auf die Normandie abgeschoben, erhielt England den zweiten Sohn, William Rufus zum König. Der dritte, Henry, erhielt nur eine reiche Abfindung, wurde aber schließlich Herr der Lage. William Rufus fiel, schon recht unbeliebt bei allen, einem Pfeilschuß, einem Jagdunfall zum Opfer. So lautete zumindest die offizielle Version. Henry übernimmt so im Jahre 1100 schnell die Krone und versüßt Robert Kurzhose das Zuschauen mit reichlichen Zahlungen. Als dann schließlich Streit ausbricht, wird Robert mühelos 1106 in der Schlacht von Tinchebray geschlagen und verbringt die nächsten 28 Jahre seines Lebens als Gefangener in Cardiff. 1134 findet er sein Grab in Gloucester. Damit läßt sich für eine Abtei kein Staat machen, das ist kein christlicher Märtyrer aus königlichem Blut, wie man ihn gerne hätte. Und auch die sprungbereite Haltung der ritterlichen Holzfigur täuscht über ein tatenloses Leben nicht hinweg.

Da ist Edward II. schon ein anderer Fall. Nach einem flatterhaften Luxusleben, mit haßerregender Günstlingswirtschaft, wird er von seiner Königin Isabella und ihrem Liebhaber Roger Mortimer mit Truppen bedroht und zur Abdankung gezwungen. Seine Günstlinge, die Despensers, werden gehängt und finden ihr Grab in der nahegelegenen Abtei Tewkesbury. Edward II. wird in Berkeley Castle, wo man seine Zelle noch besichtigen kann, gefangengesetzt, und als er trotz aller Mißhandlungen nicht sterben will, ermordet. Man scheint ihn mit einem glühenden Wurfspieß innerlich durchbohrt zu haben. Die Schreie sollen noch außerhalb des Schlosses zu hören gewesen sein. Aber ein erster Blick entdeckte keine äußerlichen Verletzungen, fand nichts, was gegen den angeblich natürlichen Tod sprach. Die Gerüchte aber müssen sich schnell verbreitet haben. In Furcht vor Königin Isabell und Mortimer verweigerten die Klöster Malmesbury, Bristol und Kingswood

Edward ein Begräbnis. John Thokey scheint dagegen ein weitblickender Mann gewesen zu sein. Mit prächtig geschmücktem Wagen holt er den Leichnam ein und gewährt ihm ein würdiges Begräbnis auf der Nordseite des Chores nahe dem Hochaltar.

Erst schmückt nur eine Holzfigur mit Messingkrone die bald verehrte Grabstätte. Aber bereits 1329, noch bevor Abt John Thokey stirbt, läßt der Sohn des Ermordeten, Edward III., seinem Vater ein prächtiges Grabmal errichten. Die Alabasterfigur Edwards II. (Abb. 25) gehört zu den frühesten und schönsten, und der Baldachin über der Tumba ist eines der Prunkstücke des Decorated. Reiche Geschenke des Königs bestätigen die Haltung des Abtes, Pilgerscharen strömen mit Spenden, auch wenn es der Abtei nie gelingt, die Kanonisation ihres Heiligen in Rom zu erreichen.

Ein wesentlicher Teil der nun reichlich fließenden Gelder wird für die Verschönerung der Kirche verbraucht. Man beginnt unter Abt Wigmore (1329–37) mit dem südlichen Querhaus. Hier fällt die grundlegende Entscheidung, nicht abzureißen, sondern einen geschickten Umbau durchzuführen. So ist bis heute der Bau von Abt Serlo aus der Zeit um 1100 weitgehend erhalten. Man verbirgt ihn hinter einer vorgehängten Wandgestaltung und hebt nur die Gewölbehöhe an, um ausreichend hohe Fenster im Obergaden zu erreichen. Flächen, Pfeiler und Öffnungen der normannischen Wand werden mit den fließenden Linien des Maßwerks des Decorated überzogen. Dahinter verbirgt sich ein konsequent durchgehaltenes System von Diensten und Bögen, wie es französischer Gotik entspricht. Aber es entsteht eine kleinteilige Kammerung, die Senkrechte und Waagerechte fast gleichgewichtig gegeneinander stellt. 1337 wird das komplizierte Vierungsgewölbe eingezogen, eines der ersten Liernengewölbe Englands, das elegante Netzwerk von Rippen, die weder vom Dienst ausgehen noch notwendig die Scheitelrippe erreichen.

Das südliche Querschiff kann man fast als Fingerübung für die Verwandlung des Chores betrachten. Hier werden in den nun folgenden Jahren die normannischen Pfeiler abgeflacht, die Wand abgearbeitet. Licht ist das große Ziel. Dazu wird wieder der Obergaden vergrößert, und der östliche Teil der Chorempore verschwindet. Die Wände des östlichsten Jochs rücken noch einmal zusätzlich gute drei Meter auseinander und geben so dem größten Fenster farbigen Glases in England Raum (Abb. 21). Fast 25 Meter hoch und bald 12 Meter breit widersteht es dem ungeheuren Winddruck nur durch äußere Strebepfeiler und die schräggestellten Seitenbahnen des Fensters. Gestiftet wurde es – mit dem zentralen Thema der Marienkrönung, begleitet in den Rasterkästen des Maßwerks von Heiligen, Märtyrern, Königen und Kirchenfürsten – von Adligen, die an der ruhmreichen Schlacht von Crécy im Jahre 1346 teilgenommen hatten. Um 1350 mag es vollendet gewesen sein und trägt wohl seitdem den Namen Crécy-Fenster.

Zwischen der Rückwand des Hochaltares und dem Fenster führt der Chorumgang noch seinen gewohnten Weg. Er verschwindet hinter dem goldglänzenden Reredos, der Altarrückwand nach dem Entwurf Sir George Gilbert Scotts.

Mit der gleichen Raffinesse, mit der die gläserne Ostwand erfunden ist, hat man die normannische Wand mit Maßwerk nachgezogen und verschleiert. Wieder zieht ein mehrfach übergreifendes Dienstbogensystem über die Wand zum Gewölbe, überschnitten von

*Gloucester, Kathedrale, das früheste Fächergewölbe (Kreuzgang)*

den senkrechten Linien der Stäbe des Maßwerks, die nun bis zum Bogen durchstoßen, sich nicht mehr im Couronnement auflösen. Mit den waagerechten Stäben des Maßwerkes ergeben sie das klassische Rechtecknetz des Perpendicular.

Damit ist hier gleichzeitig zu William Ramseys Kapitelhaus in Old St. Paul's in London der Anfang des Perpendicular greifbar. Und man hat sogar vermutet, daß auch hier der Entwurf auf den gleichen Architekten zurückgeht. Aber die Lösung in Gloucester ist gegenüber dem steifen Londoner Kapitelhaus so phantasievoll, daß man an diesem Vorschlag zweifeln möchte. Das schönste Beispiel dafür ist die Fortführung der Chorwand über die Vierung hinaus. Hier werden die Dienstkapitelle, von denen die Rippen des Gewölbes ausgehen sollen, von weiten freischwebenden Bögen getragen. Das sind pittoreske Lösungen, die mehr an Bristol oder Wells erinnern als an London.

Auf dem reichen Liernengewölbe im Osten des Chores erscheint auf neunzehn der Schlußsteine Christus, begleitet vom musizierenden Chor der Engel (Abb. 22). Diesem Vorbild müssen die Leistungen des Gesanges der Mönche im neuen reichen Chorgestühl mit siebenundfünfzig Sitzen, reichgeschnitzten Baldachinen und Misericordien entsprochen haben, als alles um 1374 vollendet war.

Um die Emporen weiter durchgehend nutzen zu können, führt außen brückenartig eine kleine verglaste Galerie die Emporen wieder zusammen, die Flüstergalerie.

Die Freude am Bauen scheint einige Zeit angehalten zu haben. Denn nun leistet sich die Kommunität eine zweite architektonische Erstaufführung. Etwa um 1370 beginnt man den Kreuzgang zu erneuern, den heute zum Teil vorzügliche präraffaelitische Glasmalereien des späten 19. Jahrhunderts zieren (Farbt. 19). Ihn schließt das erste vollgültige Fächergewölbe Englands, bei dem die Rippen wie ein Fächer gerundet an die flache Decke des Raumes gestoßen sind (Farbt. 3, Abb. 23). Auf der Südseite des Kreuzganges sind kleine Ecken abgeteilt, um den Mönchen Studiermöglichkeiten zu geben. Auf der Nordseite, vor der alten Abwasseranlage im Quadrum des Kreuzganges, ist der Waschraum mit seinen Miniaturfächergewölben angesetzt. Vom Kreuzgang aus führt auf der Ostseite ein Eingang zum alten Kapitelhaus, das nach Osten wieder im Perpendicular erweitert wurde.

Erst zur Zeit Abt Morwents (1421–37), als die alte Westfassade Schwächen zeigt, beginnen wieder neue Bauarbeiten an der Kirche. Er plant zwar zusätzlich den völligen Neubau des Schiffes, aber die Ausführung verhindert sein Tod. Zur gleichen Zeit entsteht auch der meistgenutzte Eingang, die südwestliche Eingangshalle. Skulpturen des 20. Jahrhunderts stellen Abt Serlo und den Gründer, König Osric, begleitet von den vier Evangelisten dar. Westfassade und Eingangshalle sind keine Glanzleistungen des Perpendicular. Das gelingt erst wieder mit dem Bau der Vierungsturmes. Unter Abt Thomas Seabroke (1450–57) erreicht er (Abb. 20) eine Höhe von fast siebzig Metern und inspiriert Seabrokes Nachfolger Richard Hanley (1457–72) zum Bau der Marienkapelle. Man erreicht sie durch einen Durchgang unter der Flüstergalerie und steht dann in einem gläsernen Raum mit gerade noch erkennbarem Querhaus und einer verkleinerten Wiederholung des großen Ostfensters der Kathedrale. Der westliche Anschluß ist schmaler gehalten, um das Ostfenster des Chores nicht zu verdunkeln. Dieser Durchgang wird nun als Eingangsraum mit kleiner Kapelle darüber genutzt. Unter der Ostseite der Marienkapelle führt ein kleiner gewölbter Gang von der Nordseite zum Friedhof der Mönche auf der Südseite.

Mit der Umwandlung der Abteikirche in eine Kathedrale endet wie überall die Baubegeisterung, kaum daß man in der Lage ist, die Bauunterhaltung zu tragen. Als im 17. Jahrhundert fast schon der Abriß droht, greifen rettend die Stadtväter ein, von denen einige in farbenprächtigen Renaissancegrabmälern ruhen.

## Lincoln

*(Farbt. 7, 21; Abb. 28–32)*

Als im Jahre 1067 Bischof Wulfwig von Dorchester-on-Thames, ein Angelsachse, starb, ergab sich für Wilhelm den Eroberer wieder einmal die Gelegenheit einem Kampfgenossen, dem Almosenier der Abtei Fécamp in der Normandie seine Dankbarkeit zu erweisen. Remigius hatte ein Schiff für die Überfahrt nach England ausgerüstet und damit einen wichtigen Beitrag zum Feldzug geleistet. Auch konnte der Eroberer damit seine Praxis fortsetzen, Männer seines Vertrauens auf alle wichtigen Posten zu berufen.

Noch bevor der allgemeine Beschluß im Jahre 1075 gefaßt wurde, daß Bischofssitze nur in großen Städten sein dürfen, verlegte Remigius seinen Sitz auf den wohlbefestigten Hügel von Lindum, in den Schutz der römischen Mauern, nahe an die Festung des Königs. Die Bauarbeiten haben vielleicht noch vor der Verlegung des Bischofssitzes im Jahre 1074 begonnen und sind bis auf die oberen Teile der Westfassade und der Westtürme um 1093 vollendet gewesen. Von dem etwa hundert Meter langen normannischen Bau sind nur noch der zentrale Teil der Westfassade und die unteren Teile der Westtürme erhalten. Aber sie sind die Grundlage für diesen immer wieder faszinierenden Anblick der vieltürmigen

*Lincoln, Rekonstruktionsversuch der normannischen Kathedrale (W. Frankl)*

Kathedrale, die sich der mittelalterlichen Vorstellung vom Himmlischen Jerusalem gemäß auf die Höhe herabgesenkt hat.

Überwältigend ist dann der Anblick der Fassade, die man erst erblickt, nachdem man durch das gotische Tor getreten ist, das einst den Zugang zum Bezirk des Bischofs sicherte. Eine weit ausgespannte Fassade breitet sich aus und kündet ihre langwierige Baugeschichte. Die dicht nebeneinander gerückten Türme hinter der Fassade deuten die Breite der ersten Fassade an. Aber schon damals waren sie von einem Westbau umgeben, den drei noch erkennbare hohe Bögen gliederten. Ein Motiv, das in gotischen Formen in Peterborough wieder aufgegriffen wird, das auf dem Kontinent fast beispiellos ist. Aber nicht ganz: San Marco in Venedig muß damals einen ähnlichen Anblick geboten haben, und einzelne hohe Arkaden am Westbau begegnen z. B. in Aachen oder an St. Peter in Wimpfen. Hier werden drei in abgestufter Höhe vereint. Ein Neubau in erobertem Land gibt Raum zum Experimentieren.

Den sonst schlicht gehaltenen ersten normannischen Bau verwüstet 1137 oder 1139, je nachdem welcher Chronik man folgen will, ein Brand. Die Aufgabe des Wiederaufbaues fiel Bischof Alexander (1123–48) zu, einem Neffen des mächtigen Bischofs Roger von Salisbury. Wegen seines extravaganten und kostspieligen Geschmacks erhielt er den Beinamen ›der Prächtige‹. Dem machte er auch beim Wiederaufbau seiner Kathedrale Ehre. Auf Reisen nach Italien scheint er den Dom von Modena gesehen zu haben. Ähnlich wie dort die Reliefs des Bildhauers Wiligelmo die Fassade schmücken, läßt auch er einen Fries mit Szenen des Alten und Neuen Testamentes anbringen. Auf der Südseite der Fassade erscheinen Themen des Alten Testamentes von der Vertreibung aus dem Paradies bis zu Noahs Verlassen der Arche. Auf der Nordseite werden Themen des Neuen Testamentes dargestellt. Darunter ein

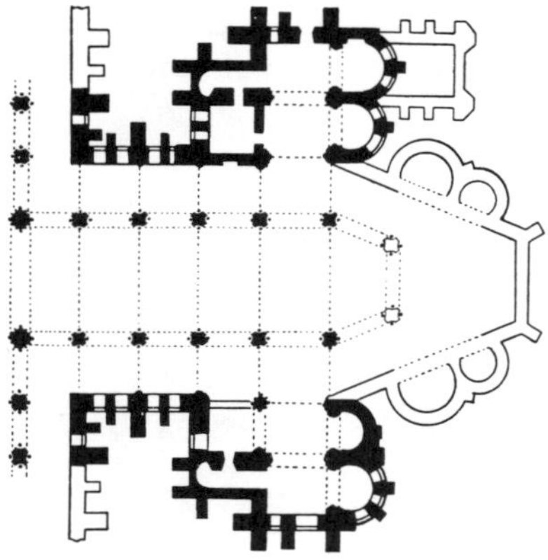

*Lincoln, Kathedrale, Chorplan des späten 12. Jh.*

*Lincoln, Kathedrale, Grundriß*

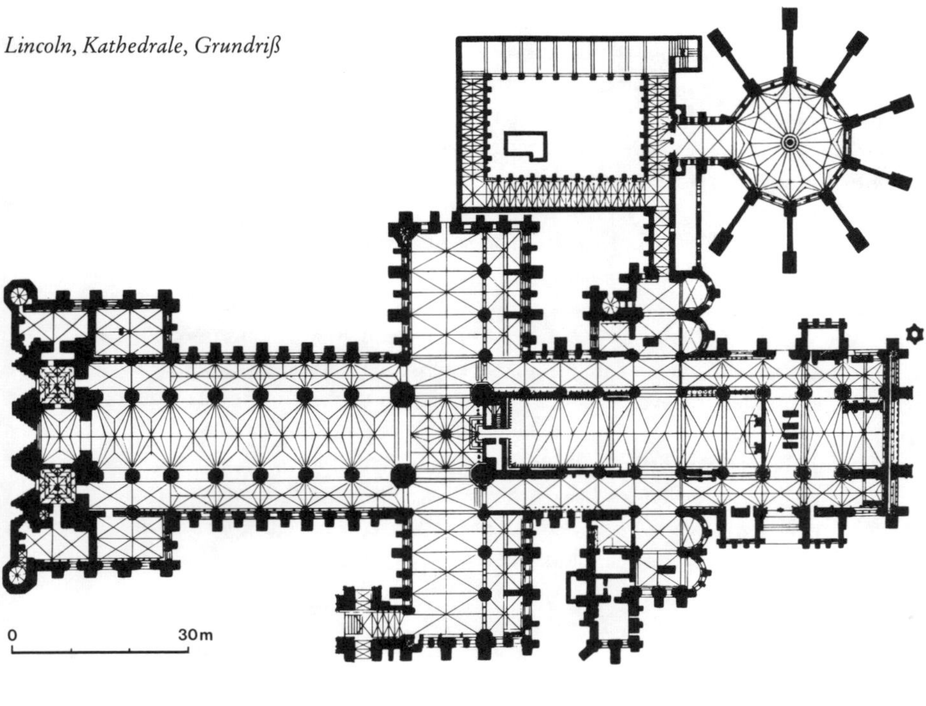

Jüngstes Gericht, das einst vielleicht über dem Hauptportal saß, denn offensichtlich ist einiges in der Reihenfolge und Anordnung der Reliefs verändert worden. Prunkvoll ist auch die Rahmung des Hauptportals mit Drachenköpfen und reicher Ornamentierung (Farbt. 21; Abb. 29). Hier erinnern manche Arbeiten, z.B. die reich ornamentierten Pfeiler, an Arbeiten, wie sie zur gleichen Zeit in St. Denis entstanden sind. Auch das südliche und nördliche Seitenportal werden erneuert, und die beiden Westtürme werden aufgestockt und mit dicht gereihten Arkadengalerien, die schon die Westfront von Ely ahnen lassen, geschmückt.

Ihre heutige Breitenwirkung (Farbt. 7) – fast Cinemascope, wenn man sie sich in der ursprünglichen Farbfassung vorstellt – erhält die Westfassade erst mit den Bauarbeiten in der Mitte des 13. Jahrhunderts. Ein Schleier dicht an dicht gesetzter Arkaden wird zwischen die Treppentürmchen gehängt, und der mittlere Bogen über den Portalen wird erhöht, um dem Gewölbe des Schiffs Raum und mit einer reich dekorierten Rose des Decorated Licht zu geben. Auch der Giebel darüber gehört dazu. Dagegen sind die ›Königsgalerie‹ (Abb. 29) über dem Hauptportal und die beiden letzten Geschosse der Westtürme erst im 14. Jahrhundert entstanden. Das große Westfenster mit steifem Maßwerk des Perpendicular folgt als letzte Arbeit an der Westfassade im 15. Jahrhundert.

Die Baugeschichte des Restes der Kathedrale erstreckt sich zwar über einen kürzeren Zeitraum, die erste Hälfte des 13. Jahrhunderts, ist aber dafür heiß diskutiert. Oft entscheiden ja Jahrzehnte über die Bedeutung eines Baues für die Entwicklung der Architekturgeschichte.

Alexander der Prächtige hatte aus den Zerstörungen des Brandes die vernünftige Folgerung gezogen, nun das Schiff einzuwölben. Dann konnten die brennenden Teile des Dachstuhls bei der nächsten Gelegenheit nicht mehr die Ausstattung des Schiffes erreichen. Außerdem gehörten Gewölbe inzwischen zu den selbstverständlichen Errungenschaften der Architektur, die Alexander seinem Ruf schuldig war. Aber er hat wohl die alten Mauern des Schiffes nicht ausreichend verstärkt. Als 1185 am Palmsonntag ein Erdbeben England erschüttert, notiert der Chronist Roger von Hoveden, daß die Kathedrale von Lincoln von oben bis unten gespalten worden sei.

Diesen Zustand findet 1186 Hugo von Avalon vor, als ihn Henry II. zum Bischof wählen läßt. Mit Mühe nur hatte er ein Jahrzehnt zuvor den Karthäusermönch den Grande Chartreuse entrissen, um ihn zum Prior eines englischen Karthäuserklosters zu machen, nun setzte er den Widerstrebenden als Bischof ein, dessen Wirken bis heute nicht vergessen ist. Er läßt seinen Architekten, Geoffrey de Noiers, mit dem Chor beginnen. Dabei ist aus den Quellen die Frage nicht zu entscheiden, ob Geoffrey de Noiers Engländer oder Franzose war, und auch nicht sicher zu klären, ob er tatsächlich der Architekt oder der geistliche Bauleiter gewesen ist. Wie dem auch sei, der raffinierte dreiseitige Chor, ein Dreieck mit abgeschnittener Spitze, das den schmalen, aber geraden Chorabschluß mit einem Chorum-

31 LINCOLN Retrochor ▷

32 LINCOLN Reliefs mit der Höllenszene von der Westfassade

33 LONDON Westminster Abbey, Grabmal für Henry VII. und seine Gemahlin Elizabeth

34 LONDON Westminster Abbey, Grabkapelle für Henry VII.

35 LONDON Westminster Abbey, Chor mit der Grabkapelle für Henry VII. ▷

37 LONDON Westminster Abbey, Schiff

] 36 LONDON Westminster Abbey, Schiff von Süden

39 PETERBOROUGH Schiff

38 LONDON Westminster Abbey, Grabmal des Aymer de Valence, Earl of Pembroke

40 SALISBURY Grabkapelle Bischof Audleys

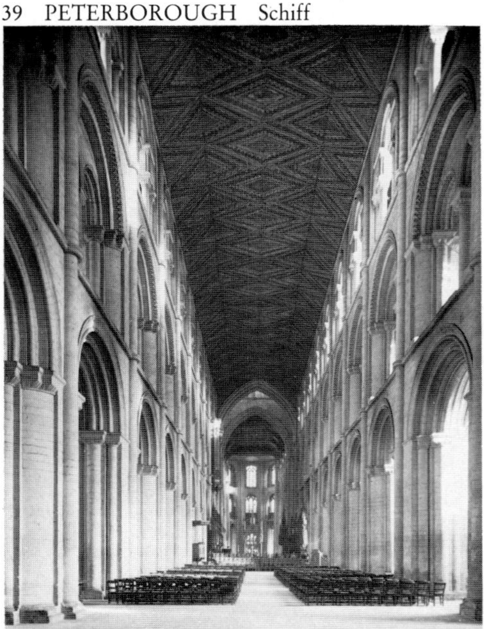

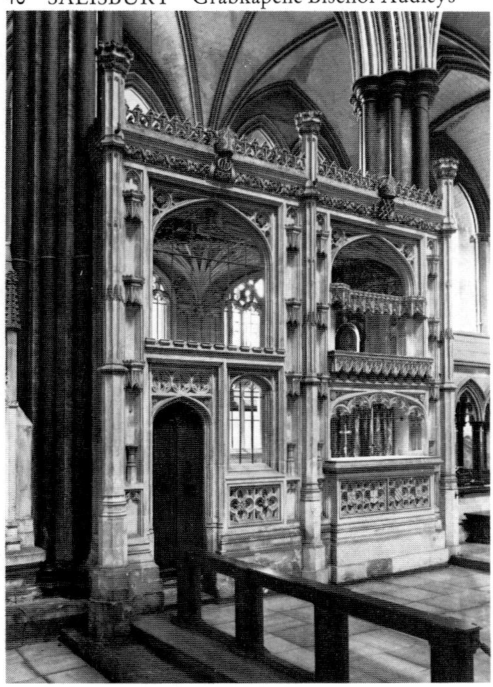

42 PETERBOROUGH Westfassade
◁ 41 PETERBOROUGH Fächergewölbe im Retrochor
43 SALISBURY Kreuzgang

45 SALISBURY Schiff nach Osten

◁ 44 SALISBURY Westfassade

46 WELLS Westfassade

47 WELLS Retrochor

48 WELLS Chor ▷

50 WELLS Entlastungsbögen in der Vierung

◁ 49 WELLS Treppe zum Kapitelhaus
51 WELLS Detail der Westfassade ▷

gang verbinden konnte, ist nicht erhalten. Mit Blei gefüllte Linien im Boden des Engelchores, des Angel Choir, zeigen den Mauerverlauf an. Auf den Angel Choir kommen wir noch zurück.

Unter Bischof Hugo waren die Bauarbeiten rasch vorangegangen. Manches Mal soll er selbst tatkräftig zugepackt und Steine geschleppt haben. Das gehört zwar zu den Allgemeinplätzen der Lebensbeschreibungen dieser Zeit, aber es wird, gerade bei Hugo, der 1220 bereits heiliggesprochen wird, einen faktischen Kern gehabt haben. Bei seinem Tode im Jahre 1200 werden bereits die inneren Joche der östlichen Querhäuser errichtet. Der Binnenchor für das Chorgestühl war also vollendet, und die Bauarbeiten gehen zügig weiter.

Zwar wird im Jahre 1216 der Schatz der Kathedrale von den Baronen in ihrer Auseinandersetzung mit König John, Johann Ohneland, um 11000 Mark, etwa 10 Tonnen Silber, erleichtert, die für die Baufinanzierung bestimmt waren, aber um 1235 hat man sowohl das kunstvolle zehnseitige Kapitelhaus (Abb. 30) vollendet wie auch die westlichen Querhäuser erbaut. Auch hier hat man im 14. Jahrhundert Strebepfeiler und Strebebögen zur Stütze des Kapitelhauses, des frühesten gotischen, anfügen müssen.

Im Jahre 1235 hatte Robert Grosseteste, berühmt als Theologe und Wissenschaftler, fasziniert von optischen Experimenten, den Thron des Bischofs übernommen. Zu seiner Zeit, in seinen ersten Jahren entsteht die Eingangshalle am südwestlichen Querhaus, als Galiläa bezeichnet. Ihr gegenüber lag der Bischofspalast. Aber auch zu seiner Zeit, im Jahre 1239, stürzt, als man bereits mit den Bauarbeiten am Schiff angelangt ist, der gerade vollendete Vierungsturm ein.

Das, was zerstört war, wurde schnell und zügig erneuert. Nur sind sich die Erforscher des Baues nicht einig, wieviel das war. Es scheint, daß nur das dritte Pfeilerpaar östlich der Vierung noch zu Hugos Bau gehört. Das bedeutet, daß die ›crazy vaults‹, die verrückten Gewölbe über dem Chorgestühl eventuell erst der Erneuerung zuzuschreiben sind. Hier werden nicht wie im Schiff oder im Angel Choir die vier Rippen je Joch symmetrisch über die Scheitelrippe geführt. Jeweils drei Rippen werden auf einen Schlußstein geführt, und die dritte stammt, asymmetrisch, nicht vom gegenüberliegenden Dienst. Ein ungewöhnliches Bild, das in der gotischen Architektur nicht wieder begegnet. Diese optische Spielerei, die

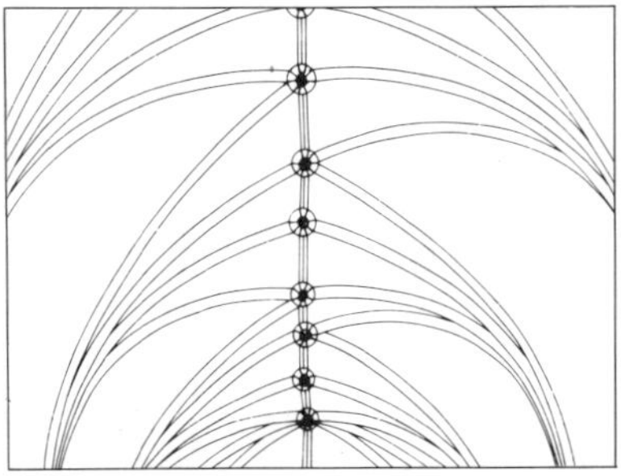

*Lincoln, Kathedrale, die ›verrückten‹ Gewölbe im Chor*

keine konstruktive Bedeutung hat, verführt natürlich dazu, den an Optik interessierten Bischof Robert Grosseteste für den Veranlasser dieser eigenwilligen Gestaltung zu halten und damit die Gewölbe auf die Zeit nach dem Einsturz des Jahres 1239 zu datieren.

Dazu würden auch die bemerkenswerten Arkaturen der Seitenschiffwände passen. Hier laufen, anders als beim Rest der Kathedrale und selten in anderen Kirchen wiederholt, doppelte Arkaden jeweils um eine halbe Breite versetzt voreinander. Untersuchungen haben gezeigt, daß der wiederum optisch reizvolle Effekt das Ergebnis einer nachträglichen Verstärkung des Mauerwerks ist. Das mag für eine Verstärkung nach dem Einsturz sprechen. Denn so nicht sichtbare Teile der hinteren Arkaden sind vollständig ausgearbeitet. Die optische Tiefenwirkung, an einen nicht vorhandenen Laufgang erinnernd, könnte wieder von Robert Grosseteste veranlaßt sein.

Aber auch wenn es so den Eindruck machen könnte, daß vom Bau des späten 12. Jahrhunderts, der Zeit Hugos, kaum etwas erhalten ist, so kann sich andererseits nichts Grundlegendes in der Konzeption geändert haben. Eine Lebensbeschreibung des Heiligen Hugo von Lincoln, die kurze Zeit nach seiner Heiligsprechung im Jahre 1220 entstanden sein muß, schildert in wohlgesetzten Versen den Glanz seines Baues. Der Dichter schwärmt von den Diensten aus Purbeck-Marmor, die die Pfeiler des Schiffes im Chorbereich umstehen, und vergleicht sie mit dem Rundtanz schlanker Mädchengestalten. Die Gewölbe vergleicht er Vögeln, die, auf feste Säulen gesetzt, ihre Flügel ausbreiten, um zu den Wolken aufzusteigen.

Auch die Rundfenster der Querhäuser, das Auge des Dekans, das ›Dean's Eye‹, und das Auge des Bischofs, das ›Bishop's Eye‹, die ja tatsächlich etwas augenförmig wirken, werden schon von ihm so benannt. Das nördliche Fenster, noch aus der verdünnten Wand herausgeschnitten, stammt noch aus der Bauzeit um 1200. Das südliche Fenster mit seinem fließend geschwungenen Maßwerk des Decorated des frühen 14. Jahrhunderts birgt zusammengewürfelte Reste mittelalterlichen Glases. Nach des Dichters Vorstellung sind die beiden Fenster die Augen der Kirche, das südliche Bischofsauge erwartet den Heiligen Geist, das nördliche Auge des Dekans achtet auf den Teufel. Allerdings hält das eine zugleich seinen Blick auf den Garten und Palast des Bischofs und das andere auf den Sitz des Dekans. Man sieht, daß dichterische Freiheit auch im 13. Jahrhundert einen weiten Rahmen füllen kann, aber auch Bilder geschaffen hat, die mit diesen Bezeichnungen bis heute nachwirken.

Der Einsturz des Vierungsturmes hat die Bauarbeiten im Westen des Schiffes anscheinend kaum aufgehalten. Man spürt, wie man die Joche etwas enger setzt, die letzten Gewölbe ein wenig niedriger zieht und den Lauf der Linien der abweichenden Achse des Westbaues der normannischen Zeit anpaßt. Vielleicht hatte man vor dem Einsturz des Vierungsturmes eine völlig neue Westfassade geplant und ist nun zum Sparen gezwungen, oder, was auf mittelalterlichen Baustellen nicht selten geschah, man merkt erst jetzt, daß die östlichen Anfänge der Planung nicht ganz mit den vorhandenen Westteilen übereinstimmen. Aber man merkt es eigentlich nur, wenn man es weiß. Dazu wird der schmächtigere normannische Westteil so geschickt mit Räumen umgeben, die heute den Verkaufsraum der Kathedrale und die Morgenkapelle bilden, daß man nicht darauf achtet.

Hier steht auch auf der Nordseite des Schiffes einer der acht Taufsteine aus Namurer Blaustein, die es in England gibt. Ein prächtigeres Stück findet sich z. B. in der Kathedrale von Winchester (Abb. 55). Diese Arbeiten der Zeit um 1200 werden in England nach dem Handelszentrum Tournai, woher man sie wohl bezog, als Tournai Fonts, Taufsteine aus Tournai, bezeichnet. Ein klobiger Säulenfuß trägt eine runde Mittelsäule und vier zierlichere Rundpfeiler, die die quadratische Taufschale abstützen. Der Rand ist hier etwas schlicht mit Fabelwesen in flachem Relief geschmückt. Das landeseigene Material des Purbeck-Marmors stand nur in relativ dünnen Schichten zur Verfügung. So griff man hier auf Importe zurück. Ähnliches findet man auch im Rheinland, und auch die im Maasgebiet zuerst gebräuchliche Verwendung dieses dunklen Marmors für Schmucksäulen ist ja in beiden Gebieten aufgegriffen worden. Lincoln selbst ist ein guter Zeuge dafür.

Im Aufbau der Pfeiler, Triforien und des Obergadens, der Arkaden der Seitenschiffwände und Laibungen der Fenster erscheinen sie immer wieder. Hier wie auch z. B. in Salisbury betont der Aufbau der Wand des Hauptschiffes mehr die Horizontale der Geschoßgliederung als die durchgehenden Linienzüge des Jochaufbaues, wie man es von Frankreich her gewohnt ist. Nur dünne Dienste sind bis auf Konsolen über den Pfeilern heruntergezogen. In den Gewölben des Schiffes und des noch etwas späteren Angel Choir herrscht nun wieder Symmetrie. Im Schiff treffen je Joch vier Rippen auf je einen Schlußstein, und in der Mitte des Jochs wird quer zur Scheitelrippe eine weitere Rippe mit zusätzlichen Schlußsteinen zu einem Sternornament zusammengefügt.

In seiner Gewölbeform ist der Angel Choir schlichter (Abb. 31). Aber wird im Schiff noch die Mitte des Joches betont, so wirkt im Angel Choir der Fünfstrahl von Rippen, die von einem Dienst aufsteigen, als Einheit, die ausdrücklich über die Grenze des Joches hinweggreift. Die Gliederung wird durchbrochen.

Die Heiligsprechung Hugos durch Honorius III. im Jahre 1220 war wenige Jahrzehnte später der Anlaß, den einzigartigen Chorabschluß, der zur Zeit Hugos errichtet worden war, abzureißen. Schon Honorius III. hatte verfügt, daß man den Heiligen aus seiner Grabkapelle im östlichen Querhaus an einen würdigeren Ort übertragen solle. Als nun Mitte des 13. Jahrhunderts die Fassade ihrer Vollendung entgegengeht, erinnert man sich dieses Auftrages. Henry III. gibt die Erlaubnis, mit einer Verlängerung der Kathedrale nach Osten durch die alte Stadtbefestigung zu gehen, und der Angel Choir wird bis etwa 1280 weitgehend vollendet. Ein Raum, der nun endlich dem Andrang der Pilger Genüge tat und den Dienst der Kanoniker von diesem Trubel unbehelligt ließ.

Die Engel des Angel Choir, deren Vorbilder in den kurz zuvor vollendeten Querhäusern der Westminster Abbey zu finden sind, breiten ihre Flügel in den Zwickeln zwischen den Arkaden des Triforiums aus. Weihrauchfässer schwingend, mit Musikinstrumenten versehen, bilden sie Teil und Spiegel der Liturgie. Aber ein anderer Engel vertreibt Adam und Eva aus dem Paradies, auch Christus und Maria erscheinen. Außen, als Vorspiel für den eintretenden Wallfahrer, wird an einem kleinen Portal das Jüngste Gericht vorgeführt (Abb. 32). Auch wenn die Skulpturen weitgehend erneuert sind, spürt man hier noch einmal das Vorbild Westminster Abbey. Hier klingt Gestaltung und Thema der nördlichen Querhausfassade nach. Heute rahmen zwei späte Grabkapellen das Portal.

Prunkstück der Gestaltung im Reichtum an knospendem und blühendem Aufwand lohnintensiver Steinmetzarbeit ist das achtbahnige Ostfenster, geometrisch gebändigtes Decorated. Bei aller Bereicherung in den Einzelformen wird sonst auf den Aufbau des Schiffes zurückgegriffen. Prunkend sind die Konsolen für die Dienste ausgestattet. Direkt über dem beschädigten Sockel für das Kopfreliquiar des Heiligen Hugo ist als liebenswürdige Kuriosität ein kleiner Teufel in die Spitze einer Konsole gebannt, am östlichen Pfeiler der Nordseite des Angel Choir.

So wie der Schrein des Heiligen untergegangen ist, wie man noch im 18. Jahrhundert die Baldachine der Grabdenkmäler hinter dem Sockel für das Kopfreliquiar zerstörte, damit nicht irgendwann die darin herumturnenden Chorknaben verunglücken, so ist auch von Fenstern und anderer mittelalterlicher Ausstattung wenig erhalten. Das reizvollste ist noch das etwas versteckte Ostergrab (Abb. 28). Es ist Teil der Sedilia, der von Arkaden geschirmten Sitze auf der Nordseite des Altarraumes. Kauernd schlafen die Wachsoldaten. In den Raum darüber legte man zur Karliturgie den toten Leib Christi. Eines der vielen Beispiele dafür, mit welcher Intensität im Mittelalter die Geschehnisse des Kirchenjahres dargestellt wurden.

## London: Westminster Abbey

*(Farbt. 26; Abb. 33–38)*

Wenn man in der Kathedrale von Canterbury in das Herz der Kirche Englands eintritt, so tritt man beim – gut und verständlicherweise reglementierten – Besuch von Westminster Abbey in das Herz der Nation. In der von Edward dem Bekenner gegründeten Abtei sind seit mehr als neunhundert Jahren fast alle englischen Könige gekrönt worden, viele von ihnen fanden hier ihr Grab, inzwischen von den Großen der Nation begleitet. Auch wenn die Abtei von Westminster nur von 1540 bis 1550 als Kathedrale, als Sitz eines Bischofs gedient hat und damit mit historischem Recht in diesem Streifzug durch die englischen Kathedralen erscheint, wäre sie selbst ohne diese ephemere Bedeutung nicht auszuschließen gewesen. Hier sind nicht nur historische Entscheidungen gefallen und verewigt, sondern auch Entscheidungen über englische Kunst getroffen worden, die unübersehbar sind.

Der Legende nach geht die erste Gründung der Abtei Westminster, des westlich der ›City‹ London gelegenen Klosters, auf die Zeit von Bischof Mellitus zurück, des ersten christlichen Bischofs. Auf Thorney Island, der Dorneninsel in der Themse, habe ein reicher Londoner Bürger ein Kloster gestiftet, das Mellitus nun weihen sollte. Als alles noch in Zelten am Ufer schlief, sei Petrus, der Patron der Kirche, selbst gekommen und habe sich zur Insel übersetzen lassen. Der Fischer, der ihm als Fährmann diente, berichtete, Petrus habe, begleitet von Engelschören, die Kirche dann selbst geweiht, und Mellitus blieb nur noch das

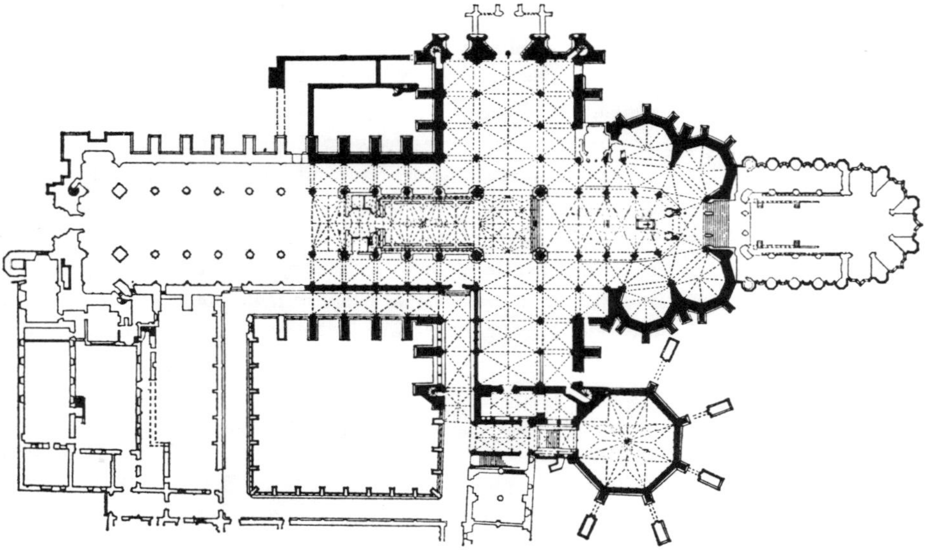

*London, Westminster Abbey, Grundriß mit den unter Henry III. errichteten Bauteilen*

Amt, die erste Messe in der so geheiligten Kirche zu feiern. Ähnliche Legenden kennen wir auch von vielen anderen frühmittelalterlichen Kirchen.

Festen historischen Boden bekommen wir auf der ehemaligen Themseinsel erst zur Zeit Edwards des Bekenners unter die Füße. Er läßt gegenüber dem königlichen Palast, an der Stelle der Westminster Hall, die heute von den neugotischen Parlamentsgebäuden Pugins und Barrys gerahmt wird, eine neue Kirche für das Kloster errichten. Durch seine Mutter Emma, eine Schwester Richards II., durch seinen Titel Herzog der Normandie und durch den langjährigen Aufenthalt in der Normandie war Edward fast schon selbst Normanne. Sein Hauptratgeber für den Bau mag Abt Robert von Jumièges gewesen sein, den er aus seinem Kloster an der Seine auf den Thron des Erzbischofs von Canterbury holte. Eine kurz nach Edwards Tod um 1070 entstandene Lebensbeschreibung und der auch zu dieser Zeit entstandene Teppich von Bayeux, der die Eroberung Englands schildert, ergeben ein Bild von Edwards Bau, das den frühen normannischen Kirchen wie der von Jumièges entspricht. Auch wenn heute keine Spuren mehr über dem Boden zu finden sind, scheint der Bau die Maße des gotischen Nachfolgers bestimmt zu haben. Nur ein paar Kapitelle zeugen im Abteimuseum in der Norman Undercroft noch davon.

Die Weihe der Kirche war für Weihnachten des Jahres 1065 vorgesehen und wurde dann wegen der Erkrankung des Bekenners verschoben. Als man spürte, daß sein Tod nahte, vollzog man sie eiligst am 28. Dezember, und bereits am 5. Januar fand Edward hier sein Grab. Weihnachten des gleichen Jahres 1066 ließ sich dann bereits Wilhelm als erfolgreicher

Eroberer Englands hier zum König krönen. Eine Tradition wurde begründet, der sich nur wenige der englischen Könige entzogen haben.

Zu ihnen gehört auch Henry III., der noch als Kind zuerst 1216 in Gloucester gekrönt wurde, aber mit seinem Neubau der Abteikirche den Bau mehr geprägt hat als irgendein anderer. Schon 1220 ließ er mit deutlichem Abstand vom Chor der Kirche Edwards des Bekenners eine neue Marienkapelle in der Achse des Baues errichten. Den Grundstein legte er am Vorabend seiner erneuten Krönung in Westminster am Pfingstsonntag 1220 durch Stephen Langton, Erzbischof von Canterbury. Heute ist unklar, da der Bau durch das Juwel der Kapelle Henrys VII. ersetzt worden ist, ob diese Marienkapelle schon ein Zeichen einer völlig neuen Planung war oder nur als Anhängsel der normannischen Kirche errichtet wurde. Jedenfalls wurde sie erneut umgestaltet, als man 1245 mit dem gotischen Neubau der Kirche begann.

Henry III. war Schwager und Bewunderer Ludwigs IX., des Heiligen von Frankreich, der in den gerade vergangenen Jahren mit dem Neubau der Krönungskathedrale in Reims, der Erneuerung der Grabeskirche der französischen Könige, der Abteikirche von St. Denis und dem Bau der Sainte-Chapelle an seinem Palast in Paris für die kostbare Reliquie der Dornenkrone Christi begonnen hatte. Mit dem Neubau, den Henry nun begann, sollten zugleich alle drei Funktionen für England in zumindest gleicher Kostbarkeit gefaßt werden. Hier wurden die englischen Könige gekrönt, hier wurden sie begraben, und hier ruhten neben dem Reliquienschatz der Gebeine seines Vorfahren Edwards des Bekenners auch eine Reliquie des Blutes Christi, die Henry III. 1247 im Heiligen Lande erwerben ließ, und ein Stein mit einem Fußabdruck Christi, Zeichen der Himmelfahrt. Den Stein hatteHenry 1249 als Geschenk der Dominikaner erhalten, die so recht diplomatisch in England Fuß zu fassen begannen.

Die französischen Vorbilder sind auch in der Architektur selbst zu spüren: der Grundriß des Chores nach dem Vorbild der Kathedrale von Reims, der hohe, schlanke Raum und manche Details zeugen vom Einfluß der Gotik der Ile de France und des Hofes Louis' IX., des Heiligen. Anderes kann man nur als ausgesprochen englisch bezeichnen. Die demonstrative Verwendung des kostbaren Purbeck-Marmors in den Pfeilern von Schiff und Chor, der Prunk bildhauerischer Dekoration besonders in den Zwickeln über den Arkaden zu Seitenschiff und Chorumgang. Aber auch die betonte Zweigeschossigkeit der Kapellen des Chorumgangs oder die Scheitelrippe der Gewölbe, die reichen Schlußsteine sind englische Art. Sie drückt sich auch in der Wandgliederung aus. Jedes Geschoß der Wand ist separat gegliedert, nur zarte Dienste durchbrechen den Zug der Emporen. Auch sie sind wieder ein mehr englisches Stilmerkmal. In Frankreich ist das Triforium, nur noch Laufgang und zu dieser Zeit schon durchfenstert, an ihre Stelle getreten.

Dieses Aufrechnen französischer und englischer Architekturmotive und Details, mit dem man sein Auge für die Eigenarten nationaler Architektur schärfen kann, konzentriert sich auch auf die Person des Architekten. Henry de Reyns (of Reynes, of Raynes), der bis 1253 den Bau als Architekt des Königs leitet, wird teils für Reims als Franzose in Anspruch genommen, teils für den Ort Raynes in Exeter. Ich halte ihn eher für einen Engländer. Sicher hat er auch die Bauten der Ile de France gesehen, studiert, auch dort gearbeitet, während Henry III. erstmals 1254 während eines Besuches bei seinem Schwager die Sainte-Chapelle sah und erst 1262 nach Reims kam. Die Fülle ›englischer‹ Details und Eigenarten spricht dafür. So berührt es fast als Kuriosum, die Fenster des Untergeschosses der Sainte-Chapelle, das in ein sphärisches Dreieck gespannte Maßwerk als Fenster der Emporen wiederzufinden, und statt der von Frankreich her gewohnten zwei Strebebögen finden sich hier drei, reizvolle kleinteilige Addition statt klarer Gliederung. Im Maßwerk der Fenster wird mit kleiner Abänderung das Vorbild von Reims aufgegriffen. Die Unsicherheit wieder, mit den Möglichkeiten französischer Gotik umzugehen, zeigt sich dagegen dann am Ansatz der Rundung des Chores. Hier werden Strebepfeiler von einem solchen Volumen eingesetzt, daß man die Angst vor einem Einsturz geradezu zu spüren vermeint. Mit neugotischer Eleganz hat Sir George Gilbert Scott, der Ende des 19. Jahrhunderts die durchgreifenden Restaurierungsarbeiten an Westminster Abbey leitete, das Problem und die Antwort zugleich formuliert: ein französischer Gedanke sei hier englisch ausgedrückt worden.

Der glanzvolle Bau sollte nicht über die Mühen hinwegtäuschen, die es gekostet hat, ihn zu errichten. Als Henry III. 1216 seine Herrschaft antrat, war er der noch unmündige Sohn des ungeschickten Königs Johann Ohneland, dem gerade 1215 die Barone und Geistlichen unter Erzbischof Stephen Langton die Magna Charta abgerungen hatten. Auch Henry lebt in fast ständiger Auseinandersetzung mit den Baronen. Stolz treten ihre Wappen in die Reihe der Schilde, die in den Zwickeln über den Arkaden zu den Seitenschiffen im Hauptschiff in Stein gearbeitet sind.

Damit beginnt diese so englische Sitte des heraldischen Schmuckes ihren Siegeszug durch die Architektur des Landes. Darunter erscheint auch das Wappen von Simon de Montfort, vom Sohn des Führers des Kreuzzuges gegen die Albigenser in Südfrankreich. Er führt 1264 den Aufstand der Barone gegen den König an, schlägt ihn in der Schlacht bei Lewes und nimmt ihn gefangen. Aber schon 1265 schlägt bei Evesham Kronprinz Edward, der erste, der den Titel des Prince of Wales trägt, Simon, der in der Schlacht fällt. Damit läßt sich zugleich der Baufortschritt feststellen; denn daß nach dem Aufstand noch das Wappen Simons an so hervorgehobener Stelle erscheint, ist wohl kaum denkbar. An erster Stelle stehen die Schilde des Königs selbst und Edwards des Bekenners. Dazu treten die Schilde des Grafen der Provence, dessen Tochter Henrys Gemahlin war; ferner des Königs von Frankreich, der ebenso wie des Königs Bruder Richard von Cornwall, der für ein Jahrzehnt deutscher König gewesen war, eine der Schwestern der Königin geheiratet hatte, und schließlich das von Kaiser Friedrich II., der eine Schwester Henrys ehelichte, und das des schottischen Königs Alexander III., der eine Tochter Henrys geheiratet hatte. Dann folgt der hohe Adel Englands, der so in der Liturgie der Kirche des Königs eingebunden wird. Im Chor und in den Querhäusern füllen Engel mit Weihrauchfässern die entsprechenden Zwickelräume. Ein Motiv, das bald darauf im Engelschor der Kathedrale von Lincoln wiederholt wird und schon auf alte angelsächsische Tradition zurückgeht. Auch die Chöre der Engel sind als Teilnehmer, als Fortsetzung der irdischen Liturgie gedacht. Auch in den

*London, Westminster Abbey, Pilger am Schrein des Hl. Edward (13. Jh.)*

Zwickelmalereien des Chores vom Kölner Dom erscheinen sie noch ein, zwei Generationen später an der gleichen Stelle.

Mit vergleichbarem Prunk war auch die Fassade des nördlichen Querhauses gestaltet, die im 19. Jahrhundert fast völlig erneuert worden ist. Hier ist das Grundmuster einer französischen Kathedralfassade mit tiefen Portalen, zu einer Dreiergruppe zusammengefaßt, übernommen. Noch im 17. Jahrhundert waren die Reste der Skulpturen der Zwölf Apostel und wohl eines Jüngsten Gerichtes am Gewände und im Tympanon des Hauptportales zu erkennen. Das Tympanon war allerdings wieder nicht nach französischem Muster in Bildstreifen gegliedert, sondern in Vierpaßform gesammelt, wie es auch am Gerichtsportal in Lincoln erscheint. Hohe Wimperge über den Portalen, gereihte Fenster darüber leiten zur Rose über, dem wieder sehr französischen Motiv. Vor der Restaurierung im 19. Jahrhundert waren nach damals modernsten französischen Beispielen sogar die Zwickel des umgreifenden Quadrates verglast. Das Gegenstück der Rose schmückt die Fassade des südlichen Querhauses. Sie wird umfangen von Gebäuden des Klosters, aber nicht als Zugang genutzt. Die Nordfassade war das Portal für die feierlichen Einzüge des Königs, der von seinem gegenüber dem Chor liegenden Palast kam.

So störte es wenig, daß nach dem Tode Henrys III. im Jahre 1272 die Bauarbeiten mit dem fünften Joch des Schiffes, von Osten gezählt, unterbrochen wurden. Kurz vor seinem Tode, am 13. Oktober 1269, hatte er noch die feierliche Translation, die Übertragung der Gebeine des Heiligen Edward in den neuen Schrein vornehmen können. Damit war alles vollbracht. Die Kirche diente dem Gottesdienst der Mönche ebenso wie den Wallfahrern, als Grablege der Könige so gut wie als Raum ihrer feierlichen Krönung.

Die engagierte Förderung der Verehrung des Heiligen Edward, seines königlichen Ahnen, war offensichtlich ein Versuch, ein Gegengewicht gegen Thomas Becket zu schaffen, den Heiligen, der durch den Wunsch eines Königs zum Märtyrer geworden war und dessen Verehrung immer einen Hauch antimonarchistischen Denkens behielt. 1220 hatte Henry III. an der feierlichen Übertragung der Gebeine von Thomas Becket in seinem neuen Schrein in Canterbury teilgenommen. Man spürt in vielen Details ringsum den Schrein Edwards des Bekenners das Vorbild, das nun noch übertroffen werden soll. Wie in Canterbury wird der Boden vor dem Schrein durch kunstvolles opus alexandrinum gebildet. In Canterbury hatte man nur den importierten Boden verlegt, in Westminster importiert Abt Ware nach zwei Jahren Aufenthalt in Rom 1260 gleich den Künstler. Dieser Odericus benutzt neben wohl mitgebrachtem Material auch lokale Vorräte an Purbeck-Marmor oder Glas. Solch ein Boden ist nicht nur Schmuck. Eine untergegangene Bronzeinschrift rings um den zentralen Kreis machte deutlich, daß ein Plan der Welt, des Universums, geschildert wurde. Die gleiche Cosmatenarbeit, wie sie auch in Italien an vielen Orten erhalten ist, findet sich wieder am Unterbau des Schreins, kostbarer Marmor mit eingelegtem Ornament in opus alexandrinum, diesmal von Petrus Romanus, vielleicht ein Sohn des Odericus.

Nach der Aufhebung des Klosters unter Heinrich VIII. hat man den kostbaren goldenen Schrein zerstört und den Unterbau abgebrochen. Das geschah 1540. Wenige Jahre später, 1556 zur Zeit der katholischen Restauration unter Heinrichs VIII. Tochter Queen Mary, läßt Abt Feckenham die alte Situation schleunigst wieder herstellen. Das geschieht etwas ungeschickt, nicht ganz korrekt, aber so steht er heute wieder an der alten Stelle. Der Altar am Unterbau fehlt, und die beiden Säulen, die einst neben dem Altar standen, sind im Aufbau der Westseite verbraucht. Sie trugen Skulpturen des Heiligen Edward und Johannes des Evangelisten, dem der heilige König gerade seinen Ring als Geschenk reicht. Johannes war dem König als Pilger erschienen, nahm die Gabe entgegen und gab sie an zwei echte

*London, Westminster Abbey, opus alexandrinum vor dem Schrein des Hl. Edward*

Pilger weiter, die nun eilends das kostbare Gut dem König zurückbrachten, den Beleg seiner Heiligkeit, der auch zu seinem Wappenzeichen geworden ist.

Auf dem heute restaurierungsbedürftig wirkenden Unterbau, der die geretteten Gebeine in einem Holzsarg birgt, steht noch, gut restauriert, die klassizistische hölzerne Schutzhülle des Schreins. Sie ist eines der ersten Zeugnisse der Renaissance auf englischem Boden, wohl von italienischen Künstlern um 1530 noch vor der Plünderung während der königlichen Reformation entstanden. Schon diese kurzen Aufzählungen lassen spüren, daß Henry III. keine Kosten für seine Kirche scheute. Einiges an Baurechnungen ist erhalten geblieben. Das macht es möglich zu schätzen, daß der König etwa zwei ganze Jahreseinkommen allein für die Bauarbeiten, allerdings über seine lange Regierungszeit von 1216 bis 1272 verteilt, ausgegeben hat. Die Kosten für den Schrein, den er 1267 in höchsten finanziellen Nöten vor der Übertragung der Gebeine sogar verpfänden muß, und andere Ausstattungsstücke sind nicht einmal darin enthalten. Dazu gehörten ein gesticktes Antependium für den Altar des Bekenners, kostbarstes opus anglicanum, der Ruhm englischer Textilkunst des Mittelalters, mit Gold, Edelsteinen und Email geschmückt, das hinreißend schöne Westminster Retabel und natürlich die passende liturgische Ausstattung, die spurlos den Bedürfnissen Heinrichs-VIII. zum Opfer gefallen ist.

Durch die erhaltenen Abrechnungen wissen wir ein wenig mehr als sonst über die Bauorganisation. Unter dem leitenden Architekten John of Gloucester standen noch zwei weitere master masons im Jahre 1255; auch der leitende Holzbaumeister, master Alexander, hatte einen Gehilfen, Odo, der als master bezeichnet wird. Auch die Berufsgruppen der Bleigießer, der Glaser und der Schmiede wurde jeweils von einem master geführt. Dazu werden weiter verzeichnet die Marmorarbeiter, die den Purbeck-Marmor verarbeiten, die Verleger, die die von den Steinmetzen gelieferten Steine versetzen, die Polierer und schließlich die einfachen Hilfsarbeiter. In einem Schreiben drückt Henry III. zwar die Hoffnung aus, bis 600 oder gar 800 Arbeiter beschäftigen zu können, aber im Jahre 1253, wo genaue Zahlen vorliegen, werden am Ende des Monats Juni maximal 433 Personen bezahlt. Im Winter sinken die Zahlen verständlicherweise stark ab. Aber diese Zahlen an der Baustelle sind nur ein Bruchteil derer, die an anderen Stellen zuarbeiten. Das reicht ja vom Bergbau über die Holzwirtschaft bis zu den großen Transporten, die durchgeführt werden müssen. Man ahnt ein wenig, welche wirtschaftliche Belebung von einem solchen Bau ausging.

Neben den Bauarbeiten an der Kirche selbst entsteht das Kapitelhaus für die regelmäßigen Sitzungen der Mönchsgemeinschaft. Matthäus Paris, Mönch in St. Albans, der bei Hofe gut bekannte Chronist seiner Zeit, bezeichnet es als unvergleichlich. Das mag als Lob zutreffen, aber der Bau folgt offensichtlich dem Vorbild des Kapitelhauses der Kathedrale von Lincoln, das zehn Seiten hat (Abb. 30), und dem untergegangenen von Beverley Minster, das wie Westminster acht Seiten hatte. Das Kapitelhaus, meist ein Zeichen des Stolzes weltlicher Kanoniker, hier einmal für Benediktiner erbaut, liegt am Kreuzgang, an der Südostecke des südlichen Querhauses als architektonische Antwort auf den Chor errichtet. Außen muß man sich den Bau ohne die massiven Strebepfeiler und Strebebögen vorstellen. Sie gehören

*London, Westminster Abbey, Inneres des Kapitelhauses*

nicht zum Plan des Architekten Henry de Reyns. Er hielt das von sechzehn Rippen gefaßte Gewölbe über dem von acht Diensten umringten Mittelpfeiler mit eisernen Zugankern. Das muß über dem Gewölbe unter dem bleigedeckten Dachstuhl ausgesehen haben wie das Gestänge eines Regenschirms. Erst als diese Konstruktion Ende des 14. Jahrhunderts Schwächezeichen erkennen ließ, hat man 1377 die Strebepfeiler errichtet.

Nach dem kurzen Weg durch die gedämpfte Helligkeit des Kreuzgangs ist der leuchtende Raum des Kapitelhauses immer eine Überraschung. Das Reimser Maßwerk ist auf die größere Wandbreite verdoppelt und entspricht damit dem von Amiens oder der Sainte-Chapelle in Paris. Umlaufend mit Kleeblattbögen die Nischen und Sitze der Mönche, teils noch mit Wandmalereien eines Jüngsten Gerichtes des späten 14. Jahrhunderts gefüllt. Eine leicht übersehene Kostbarkeit ist der Fliesenboden der Bauzeit mit verschiedensten Motiven. Eine Inschrift zum Ruhm des Kapitelhauses ist nur noch als Bruchstück erhalten. Aber die erste Zeile ist gut rekonstruierbar: »Ut rosa flos florum, sic est domus ista domorum« – wie die Rose die Blume der Blumen, so ist dieses das Haus unter den Häusern. Die folgenden Teile der Inschrift nehmen noch auf Henry III. als Erbauer Bezug, den Verehrer der Trinität, der dieses Haus Christus geweiht habe, dann werden sie unleserlich. Die erste Zeile, deren Inhalt eigentlich für alle englischen Kapitelhäuser gelten kann, wird eine Generation später auch im Kapitelhaus von York zitiert und in Anspruch genommen.

Zwei Tympana schmücken die dunkle Vorhalle. Außen, am Kreuzgang sind noch Reste von Skulpturen erkennbar. Auch das innere Tympanon mit Christus als Richter des Jüngsten Gerichtes ist eine willkürliche Ergänzung aus der Zeit der Restaurierung und G. Scotts. Alt, aus der Mitte des 13. Jahrhunderts, sind die weihräuchernden Engel in den Dreipässen. Aber sie sind nur gute Steinmetzarbeit, vergleicht man sie mit den beiden mehr als zwei Meter hohen Skulpturen der Verkündigung links und rechts des Portals. In ihrer strengen Eleganz sind sie das glänzendste Beispiel früher gotischer Skulptur in England, auch vom Reichtum von Lincoln oder Wells nicht übertroffen. Man ahnt die Verluste, die reformatorischer Eifer und puritanische Zerstörungslust gefordert haben.

Zurück zum Schiff der Abteikirche, das wir mit dem Tode Henrys III. unvollendet verlassen haben. Noch ein Jahrhundert lang kann der Westteil des Baues Edwards des Bekenners benutzt und bewundert werden. Weder der Sohn Henrys noch die Mönche spüren das Bedürfnis, den Bau zu vollenden. Erst Ende des 14. Jahrhunderts nimmt man die Arbeit wieder in Angriff. Von 1352 bis 1379 leitet John Palterton die Fortführung der Arbeiten, dann wählt man einen der berühmtesten Architekten Englands, Henry Yevele, für diese Aufgabe. Beide lösen sie mit erstaunlicher Zurückhaltung, mit geradezu denkmalpflegerischer Gesinnung, die man allerdings im Mittelalter und danach gar nicht so selten findet, wie man heute oft meint. In Details sind sie sogar gute Kenner der gotischen Kathedralen Frankreichs. Sie erst geben den Diensten der Diagonalrippen Basen und Kapitelle, und bei den Pfeilern wird nun auf schmückenden Purbeck-Marmor verzichtet. Aber auch bei ihnen stehen die Fenster des Obergadens noch in freier Wandfläche. Sie sind nicht in das Liniensystem der Dienste einbezogen, vielleicht, um ihnen im Schiff die gleiche Breite wie im Chor geben zu können.

Die Bauarbeiten ziehen sich noch bis zum Ende des 15. Jahrhunderts hin. Aber die Anfänge der Westfassade und der Plan dieses großartigen Bauteils entstanden vielleicht noch zur Zeit von Henry Yevele. Ein breites klassizistisches Gesims unterhalb des Giebels deutet etwa die Grenze an, die um 1500 erreicht ist, als die Bauarbeiten erlahmen und für mehr als zwei Jahrhunderte wieder unterbrochen werden. Dieses Quadrat der Fassade ist fortschreitend in neun weitere Quadrate und ein dünnes, straffes Netz von Rechtecken eingeteilt. Zwei der mittleren Quadrate nimmt das große Westfenster in Anspruch, das seine Verglasung erst zu Anfang des 18. Jahrhunderts erhielt. Straff ist es zwischen die massiven Strebepfeiler gespannt, die unten durch eine Vorhalle verschleiert werden. Das tief gelegene moderne Tympanon aus vergoldetem Teakholz bedarf keines Kommentars, es ist offensichtlich als kontrastierende Folie für das übrige gedacht. Links und rechts davon, unterhalb der Türme wird der Aufbau des Schiffes in der Fensterfolge zitiert.

Die Türme der Westfassade werden erst 1734–45 vollendet, der Vierungsturm ist damals zwar noch geplant, aber nicht mehr gebaut worden. Die Entwürfe für die Vollendung der Türme werden teils dem großen Architekten des Wiederaufbaus von London nach dem großen Brand des Jahres 1666, Christopher Wren, zugeschrieben, teils auch Nicholas Hawksmoor, seinem Schüler, der dann die Ausführung leitete. Sie sind noch einmal wie die Vollendung des Schiffes in bewußter Zurückhaltung an das Bestehende angepaßt. Nur im

*London, Christopher Wrens Entwurf für die Vollendung von Westminster Abbey*

Bedürfnis, eine Uhr im Nordturm unterzubringen, und in dem fast barocken Bogen darüber offenbart sich erkennbar das 18. Jahrhundert (Farbt. 26).

Während dieser jahrhundertelangen Bauzeit füllt sich die Abteikirche mit Grabdenkmälern, eine Tradition, die heute wegen Raummangels nur noch sparsamst fortgesetzt werden kann. Ihren Höhepunkt erreicht die Baulust großer Grabdenkmäler mit Henry V. und Henry VII. Henry V., der strahlende Sieger von Azincourt im Jahre 1415, starb bereits 1422 mit 35 Jahren und erhielt eine silberbeschlagene Grabmalsfigur. Heinrich VIII. hat das Silber wieder in Umlauf gebracht, aber die kleine Gedächtniskapelle blieb erhalten. Dieser erste Prunkbau nutzt den Raum zwischen Marienkapelle und dem Grab Edwards des Bekenners. Auf zierlichen Pfeilern und mit feingeschnittenem Gewölbe, reich mit Skulpturen und Darstellungen aus dem Leben des Heldenkönigs geschmückt, überspannt die Kapelle den Chorumgang.

Beschränkt man sich so im frühen 15. Jahrhundert noch darauf, den vorhandenen Raum zu füllen, geht man zu Beginn des 16. Jahrhunderts noch großzügiger vor. Das geschieht zu Recht, denn was wir heute als Kapelle Henrys VII. kennen, war zuerst als neue Marienkapelle und Grabkapelle für Henry VI. gedacht. Und Henry VI. stand im Geruch der Heiligkeit, nachdem er seinem Rivalen Edward IV. in der verlorenen Schlacht von Tewkesbury 1471 in die Hände gefallen war. Siebzehn Tage später fand man ihn laut offiziellem Untersuchungsbericht in seinem Bett liegend »an Mißfallen und Melancholie gestorben.« Diese diplomatische Umschreibung eines Mordes führte zu Wundern an seinem Grabe. Als seine Gebeine 1485 von Henry VII., dem ersten Tudor auf dem Thron, zur Erhöhung des eigenen Glanzes nach Windsor in die St. George's Chapel überführt wurde, erhob auch der Abt von Westminster Anspruch auf die attraktiven Gebeine. Das Hofgericht

*London, Westminster Abbey, Konstruktion des Gewölbes der Kapelle Henry VII.*

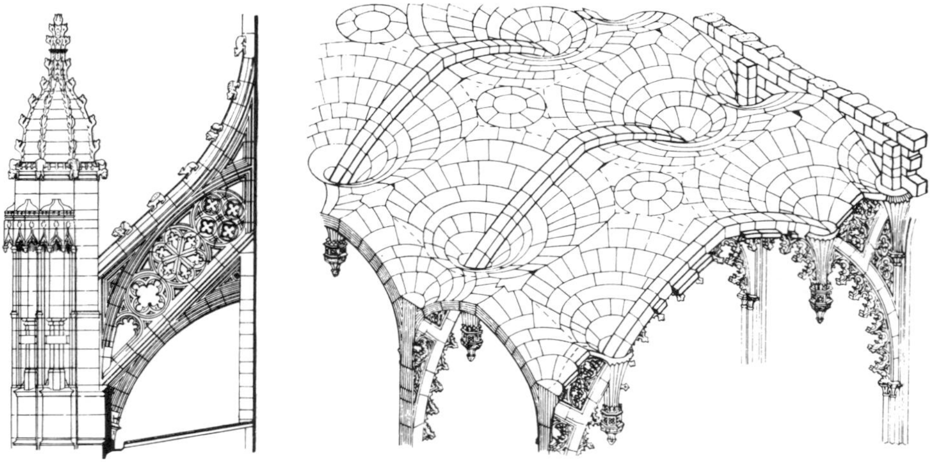

*London, Westminster Abbey, Nordrose*

gab ihm recht, und so begann man 1502 an der Stelle der alten Marienkapelle Henrys III. mit einem der elegantesten Bauwerke des späten Perpendicular. Am 24. Januar 1503 wurde der Grundstein gelegt. Außen betont das Fehlen der Skulpturen noch den Eindruck, vor feingefaltetem Millimeterpapier zu stehen. Auch die Fenster werden in den gebrochenen Rhythmus der Wand einbezogen (Abb. 35). Das dreischiffige Innere der Kapelle rundet sich mit fünf Kapellen nach Osten. Die Achskapelle hat man 1947 dem Gedächtnis der Männer geweiht, die in der Luftschlacht um England gefallen sind. Die Symbole der Staffeln erscheinen im Fenster der Kapelle.

Das Hauptschiff der Gesamtkapelle wird vom Chorgestühl der Knights of the Most Honourable Order of the Bath genutzt, des Ritterordens, der seit 1725 hier seine Ordenkapitel abhält. Helme über den Sitzen und bunte Fahnen weisen auf einzelne Mitglieder des Ordens hin. Durch diese Farbenpracht sollte man sich nicht den Blick ins Gewölbe verstellen lassen (Abb. 34). Eines der faszinierendsten Beispiele der Kombination von Fächergewölbe und hängenden Schlußsteinen, an weitgespannte Bögen geheftet, wird sichtbar, das im späten Perpendicular hervorgebracht worden ist – ein Spitzengewebe in Stein. Präzisionsarbeit von Entwerfer und Steinmetzen verbindet sich zu diesem Höhepunkt von spätgotischem Luxus.

Über den Entwerfer der Gewölbe ist man sich bisher nicht einig geworden. Robert Vertue, dem man auch in Bath begegnet, arbeitet anders. Man hat schon an Robert Janyns jun. gedacht, der zu dieser Zeit im Dienst des Königs stand. Etwa 1512 wird der Bau mit seinem reichen Bestand an Skulpturen vollendet gewesen sein.

Henry VII. war bereits 1509 gestorben, und so ist es nie zur beabsichtigten Translation der Gebeine Henrys VI. gekommen, um dessen Heiligsprechung sich der König bemüht hatte. Die Kapelle wird zu seiner eigenen Grabkapelle. Zusammen mit seiner Königin Elizabeth of York, die ihm den Erbanspruch des Hauses York in die Ehe brachte, liegt er auf seinem

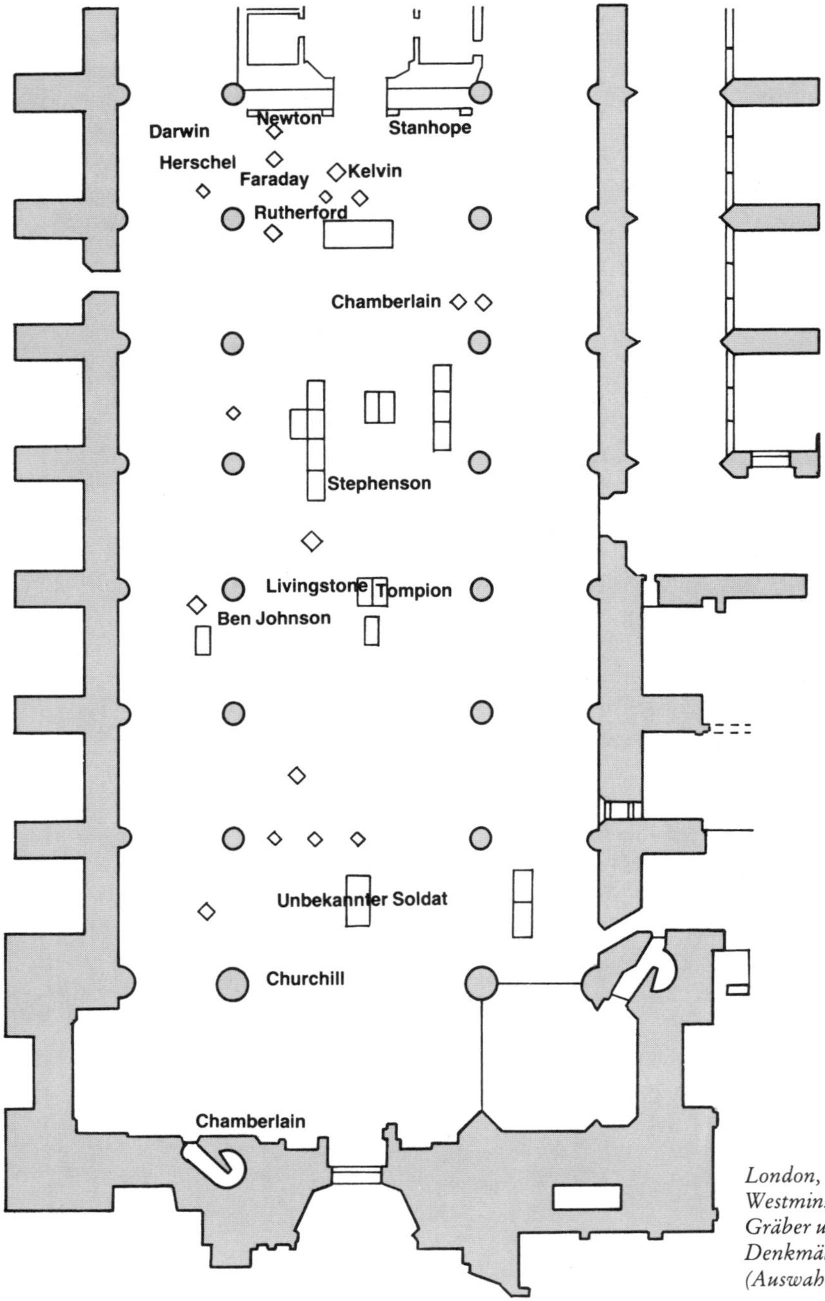


*London, Westminster Abbey, Gräber und Denkmäler (Auswahl)*

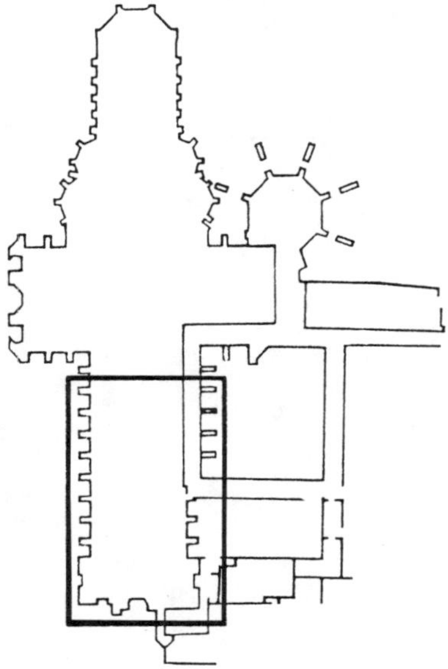

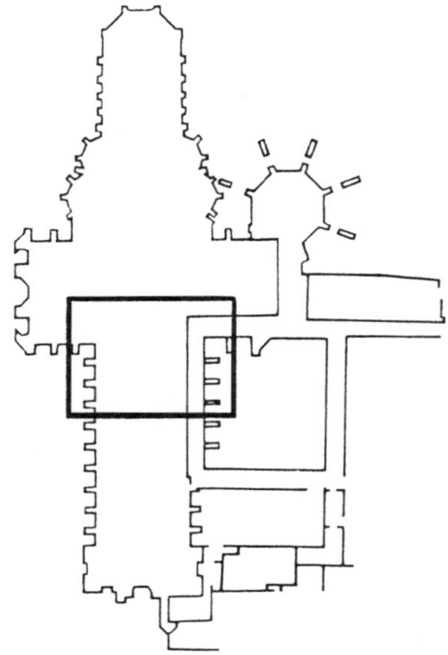

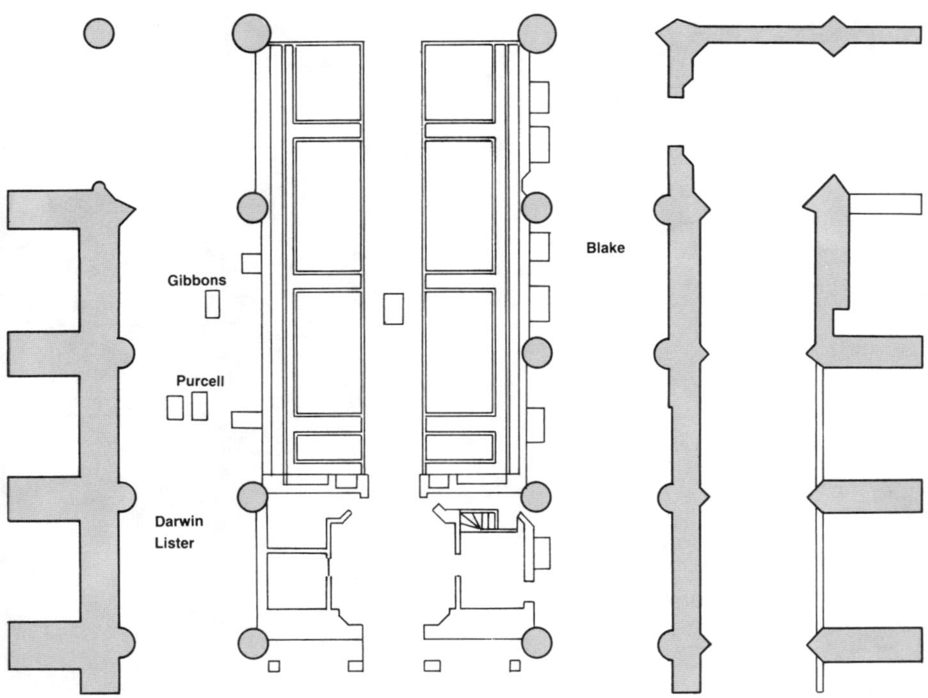

Gibbons
Purcell
Darwin
Lister
Blake

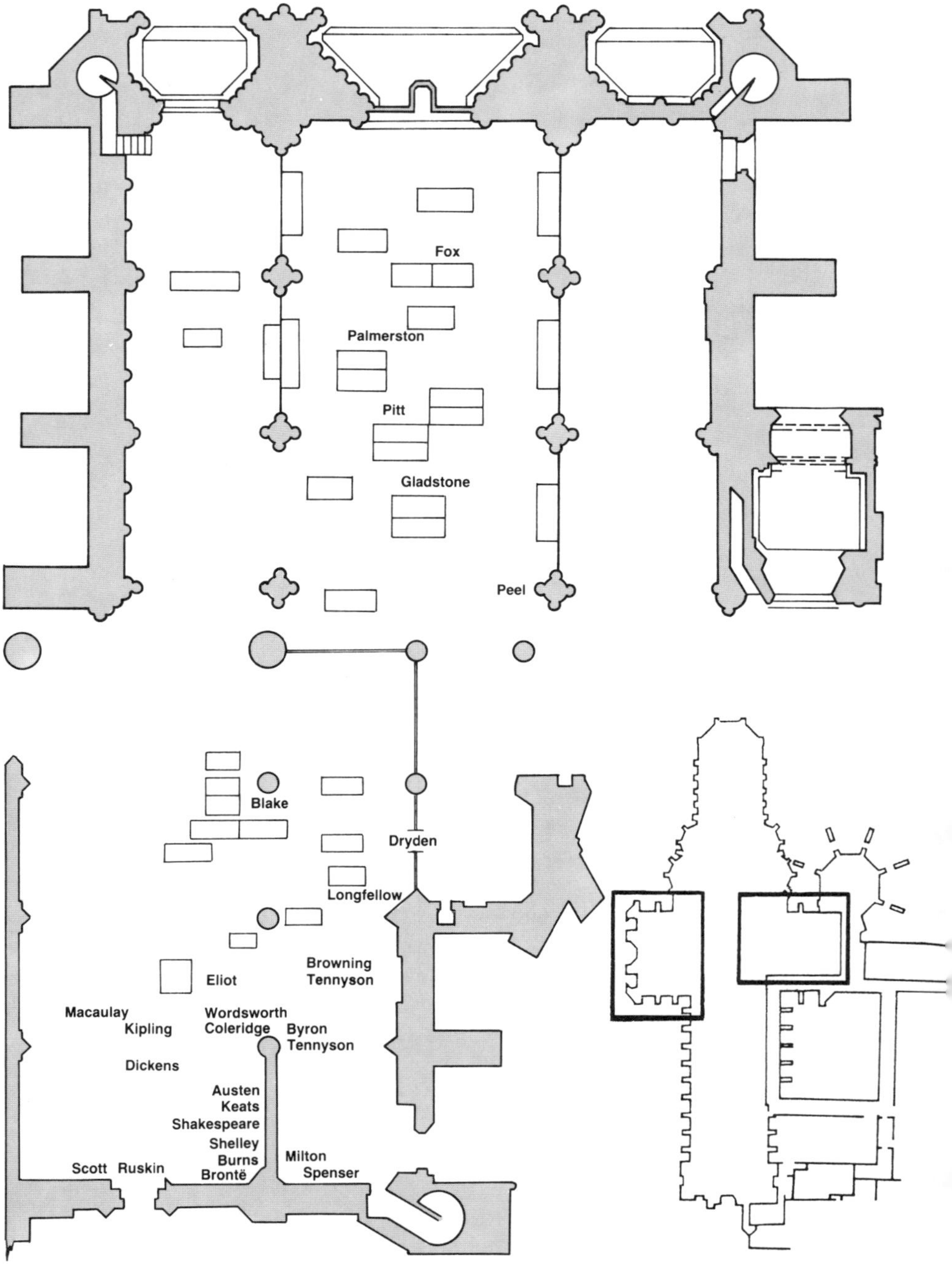
Fox
Palmerston
Pitt
Gladstone
Peel
Blake
Dryden
Longfellow
Browning
Tennyson
Eliot
Macaulay
Kipling
Wordsworth
Coleridge
Byron
Tennyson
Dickens
Austen
Keats
Shakespeare
Shelley
Burns
Brontë
Milton
Spenser
Scott
Ruskin

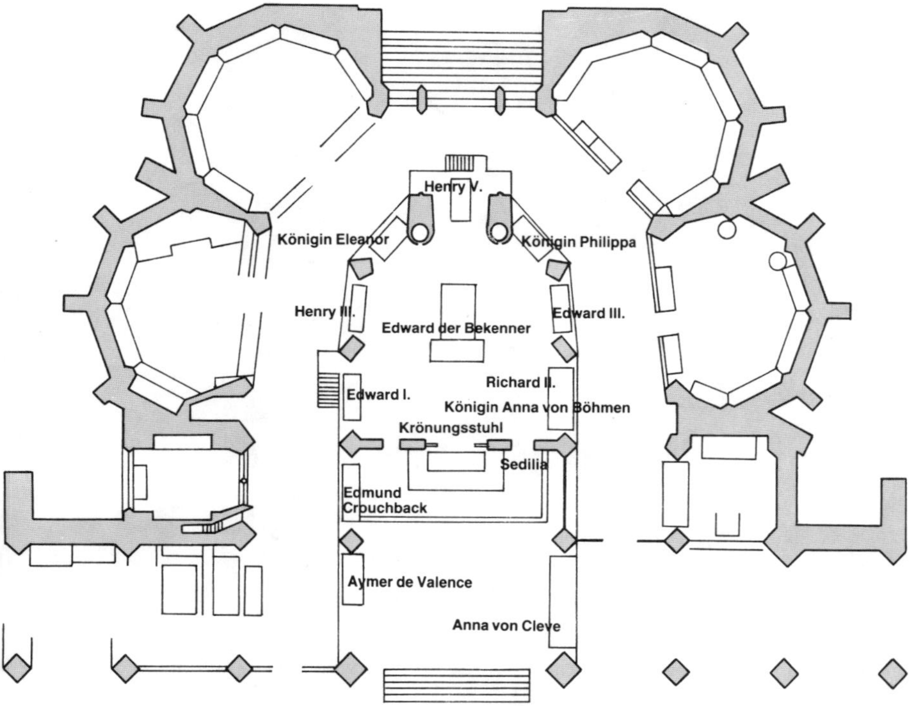
Henry V.
Königin Eleanor
Königin Philippa
Henry III.
Edward der Bekenner
Edward III.
Richard II.
Edward I.
Königin Anna von Böhmen
Krönungsstuhl
Sedilia
Edmund Crouchback
Aymer de Valence
Anna von Cleve

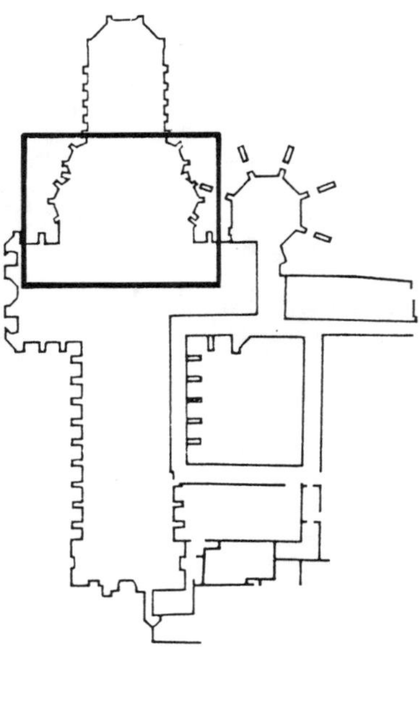

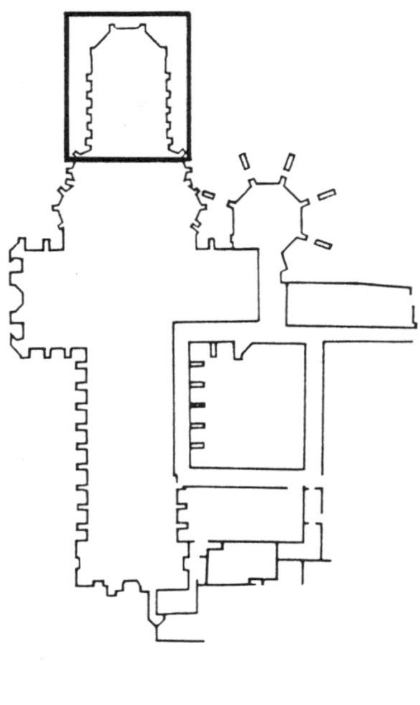

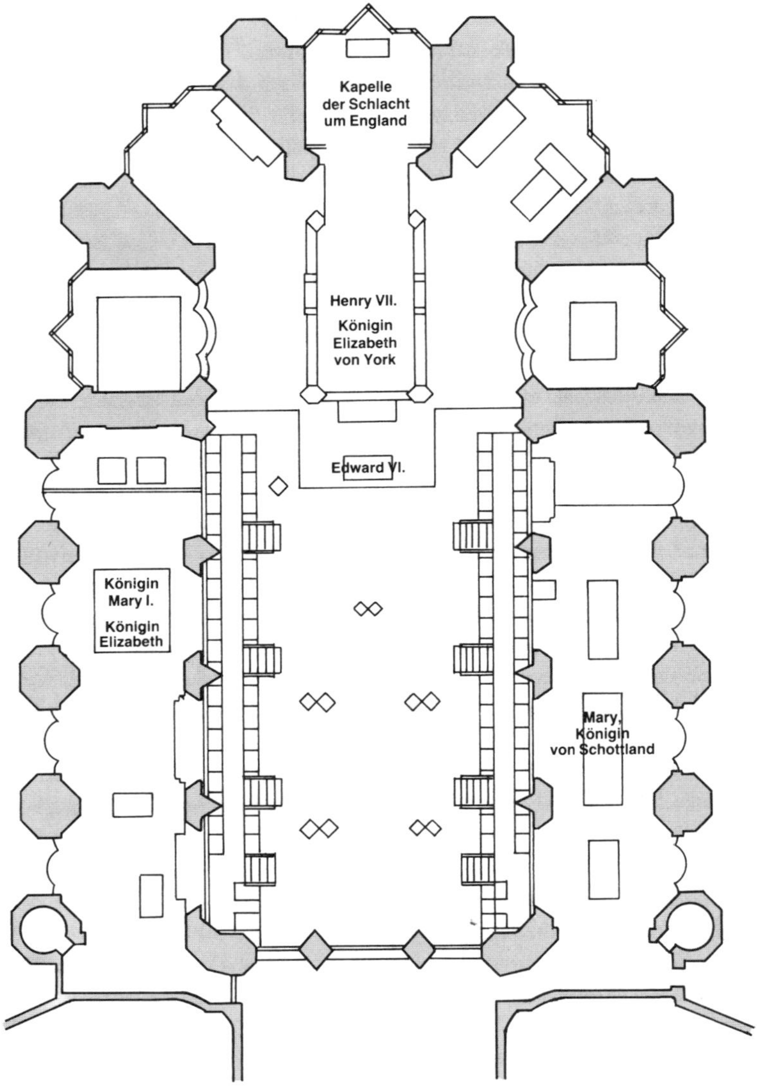
Kapelle
der Schlacht
um England
Henry VII.
Königin
Elizabeth
von York
Edward VI.
Königin
Mary I.
Königin
Elizabeth
Mary,
Königin
von Schottland

prachtvollen Renaissancegrabmal hinter dem Hauptaltar der Kapelle (Abb. 33). In vergoldeter Bronze hat der Florentiner Bildhauer Pietro Torrigiani hier meisterhafte Porträts gestaltet. Die wächsernen Totenmasken beider, für ihre Darstellung im Begräbnisfestzug bestimmt, sind im Westminster Abbey Museum am Kreuzgang in der Norman Undercroft, einem romanischen Gewölberaum, zu sehen. Hatte man für diese Arbeiten einen Bildhauer der italienischen Renaissance gewählt, übrigens den Mann, der Michelangelos Nase eingeschlagen hatte und diesem so zu lebenslangen Komplexen verhalf, so wählte man für das kunstvolle Bronzegitter einen flämischen Bronzegießer, Thomas Ducheman. Und sein Gitter, an dem nur noch wenige der Skulpturen erhalten sind, gehört wieder zu den großen Meisterleistungen dieser Kunst in den Formen der späten Gotik.

Im nördlichen Seitenschiff liegt Queen Elizabeth I. zusammen mit ihrer Schwester, der Bloody Mary, die noch einmal versuchte, England in den Schoß der katholischen Kirche zurückzuführen. Vergeblich – und so liegt auch nur Elizabeth als Marmorskulptur sichtbar. Die Gebeine der Schwestern warten darunter vereint auf die Auferstehung. Im gegenüberliegenden Seitenschiff liegt ihre Rivalin, Mary Stuart, Königin von Schottland, begraben.

Aber zwischen dem Tod Henrys III. und seiner späten Nachfolgerinnen liegt die kurze Zeit der Nutzung der Kirche als Kathedrale eines Bischofs. Am 17. 12. 1540 wird Thomas Thirleby von Heinrich VIII. als Bischof hier eingesetzt und bekommt ein Bistum weitgehend aus altem Londoner Bestand zugewiesen. Daß das seinem Londoner Kollegen mißfiel, ist verständlich, die Einkünfte waren ja vom König sowieso beschnitten worden. So sorgt Bischof Nicholas Rodley von St. Paul's dafür, daß Thirleby am 30. 3. 1550 Bischof von Norwich wird. Die Stelle an Westminster wird nicht wieder besetzt. Kapitel und Dean bleiben noch bis zur Erneuerung des Klosters 1556 unter Queen Mary bestehen. Nach ihrem Tode treten wieder Dean und Kapitel die Herrschaft an, und der Titel ›Abbey‹ wird nur noch aus liebgewonnener Tradition beibehalten.

Damit ist ein historischer Rundgang abgeschlossen, aber jeder Rundgang, den man im Bauwerk versucht, meist in einer Fülle weiterer Besucher geborgen oder erdrückt, stößt auf eine Vielzahl von Grabdenkmälern bekannter, auch inzwischen wieder unbekannter Persönlichkeiten. Nur direkt am Westeingang liegt von rotem flandrischem Mohn umgeben ein tatsächlich unbekannter englischer Soldat des Ersten Weltkrieges, und an der Ehrfurcht, mit der die Gedenkplatte gepflegt und umschritten wird, spürt man, welche Kraft eine Nation aus ihrer Geschichte ziehen kann.

In den Lettner von Edward Blore, 1833/34 in früher Neugotik errichtet, sind die Grabdenkmäler für Isaak Newton, den man kennt, und für den ersten Lord Stanhope, den man nicht kennt, einbezogen. Mit seinem vergoldeten, farbigen Prunk erinnert er an den Farbenglanz, der einst die ganze Kirche geschmückt haben muß. Auch Blores Chorgestühl des Jahres 1847 und Sir George Gilbert Scotts Hochaltar des Jahres 1867 vertreten das gleiche Prinzip. Entdeckt man rechts des Hochaltars die vier Wimperge der Sedilia, der Priestersitze der Zeit um 1300, spürt man, daß Blore und Scott recht haben. Die Farben sind noch zu ahnen, und welche Eleganz spricht aus den noch erhaltenen Gemälden der Rückwände. Man nimmt an, daß es sich um Henry III. und seinen Sohn und Nachfolger

Edward I. in damit fast zeitgenössischen Darstellungen handelt. Hinter dem Hochaltar, schon inmitten der Gräber der Könige und Königinnen rings um den Schrein Edwards des Bekenners steht der Krönungsstuhl. Meister Walter of Durham hat ihn um 1300 gefertigt, um den Stein von Scone zu fassen. 1296 hatte er diese Kostbarkeit den Schotten entrissen, den Stein, auf den Jakob sein Haupt gelegt haben soll, als er träumte, König zu sein, und auf den die schottischen Könige zur Krönung gesetzt worden waren. Seitdem hat fast jeder englische König hierauf bei seiner Krönung Platz genommen und mancher Tourist seinen Namen in das Holz des Krönungsstuhles eingeschnitzt.

Die Grabdenkmäler rings um den Schrein Edwards des Bekenners gehören zu den schönsten des späten 13. und frühen 14. Jahrhunderts in England. Meisterwerke des Decorated sind darunter wie die Gräber von Aymer de Valence (Abb. 38), eines Cousins Königs Edwards I., oder von seinem Bruder Edmund Crouchback und dessen Frau Aveline. Prunkstücke vergoldeter Bronze sind auch die Grabdenkmäler Königs Edwards I. selbst und seiner Gemahlin Eleanor. Die Endpunkte der Tagesreisen des Leichnams seiner geliebten Königin († 1290) von ihrem Sterbeort Nottingham nach London ließ Edward mit Gedenkkreuzen versehen. Nur drei dieser Kunstwerke des Decorated blieben erhalten, das vierte im heutigen London, Charing Cross, ist eine Kopie. Diese beiden stammen wie auch das Grab des ersten Bauherrn, Henry III., aus dem späten 13. Jahrhundert, geschaffen vom Londoner Goldschmied William Torel. All das ist natürlich nur ein kleiner Einblick in die trotz aller Verwüstungen erhaltenen Schätze von Westminster Abbey. Man braucht nur an das kostbare Westminster Retabel zu denken, fragmentarisch erhalten, wohl das einstige Altargemälde, oder an das Bildnis von König Richard II. gleich in der ersten südwestlichen Kapelle des Schiffs, das erste Porträt eines englischen Königs überhaupt vom Ende des 14. Jahrhunderts. Man könnte Bücher mit der Beschreibung weiterer Schätze füllen, und man hat es bereits getan, und so sei hier zum Schluß nur dem Kenner unter den Biertrinkern gesagt, daß die Kristalleuchter erst in den dreißiger Jahren unseres Jahrhunderts als Stiftung der Familie Guinness in die heiligen Hallen gelangten.

## Peterborough

*(Abb. 39, 41, 42)*

In Peterborough, der typischen modernen aufstrebenden Industriestadt mit breiten Geschäftsstraßen und Umgehungsstraße für das Stadtzentrum, erwartet man nicht, aus dem Einkaufstrubel durch das enge Tor tretend, plötzlich vor einer der aufregendsten gotischen Fassaden zu stehen, die je gebaut wurden (Abb. 42). Die Lösung, die in Lincoln angedeutet wurde, ist hier verwirklicht worden. Bevor man im frühen 13. Jahrhundert auf dieses wagemutige Experiment verfiel, war in Peterborough schon viel geschehen.

Ein erstes Mal wurde im noch unkultivierten sumpfigen Gelände im Jahre 654 ein Kloster gegründet. Es erfreute sich schnell sogar päpstlicher Aufmerksamkeit. Papst Agatho bestätigte ihm einige Schenkungen im Jahre 680. Auch wenn die überlieferte Urkunde eine

*Peterborough, Kathedrale, Hedda-Stein*

Fälschung ist, liegen doch wohl übernommene Fakten vor. Das reiche Kloster war den Dänen nach zwei Jahrhunderten Blütezeit 870 eine erfreuliche Beute. Am vierten Tage ihres Plünderungszuges, dem zuvor schon Ely zum Opfer gefallen war, erreichten sie Peterborough, Herden von erbeutetem Vieh und Lasttiere mit Schätzen beladen vor sich hertreibend. Einen ersten Angriff konnte man noch zurückschlagen. Beim zweiten Angriff fiel Tulba, der Bruder Hulbas, des Häuptlings der Räuberbande unter dem Steinwurf eines Mönches am Eingang der Kirche. Zornentbrannt über dieses wohl unerwartete Berufsrisiko erschlug Hulba eigenhändig alles, was geistliche Kleidung trug, Abt Hedda zuerst.

Lange Zeit vermutete man, daß der schreinförmige Stein mit den Relieffiguren Christi und elf Aposteln, dazu reichem Ornament auf den Dachflächen, der heute im Retrochor der Kathedrale aufgestellt ist, über dem Massengrab der Mönche aufgestellt worden sei. Daher stammt die Bezeichnung als Hedda's oder Monk's Stone, Steine der Mönche. Inzwischen hat sich die Überzeugung gebildet, daß der Stein älter sei, ein kostbares Relikt angelsächsischer Zeit und vielleicht einmal Teil eines Schreines gewesen ist.

Erst 972 wurde die überwucherte Ruine Schauplatz einer zweiten Klostergründung. Vom damals errichteten Bau sind noch Reste unter dem südlichen Querhaus der Kathedrale zu sehen. Allerdings entspricht keiner der sichtbaren Steine den alten Berichten, selbst wenn man die Wegeverhältnisse des 10. Jahrhunderts in Rechnung stellt, daß man die Steine für den Bau nur mit von acht Joch Ochsen gezogenen Wagen habe bewegen können. Aber angelsächsische Berichte neigen auch sonst bei Kirchenbauten ihrer Zeit zu mehr als leichten Übertreibungen. Schnell gewinnt das Kloster nun wieder Ruhm, Reliquien und Reichtum, die im Mittelalter nicht nur durch Stabreim miteinander verbunden waren.

Die berühmteste Reliquie war der unverwesliche Arm des Heiligen Oswald. Es war der Arm, mit dem er einst sein wohlbereitetes königliches Mahl, auch die Portionen seiner Gäste, an die Armen verteilt hatte, die vor seinem Palast bettelten. Diesen Arm hatte Abt Elsinus (1006–55) erworben. Sein Nachfolger Leofric kam noch König Harold in der

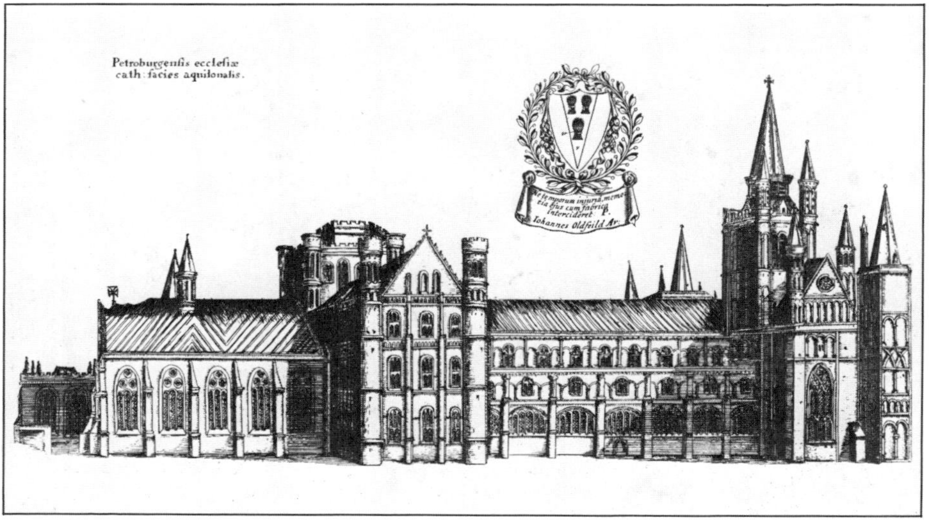


*Peterborough, Kathedrale, Nordansicht (17. Jh.)*

Schlacht von Hastings im Jahre 1066 zur Hilfe und kehrte dann sterbenskrank ins Kloster zurück. Sein Nachfolger Brando unterstützte den letzten Widerstand gegen die normannische Eroberung, die sein Neffe Hereward the Wake vom inselhaften Ely aus leitete. Eine vergebliche, für das Kloster sogar verderbliche Tat, denn noch bevor der neuernannte normannische Abt 1069 sein Kloster erreichen konnte, wurde es von Hereward und seinen dänischen Genossen geplündert und verwüstet. Turold von Fécamp, Mönch des berühmten Klosters an der Seine, Waffengenosse Wilhelms, errichtet erst einmal einen Donjon auf Tout Hill, um seine widerspenstigen Mönche zu zähmen; die verwüstete Kirche muß sich mit einer vorläufigen Reparatur begnügen.

Erst seinem Nachfolger John de Sais (1114–1124) gelang es mit einem beiläufigen Fluch, die Grundlage für einen Neubau, einen freien Bauplatz, zu schaffen. Der Chronist Hugo Candidus berichtet, daß eines Morgens der Küchenbruder, als es ihm nicht gelang, Feuer fürs Frühstück zu machen, fluchte: »Der Teufel hole das Feuer.« Sein Zorn ist bei dem unfreiwilligen Verzicht auf ein englisches Frühstück vielleicht verständlich. Der Teufel machte sich mit dem Feuer auf den Weg durch das Kloster und die Stadt. Der Turm der Kirche soll neun Tage lang gebrannt haben.

1118 konnte John de Sais, vielleicht ist damit Seés in der Normandie gemeint, den Grundstein für einen Neubau von gewohntem normannischem Ausmaß legen. Bis zum Ende des Jahrhunderts dauert es, bis der Bau, wie gewohnt mit dem Chor beginnend, das zehnte Joch von Osten erreicht hat. Zusammen mit zwei seiner Nachfolger hat John de Sais seine letzte Ruhe in einem Bogengrab auf der Südseite des südlichen Chorseitenschiffes gefunden.

Trotz allen Reichtums waren die Baukosten der Abtei wohl nur schwer aufzubringen. Ein deutliches Zeichen ist der langsame Baufortschritt. Ein Geschehnis aus der Amtszeit von Abt William de Waterville spricht Bände: 1177 muß er, ein geschickter und energischer Verwalter, sein Amt aufgeben. Er war wohl zu geschickt gewesen. Er hatte die kostbaren Reliquien, als Pfand für hohe Baukredite, Juden übergeben. König und Papst bestätigen seine Absetzung, als er an ihre Unterstützung appelliert. Zu seiner Zeit waren Querhäuser und ein erster dreigeschossiger Vierungsturm, dazu drei Joche des Schiffes vollendet worden. Die Querhäuser erhalten nur im Osten ein Seitenschiff. Hier gewinnt man Raum für Altäre.

Williams Nachfolger erweitert den Reliquienschatz um eine aktuelle Kostbarkeit. Benedict of Canterbury war zuvor dort Prior gewesen. So waren Gewänder Thomas Beckets in seinen Besitz gelangt. Und als kostbarsten Schatz brachte er den Stein des Fußbodens vor dem Altar der Kathedrale von Canterbury mit, auf den das Blut des Märtyrers gefallen war. Dort zeigt heute ein Stein in abweichendem Material die Stelle. Die Reliquie von Peterborough ist nicht mehr nachzuweisen. Benedicts Eifer kommt aber auch der Kathedrale zugute: Unter seiner Leitung wird das zehnte Joch erreicht, der dritte Pfeiler von Westen. Stärker als seine Nachbarn offenbart er, daß er ursprünglich zusammen mit seinem Gegenüber das geplante Paar der Westtürme tragen sollte.

Bis dahin war man mit kleinen Änderungen getreu dem Plan der Zeit der Grundsteinlegung gefolgt. Hohe Arkaden zu den Seitenschiffen ruhen auf massiven Pfeilern. Im Chor, bis in die Querschiffe hinein, wechseln sie mit rundem und achteckigem Querschnitt. Nur innen wird ein dünner, halbrunder Dienst vorgelegt. Im Schiff (Abb. 39) wird nur noch der runde Pfeiler beibehalten. Er wird mit vier Diensten, denen dazu noch ein Band flachen Mauerwerks hinterlegt wird, ins architektonische System einbezogen und so seiner selbständigen Wirkung beraubt.

Darüber öffnen sich in Schiff und Chor weite Emporen. Die Bögen sind mit lebhaftem Zackenband betont. Eine Doppelarkade ist wieder darin eingefügt, aus dünner Wand

*Peterborough, Kathedrale, Grundriß*

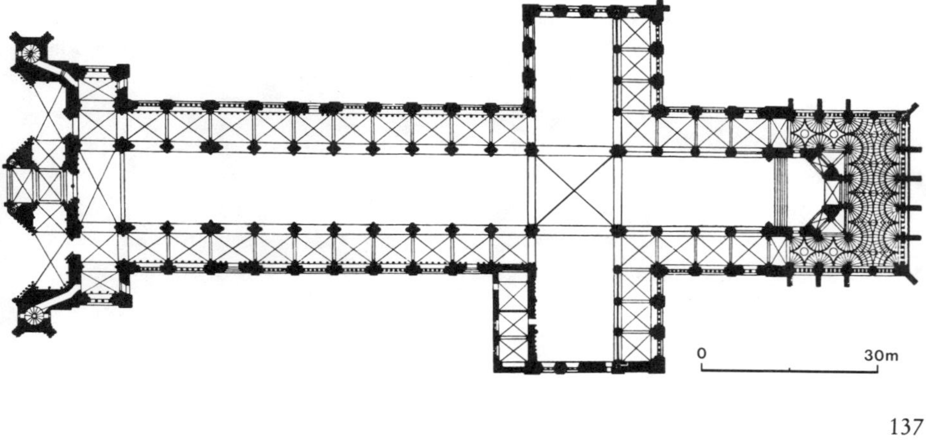

geschnitten, mit reichem Wechsel der Dekoration im Bogenfeld. Der Obergaden umfängt mit gestaffelten Dreibogengruppen die im 14. und 15. Jahrhundert veränderten Fenster. Das gilt auch, wie ein Blick auf den Außenbau zeigt, für die kräftig erweiterten Fenster der Emporen und der Seitenschiffe. Innen sind diese Änderungen kaum sichtbar. Man freut sich an der gesteigerten Helligkeit. Nur in den sechs Fenstern der Chorrundung, wo auch die Dreibogengruppe weggefallen ist, werden das Maßwerk und die Fensterform der späten Gotik sichtbar. Hier entfällt auch die Empore. So erhalten das Deckengemälde, Christus und die Zwölf Apostel, der Baldachin über dem Hauptaltar von J. L. Pearson aus dem Jahr 1894 und das hölzerne Gewölbe des 14. Jahrhunderts über dem Altarraum reiches Licht.

Aber auch der Versuch von Benedict of Canterbury, den Bau der Kirche im Westen zu vollenden, ist nicht erfolgreich. Das Schiff wird noch einmal verlängert, schmale westliche Querhäuser werden angefügt, über denen Türme eine breite Fassade rahmen sollen. Vielleicht war es Abt Acharius (1200–1210), der von St. Albans kam, wo man gerade dabei war, eine neue Fassade zu errichten, und der nun der Fassade in Peterborough ihre letzte Form gab. Es wurde noch weiter nach Westen ausgegriffen, und schmale Türme mit spitzen Helmen und Fialen gekrönt bringen noch mehr an Breite hinzu. Gleichzeitig dienen sie als Widerlager für die hochaufragenden Bögen der neuen Portikusarchitektur. Blendmaßwerk gliedert die Fassade hinter den Bögen. Mit der einzigartigen Lösung ist auch die gotische Formung durchgesetzt. Linien umspielen die Formen, verbergen das massive Mauerwerk. Die reichere Gestaltung des mittleren Bogens läßt vergessen, daß er schmaler geraten ist. Er entspricht dem Mittelschiff. Die breiteren seitlichen müssen zu den Seitenschiffen die westlichen Querhäuser rahmen. Mit Geschick sind die drei darüber gesetzten Giebel auf gleicher Höhe gehalten (Abb. 42).

Hinter den Giebeln mit ihren Skulpturen der Apostel Andreas und Paulus, Petrus in der Mitte, ragt nur noch fragmentarisch der Nordwestturm auf. Bis ins 18. Jahrhundert trug er einen hohen, hölzernen Helm. Die Vollendung der Fassadenkonzeption erwartete dazu das Pendant im Süden und den hohen Helm des Vierungsturmes. Diese dann farbig gefaßt entsprechen dem Bild, der Miniatur, mit der der zeitgenössische Chronist, Matthäus Paris, Mönch in St. Albans, seine Vorstellung vom Himmlischen Jerusalem festhält. Die Konsequenz, mit der die Fassade durchdacht ist, begegnet dem Besucher mit dem Sockel des Mittelpfeilers des Portals. Der zierliche Säulenschaft wird vom gestürzten Simon Magus, dem mit Zauberkräften bewaffneten Gegner des Apostels Petrus, getragen.

Um 1370 hat man eine kleine Vorhalle zwischen die mächtigen Pfeiler des mittleren Bogens setzen müssen. Sie begannen nach innen auszuweichen. Mit diesem Juwel des Perpendicular, das im Obergeschoß die Bibliothek der Kathedrale birgt, hat man den Zweck erfüllt. Trotzdem berührt die Lösung insgesamt etwas merkwürdig.

1238 hatte man die Weihe nach der Vollendung der Westfassade gefeiert. Um 1220 hatten Schiff und Querhäuser ihre hölzerne Decke erhalten. Sie gehört zu den seltenen erhaltenen mittelalterlichen Beispielen dieser Art. Meist sind sie sonst durch Gewölbe ersetzt oder durch Brände vernichtet worden. Man muß schon St. Michael in Hildesheim oder Zillis in der Schweiz nennen, um Vergleichbares zu finden.

*Peterborough, Kathedrale, Westfassade (18. Jh.)*

Die hölzerne Decke des Schiffes besteht aus drei Teilen (Abb. 39). Die schmaleren seitlichen erreichen mit sanftem Winkel den mittleren Teil. Die farbige Fassung der Rautengliederung ist zwar mehrfach übergangen worden, stammt aber in wesentlichen Teilen noch aus den Jahren vor der Weihe durch Bischof Robert Grosseteste von Lincoln. Und ein wenig von seinen optischen Experimenten scheint sich auch hier durchgesetzt zu haben: In den vom Betrachter weiter entfernten Teilen der Decke fügen sich die Linien der Rauten zum Schein eines Balkengerüstes zusammen. Man meint, in einen Dachstuhl, nicht auf eine flache Decke zu blicken. Sieht man allerdings genau hin, verschwindet der Eindruck, und Bilder treten hervor: Tiere, Heilige, Musikanten, Könige und Königinnen erscheinen, aber auch ein Architekt hält Zirkel und Winkelmaß. Ein wohl nicht mehr leicht und vollständig zu entzifferndes Bild der Welt, eine ›Weltformel‹ wird in Symbolen vorgetragen.

Der dreigeschossige normannische Vierungsturm erweist sich schon Ende des 13. Jahrhunderts als zu schwer für seine schmächtigen Fundamente und Pfeiler. Man erneuert ihn niedriger und als lichtreiche Laterne. Ursprünglich wurde der heute eingeschossige Vierungsturm noch von einem achteckigen Geschoß gekrönt, das von den spitzen Helmen der begleitenden Treppentürmchen gerahmt wurde. Das Bild ist Ende des 19. Jahrhunderts nüchterner geworden, aber auch solider. Wieder zeigte sich die Gefahr des Einsturzes. Jetzt mußten die Pfeiler ganz erneuert werden. Dabei entdeckte man, daß schon in normannischer Zeit auf Fundamente fast verzichtet worden war. Anstehendes Gestein fand man bereits in drei Meter Tiefe und nutzte nun endlich diese günstige Situation. Bei diesen Arbeiten hat man das prächtige hölzerne Gewölbe Balken für Balken und Brett für Brett abgetragen und neu eingesetzt, nur die farbige Fassung ist erneuert worden.

Den letzten Schritt der Baugeschichte, die elegante Marienkapelle am nördlichen Querhaus wurde im 17. Jahrhundert abgebrochen, bietet der Retrochor (Abb. 41). Die normannischen Apsiden werden durchbrochen, ein rechteckiger lichterfüllter Raum, von Fächergewölben überspannt, öffnet sich. Begonnen unter Abt Ashton (1438–71) ist das ›New Building‹ erst unter Abt Robert Kirton (1496–1528) vollendet worden. Die zarten Fächergewölbe, die an die King's College Chapel in Cambridge erinnern, stammen aus seiner Zeit. Daher finden sich auch schon die Zeichen der neuen Dynastie der Tudors, die Tudorrose, zweifarbig, oder das immer wiederkehrende Fallgitter.

Heinrich VIII. aus dieser Dynastie machte nichtsdestotrotz auch diesem Kloster ein Ende. 1536 hatte, nachdem die Ehe 1533 annulliert worden war, seine erste Gemahlin Katharina von Aragon hier ihr Grab gefunden. Eine kleine Metallplatte im nördlichen Seitenschiff des Chores weist daraufhin. Das mag einer der Gründe für Heinrich VIII. gewesen sein, Peterborough als eines der sechs Klöster zu wählen, die zum Sitz eines neuen Bistums wurden. Die Krönung der Laufbahn der Kirche ist zugleich Abschluß der Baugeschichte, die Zeit der Verwüstungen und Restaurierungen beginnt.

Noch einmal findet eine unglückliche Königin hier ihr Grab. Am 8. Februar des Jahres 1587 wurde im nahegelegenen Fotheringhay Mary Stuart, Königin von Schottland, enthauptet. Sie fand, allerdings erst sechs Monate später, ihr Grab auf der gegenüberliegenden

Südseite des Chores. Eine Tafel am Pfeiler und eine Marmorplatte im Boden erinnern daran. Ihr Sohn, James I., Nachfolger Elizabeths, die das Todesurteil unterschrieben hatte, ließ die Gebeine nach Westminster übertragen.

Ein Mann hat die Ehre, beide hohen Damen unter die Erde zu bringen: Totengräber Robert Scarlett, der 1594 im Alter von 98 Jahren starb, wird auf einem Gemälde an der Innenseite der Westfassade vorgeführt, mit seinem Werkzeug in der Hand. Gerühmt wird neben seiner Dienstleistung an den Königinnen, daß er zwei Generationen Hauseigentümer der Stadt unter die Erde gebracht habe. Noch heute beschleicht den Besucher bei der Vorstellung ein seltsames Gefühl.

Die schönsten Grabdenkmäler gehören Äbten des 12. und frühen 13. Jahrhunderts. Schimmernder Marmor, wie ihn am gefälligsten das Grab von Abt Benedict, dem Erbauer des Schiffes, in der mittleren Kapelle des südlichen Querhauses zeigt. Fünf weitere sind im Chorbereich verteilt.

## Salisbury

*(Umschlagvorderseite, Farbt. 4, 5, 20; Abb. 40, 43–45)*

Über der weiten Ebene von Salisbury fernhin sichtbar aufragend hat das silbrige Leuchten des 123 m hohen Vierungsturmes der Kathedrale von Salisbury, Maria geweiht, schon im 18. Jahrhundert James Constable angerührt. Mit seinen Landschaftsbildern hat er diesen Anblick berühmt gemacht. Aber auch wenn man näher kommt, ist der Eindruck dieses Baues auf seiner grünen Wiese einzigartig (Umschlagvorderseite).

Und er ist tatsächlich auf der grünen Wiese geplant und errichtet worden. Nirgends ist der ›close‹, der Immunitätsbezirk der bischöflichen Kathedrale so weit gespannt wie hier, begrenzt von einer Mauer, in der man noch die romanischen Ornamente der alten Kathedrale von Old Sarum entdecken kann. Auf einem Kalkhügel etwa drei Kilometer von Salisbury entfernt kann man ihren präparierten Grundmauern noch nachgehen.

Schon die Römer hatten hier eine befestigte Siedlung vorgefunden und als Sorbiodunum weiter genutzt. Die Angelsachsen verstärken die Befestigungen und nennen den Ort nun Seares byrig – Salisbury klingt bereits an. Hier sammelt Wilhelm der Eroberer im Jahre 1070 noch einmal sein Heer, bevor er es (vorläufig) entläßt, und richtet eine Festung ein. Nachdem man 1075 beschlossen hat, daß Bischofssitze nur in großen Städten sein sollen, verlegt auch Bischof Herman, der die Bistümer Sherborne und Ramsbury leitete, seinen Sitz. Er wählt unseren wohlbefestigten Kalkhügel, beginnt den Bau einer Kathedrale, bevor er 1078 stirbt. Sein Nachfolger ist der langjährige Kanzler Wilhelms, der Heilige Osmund; er vollendet den Bau. Ein Blitzschlag und Brand fünf Tage nach der feierlichen Weihe im Jahre 1092 haben zur Folge, daß Osmunds Nachfolger, Roger, einen neuen, noch größeren Bau errichten kann. Seine Grundmauern sieht man heute.

Aber das Leben der Weltgeistlichen der Kathedrale folgt über Jahrhunderte den Regeln, die Osmund in den Jahren vor seinem Tode 1099 festgelegt hat. In Liturgie und Organisation kirchlicher Selbstverwaltung sind die Uses of Sarum, die Gebräuche von Salisbury, bis zur Zeit der Reformation vorbildlich. Vier Ämter spielen die ersten Rollen: der Dean, der Dekan, als Vorsitzender des gleichberechtigten Gremiums der Kanoniker, der Procantor als Leiter des Chores und musikalischen Lebens, mit dem die Kanoniker einen wesentlichen Teil ihres Tages verbrachten, dazu der Kanzler für die Verwaltung und der Schatzmeister. Neben den Geistlichen des Kapitels mit durchaus beachtlichen Einkünften stehen dann noch weitere Hilfsgeistliche, besonders für den gepflegten Chorgesang, für den man auch die Knaben der Kathedralschule, wie heute noch, heranzieht. Das Kapitelhaus ist in seiner Architektur ein guter Ausdruck des Selbstbewußtseins des Kapitels, das sich oft als der eigentliche Herr der Kathedrale betrachtete.

Viele Unzuträglichkeiten verleideten den Kanonikern im Laufe gut eines Jahrhunderts den Aufenthalt auf dem Kalkhügel von Old Sarum. Schon der Name spricht von vorherrschender Trockenheit, von Wassermangel. Dazu kam das Ende der ummauerten Stadt und das streitlustige Benehmen der rüden königlichen Besatzung der Festung. So

*Salisbury, Kathedrale, Grundriß*

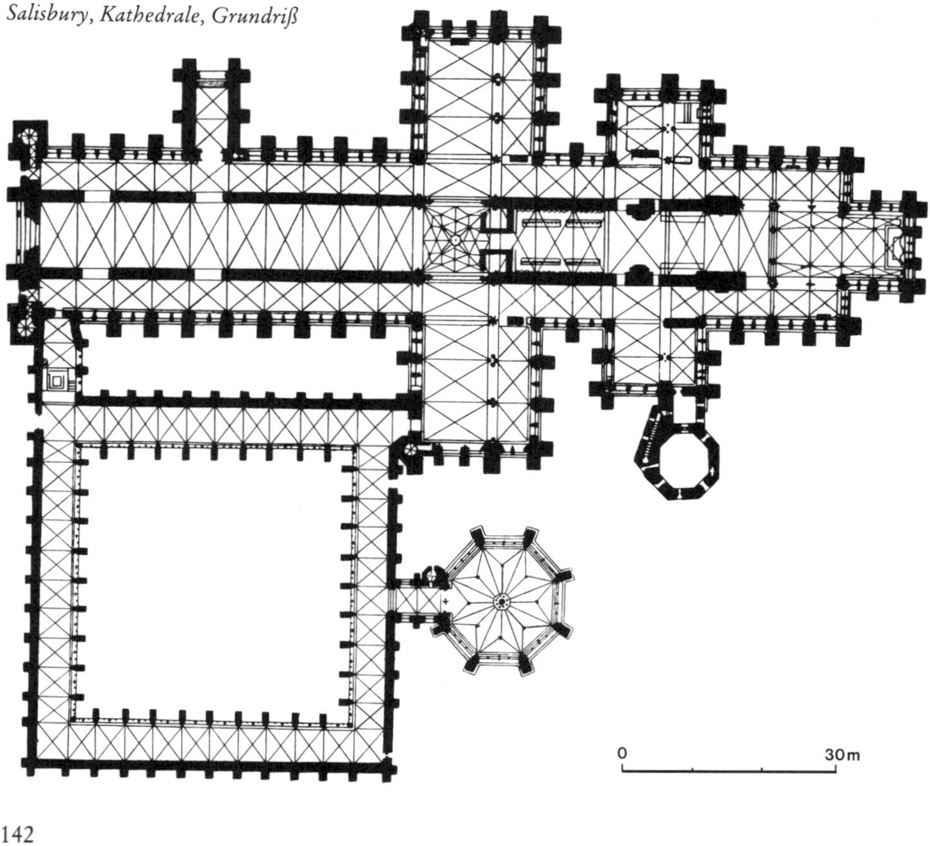

nutzte Richard Poore die Gelegenheit, als er 1217 nach neunzehn Jahren Tätigkeit als Dean zum Bischof gewählt wurde, um vom Papst Honorius III. die Genehmigung zur Verlegung der Kathedrale zu erlangen. Schon sein Bruder und Vorgänger auf dem Bischofsthron, Herbert Poore, hatte den gleichen Plan. 1218 kam die langersehnte Genehmigung, und schon 1219 konnte Richard Poore an der auserwählten Stelle in einer hölzernen Kapelle eine erste Messe feiern. Gleich zwei Flüsse münden hier in den Avon, es ist für ausreichend Platz und Wasser gesorgt. Zuletzt im Jahre 1925 stand die Kathedrale sogar manches Mal unter Wasser.

Erst 1220 legte man die Grundsteine. Das wurde als teures Vergnügen für das Kapitel der Kathedrale und den Adel inszeniert. Bischof Poore hatte schon eigenen Grund und Boden zur Verfügung gestellt, der Legende nach durch einen Pfeilschuß von Old Sarum ausgewiesen oder durch einen erträumten Hinweis Mariens bestimmt. Aber wir wissen, daß Richard Poores erste Wahl eines Bauplatzes nahe der Abtei von Wilton von der Äbtissin schnöde abgelehnt worden war. Die Kathedrale konnte er nun gewiß nicht alleine finanzieren; nach dem Liber statutum des Bischofs Roger Mortival (1315–1330) hat der Bau bis zum 25. März 1262, als er fast vollendet war, etwa 42000 Mark Silber gekostet. Das entspricht etwa 20000 Kilo Silber mit einer jedoch höheren Kaufkraft als heute. Solche Kosten müssen umgelegt werden. Der erste Grundstein wird noch kostenfrei im Namen des Papstes gelegt, der ja die Genehmigung für die Verlegung erteilt hatte, der zweite ebenso im Namen von Erzbischof Stephen Langton, der mit dem jungen König Henry III. in Wales beschäftigt war, den dritten legt Richard Poore in seinem eigenen Namen. Dann folgt an diesem Tag des Heiligen und Märtyrers Vitalis, dem 28. April, noch fast eine ganze Mauer an Grundsteinen, mit finanziellen Verpflichtungen belastet. Den vierten legt William Longsword, Earl of Salisbury, den fünften seine Gemahlin Ela. Sie wird bald darauf als Witwe Äbtissin des Klosters Lacock. In einer Vision sieht sie am Tage vor dem Tode ihres Sohnes in Palästina den jungen William Longsword (oder noch gut französisch Longespée), von Engeln in seiner Rüstung ins Paradies geleitet, Lohn dessen, der als Kreuzfahrer stirbt. So sieht man ihn auf seinem Grabmal westlich des südwestlichen Vierungspfeilers liegen – eine der schönsten frühgotischen Plastiken Englands.

Aber weiter mit der Reihe der Grundsteine: Einige Adlige folgen noch, manche erst nach ihrer Rückkehr aus Wales, das man damals der englischen Krone zu unterwerfen beginnt. So wie jeder dieser Grundsteine Symbol finanzieller Verpflichtungen war, legte nun auch jedes Mitglied des Kapitels mit den vier Würdenträgern an der Spitze einen Stein. Das Kapitel hatte sich verpflichtet, über sieben Jahre jeweils ein Viertel seiner Einkünfte für den Bau zur Verfügung zu stellen. Schon am 28. September des Jahres 1225 konnte Richard Poore die ersten Altäre weihen. Die rechteckige, gerade geschlossene Achskapelle, der Dreifaltigkeit geweiht, nicht Maria (ihr ist die ganze Kathedrale geweiht), und der anschließende Retrochor erhielten ihre Altäre. Am nächsten Tage predigte Stephen Langton, und Henry III. verlieh das Recht, hier einen Markt zu halten. Außerdem stiftete er einen Rubinring. Das Marktrecht war allerdings für den Bischof kostbarer, es erbrachte regelmäßige Einnahmen und wurde zum Kristallisationspunkt der sich entwickelnden neuen Stadt.

Dazu kommen weitere Einnahmen. Selbstverständlich wird in der eigenen Diözese gesammelt, und der Dean William de Wenda, als Vorsitzender des Kapitels zu besonderen Anstrengungen verpflichtet, darf eine Sammelreise in der Diözese London unternehmen. Auch die Pilger, die zum Grabe des Hl. Osmund kommen, das am 12. Juni 1226 zum neuen Standort der Kathedrale übertragen wird, geben Spenden. Und sie kommen, auch wenn dem Heiligen der Werbeerfolg einer offiziellen päpstlichen Anerkennung bis 1457 versagt blieb.

Die neue Flußlage senkt außerdem die Transportkosten. Der helle Kalkstein kann aus einem Steinbruch bei Chilmark geholt werden, und der kostbare, reichlich verwandte Purbeck-Marmor kann den Avon aufwärts zur Baustelle geholt werden. So wurden die Bauarbeiten zügig fortgeführt, auch als Richard Poore 1228 auf den Thron des Bischofs von Durham gewählt wurde. Unter seinen Nachfolgern Robert Bingham (1229–46) und William of York (1247–56) scheint es keine Bauunterbrechungen gegeben zu haben. Unter Bischof Giles de Bridport (1257–62) wird das Dach mit Blei gedeckt, ebenso haltbar wie kostspielig, aber auch ein Zeichen des nahenden Endes der Bauarbeiten.

Das Grabdenkmal des Bischofs schräg gegenüber der Hungerford Chantry im südöstlichen Querhaus gehört zu den schönen Arbeiten des frühen Decorated. Obwohl die Reliefs mit Szenen aus seinem Leben gelitten haben, spürt man, mit welcher Lebenslust die Dekorationsfreude aus den Formen der noch strengen Gotik herausknospen.

Am 20. September 1268 wird die feierliche Weihe vollzogen, und König Henry III., der in seiner Jugend den Beginn der Bauarbeiten erlebte, nimmt mit seiner Gemahlin daran teil.

Das zügige Fortschreiten der Bauarbeiten ist in den ersten fünfundzwanzig Jahren, bis 1245, sicher zu einem großen Teil der Leistung eines der Kanonikers der Kathedrale, Elias of Dereham, zuzuschreiben. Man begegnet ihm auch bei der Anfertigung des Schreines für Thomas Becket, zusammen mit Walter of Colchester, dem Leiter der Sakristei von St. Albans. Auch an anderen Stellen begegnet man Elias of Dereham als sachkundigem Verwalter und Leiter von Bauarbeiten und Aufträgen für Kunstwerke verschiedenster Art, auch im Dienste des Königs. Damit liegt die Versuchung nahe, ihn als ein greifbares Beispiel für die Geistlichen zu zitieren, die zugleich ausführende Künstler gewesen seien, wie man sie sich für das vollkommene Mittelalter in historisierenden Träumen ersehnte. Dieser Versuchung hat man natürlich auch nachgegeben. Aber nicht ganz zu Recht. Elias' Zeitgenosse, der Chronist Matthaeus Paris, schildert zur Gründung von Salisbury, sehr allgemein gehalten, daß der Bischof, nachdem er den Rat edler, von weither zusammengerufener Künstler eingeholt habe, umfängliche Fundamente ausgelegt habe. Einer von ihnen ist mit dem cementarius Meister Nicholas of Ely, also dem leitenden Baumeister, greifbar.

Eine Nachricht des 16. Jahrhunderts bezeichnet Elias als ›rector fabricae‹, das ist der juristisch ausgebildete, in Verwaltungsangelegenheiten erfahrene Geistliche als Vertreter des Bauherrn, wie er ein Jahrhundert später in William of Wykeham noch besser erkennbar begegnet. Sicher ist ein hoher Kunstverstand zu erwarten, sicher hatte Elias' Wort bei der

1 DURHAM Die Kathedrale vom Wear aus gesehen ▷
2 ELY Kathedrale von Süden ▷▷

4 SALISBURY Westfassade

◁ 3 GLOUCESTER Kreuzgang mit frühen Fächergewölben

6 WELLS Kathedrale von Südosten

◁ 5 SALISBURY Kathedrale und Stadt

7 LINCOLN Kathedrale und Stadt

8 EXETER Gewölbe

9 WINCHESTER Gewölbe des Hauptschiffes

12 BATH Fächergewölbe des Hauptschiffes ▷

10 WELLS Gewölbe der Marienkapelle

11 CANTERBURY Gewölbe im Kreuzgang

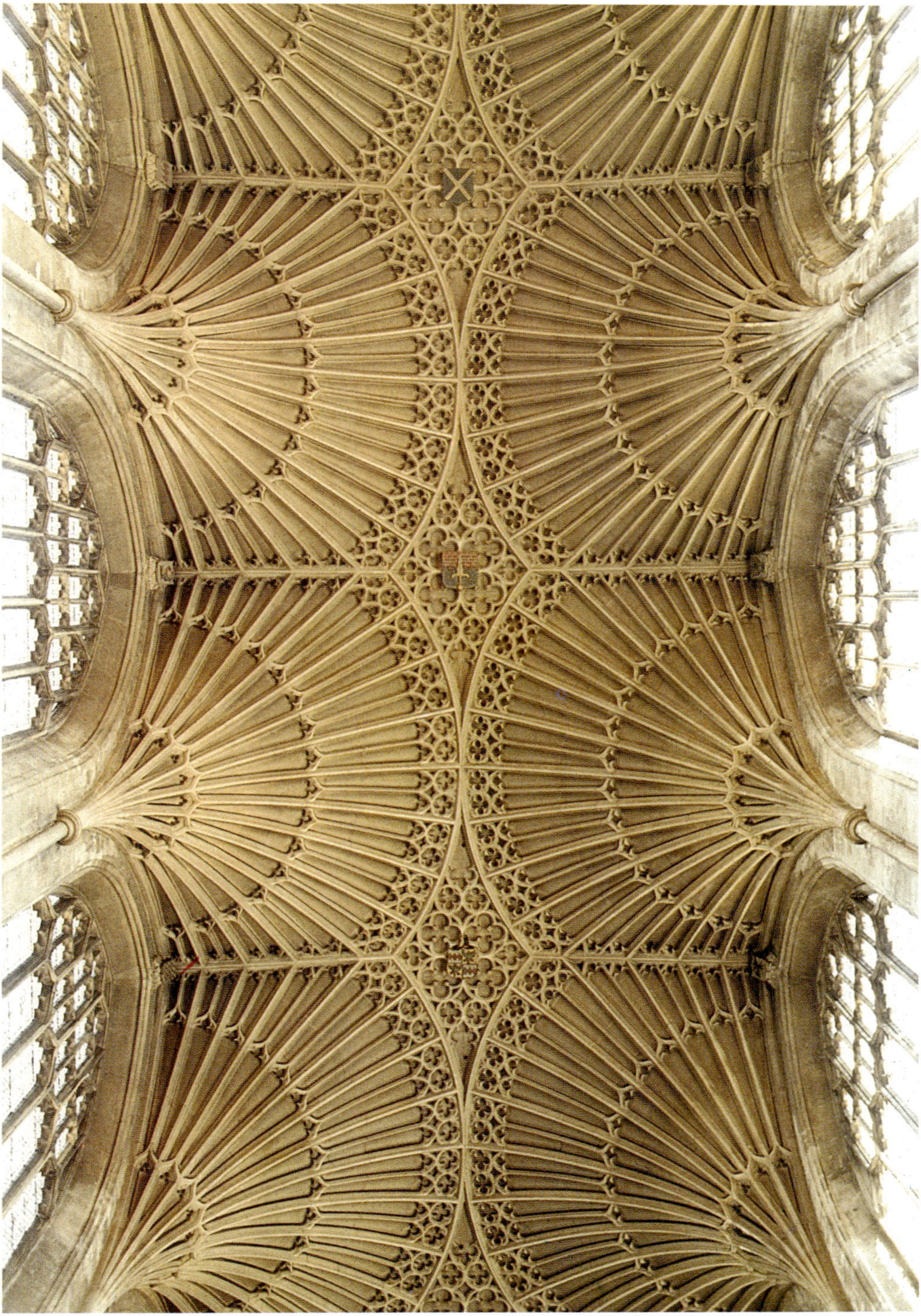

TOLET
WHITBREAD

14 CANTERBURY Grabdenkmal des Schwarzen Prinzen: Die Zeichen seines Rittertums

◁ 13 CANTERBURY Blick von Westen auf die Kathedrale

15 LICHFIELD Westfassade, König Offa

16 CANTERBURY Becket-Fenster

17 WORCESTER Die Kathedrale am Ufer des Severn

18 CANTERBURY Schrein Thomas Beckets, Fenster im nördlichen Seitenschiff

19 GLOUCESTER Fenster des 19. Jh. im Kreuzgang

20 SALISBURY Kreuzgang

21 LINCOLN Hauptportal der Westfassade, Detail

22 ELY Oktogon

23 BATH Kathedrale von Osten

24 YORK Kathedrale von Südosten

26 LONDON Westminster Abbey, Westfassade

◁ 25 YORK St. Williams-Fenster im nordöstlichen Querhaus

28 LONDON St. Paul's, Westfassade

◁ 27 LONDON St. Paul's, Gewölbe im Chor

29 LICHFIELD Südseite des Schiffs

32 CARLISLE Tonnengewölbe im Schiff ▷

30 WINCHESTER Blick ins Schiff

31 ELGIN Kapitelhaus

33 CHICHESTER Kathedrale und Stadt

34 TRURO Kathedrale von Süden

35 ST. DAVID'S Kathedrale von Südosten

36 KIRKWALL Kathedrale von Osten

Diskussion des Planes Gewicht, aber er ist nicht der Architekt. Ihn, der so frei auf der grünen Wiese planen konnte, haben wir vielleicht mit Nicholas of Ely vor uns.

Anders als bei allen anderen Kathedralen Englands, die eine Entwicklung über Jahrzehnte, Generationen, Jahrhunderte erleben, wo ein Architekt nach dem anderen auf die Bauteile Rücksicht nehmen muß, die seine Vorgänger errichteten, kann der Architekt des Jahres 1219 frei planen und seinen Traum der perfekten Kathedrale des Early English verwirklichen. Hatte man in Canterbury oder im kurz zuvor begonnenen Umbau der Kathedrale von Lincoln noch einen runden Chorabschluß mit Chorumgang gewählt, hier erscheint der wohl von den Zisterziensern beeinflußte gerade Schluß des Chores voll ausgeprägt. Auch ein zweites, etwas schlankeres östliches Querhaus wird von Anbeginn an geplant. So entsteht ausreichend Platz für exakt nach Osten ausgerichtete Altäre, zehn allein in den Querhäusern, insgesamt achtzehn, und schließlich mit den später errrichteten Grabkapellen siebenundzwanzig.

Heute prägt eine – man möchte sagen – geradezu englische Kühle den Bau, besonders den Innenraum (Abb. 45). Mit einem Blick kann man den Raum durchmessen. Im 18. Jahrhundert hat man den alten Lettner und die Chorschranken entfernt. Reste sind an der Westwand des nordöstlichen Querhauses zu sehen. Im 19. Jahrhundert hat man die neugotischen Arbeiten James Wyatts aus dem 18. Jahrhundert durch noch elegantere nach Entwürfen Sir George Gilbert Scotts ersetzt. Dazu gehörten neben einem hohen Hauptaltar, dessen Rückwand die Sicht auf die Achskapelle schloß, das Chorgestühl und ein zierlicher schmiedeeiserner Lettner, der ähnlich wie in Lichfield wie ein Schleier den Chorraum schloß. Hochaltar und Lettner hat man um 1960 entfernt und statt dessen ein Kreuz aufgehängt, dem dieses Schicksal auch nicht erspart bleiben sollte.

Das architektonische Konzept betont im Schiff die kühle Eile des Blickes noch. Über Pfeilern mit kleeblattförmigem Querschnitt, in dessen Winkel die dunkelglänzenden Schäfte aus Purbeck-Marmor eingestellt sind, spannen sich die reich profilierten Bögen der Arkaden zu den Seitenschiffen. Der äußerste Stab rahmt die Wandfläche darüber und wird von einer kleinen Konsole aufgefangen. Kein Dienst durchbricht die Fläche, die ursprünglich mit schwarzem Ornament auf rotem Grund gefüllt war. Ein straffes Gesims betont darüber die Horizontale und trägt das breitgelagerte Triforium. Hier macht sich im sonst zurückhaltend konzipierten Schiff gegenüber den schlichten Zweier- und Dreiergruppen von Lanzettfenstern in Obergaden und Seitenschiffen bereits die Freude am Reichtum des Decorated bemerkbar. Erst in den Zwickeln zwischen den Arkaden der Emporen setzen auf kleinen Konsolen die Dienste der vierteiligen Gewölbe an.

Im Schiff der Kathedrale von Salisbury sieht man die Unterschiede zur französischen Hochgotik deutlich vorgetragen. Es wird bewußt kein geschlossenes System übergreifender Formen erstellt. Die Etagen des Baues wirken separat, betonen damit die Horizontale, wie auch die Höhe des Schiffes gering bleibt, gerade 25,5 m. So machen sich auch außen die niedrigen Strebebögen kaum für die optische Wirkung des Baues bemerkbar.

Mit der farbigen Gestaltung der Arkadenzwickel war schon angedeutet, daß der Raum nicht immer so kühl gewirkt haben wird. Vergoldete Kapitelle im Kontrast zum dunklen

Purbeck-Marmor und weiße Gewölbesegmente haben sicher eine besondere Festlichkeit erzielt.

Der schönste Teil des Baues ist der früheste, die Achskapelle, der Trinität geweiht und daher nicht wie gewohnt als Lady Chapel, Marienkapelle, zu bezeichnen, und der westlich anschließende Retrochor. Vier Pfeiler aus schimmerndem Purbeck-Marmor tragen aus je vier Diensten zusammengesetzt die Gewölbe des Retrochors. Die anschließende Achskapelle ist mit bezaubernder Leichtigkeit durch überschlanke Rundpfeiler und steil geschnittene Gewölbe in drei Schiffe zerlegt. Hier besitzen die Fenster noch ihre zarte Ausstattung mit Grisaille des 13. Jahrhunderts, nur im zentralen Fenster sind Teile aus dem 16. und 17. Jahrhundert eingefügt. In Grün, Gold und Rot sind die Rippen von den Gewölben, weiß mit gemalten Fugen und zierlichen Ornamenten, abgehoben, einer der elegantesten Räume der frühen Gotik.

Auch Rippen und Gewölbe des Chorraumes tragen noch Spuren vergleichbarer Farbfassung. Ornamente zerlegen die Rippen in lebendige Bewegung, und Medaillons auf den Gewölbezwickeln zeigen Christus umgeben von Aposteln, Propheten und Engeln. So spiegelt sich die Liturgie des Himmlischen Jerusalem im irdischen Abbild von Bau und irdischer Liturgie.

Noch vor der Mitte des 13. Jahrhunderts werden die Arbeiten an der Westfassade begonnen haben. Wie schon zwei Generationen zuvor in Rochester hat man die Fassade eigentlich als Querschnitt durch den Aufbau des Schiffs angelegt. Durch schmale, aus der

*Salisbury, Kathedrale, Westfassade*

Breite des Schiffes herausragende Treppentürmchen an den Seiten entsteht eine fast quadratische Wand, die dann durch reichen Skulpturenschmuck, ins Maßwerk der Arkadengalerien eingestellt, in eine Bildschirmfassade verwandelt wird. Die niedrigen Portale treten demgegenüber zurück (Umschlagvorderseite, Farbt. 4; Abb. 44).

Im zentralen Giebel erscheint Christus in einer tief hinterschnittenen Mandorla, die sofort die Erinnerung an Notre Dame la Grande in Poitiers hervorruft – damals noch umkämpfter Besitz der englischen Könige. Auch wenn die meisten der Skulpturen anders als in Wells im 19. Jahrhundert erneuert worden sind, läßt sich doch das Programm des 13. Jahrhunderts erkennen. Unterhalb von Christus als Richter des Jüngsten Gerichtes sind noch Engel verschiedener Rangordnungen in der ersten Reihe von Nischen zu erkennen. Dann folgen die Patriarchen des Alten Testamentes, darunter Apostel und Heilige des Neuen Testaments, Kirchenlehrer, zusammen mit heiligen Jungfrauen und Märtyrern, über dem Portal die Heiligen Barbara, Rochus, Sebastian und Ursula mit weiteren Heiligen der Frühzeit, und schließlich aus der eigenen nahen Vergangenheit z. B. die Bischöfe von Salisbury Richard Poore und Giles de Bridport. Über dem Portal zum Hauptschiff erscheint Maria als Patronin der Kirche, insgesamt eine wohlgeordnete himmlische Prominenz. Damit wurde der eintretende Gläubige aufgefordert, sich dieser besseren Gesellschaft anzuschließen.

Noch bevor 1266 die Weihe vollzogen wurde, hatte man bereits mit den Bauarbeiten für den südlich anschließenden Kreuzgang und das östlich daran wieder angeschlossene Kapitelhaus begonnen. Der Kreuzgang hat zwar bei der dringend erforderlichen Restaurierung den Purbeck-Marmor vieler Pfeiler verloren, aber er ist der früheste, der überhaupt erhalten blieb, glanzvolles Decorated (Farbt. 20; Abb. 43).

Durch einen kurzen Vorraum erreicht man vom Kreuzgang aus das spätestens 1284 vollendete Kapitelhaus. In dem achtseitig mit zentralem Pfeiler angelegten Raum spürt man das Vorbild des Kapitelhauses der Westminster Abbey. Die sechzig Szenen des Alten Testamentes über den Arkaden der Sitzbank sind von den Reformatoren des 17. Jahrhunderts mit kräftigen Axthieben deformiert worden. Im 19. Jahrhundert hat man versucht, sie zu restaurieren; damals entstanden auch die zurückhaltenden Fenster und der teppichartige Fliesenboden. Im Gegensatz zu Westminster Abbey oder Lincoln, wo man nachträglich Strebepfeiler und Strebebögen ansetzen mußte, hält hier noch die ursprüngliche Konstruktion stand. An der Südseite des östlichen Querhauses steht ebenfalls achteckig die Sakristei als optisches Gegengewicht.

Damit war der ursprüngliche Plan vollendet, aber die Baulust der Herren der Kapitels nicht befriedigt. Man beginnt zusätzlich einen hohen Vierungsturm, dessen Helm schließlich 123 Meter Höhe erreicht. Genaue Baudaten sind nicht überliefert. Noch 1334 arbeitet am Turm der Architekt Richard Farleigh, der zuvor in Bath erwähnt wird. Ursprünglich war nur eine niedrige, zur Vierung geöffnete Laterne geplant. Über den schlanken Vierungspfeilern, von denen besonders die beiden westlichen deutlich durchgebogen sind, muß nun ein zusätzliches Gewicht von über 6000 Tonnen Stein getragen werden. So wundert es nicht, Verstärkungsbögen des 14. Jahrhunderts geschickt in die Öffnungen der östlichen Querhäuser eingepaßt zu finden. Vielleicht waren auch das die Arbeiten, für die Richard Farleigh geholt worden war. Und im 15. Jahrhundert, als man auch die Vierung mit einem Gewölbe schließt, werden auch hier Verstärkungsbögen eingezogen. Aber auch so ist der hohe Turm auf dem tiefliegenden durchfeuchteten Boden eine schwierige Angelegenheit. Die Stabilität wird durch das stehengelassene innere Baugerüst und die im 17. Jahrhundert unter Christopher Wren und im 19. Jahrhundert unter George Gilbert Scott erneuerten eisernen Sicherungen zusätzlich gefestigt. All das ahnt man nicht, sieht man den Turm und seinen Helm an einem sonnigen Tag mit seinen reichen Formen des Decorated im Gleichgewicht betonter Vertikalen und Horizontalen gen Himmel steigen.

Nach den Zerstörungen des 16. und 17. Jahrhunderts hat dann die Kathedrale im 18. Jahrhundert unter den Händen wohlmeinender Restauratoren zu leiden begonnen. James Wyatt, dem man mehrfach begegnet, reiht die Grabdenkmäler zwischen des Pfeilern des Schiffes auf, und die beiden Grabkapellen von Hungerford und Beauchamp werden aus der Achskapelle entfernt. Die Beauchamp Chapel verschwindet, die Hungerford Chapel steht heute auf der Südseite des Chores. Gegenüber ist die Grabkapelle von Bischof Audley eine der wenigen, die heute noch genutzt wird. Über dem Altar hängt eine Florentiner Madonnendarstellung des 15. Jahrhunderts, und die Fächergewölbe der Kapelle zeigen noch Spuren der alten farbigen Fassung. Daneben gibt es noch manches an Grabdenkmälern aller Jahrhunderte zu entdecken.

Im Westen des nördlichen Seitenschiffes steht auch noch das Uhrwerk des zerstörten alten Glockenturms. James Wyatt ließ ihn wegen Baufälligkeit abreißen. Abseits der Kathedrale stehend trug er die Glocken und die Uhr, deren Uhrwerk des späten 14. Jahrhunderts dann bis ins 19. Jahrhundert im Vierungsturm untergebracht war. Eines der ältesten erhaltenen Turmuhrwerke, das etwa ein Jahrhundert nach der Entwicklung des mechanischen Uhrwerks in England entstanden ist.

## Wells

*(Farbt. 6, 10; Abb. 46–51)*

Östlich des Chores der Kathedrale St. Andrews und ihrer Marienkapelle zieren die quellenden Wasser, die dem Ort seinen Namen gaben, heute gepflegte Parkanlagen. Hier, im Herzen Somersets, hat König Ina von Wessex um 700 eine mit einigen Priestern besetzte Missionsstation gegründet. Die Mission hatte Erfolg. Als im Jahre 909 das Bistum Sherborne aufgeteilt wird, erhält Somerset seinen eigenen Bischofssitz in Wells. Für fast zwei Jahrhunderte residieren die angelsächsischen Bischöfe recht friedlich hier.

Dagegen fand wohl Bischof Johann de Villula (1088–1123), aus Tours stammend und zugleich als Arzt ausgebildet, die Badestadt Bath erheblich attraktiver. Als erster ›normannischer‹ Bischof auf dem Thron von Wells beruft er sich auf die Regelung des Konzils von London, daß Bischofssitze nur in Städten sein sollen, und läßt sich von William Rufus die Abtei und die Stadt Bath überschreiben. Der Bischof wird zum Abt von Bath, wechselt die Residenz, und die Kanoniker von Wells können sehen, wo sie bleiben.

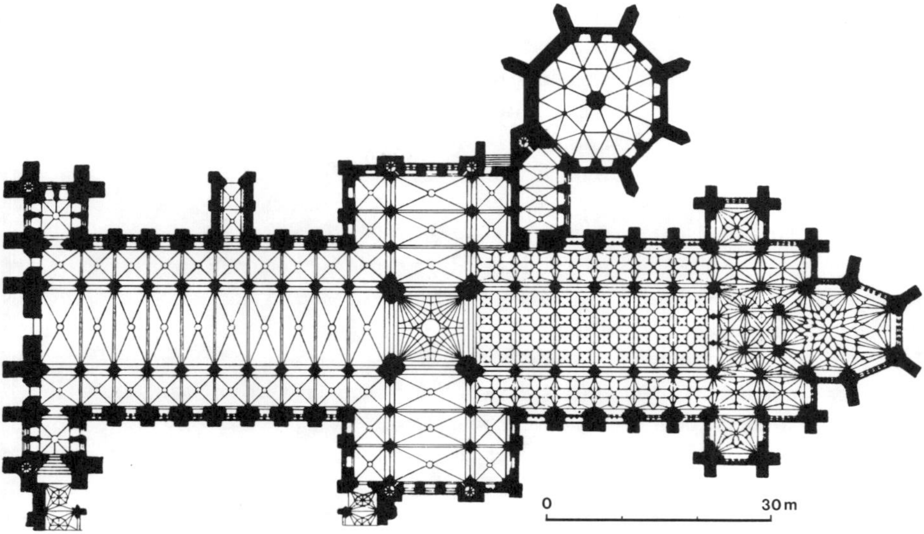


*Wells, Kathedrale, Grundriß*

Erst unter Bischof Robert of Lewes kommt Wells wieder zu Ehren. Die Kanoniker von Wells wählen von nun an zusammen mit den Mönchen von Bath den Bischof. Es gibt zwar noch einiges Hin und Her im Laufe des nächsten Jahrhunderts, aber schließlich bleibt es bei dieser Lösung. Und auch wenn die Abtei in Bath unter Heinrich VIII. 1543 aufgehoben wurde, führt der Bischof immer noch den Titel von Bath und Wells. Es geht eben nichts über Tradition. Das kann man auch bei den Krönungen englischer Könige beobachten, da hat nämlich seit der Krönung Richards I. im Jahre 1189 der Bischof von Bath und Wells das Recht, zusammen mit dem Bischof von Durham den König (oder die Königin) bei der Krönung zu stützen. Achten Sie beim nächsten Mal darauf; der Bischof von Bath und Wells achtet sicher darauf, an der richtigen Stelle zu sein. Mit dieser Tradition hat Bischof Reginald de Bohun (1174–91), Sohn des Bischofs Jocelin von Salisbury, angefangen. Er hat auch mit dem Bau der gotischen Kathedrale in Wells begonnen.

Man ist sich nicht ganz sicher, ob die vorhergehende Kathedrale unter der heutigen zu suchen ist. Wahrscheinlicher ist, daß sie mit etwas abweichender Orientierung ein wenig südlich der gotischen lag. Diese konnte also, ähnlich wie etwas später die Kathedrale von Salisbury, frei und ohne Vorbedingungen geplant werden. Planung und Baubeginn können mit etwas Vorsicht auf die Jahre um 1180 datiert werden.

Die Anfänge dieses nach Canterbury wohl ersten gotischen Baues auf englischem Boden fehlen allerdings, da der Ostabschluß im frühen 14. Jahrhundert nach dem Bau von Marienkapelle und Kapitelhaus erneuert worden ist. Das wird außen schon an den Strebepfeilern sichtbar. Innen hat man noch bis zur Vierung nach Westen über den alten Pfeilern den Wandaufbau gemäß dem Geschmack des späten Decorated verändert.

So bietet erst das Schiff den ursprünglichen Anblick des Baues des späten 12. und frühen 13. Jahrhunderts. Bis zum Jahre 1206, als der neugewählte und geweihte Bischof Jocelin Trotman das Interdikt des Papstes Innozenz III. über England verkündet und fluchtartig das Land verläßt, haben die Bauarbeiten rasche Fortschritte gemacht. Die fünf Jahre Unterbrechung durch Interdikt und Exil fallen erst auf den zweiten Blick ins Auge.

Die prächtige Eingangshalle auf der Nordseite des Schiffes markiert den 1206 erreichten Stand. Dann wechseln auffällig die Größe der Steine und der Zuschnitt der Dekoration in der Kapitellzone der Pfeiler. 1239 ist der Bau so weit vollendet, daß er geweiht werden kann, und beim Tode von Bischof Jocelin 1242 fehlen noch die beiden Westtürme. Nur ihre unteren Etagen, als Teil der mit Skulpturen bedeckten Bildwand, stehen schon. Allerdings werden die Arkaden erst Schritt für Schritt mit der in England immer noch großartigsten Sammlung gotischer Skulpturen gefüllt. Gerade die Restaurierung der Fassade in den letzten Jahren hat ihren Reiz wieder sichtbar gemacht. Auch wenn die Farbenpracht, ergänzt durch reiche Vergoldung, fehlt, lohnt die Fassade immer noch ein staunendes Verweilen (Abb. 46).

Das war auch das Ziel des Architekten und seiner Auftraggeber. Der erste bekannte Architekt Adam Lock starb 1229, als man mit der Fassade wohl schon begonnen hatte. Sein Nachfolger Thomas Norreys leitete die Vollendung der Fassade bis zum Jahre 1249. Aber der Kunstsachverständige Elias of Dereham, der als verwaltungskundiger Geistlicher und Mitglied des Kapitels die Aufsicht über den Bau der Kathedrale von Salisbury führt, ist auch als Kanoniker Mitglied des Kapitels in Wells. Bis zu seinem Tode im Jahre 1245 wird auch sein Rat gehört worden sein. Und bei dem eigentlich nicht sehr komplizierten Programm der ›Multivision‹ der Westfassade werden auch noch der Bischof Jocelin und andere Theologen mitgesprochen haben.

Das Programm mußte einfach sein, da es ja als ›Bildschirmprogramm‹ für die Gemeinde des Bischofs, für die ganze Diözese gedacht war. Von der einstigen Fülle von 176 Skulpturen, die sich von der Südseite der Westfassade noch rings um den Nordturm bis zum Ansatz des Schiffes zieht, sind 127 große Skulpturen erhalten. Dazu sind noch die Szenen des Alten und Neuen Testamentes zu rechnen, die in den Vierpässen über der unteren Arkadengalerie untergebracht sind. Damit ist die Geschichte Gottes mit dem Menschen von der Erschaffung Adams auf der Südseite bis zur Passion und Himmelfahrt Christi auf der Nordseite vorgegeben. Die großen Skulpturen fügen sich zwischen die Darstellung Mariens mit dem Kinde im Vierpaß des niedrig gehaltenen Hauptportals und die Schilderung des Jüngsten Gerichtes in den Nischen des Giebels ein. Der Bogen reicht damit von der Menschwerdung Christi bis zum Ende der Geschichte.

Über dem Hauptportal erscheint das beliebte Thema der Marienkrönung, begleitet von einer ganzen Heerschar von Heiligen, die sich kaum noch identifizieren lassen. Aber sie sind als Zeugen der Auferstehung gedacht, die die letzte schmale durchgehende Nischengalerie der Fassade füllt. Schmale, hohe Arkaden, die der Dreiergruppe von Westfenstern entsprechen, werden an den Strebepfeilern mit je zwei Skulpturen übereinander gefüllt. Könige, Ritter, Bischöfe, Männer und Frauen treten hier nebeneinander (Abb. 51). In der ersten kleinen Arkadengalerie des Giebels erscheinen die neun Ordnungen der Engel,

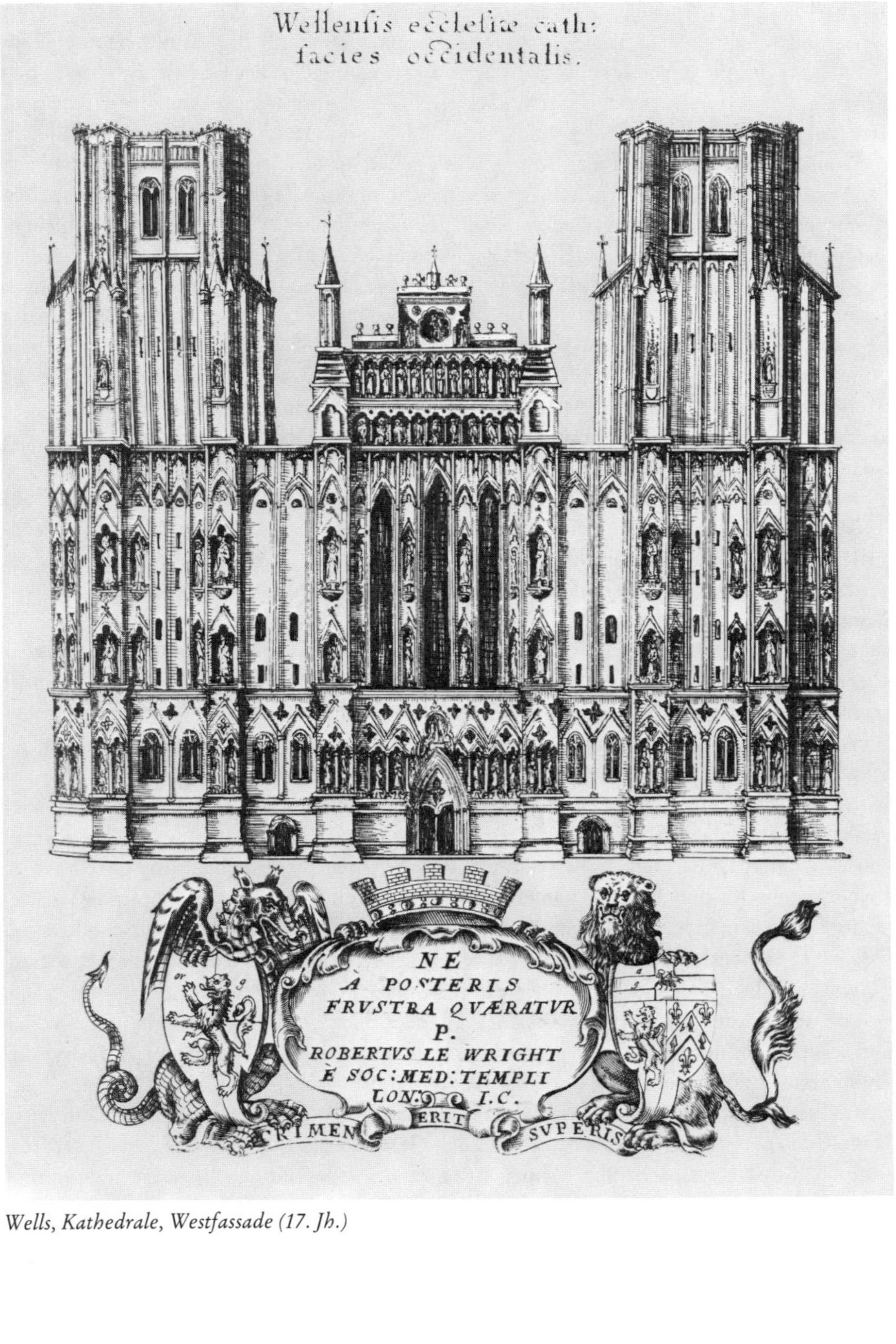


*Wells, Kathedrale, Westfassade (17. Jh.)*

darüber die Zwölf Apostel. Die letzten drei Nischen waren für Christus als Richter, mit Maria und Johannes dem Täufer zur Deësisgruppe ergänzt, als die Hauptpersonen jeder Darstellung des Jüngsten Gerichts gedacht. Nur der untere Teil der Gestalt Christi ist noch erhalten. Kugelspuren scheinen hier auf Schießübungen reformatorischen Eifers zu deuten. Erst zu Ende des 14. und zu Beginn des 15. Jahrhunderts werden in unauffälligem Perpendicular die Türme auf ihre heutige Höhe gebracht. Während der ersten Bauphase bis zur Mitte des 13. Jahrhunderts hatte man vielleicht an hohe Türme im Westen mit steilem Helm gedacht, sich dann aber statt dessen für einen hohen Vierungsturm entschieden. Darauf nimmt man nun auch Rücksicht und sieht hier keine Helme mehr vor.

Bischof Harewell hinterläßt bei seinem Tode 1386 Geld für den Bau des Südwestturmes, der unter Leitung des Architekten William Wynford entsteht. Er begegnet ja als einer der Großen des Perpendicular auch mit dem Entwurf des Schiffes der Kathedrale von Winchester. Er greift den Grundriß des Turmstumpfes auf, schneidet nach einer Etage die Strebepfeiler zurück und schließt die Glockenstube mit einem zarten Zinnenkranz ab. Die Tendenz zu vertikaler Gliederung im Perpendicular entspricht dem, was die Fassade des Early English hier vorgibt. Eine kluge, zurückhaltende Lösung.

So legt sie auch die Form für den Bau des Nordwestturmes unter Bischof Stafford (1425–43) fest. Er kann ihn mit einer testamentarischen Stiftung seines Vorgängers Bubwith errichten. Der Stifter Bubwith kniet unter einem Baldachin über seinem Wappen auf dem nördlichen Strebepfeiler. Die Skulptur von Bischof Stafford ist verschwunden, nur sein Wappen zeigt an, wer hier knien sollte.

Nach der Vollendung der Fassade, die Fertigstellung der Skulpturen kann sich noch weit über die Mitte des 13. Jahrhunderts hingezogen haben, hat das Kapitel wohl erst einmal beschlossen, sich ein standesgemäßes Kapitelhaus errichten zu lassen. Die Vorbilder von Westminster, Salisbury oder Lincoln stachen ins Auge. Mit einem Untergeschoß, das man als Schatzkammer benutzen konnte, und einem Vorraum wurde es an der Nordostecke des Nordquerhauses errichtet. 1306 ist das kunstvolle Achteck wohl vollendet. Ein massiver Pfeiler, von schmalen Diensten umstanden, weitet sich wie ein Palmenbaum, um die Rippen von den Diensten der acht Ecken aufzufangen. Scheitelrippen betonen die gleichmäßige Fächerung der Rippen. Eine Sitzbank läuft um, auf der die Mitglieder des Kapitels gleichberechtigt nebeneinander Platz nehmen können. Ein reicher Wimperg, inzwischen ist das Decorated erreicht, rahmt die Messingplatte mit der Amtsangabe des ›Planstelleninhabers‹.

Man erreicht das Kapitelhaus über die berühmte Treppe von Wells (Abb. 49). Zwei Ströme von Stufen fließen hier zusammen: die Linien sind von Jahrhunderten voller Kapitelsitzungen und Touristen in Bewegung gebracht. Der weiter aufsteigende Ast der Treppe erreicht über die Chain Gate, das Kettentor, die Vicars' Hall und den Vicars' Close. Hier waren seit dem späten 14. Jahrhundert die Vicars Choral untergebracht, die Chorgeistlichen. Schlecht bezahlt waren sie bis dahin den Gefahren des Untermieterlebens ausgesetzt gewesen. Bischof Ralph of Shrewsbury hatte dann ihre vorbildliche Unterbringung und Organisation geplant, auch in der später leicht veränderten Ausführung immer noch ein reizvolles Ensemble.

*Wells, Kathedrale, Untergeschoß des Kapitelhauses*

Mitte des 15. Jahrhunderts folgte dann dieser Zugang zum Dienst in der Kathedrale, sicher vor allen Unbilden der Witterung oder unfreundlichen Teilen der Bevölkerung.

Besser noch als mit zwei Westtürmen, die man unvollendet hatte stehen lassen, konnte man mit einem hohen Vierungsturm weit in die Landschaft hinein beeindrucken. Ein Vierungsturm war ähnlich wie in Salisbury ursprünglich nicht vorgesehen gewesen, aber in den Jahren zwischen 1315 und 1322, als man den hohen Helm mit Blei deckte, nahm er schnell Gestalt an. Die dichte Reihung von Arkaden und die Betonung der Vertikalen durch Dienste in dunklem Steinmaterial lassen fast vergessen, daß die reichen Wimperge die blumenreichen Formen des späten Decorated zeigen. Man achtet kaum darauf. Der hohe Helm stürzt 1439 durch einen Brand in sich zusammen und wird, der Geschmack hat sich gewandelt, auch nicht mehr erneuert. Das Grundmuster des Rechtecks tritt in den Vordergrund.

Schon ein Jahrhundert zuvor, im Jahre 1338, hatte man ganz andere Sorgen mit dem Vierungsturm. Die zusätzliche Last führte zu gefährlichen Rissen im Mauerwerk des Turmes selbst und im angrenzenden Schiff. Man stellt fest, daß die Kirche ›enormiter confracta‹ und ›confracte et enormiter deformate‹ sei. Damit versuchte man die Zahlungsunwilligkeit des Kapitels gegenüber königlichen und päpstlichen Ansprüchen zu begründen. Man tat aber offensichtlich noch nichts. Denn erst im Dezember 1354, und erneut im Mai 1356, hört man davon, daß der Abt des nahen Klosters Glastonbury, dessen Ruhm das angebliche Grab von König Artus war, die Erlaubnis gab, zwanzig und fünfzig Wagenladungen Steine für die Reparatur des Turmes aus des Klosters Steinbruch Doulting zu holen. So sind die faszinierenden Verstärkungsbögen der Vierung wohl auch nicht der Entwurf des schon 1352 als Architekt der Kathedrale von Exeter verstorbenen William Joye. Mit ungeheurer Massigkeit, zugleich voller Eleganz, spannen sich die gegeneinander gesetzten

Bögen zwischen die Vierungspfeiler (Abb. 50). Die Zwickel werden von kreisrunden Öffnungen aufgelöst. In die zarten Formen des Early English von Schiff und Querhäusern dringen sie mit als technisch empfundener Gewalt ein. Die Bögen sind nur auf drei Seiten eingefügt, auf der Ostseite scheint man dem Lettner des 14. Jahrhunderts ausreichend Widerstand zugetraut zu haben.

Sicher ist diese Konstruktion eine faszinierende Lösung, aber sie scheint nicht die richtige gewesen zu sein. Eine Untersuchung mit Experimenten am Modell hat gezeigt, daß diese Scherenbögen eigentlich überflüssig sind. Zur Stabilisierung des Vierungsturmes, der wie viele seiner Art aus leichtem, zweischaligem Mauerwerk errichtet ist, hätten die Strebebögen, die man raffiniert in die Wände des Obergadens rings um den Vierungsturm eingeschoben hat, ausgereicht. Wenn man darauf achtet, sieht man, wie die Fenster deutlich kleiner geworden sind. Damit war die Last bereits ausreichend verteilt. Aber auch wenn die Entlastungsbögen ihren Zweck nicht erfüllen, bleiben sie eine der reizvollsten Architekturansichten Englands, und der westliche Bogen trägt seit einem halben Jahrhundert wieder, wie im 14. Jahrhundert, eine Kreuzigungsgruppe. Ein Thema, das einst in fast allen und nicht nur englischen großen Kirchen an dieser Stelle angeschlagen wurde, die Verbildlichung des ständig wiederholten Opfers am Altar.

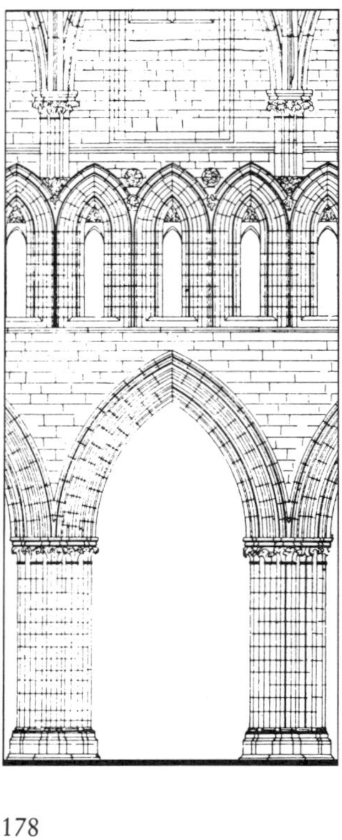

*Wells, Kathedrale, Wandaufbau*

Die Architektur des Schiffes, das zeigt der Kontrast zu den Verstrebungsbögen ganz deutlich, ist zurückhaltend. Das kräftige, bewegte Profil von Pfeilern und Arkaden wird von der glatten Wand darüber aufgefangen. Kein Dienst durchbricht das Gesims, wie die geringe Höhe des Schiffes die langgestreckte Horizontale betont, so geschieht das auch in der Gliederung der Wand. Die dicht gestaffelten Arkaden des Triforiums, je drei pro Joch, sind durchlaufend gedacht. Genauso wie bei den Arkaden zu den Seitenschiffen wird der äußerste Wulst des Profils von einer kleinen Kopfkonsole aufgefangen. Die flache Wand tritt hinter dem Profil zurück. Erst in den Zwickeln der Arkaden des Triforiums setzen dann über Konsolen die kurzen Dienste für die Rippen des Gewölbes an. Es ist vierteilig und noch ohne Scheitelrippe gehalten.

Die Wandgliederung und das Gewölbe werden im Chorbereich, dem ersten Anfang des Bauens Ende des 12. Jahrhunderts, noch bescheidener gewesen sein. Das muß zu Beginn des 14. Jahrhunderts nicht mehr den Vorstellungen des Kapitels von der eigenen Würde entsprochen haben. Auch hatte man inzwischen einen Heiligen, den man den zahlreich erwünschten und erwarteten Pilgern würdig darbieten wollte. Im Jahre 1302 war nach einem heiligmäßigen Leben Bischof William de Marchia gestorben. Eine lokale Verehrung hatte sich schnell gebildet. Schon 1318 werden die Gaben der Pilger an seinem Grabe als eine wichtige Einkommensquelle für den Bau des Vierungsturmes genannt. Im Juni 1324 richtet das Kapitel eine Petition an den Papst, um die Heiligsprechung zu erreichen. Sie bleibt wie in manchen anderen englischen Fällen zur gleichen Zeit unerfüllt, aber die Bauarbeiten werden ausgeführt.

Außerhalb der alten Marienkapelle wird mit einem geschickten achtseitigen Grundriß, von dem drei Seiten in den Retrochor reichen, eine neue Marienkapelle erbaut (Farbt. 10). Mit dem Grundriß ermöglicht man gleichmäßige Fenstergrößen in der Marienkapelle, ein leicht wiederholbares Maßwerk und die bessere Sichtbarkeit der Fenster vom Chorumgang aus. Die räumliche Durchdringung von Marienkapelle und Retrochor erinnert an Salisbury. Aber hier ist dieses Raumgefüge umgesetzt mit dem spielerischen Reichtum des Decorated.

Die Vielfalt der Gewölbefigurationen fesselt immer wieder den Blick, und gelungen ist die Auflösung der Wand über den Arkaden im Chorbereich. Hier wird statt der glatten Fläche eine Galerie von Baldachinen gehängt. Mit Skulpturen gefüllt ist das ein Sinnbild des Himmlischen Jerusalem, erbaut aus den Heiligen der Kirche (Abb. 48). Dazu stimmt der Schimmer der Fenster, nur verwüstet und bruchstückhaft in der Marienkapelle, erhalten aber im Glanz des frühen 14. Jahrhunderts (1339 entstanden) im ›Golden Window‹ des Chorabschlusses. Es zeigt die Wurzel Jesse, fortgesetzt bis in die Kreuzigung Christi hinein. Die Chorschranken des frühen 19. Jahrhunderts versuchen diesem Glanz zu entsprechen, das Gestühl ist belegt mit braven Stickereien des frühen 20. Jahrhunderts. Man ahnt die Ladies der besseren Gesellschaft bei fleißigem Tun, begleitet von Teetrinken und artigen Gesprächen.

Aber neben dem Blick auf die Architektur der Kathedrale selbst sollte man die eleganten Steinmetzarbeiten der Grabkapelle nicht vergessen. Die von Bischof Beckington steht eingefügt in die Schranken des Chores, Mitte des 15. Jahrhunderts erbaut. Wenige Jahre

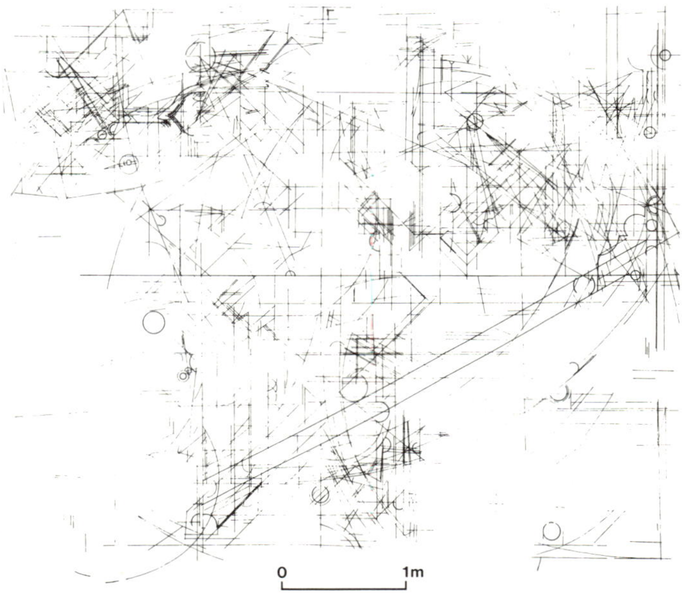


*Wells, Kathedrale, Reißboden über der Nordvorhalle*

zuvor, 1425, entstand das Gitterwerk der Grabkapelle für Bischof Bubwith zwischen den Pfeilern der Nordseite des Schiffes. Wir kennen ihn bereits als Stifter des Nordwestturmes der Fassade. Sein Gegenüber ist Ende des 15. Jahrhunderts für den Schatzmeister der Kathedrale, Dr. Hugh Sugar, entstanden, eine Zuckerbäckerei in Perpendicular.

Und schließlich sollte man auch die Uhr des späten 14. Jahrhunderts im nördlichen Querhaus nicht übersehen. Mit einem Zifferblatt, das noch 24 Stunden anzeigt, die Minuten mißt und den Mondmonat wiedergibt, gehört sie zu den frühen technischen Wunderwerken. Passenderweise wird zum Glockenschlag jeweils einer der vorbeireitenden Rittersleut niedergeschlagen – ein Sieg der Technik.

Dagegen wird man eine der architekturgeschichtlichen Kostbarkeiten, den Reißboden des Mittelalters im oberen Geschoß der Portalvorhalle der Nordseite, meist nicht zu sehen bekommen. Hier liegt noch der Gipsboden, auf dem im Maßstab 1:1 die Schablonen für die Steinmetzen gefertigt wurden, – seltene Spuren der Arbeit mit Winkelmaß und Zirkel.

*Winchester a) die angelsächsische Kathedrale (646–48) mit den Erweiterungen des 10. Jahrhunderts und b) im Verhältnis zum heutigen Bau* ▷

# Winchester

*(Umschlagklappe vorn, Farbt. 9; Abb. 52–57)*

Im heute ein wenig verträumt wirkenden Städtchen Winchester überzeugt den Besucher erst die unglaubliche Länge der Kathedrale von gut 168 Metern (bis zur Mitte des 14. Jahrhunderts waren es sogar noch 180 Meter) davon, daß dies die erste Hauptstadt Englands war. Egbert ließ sich 827 hier zum ersten König Gesamtenglands krönen. Hier regierten Alfred der Große (871–901), sein Enkel und noch der Däne Knut der Große (1016–1035), der ein skandinavisches Großreich unter Einschluß Englands zusammengebracht hatte. Im Jahre 1043 wird Edward der Bekenner hier gekrönt, und Wilhelm der Eroberer läßt sich einen neuen Palast bauen. Aber schon im 12. Jahrhundert tritt London endgültig an die erste Stelle. Auf den Chorschranken der Kathedrale stehen steinerne Kisten aus den Anfängen des 16. Jahrhunderts mit den Gebeinen früher Könige, auch Knut und seine Gemahlin Emma sind darunter, Zeugen der großen Vergangenheit. Und in der Great Hall, dem Rest des königlichen Schlosses, wird noch der runde Tisch von König Artus gezeigt, an dem die Ritter der Tafelrunde saßen. Zwar stammt der Tisch nicht aus dem legendenhaften 6. Jahrhundert König Artus', sondern ist ein Zeuge der Wiederbelebung der Sagengestalt im 14. Jahrhundert. Aber auch davon geht noch der königliche Glanz aus, in dem Winchester und seine Kathedrale einst leuchteten.

Inzwischen ist die Kathedrale bescheidener geworden, als sie einst von Bischof Walkelyn geplant worden war. Er hatte, nachdem sein angelsächsischer Vorgänger Stigand im Jahre 1070 des Amtes enthoben worden war, neben der alten Kathedrale, die zugleich als Kirche eines Benediktinerklosters diente, einen Riesenbau beginnen lassen. Vorgesehen waren zwei Chorflankentürme, ein Vierungsturm, gerahmt von vier Türmen an den Querhäusern, und schließlich ein oder zwei Türme im Westen. Von dieser Krone ist nur der Vierungsturm, in seiner bescheidenen Erneuerung des frühen 12. Jahrhunderts, erhalten. Er war im Jahre 1107 eingestürzt, was man nicht den mangelhaften Leistungen des Architekten und seiner Handwerker zuschrieb, sondern göttlichem Zorn. Hatte man doch im Jahre 1100 direkt unter dem Vierungsturm König William Rufus, Sohn des Eroberers, begraben, der immer

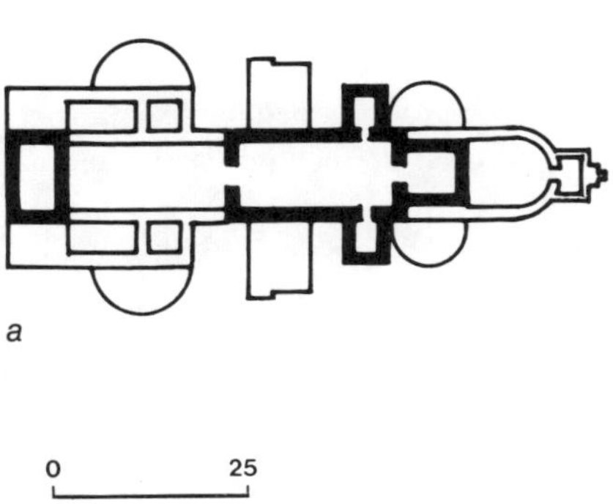


a

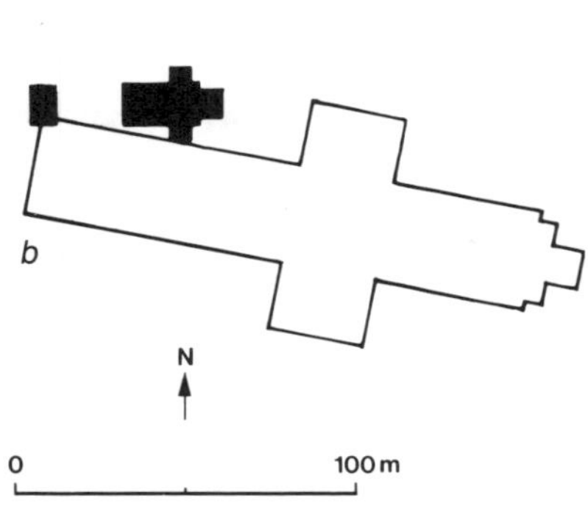


b

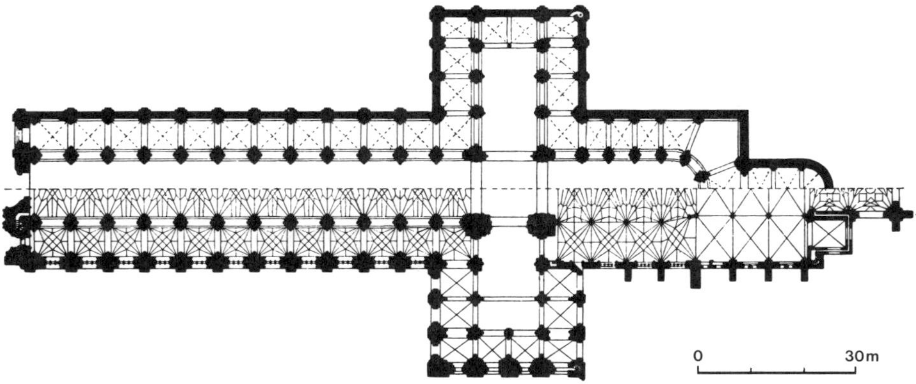


*Winchester, Grundriß, Verwandlung des normannischen in den spätgotischen Bau (ohne die normannische Westfassade)*

hinter dem Geld der Kirche hergewesen war. Auch sonst werden üble Dinge von seinem Lebenswandel berichtet. Er war im New Forest einem Pfeil zum Opfer gefallen, ein ›Jagdunfall‹, der nun seinen in Gelddingen geschickteren Bruder Henry I. an die Regierung brachte.

Die Reparaturen nach dem Einsturz von 1107 sind auch im Inneren des Baues gut zu erkennen. Das Mauerwerk der Vierungspfeiler, im Verhältnis zur Spannweite der Bögen die massivsten Englands, und der angrenzenden Joche ist feiner und sauberer gearbeitet als die Bauteile aus der Zeit Walkelyns. Aus seiner Zeit sind noch die Querhäuser und der westliche Teil der Krypta sichtbar, und auch das Schiff ist unter der spätgotischen Maskierung noch sein Werk. Was unter seiner Herrschaft 1079 auf grüner Wiese neben der alten Kathedrale begonnen worden war, konnte bereits am 8. April, dem Tage des Heiligen Swithun, des Jahres 1093 geweiht werden. Der Heilige Swithun war im 9. Jahrhundert Bischof von Winchester gewesen. Als man seine Gebeine am 15. Juli 971 zur Ehre der Altäre erhob, setzte ein vierzigtägiger Regen ein, der seinen Namen sprichwörtlich gemacht hat. Die Gebeine dieses Heiligen des englischen Landregens übertrug man in Gegenwart fast aller Bischöfe und Äbte England in den Neubau und begann am nächsten Tag die alte Kirche abzureißen.

Am Rande sei angemerkt, daß Swithun auch zu den Patronen der Kathedrale gezählt wird, die, würdig der Länge des Baues, außerdem noch die Apostel Petrus und Paulus und die Dreifaltigkeit dazu rechnet.

Bereits die Querhäuser zeugen von der Großzügigkeit der Planung von Bischof Walkelyn. Selten findet man wie hier dreischiffige Querhäuser mit Emporenbrücken an den Außenseiten. Im südlichen Querhaus hat man nachträglich Räume abgetrennt, teils als Schatzkammer oder Kapellen, teils heute als Kapitelhaus genutzt. Im Emporengeschoß ist auf der Südseite auch der Zugang zur Bibliothek untergebracht. Sie bewahrt neben den Büchern, die Bischof Morley während seines Exils unter Cromwell Mitte des 17. Jahrhunderts auf dem Kontinent gesammelt hat, als besonderen Schatz die beiden Bände der Winchester Bible des 12. Jahrhunderts, ein glänzendes Zeugnis der einst blühenden Schreibschule. Den letzten freien Raum in der Mitte des südlichen Querhauses füllt dann das Grabmal für Bischof Wilberforce, der 1873 starb, im späten Historismus des 19. Jahrhunderts energisch wiederbelebtes Decorated. Die Vierung ist vom Chorgestühl des frühen 14. Jahrhunderts belegt und wird nach Westen vom neugotischen Lettner, den Sir George Gilbert Scott 1875 entwarf, abgeschlossen. Im nördlichen Querhaus herrscht etwas weniger Gedränge.

Hier ist zwischen die beiden nördlichen Vierungspfeiler die Heilig-Grab-Kapelle eingebaut, deren Wandmalereien des 13. Jahrhunderts mit Christus als Richter, der Kreuzabnahme und der Grablegung erst vor wenigen Jahren restauriert worden sind. In der Südostecke des nördlichen Querhauses ist auch der Zugang zur Krypta – falls sie nicht gerade unter Wasser steht. Denn zu Beginn unseres Jahrhunderts, 1906–12, hat man teils in schwierigsten Unterwasserarbeiten die Fundamente sichern müssen. Dem Taucher William Walker, der diese Arbeiten durchführte, hat man gerechterweise auf der Südseite des Retrochors ein kleines Denkmal gesetzt.

Der Retrochor, den Bischof Godfrey de Lucy (1189–1204) bauen ließ, bedeutete noch einmal eine Verlängerung nach Osten, die mit der Marienkapelle abschloß.

Dabei war die runde Apsis des normannischen Baues noch stehengeblieben. Sie mußte erst weichen, als man sich um 1320 entschloß, auch den Altarraum zu erneuern. Wie später im Schiff werden nun statt drei nur noch zwei Etagen, die Arkaden zu den Seitenschiffen und der Obergaden errichtet. Allerdings kommt man nicht weit. Die große Pestepidemie, der Schwarze Tod des Jahres 1349 unterbrach die Bauarbeiten nachdrücklich.

Von 8000 Einwohnern Winchesters sollen nur 2000 das Jahr überlebt haben.

Erst unter Bischof Fox (1500–28) werden die Fenster des Obergadens geschlossen, die Seitenschiffe vollendet und das hölzerne Gewölbe mit seinen prunkenden Schlußsteinen eingesetzt. Die hohe Altarrückwand, der Reredos, gehört noch ins späte 15. Jahrhundert (Abb. 57). Sie ist allerdings nach einer Überarbeitung in reformatorischem Eifer im 16. und 17. Jahrhundert im 19. Jahrhundert kräftig restauriert worden.

Die angefangenen Bauarbeiten des Altarraums ließ man ruhen, als man um 1360 begann, das Schiff zu erneuern. Hier waren Reparaturen dringender, und Bischof William Edington (1346–66) begann noch wenige Jahre vor seinem Tode mit der Umgestaltung des Schiffes. Es ist, nur vergleichbar mit dem Schiff der Kathedrale von Canterbury, heute der schönste Bauteil der Kathedrale.

Unter Bischof Edington wurde noch die alte Westfassade abgerissen und die neue, als einfacher Querschnitt durch das Schiff zwölf Meter weiter rückwärts, begonnen (Abb. 53). Ein strenggegittertes Fenster des Perpendicular ist hier noch mit Resten mittelalterlichen Glases gefüllt. Innen wird diese Zerlegung der Wand in rechteckige Paneele sogar bis zum Boden durchgezogen. Außen unterbricht eine vorgeschaltete Portalzone mit zarter Balustrade diesen Lauf. Davon gehört das Westfenster schon in die Zeit eines neuen Bischofs und seines großen Baumeisters William Wynford. Bischof William of Wykeham (1367–1404) nahm die Bauarbeiten erst 1394 wieder auf. Baumeister und Bischof kannten sich aus gemeinsamem königlichem Dienst und von anderen Bauunternehmungen des William of Wykeham, wie seinen College-Stiftungen, dem New College in Oxford und dem St. Mary's College in Winchester selbst. Bischof William of Wykeham war im Alter von 23 Jahren 1347 in den Dienst des Königs getreten und seit 1356 an der Aufsicht über die königlichen Bauten in Windsor beteiligt.

Auch die an der Westfassade gut ablesbare Erhöhung der Seitenschiffe zeigt eine Änderung des Planes. Nur zwei Joche des nördlichen Seitenschiffes und ein Joch des südlichen Seitenschiffes waren begonnen worden. Nach 1394 wollte man offensichtlich höher hinaus. Aber man blieb, da der Bischof genügend andere Bauten zu finanzieren hatte, beim sparsamen Vorgehen, nicht abzureißen, sondern umzubauen. Das ist außen, wo weitgehend noch normannische Wand erhalten ist, gut zu erkennen. Nur auf der Südseite sind Strebepfeiler und Strebebögen angefügt. Die Emporen verschwinden. Die Arkaden werden entsprechend erhöht. Die nur überarbeiteten, teils neu ummantelten Pfeiler des normannischen Baues bedingen dann eine ungewöhnliche Gliederung der Wand. Die massigen, scharflinig gegliederten Pfeiler werden rechteckig gerahmt und mit einer Art Balkon gekrönt. Entsprechend der massiven normannischen Wand setzen dahinter erst in weitem Abstand Triforium und Fenster des Obergadens an. Daneben ist der Ansatz des Liernengewölbes tief heruntergezogen. Es hebt mit seiner durchgezogenen Scheitelrippe und den breit gespannten Rippenfächern, die an der Jochgrenze angesetzt sind, die Jochgliederung, die die Pfeiler betonen, wieder auf (Abb. 52). Dieser in den Hintergrund gedrängte Kontrast gibt dem etwas gravitätisch wirkenden Raum seine Lebendigkeit, macht ihn über seine unglaubliche Länge hin faszinierend (Farbt. 9).

*Winchester, Kathedrale, Blick von der Vorhalle ins Schiff*

Die Bauarbeiten haben sich, das zeigen die wechselnden Wappen der Schlußsteine, noch bis zum Ende des 15. Jahrhunderts hingezogen. Die Pläne William Wynfords werden dabei eingehalten. In dieser schon selbst beeindruckenden Architektur sind vom späten 14. Jahrhundert bis in die Mitte des 16. Jahrhunderts neun Grabkapellen eingebaut worden. Allein sechs davon sind als separate Kleinarchitekturen zwischen Pfeiler des Schiffes oder des Chores gestellt. Bereits beim Betreten der Kathedrale fällt darunter die arkadenfüllende Kapelle für Bischof Wykeham im fünften Joch der Südseite ins Auge. Vor seinem Tode im Jahre 1404 fertiggestellt mit ihrem eleganten, aber auch dekorationsfreudigen Perpendicular steht sie inmitten des von ihm geplanten Schiffes. Weiter östlich folgt auf der gleichen Südseite des Schiffes die Grabkapelle für seinen 1366 verstorbenen Vorgänger Bischof Edington. Zwischen den Grabkapellen für Bischof Fox († 1528) südlich (Abb. 54) und Bischof Gardiner († 1555) nördlich hinter dem Hauptaltar steht im Chor der neue Schreinaufbau für den Heiligen Swithun. Ihm oder vielleicht dem Bauherrn Bischof Wykeham begegnet man bereits beim Anblick der Westfassade als bekrönende Skulptur des Giebels. Zwischen die östlich anschließenden Pfeilerpaare sind auf der Südseite die Grabkapelle für Bischof Kardinal Beaufort († 1447) und auf der Nordseite für Bischof Waynflete († 1496) eingebaut (Abb. 56, 54). Eine reiche Variation an später Gotik wird bei diesem Rundgang geboten. Man kann sie gleich mit der Grabkapelle für Bischof Langton († 1500) auf der Südseite der Marienkapelle ergänzen. Hier hat man die farbige Fassung des Gewölbes erneuert und damit das beabsichtigte Spitzengewebe in altem Glanz sichtbar gemacht.

Die Marienkapelle hat man am Ende des 15. Jahrhunderts noch um ein Joch verlängert und das Gewölbe ganz erneuert. Damit sollte das Andenken an die Taufe des Kronprinzen Arthur gefeiert werden, in dessen Person die Thronansprüche der weißen und roten Rose vereint wurden. Er starb allerdings vor seinem Vater, dem rücksichtslosen Thronräuber Henry VII., im Jahre 1502 und machte damit den Weg für Heinrich VIII. frei.

Auf der Nordseite der Marienkapelle hat man die Gewölbemalereien Meister Williams aus dem frühen 13. Jahrhundert, eine ganze Versammlung von Schutzengeln, die der Kapelle heute ihren Namen geben, wieder freigelegt. Das abschrankende Gitter und die Verwandlung des Fenstermaßwerkes lassen auch hier erkennen, daß Bischof Orleton († 1345) sie sich ursprünglich als Grabkapelle eingerichtet hatte. Von seinem Grab ist keine Spur geblieben.

Als letzte sei die Grabkapelle für Prior Thomas Silkstede (1498–1524) genannt, der sich die mittlere Kapelle auf der Ostseite des südlichen Querhauses als Grabkapelle einrichtete. Er war auch für die Beschaffung der spätgotischen Kanzel, eine bezaubernde Schreinerarbeit, verantwortlich. Zugleich war er aber auch der Stifter der Renaissance-Wandmalereien in der Marienkapelle, die Szenen aus dem Leben Mariens schildern. Als Freund von Izaak Walton, dem Autor des großen Handbuchs für den Fischer, The Compleat Angler, hat er ihm hier eine Grabstelle zur Verfügung gestellt. Seiner gedachten 1914 die Fischer Englands mit einem fischreichen Fenster. Ein Gegenstück dazu ist die Kapelle der Epiphanie an der Westseite des nördlichen Querhauses mit einem von William Morris und Burne Jones entworfenen Fenster.

Als Liebhaber englischer Literatur sollte man schließlich das Grab Jane Austens auf der Nordseite des Schiffes nicht übersehen, nahe dem Taufstein des 12. Jahrhunderts. Mit seinen Szenen aus der Legende des Heiligen Nikolaus ist er das schönste dieser über Tournai nach England importierten Stücke, die in England zu finden sind (Abb. 55).

Ausnahmsweise sind in Winchester die Bauarbeiten nicht völlig mit der Reformation zum Erliegen gekommen. Zwischen 1635 und 1640 ist nach dem Entwurf des großen Architekten Inigo Jones das hölzerne Fächergewölbe des Vierungsturmes eingezogen worden, und ein Lettner entstand. Inigo Jones hat den Klassizismus in der Nachfolge von Andrea Palladio in England populär gemacht und in seinem Lettner auch hier durchgesetzt. Reste davon sind im Archaeological Museum in Cambridge zu sehen. Nur die beiden Bronzeskulpturen der Könige James I. und Charles I. sind noch im Schiff aufgestellt, 1639 von Hubert le Sueur gegossen. Auch manches andere ist untergegangen. Der Kreuzgang ist verschwunden, vom Kapitelhaus zeugen noch ein paar einsame Bögen, aber zumindest wurde die unter Cromwell im 17. Jahrhundert drohende Gefahr, daß die Kathedrale laut Parlamentsbeschluß abgerissen werden sollte, durch den Protest der Einwohner Winchesters abgewendet.

## York

*(Farbt. 24, 25; Abb. 58–62)*

Die wohlerhaltene Altstadt der einstigen Hauptstadt des englischen Nordens ist eines der beliebtesten Touristenziele in Großbritannien (Farbt. 24). Davon sollte man sich nicht abschrecken lassen. Die Kathedrale, das ›Minster‹, ist großzügig angelegt und bietet wie einst im Mittelalter den Pilgern zu St. William heute den Touristen reichlich Raum.

*York, Plan der normannischen Kathedrale mit den Erweiterungen des 12. Jh.*

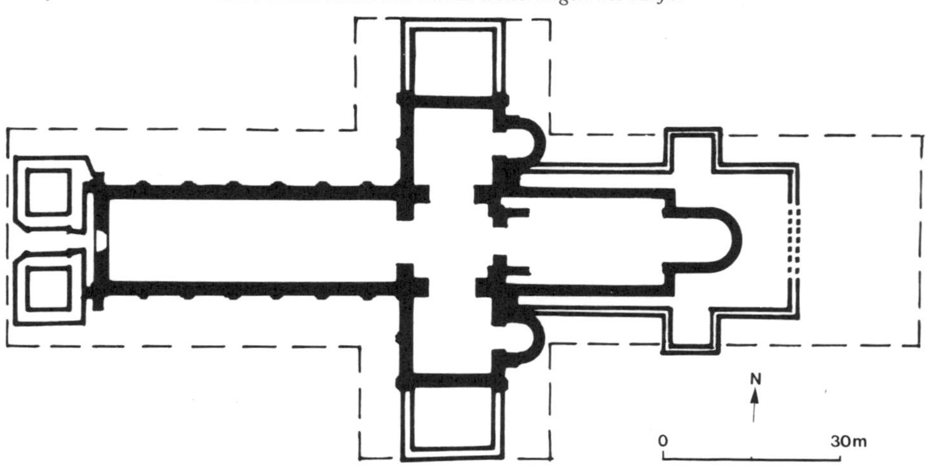

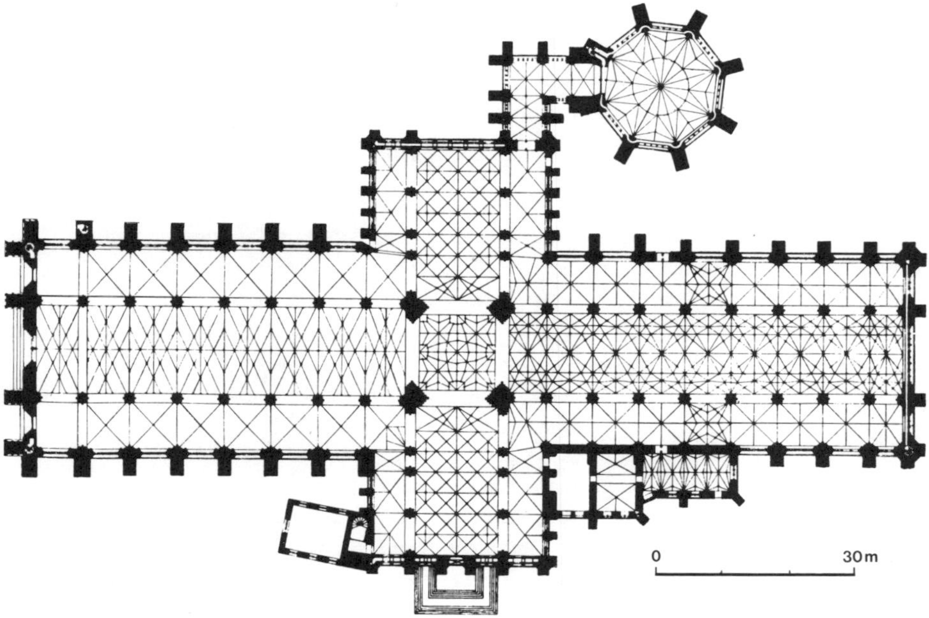


*York, Kathedrale, Grundriß*

Aber bevor man ihn betritt, sollte man am Portal des südlichen Querhauses eine Gedenkminute einlegen. Hier lag die Mitte der von Säulen getragenen Vorhalle des römischen Hauptquartiers. Man steht also an der Stelle, wo der zukünftige Kaiser Konstantin der Große im Jahre 306 die Nachfolge seines Vaters Constantius Chlorus unter dem Beifall der akklamierenden Truppen antrat. Damit war, was wohl auch er noch nicht ahnte, das Christentum auf den Weg gebracht; schon am Ende desselben Jahrhunderts war es dann Staatsreligion. Ein, wenn nicht der entscheidende Faktor für die Gestaltung des Mittelalters war bestimmt.

Am Konzil in Arles nimmt im Jahre 314 auch ein Bischof aus York teil, danach herrscht für Jahrhunderte Schweigen. Unter dem Ansturm der Angelsachsen geht 624 mit dem kleinen Königreich Elmet, südwestlich von York, auch die letzte Spur des frühen britischen Christentums unter. Aber König Edwin, dem diese Eroberung gelingt, wird bereits drei Jahre später getauft. Mit Paulinus, der zur Unterstützung des Heiligen Augustinus von Rom kam, beginnt das Christentum erneut seinen Weg. Eine kleine hölzerne Kirche wird errichtet, eine steinerne wird begonnen. Erst Edwins Nachfolger, der heilige König Oswald, dessen Haupt im Schrein des Heiligen Cuthbert liegt, vollendet sie. Die Kirche scheint nicht an der Stelle der heutigen Kathedrale gelegen zu haben. Bei den umfassenden Grabungen und Restaurierungsmaßnahmen zwischen 1967 und 1972 hat man keine Spur davon entdecken können.

Im 8. Jahrhundert erreicht York eine erste, unvergeßliche Blüte der Gelehrsamkeit. Hier wurde Alcuin geschult, der dann, an den Hof Karls des Großen gerufen, die Bildung des frühmittelalterlichen Abendlandes neu belebte, während in York mit dem Ansturm der dänischen Wikinger eine neue Dämmerung hereinbrach. York blieb unter ihrer Herrschaft ein blühendes Handelszentrum, die Liste der Erzbischöfe läßt sich mit kleinen Unterbrechungen fortführen, aber Männer wie der norwegische Piratenhäuptling Erik Blutaxt waren an Plinius, Vitruv oder Hieronymus weniger interessiert. Oft waren die Erzbischöfe von York zugleich Bischöfe von Worcester und zogen es vor, an diesem südlicheren und friedlicheren Sitz zu residieren. Der letzte Angelsachse auf dem Thron von York, Ealdred, krönt zu Weihnachten 1065 in Westminster Abbey Harold, den Gegner Wilhelms des Eroberers. Sein Nachfolger ist seit 1069 Erzbischof Thomas of Bayeux, Herr einer von normannischen Söldnern geplünderten Kathedrale, die dann 1075 noch einmal von dänischen Wikingern, die ihren alten Sitz nicht kampflos verloren geben wollten, in Brand gesteckt wird.

Das ist der Anlaß, nun an der heutigen Stelle, in exakter Orientierung quer über die Mauern des römischen Hauptquartiers, von dem man eine Säule zur Erinnerung gegenüber dem südlichen Querhaus wiederaufgestellt hat, eine neue Kathedrale zu errichten. Ihre Spuren hat man bei den Grabungen entdeckt, Teile sind in der Krypta zugänglich. Die riesenhafte Anlage, einschiffig, mit mächtigem Vierungsturm, bestimmt noch die Grundmaße der gotischen Kathedrale. Die Pfeiler des normannischen Turmes bergen sich in den gotischen Ummantelungen der heutigen Vierungspfeiler, die Pfeiler von Schiff und Chor ziehen die Linien der normannischen Wände nach. Allerdings sind in der Länge die Maße nicht gehalten. Nach Westen wie nach Osten hat man vergrößert und Seitenschiffe angefügt. Auch die Querhäuser sind größer ausgefallen. Mit ihnen beginnt im frühen 13. Jahrhundert die Geschichte des heutigen Baues, denn von der Krypta und östlichen Verlängerung des späten 12. Jahrhunderts sind nur in der Krypta einige dekorative Rundpfeiler zu sehen. Hier hat man auch ein Relief, die Höllenszene eines Jüngsten Gerichtes untergebracht, das vielleicht einmal wie in Lincoln die Fassade der normannischen Kathedrale schmückte. Ein lebendiges Denkmal höllischer Freude über jeden gefallenen Sünder.

Einen fröhlichen Sünder, der sich zum Heiligen gemausert hatte, besaß York seit dem späten 12. Jahrhundert. Ihm gebührte der kostbare Schrein, den jede Kathedrale als Pilgerziel haben mußte, die etwas auf sich hielt. Man ging mit der Zeit, auch wenn St. William nie die Attraktivität eines Thomas Becket in Canterbury erreichte.

William Fitzherbert, Urenkel von Wilhelm dem Eroberer (allerdings auf dem Wege über die ›falsche Seite des Bettlakens‹, wie man seine uneheliche Herkunft diskret umschreibt), besaß seit 1127 den einträglichen Posten des Schatzmeisters der Kathedrale. 1141 wird er vom Kapitel zum Erzbischof gewählt. Aber da der König die Wahl beeinflußt und auch William wohl etwas illegale Großzügigkeit mit Wahlgeschenken geübt hatte, wird seine Wahl 1148 vom Papst für ungültig erklärt. Nach einem Besuch bei seinem Vetter, König Roger von Sizilien, mit wohl erfolglosen Bemühungen auf der Durchreise in Rom zieht er sich zu einem mustergültigen Leben bei den Mönchen von Winchester zurück.

*York, Kathedrale, Schrein des Hl. William (Detail aus dem St. Williams-Fenster im Chor). Ein Wachsbild eines geheilten Beins wird als Spende dargebracht*

Im Jahre 1153 sterben binnen weniger Wochen seine Feinde, der Papst, der Heilige Bernhard, der in ihm ein Exempel verlotterter Geistlichkeit gesehen hatte, und auch sein Nachfolger in York, Erzbischof Henry Murdac, der zuvor Abt des Zisterzienserklosters Fountains gewesen war, des gleichen Ordens, dem auch der Papst und der Heilige Bernhard angehörten. Nun reist William wieder nach Rom und erlangt seine Wiedereinsetzung. Die Bevölkerung von York empfängt ihn mit Begeisterung am 9. Mai 1154. Als Wunder wird gerechnet, daß dabei die Brücke über den Ouse einstürzt und niemand auch nur verletzt wird. Denn die Erinnerung daran war noch frisch, als William drei Wochen später während einer Messe etwas plötzlich erkrankt und am 8. Juni stirbt. Man hat den Archidiakon im Verdacht, dafür gesorgt zu haben, daß der Kelch auf dem Altar nicht nur Wein und etwas Wasser enthielt. Aber das ist nie bewiesen worden. Zu dem Wunder während des Einzuges von Erzbischof William in York kommen binnen Wochen weitere an seinem Grabe hinzu. Als man 1223 sein Grab öffnet, entströmt ihm ein wohlriechendes Öl, ein Standardbeweis der Heiligkeit, und am 8. Juni 1227 folgt auch die offizielle Kanonisation durch den Papst. Man spürt die jahrhundertealte Konkurrenz zu Canterbury, wo gerade 1220 die Gebeine Thomas Beckets erhoben worden waren. Damit hatte nun auch York seinen dringend benötigten Ortsheiligen. Diese Leistung Erzbischof Walter de Grays, dessen Grab im südlichen Querhaus steht, ist bewundernswert.

Sein Grab ist erst 1968 geöffnet worden und hat mit seinem Bischofsstab, Kelch, Patene und Ring kostbare mittelalterliche Goldschmiedearbeiten preisgegeben, die nun im Schatz zu sehen sind. Aber in vierzig Jahren seiner Herrschaft als Erzbischof 1215–1255 sind auch das nördliche und südliche Querhaus entstanden. Glanzstücke des Early English.

Durch begleitende Treppentürmchen in die Breite gezogen, betonen auch die dicht gereihten Arkaden, blind oder als Fenster geöffnet, die Horizontale. Aber auch die Vertikale

*York, Rose der Südquerhausfassade*

*York, Grabmal für Erzbischof Walter Gray*

kommt nicht zu kurz. Steil durchbrechen Rahmung und die drei gleichhohen Giebel des Portals das Gesims. Und über den drei Lanzettfenstern füllt eine elegante Rose das Giebeldreieck (Abb. 61).

Die Querhäuser sind dreischiffig angelegt, großzügig, wie es sich für den Sitz eines der beiden Erzbischöfe Englands gehört. Aber innen zeigt sich bei allem Reichtum an Dekoration, daß die Architekten den Ansprüchen eigentlich nicht ganz genügten. Wie fast immer zu dieser Zeit schmückt Purbeck-Marmor die Pfeiler. Aber das Triforium ist zu hoch geraten und der Obergaden darüber erheblich zu klein. Steinerne Gewölbe scheint man nie eingezogen zu haben. Die hölzernen stammen erst aus dem 15. Jahrhundert. Diese Vorsicht war wohlbegründet. Bei einer Bauuntersuchung stellte man 1871 fest, daß zwar die äußere und innere Haut des Mauerwerks feingefügt war, aber der Kern aus losem Steinmaterial bestand. Hatte man den Mörtel schlicht und einfach vergessen? Über solche Fragen trösten die Schönheiten des nördlichen Querhauses sofort hinweg. Die ›Five Sisters‹, die fünf Lanzettfenster, jeweils fast 17 Meter hoch und gut anderthalb Meter breit, sind die größten Englands, dazu noch mit Grisailleornamentglas aus der Mitte des 13. Jh. versehen. Nur das mittlere Fenster zeigt im untersten Feld eine Darstellung, Daniel in der Löwengrube. Das an feinste Handarbeiten erinnernde Ornament hat Dickens in ›Nicholas Nickleby‹ zu einer rührenden Geschichte von fünf Schwestern verarbeitet, deren Stickereien dann Vorlage der Fenster wurden. Fünf weitere Lanzettfenster, gestaffelt in der Höhe, füllen den Giebel.

Um 1260, kurz nach dem Tode von Walter de Gray waren die Querhäuser unter Dach. Auf Gewölbe verzichtete man vorerst und hatte bereits mit dem Bau des Gangs zum Kapitelhaus begonnen. Hier fanden die Sitzungen des Kapitels statt, das ja neben seinem

*York, Kathedrale, Fassade des Nordquerhauses*

geistlichen Dienst im Chor der Kathedrale Verwaltungsaufgaben und Verantwortung für einen weitverstreuten reichen Besitz zu leisten und zu tragen hatte. Für diese Aufsichtsratssitzungen, bei denen mehr juristische als theologische Probleme auf den Tisch kamen, wurde das Kapitelhaus ähnlich den Vorbildern von Westminster Abbey und Salisbury zum Sitzungssaal. Zeigt der Gang, an der Nordostecke des nördlichen Querhauses angefügt, manche architektonische Unbeholfenheit im Ansatz und asymmetrischen Schnitt von Gewölben und Fenstern, so ist das achteckige Kapitelhaus dagegen selbst ein Traum des Decorated. Schon außen wirkt das reiche Maßwerk der nun gegenüber Westminster und Salisbury fünfbahnigen Fenster. Steil stößt die mittlere Bahn in den Mittelpunkt der drei Kreise vor, die das Couronnement füllen. Das Strebewerk ist kräftiger geworden, hier mußte man später nicht mehr verstärken. Der hohe achtseitige Helm verbirgt unter seiner Bleideckung ein raffiniertes Dachstuhlgebilde. Ein Modell demonstriert im Innenraum, wie es gelingt, die 20 Meter Durchmesser ohne Mittelstütze, wie sie in Salisbury und Westminster erscheint, zu überbrücken. Auch beim Gewölbe selbst greift man auf Holz zurück. Illusion ist Trumpf.

Der reichdekorierte Stern der sechzehn Rippen im Zentrum des Gewölbes ist die ruhende Mitte über wellenförmig bewegter Wand. Jeweils sechs Baldachine mit kleinen achtteiligen Gewölben werden an der ausgenischten Rückwand von Säulenschäften aus Purbeck-Marmor getragen. Zum Raum stützen blätterüberzogene Konsolen den Aufbau (Abb. 58). Die spitzen Wimperge enden in einer Fülle präzis gearbeiteter Köpfe. Ein Detailstudium lohnt sich um so mehr, da die größeren Skulpturen Englands meist dem Bildersturm der Reformatoren oder der Verwitterung zum Opfer gefallen sind. Hier, im Kapitelhaus selbst, sind die silbernen Figuren Christi und seiner Apostel, die über dem Eingang standen, schon wegen des materiellen Wertes vernichtet worden.

Erhalten blieben dagegen weitgehend die Fenster. Erzählende Szenen wechseln mit zartem Grisailleornament. Gegenüber dem Eingang werden Stationen der Passion Christi geschildert. Die anderen Fenster berichten aus dem Leben Mariens, Petri und Pauli, der heiligen Katharina und weiterer Heiliger. Eines mußte natürlich auch dem heiligen William gewidmet sein, der im Jahre 1284 in einen neuen Schrein übertragen wurde.

Für die Architekturgeschichte der Gotik ist ein leider nicht zugänglicher Raum über dem Gang, über dem Vorraum, von besonderem Interesse. Ausgestattet mit Schrankraum und Kamin, konnten die Architekten der Bauleitung hier auf einem ebenen, mit Gips überzogenen Boden die Schablonen für die Werkstatt der Steinmetzen 1:1 mit Reißzirkel und Rute entwerfen. Die Spuren sind noch gut zu entziffern, und einige Zirkel sind auch stehengeblieben.

Nach der Vollendung des Sitzungssaales des Kapitels schritt man zur Erneuerung des Schiffes. Der Chor des späten 12. Jahrhunderts scheint noch als akzeptabel gegolten zu haben. Am 6. April des Jahres 1291 legt Erzbischof John le Romeyn (1286–96), dessen Vater schon als Schatzmeister des Kapitels eine wichtige Rolle an der Kathedrale gespielt hatte, den Grundstein für den Neubau. Die Weite des normannischen Schiffes bestimmt auch die Anlage des gotischen Baues, bei fast 15 Metern Breite erreicht das spätere und hölzerne Gewölbe eine Höhe von gut 30 Metern. Sicher ist das die großzügigste Anlage der hohen Gotik in England. Man spürt auch, daß Erzbischof John le Romeyn nicht nur in Frankreich studiert, sondern auch lange Jahre in Paris gelehrt hat. Er versuchte offensichtlich seine Vorstellungen von gotischer Architektur dem englischen Architekten, wohl Simon of York, klarzumachen. Den modernen Vorstellungen der Gotik auf dem Kontinent entsprechend, werden nun Triforium und Obergaden in einem Maßwerk zusammengefaßt. Aus dem Maßwerk des Triforiums ragt auf der Nordseite ein Drache in vergoldetem Holz heraus. Er hielt wohl einst den Deckel des Taufbeckens. Die feinprofilierten Arkaden zu den Seitenschiffen werden darunter etwa anderthalbmal so hoch wie noch in den Querhäusern. Auch das systematische Durchgliedern der Bündelpfeiler und durchgehenden Dienste entspricht den kontinentalen Ideen. Das Vorbild von Reims läßt sich an der reichgegliederten inneren Westfassade ablesen. In einem mehrfachen Reigen von Nischen und Wimpergen, teils übergreifend zu Gruppen zusammengefaßt, war hier Raum für Skulpturen.

Aber nach dem Tode des Simon of York im Jahre 1322 wandelt sich das Bild erkennbar. Wahrscheinlich übernahm jetzt oder wenig später Yvo de Raughton die Leitung des Baues. Das Äußere der Westfassade spiegelt den Meisterwechsel in der vierten Etage der Arkaden. Während auf der Südseite die Wimperge im schwingenden Kielbogen geöffnet sind, wird auf der Nordseite ein Baldachin herausgezogen. Der Schwung des Kielbogens wird aus der Fläche in den Raum getragen.

Um 1330 wird der Dachstuhl über dem Schiff bereits geschlossen. Die Fenster können verglast werden. Ein teures Vergnügen, da jedes Stück farbigen Glases aus Deutschland importiert werden muß.

Prunkstück und Blickfang aus den Jahren der Bauleitung von Yvo de Raughton ist das Westfenster. Schon in den Fenstern des Obergadens ist der Wechsel von der geometrischen zur curvilinearen Phase des Decorated zu sehen. Das Westfenster, achtbahnig angelegt, ist einer der Höhepunkte dieser Epoche überhaupt. Die feinen, wie Adern eines Blattes gezogenen Verästelungen des Maßwerks werden fischblasenähnlich zum ›Herz von Yorkshire‹ zusammengefaßt. Die Glasmalereien dafür, fast 17 Meter hoch und 8 Meter breit, mehrfach restauriert und ergänzt, stiftet Erzbischof Williams Melton (1317–40). Die Westtürme der Fassade werden erst Mitte des 15. Jahrhunderts errichtet (Abb. 60).

Die Einwölbung des Schiffes zieht sich noch über eine Generation hin. Erst um 1360 sind dann die Holzgewölbe vollendet. Zuerst hatte man wohl an Stein gedacht, aber dann war man vor der Aufgabe zurückgeschreckt. Trotzdem gab es Schwierigkeiten genug. Balken in ausreichender Länge waren durch den Raubbau in den Wäldern kaum zu bekommen. Holzkohleproduktion, Schiffbau und Bergbau hatten hier gewütet. Dann bekam der Holzbaumeister Höhenangst und mußte durch einen jüngeren ersetzt werden. Als nächstes traten die Arbeiter in einen langandauernden Streik. Schließlich griff die Pestepidemie ein und legte wieder die Arbeit still. Was man heute als Gewölbe sieht, ist 19. Jahrhundert. Nachdem ein Brand schon 1829 den Dachstuhl und das Gewölbe des Chors vernichtet hatte, erlitt 1840 das Schiff das gleiche Schicksal. Aber die jetzigen Gewölbe sind getreue Rekonstruktionen, denen man wie im Mittelalter kaum ansieht, daß es sich um Holz handelt (Abb. 59). Aber das soll man ja auch nicht.

Nach der Vollendung des Schiffes folgt, fast unausweichlich, die Erneuerung des Chores. Am 20. Juli 1361 betonte Erzbischof John of Thoresby (1352–73) vor dem versammelten Kapitel im neuen Kapitelhaus, »daß es wichtig sei, daß jede Kirche in jedem ihrer Teile passend gestaltet sei und daß besonders der Chor, wo das heilige Meßopfer stattfindet, reich geschmückt sein müsse«. Aber längst hatte man auch das Fehlen einer Marienkapelle als Mangel empfunden. Die Pilger, die zum heiligen William kamen, mußten sich in einem engen Raum hinter dem Hochaltar drängen. Mehr als zwanzig Meter östlich des normannischen Chores beginnt man mit den Arbeiten, und bis 1372 hat man den Retrochor von vier Jochen vollendet. Damit sind Chorumgang, Marienkapelle und Raum für den Schrein des heiligen William gesichert. Erst nach einer Unterbrechung von zehn Jahren beginnt man, 1380 bis etwa 1404 den Anschluß zur Vierung mit weiteren fünf Jochen zu bauen. Der Chor hat damit die gleiche Anzahl Joche wie das Schiff. Da die Arkaden aber breiter angelegt sind, ist er einiges länger. Sonst behält man das Schema des Schiffes bei. Über hohen Arkaden zwischen Bündelpfeilern werden Obergaden und Triforium in einem Maßwerk zusammengefaßt. Aber das Triforium bleibt dunkel, wird nicht wie auf dem Kontinent verglast.

Der erste, östliche Teil erhält außen durch ein zusätzliches offenes Maßwerk vor den Fenstern hohen optischen Reiz. Höhepunkt dieses Ostarmes ist die Ostfassade, begleitet von den allerdings veränderten Fachwerkhäusern des St. William's College. Hier lebten seit 1461 die Priester der Grabkapellen der Kathedrale gemeinsam und unter Aufsicht.

Die so gerahmte Ostfassade, als Querschnitt durch den Chor begleitet von Treppentürmchen gestaltet, ist aus einer reizvollen Mischung von Stilelementen des Decorated und des

Perpendicular zusammengestellt. Das gleichmäßige Netz des Maßwerks greift im Ostfenster doch noch im Couronnement auf das Vorbild des Herzens von Yorkshire im Westfenster zurück. Auch die gleichmäßige Nischengalerie auf den Strebepfeilern und über dem Fenster wird noch wie das Fenster selbst von Wimpergen des Decorated geschlossen. Diese Mischung macht wohl den Charme der Ostfassade aus (Abb. 62).

Innen beeindruckt das riesenhafte Ostfenster (Farbt. 25), nur noch vom Ostfenster von Gloucester übertroffen, noch mehr als außen. Ein zweites, vorgeschaltetes Maßwerk stabilisiert die Fläche, so groß wie ein Tennisfeld, von gut 23 Meter Höhe und fast 10 Meter Breite. Den Auftrag für das Verglasen erhielt am 18. Dezember 1405 Meister John Thornton aus Coventry, der das Fenster mit seinen Gehilfen im Jahre 1408 vollendete. Es zeigt im Couronnement Szenen des Alten Testamentes, mit der Schöpfung beginnend. Gottvater erscheint als Anfang und Ende allen Seins in der Spitze des Fensters. Unten wird Szene für Szene die Offenbarung des Johannes geschildert, die Apokalypse, endend im Jüngsten Gericht.

In der untersten Reihe in der Mitte kniet, begleitet von Königen, Bischöfen und einem Papst, Bischof Walter Skirlaw von Durham (1388–1406), der das Fenster gestiftet hat. Er hatte sich wohl Hoffnungen auf den Thron des Erzbischofs von York gemacht. Schon 1398 war er ein erstes Mal vom Kapitel gewählt worden, aber Richard II. hatte statt seiner einen Freund, Richard Scrope, eingesetzt. Das hinderte diesen nicht, seinen König zu verraten und sich an seiner Absetzung zu beteiligen. Als er das unter dessen Nachfolger Henry IV. an der Spitze eines Heeres erneut versucht, scheitert er und wird geköpft. Am Feste des heiligen William geschieht dies unter den Mauern Yorks, und leicht vertrottelt gestattet Henry IV., ihn in der Kathedrale zu begraben. In der Nordostecke der Marienkapelle steht sein Grabmal, an dem natürlich bald Wunder zu verzeichnen sind. Henry IV. kann sich glücklich schätzen, daß er nicht exkommuniziert wird und daß Richard Scrope nicht auch noch offiziell heiliggesprochen wird. Nun hoffte Walter Skirlaw erneut auf den Thron von York. Aber bevor es zu einer Entscheidung kommt und seine Stiftung genügend Eindruck auf das Kapitel macht, stirbt er im Jahre 1406. Aber das Fenster ehrt auch so sein Andenken.

Vergleichbares im Reichtum der Kathedrale von York an spätmittelalterlichem Glas, entsprechende Höhepunkte sind die großen Fenster der östlichen Querhäuser. Sie ragen im Grundriß nicht erkennbar über die Linie der Seitenschiffe heraus. Aber geht man eines dieser Seitenschiffe des Chores entlang, entschwindet plötzlich das Gewölbe in doppelter Höhe, und der Raum erhält eine völlig neue Qualität. Die Fenster dieser beiden ›Querhäuser‹, einer einzigartigen Erscheinung, sind den beiden großen Heiligen des Nordens von England gewidmet: St. William auf der Nordseite und St. Cuthbert auf der Südseite. St. William hat es zwar nur zu mehr lokaler Berühmtheit gebracht, aber dafür scheint sein Fenster wie das Ostfenster in der Werkstatt John Thorntons um 1421 als Stiftung der Familie de Ros entstanden zu sein. St. Cuthbert, der in der Mitte des unteren Teils traditionsgemäß mit dem Haupt des Heiligen Oswald im Arm dargestellt ist, wurde in Durham verehrt. So wundert es nicht, daß der Stifter, Thomas Langley, erst Dean in York und dann Bischof von Durham war. Das Fenster muß kurz nach seinem Tode 1437 entstanden sein.

Während der Reichtum an Fenstern der Kathedrale durch eifrige Stiftungen heranwuchs (heute nur noch mit den Beständen von Canterbury zu vergleichen), mußte der Vierungsturm erneuert werden. 1407 erwies er sich als einsturzgefährdet, und Henry IV. schickt den damaligen Architekten von Westminster Abbey, William Colchester, nach York, um die Arbeiten zu leiten. Die örtlichen Größen des Bauhandwerks, deren Nachlässigkeit man die Baufälligkeit des Vierungsturmes zuschreibt, reagieren mit Empörung auf den ›Eindringling‹. Schließlich wird sogar, da man sich an William Colchester selbst nicht heranwagt, sein Assistent erschlagen. Aber William Colchester bleibt. Seine Pläne werden allerdings nicht vollendet. Der Vierungsturm erhält nur eine Etage, nicht die zweite für die Glocken, die er vorgesehen hatte. Ein maßwerkartig durchbrochener Zinnenkranz schließt ihn ab. Als er innen, wie Chor und Schiff auch, um 1470 sein hölzernes Gewölbe erhält, sind endlich auch die Westtürme erbaut. Gerade einen halben Meter niedriger als der Vierungsturm greifen die Westtürme sein Vorbild, zusätzlich mit Fialen gekrönt, wieder auf.

Die Vollendung des Baues nach bald zweieinhalb Jahrhunderten feiert man 1472 mit einer erneuten Weihe und dem Beginn der Bauarbeiten für den Lettner unter der Leitung des berühmten William Hyndley aus Norwich. Der letzte in der Reihe der Könige auf der Südseite des Lettners ist Henry VI., die einzige erneuerte Figur. Den Vorgänger hatten Anhänger des Hauses York nach seinem Tode entfernt, und erst 1810, man merkt es an der noch klassizistischen Formulierung der Skulptur, schuf man Ersatz.

Damit ist die Baugeschichte wie gewohnt abgeschlossen. Die Zeit der Zerstörungen beginnt: Der Schrein des Heiligen William, von dem noch Reste im Yorkshire Museum zu sehen sind, wird 1541 zur Feier eines Besuches von Heinrich VIII. in York zerschlagen. Vieles folgt diesem Schicksal, aber zumindest ein Schatz an Glasmalerei blieb erhalten, wie man ihn sonst kaum noch einmal findet. Und von der letzten Tätigkeit der Bauhütte der Kathedrale zeugt noch die kleine benachbarte Pfarrkirche St. Michael-le-Belfry. 1525–37 ist sie in nüchternstem Perpendicular erbaut worden, den Plänen des letzten mittelalterlichen Architekten folgend.

## *Was man gesehen haben sollte*

### Bath

*(Farbt. 12, 23, Abb. 70)*

Das spätgotische Erscheinungsbild der Kathedrale von Bath verdanken wir dem Traum von Oliver King, Bischof von Bath und Wells Ende des 15. Jahrhunderts. Im Schlaf in seinem bischöflichen Palast in Bath sah er Engel eine Leiter hinauf- und herabsteigen, wie es auch Jakob bereits gesehen hatte. Eine Stimme verkündete dazu: »Laß einen Olivenbaum die Krone errichten und einen König die Kirche erneuern.« Als Freund von König Henry VII. hatte der Bischof geholfen, die Dynastie der Tudors auf den Thron zu bringen. Den zweiten Teil des Traumes interpretierte er in diesen vorreformatorisch heftig bewegten Jahren sehr eng. Statt die gesamte Kirche der Christenheit zu erneuern, begnügte er sich mit dem Neubau der Kathedrale von Bath, auf deren Westfassade der Traum geschildert wird. Statt eines Anspruchs auf allgemeine Gültigkeit, z. B. mit der Darstellung des Jüngsten Gerichts, tritt die private Frömmigkeit in den Vordergrund. Man sieht zuunterst jeweils einen Olivenbaum, von einem Kronreif umgeben, darüber die auf- und absteigenden Engel. Im Giebel erscheint Christus von weiteren Engeln umgeben. Die Zwölf Apostel stehen an den Seiten der Leitern, und als Patrone der Kirche erscheinen Petrus und Paulus am Westportal. Das sind Skulpturen des späten 16. Jahrhunderts, modern ist die Skulptur von König Henry VII. über dem Portal. Und die mächtigen Eichenholztüren, in den Zwickeln links und rechts von den Arma Christi, den Leidenswerkzeugen, begleitet, sind erst im frühen 17. Jahrhundert entstanden. Eine Stiftung von Sir Henry Montague, dem obersten Richter von England, und vom Bruder von James Montague, Bischof von Bath und Wells.

Ohne diesen Traum und seine Folgen sähe man heute wahrscheinlich nur mehr oder weniger eindrucksvolle Ruinen einer normannischen Kirche, der Abteikirche einer Benediktinerabtei, die am Rande des alten römischen Badezentrums liegt. Das bis heute aktive Badeleben mag 1088 John de Villula gereizt haben, den gerade erst bestiegenen Bischofsthron von Wells nach Bath zu verlegen. Hier konnte er, zuvor Kaplan und Leibarzt von Wilhelm dem Eroberer, beiden Interessen nachgehen, zugleich kam er in den Besitz einer reichen Benediktinerabtei und aller königlichen Rechte in der Stadt. Diese war allerdings wie die Kirche des Klosters kurz zuvor in den Wirren nach dem Tode Wilhelms des Eroberers einem Brand zum Opfer gefallen. Ein großzügiger Neubau folgte, den die lange währenden Streitigkeiten um den Sitz des Bischofs in Bath oder in Wells nicht behinderten. 1137 wird ein verheerender Brand gemeldet, dem Reparaturen folgen, weitere sind im 14. Jahrhundert erforderlich. Aber als am 6. September 1495 Oliver King, zuvor Bischof in Exeter, den Thron von Bath und Wells besteigt, findet er die Kathedrale von Bath fast als Ruine vor. Und er träumt seinen Traum.

Es scheint, daß in den Jahrzehnten davor Prior und Mönche der Abtei Bath ihre Einkommen lieber selbst verbrauchten als Teile davon in kostspielige Reparaturarbeiten zu investieren. Schon seit dem 14. Jahrhundert häufen sich Klagen über das Leben der Mönche

*Bath, Kathedrale, Westfassade mit dem Traum des Bischofs Oliver King (17. Jh.)*

und Nonnen, und daher konnte Heinrich VIII. seine große Enteignungsaktion auch fast ohne Widerstand der Bevölkerung durchführen. Das Image war schlecht, oft nicht ohne Grund.

Oliver King, der zugleich Kanoniker der königlichen Kapelle St. George in Windsor war, entschied sich nicht für Reparaturen. Prächtiger noch als mit Windsor selbst wollte er sich hier ein Denkmal setzen. Für seinen Bau nutzt er die Grundmauern des normannischen Schiffes. Querhäuser, Vierung und Chor des alten Baues bleiben vorläufig für den Gottesdienst der Mönche erhalten. Besonders an der östlichen Innenwand des südlichen Seitenschiffes des Chores ist normannisches Mauerwerk, der Durchgang zum Querhaus, noch gut zu erkennen. Grabungen haben die Spuren der erheblich längeren normannischen Kathedrale sichtbar gemacht.

Noch eleganter, höher als Windsor mit richtigen Seitenschiffen, nicht als Halle gedacht, entwarfen für ihn wohl die Brüder William und Robert Vertue den Plan der Kirche. Die Querhäuser werden gerade ein Joch breit herausgezogen. Viel wird noch nicht vollendet gewesen sein, als Bischof Oliver King 1503 stirbt. Daher findet er sein Grab, anders als er wünschte, auch nicht an der Nordseite des Altares, sondern in seiner schon 1492 erbauten Grabkapelle in Windsor. Der Prior des Klosters, William Bird, führt die Arbeiten energisch weiter. Schon unter Bischof Kardinal Adrian de Castello (1504–18) können Chor und Seitenschiffe eingewölbt werden. Als Prior William Bird 1525 stirbt und sein Grab in seiner Grabkapelle auf der Südseite des Altares findet, gehen die Arbeiten unter seinem Nachfolger William Holoway, genannt Gibbes, weiter. Sie scheinen vollendet gewesen zu sein, als

*Bath, Kathedrale, Grundriß vor dem Einbau des Gewölbes im Schiff im 19. Jh.*

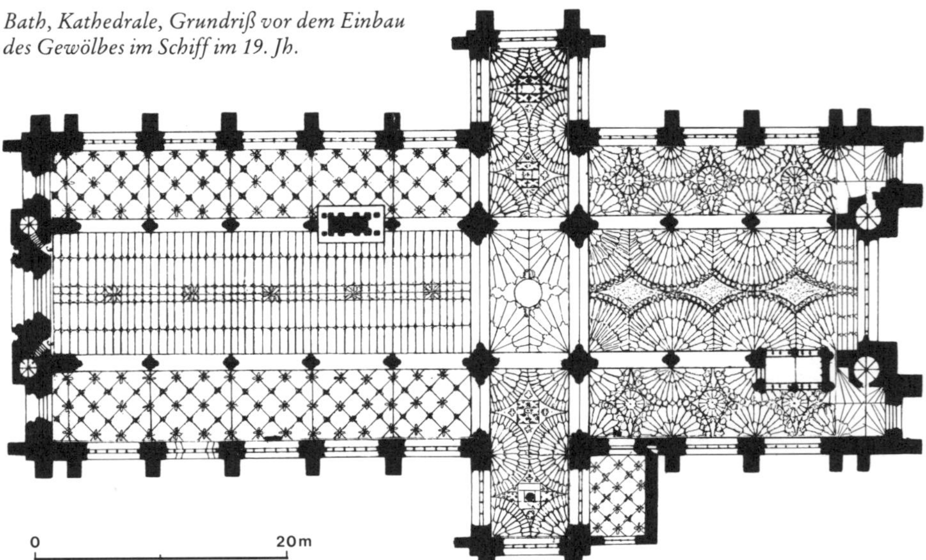

Gibbes am 27. Januar 1539 den Besitz der Abtei den Vertretern des Königs übergeben muß. Dazu gehört auch die Kirche. Die Bürger von Bath schlagen das Angebot, sie für 500 Pfund zu kaufen, aus. Noch ist ihnen diese Reformation ein zu unsicheres Geschäft. Glas, Eisen, Glocken und das Blei des Daches werden einzeln verkauft und das Skelett des Baues so der Verwitterung preisgegeben.

Das große Ostfenster hat diese Vorgänge überstanden. Erst der Luftdruck einer Bombe des Jahres 1942 läßt es zersplittern; es ist jedoch gelungen, es zu restaurieren. Aber die Bemühungen um den kostbaren Bau, der Kathedrale war, auch wenn er landläufig als Abbey bezeichnet wird und nun seit dem späten 16. Jahrhundert Kirche der Bürger ist, setzen früh ein.

Schon Königin Elizabeth I., Tochter Heinrichs VIII., gibt die Genehmigung zu einer Sammelaktion für den Bau in ihrem Königreich. Zu Beginn des 17. Jahrhunderts engagiert sich besonders Bischof James Montague von Bath und Wells für die Kirche, deren Namen er immer noch führt. Obwohl er als Bischof von Winchester 1618 stirbt, findet er hier, auf der Nordseite des Schiffes, sein Grab. Aber immer noch ist das Schiff mit einer flachen, kassettierten Holzdecke geschlossen. Diese wurde allerdings so kunstvoll mit Gips überzogen, daß die meisten Besucher sie für eine äußerst kunstvolle Arbeit in geschnittenem Stein hielten.

Erst als 1860 Sir George Gilbert Scott den Auftrag für die Restaurierungsarbeiten erhielt, wurden nun auch hier, wohl entgegen dem Plan der Brüder Vertue, Fächergewölbe (Abb. 70) eingezogen: Kopien der glanzvollen Vorbilder im Chor. Zum Stützen der Gewölbe mußten dann auch die steilen Strebebögen erneuert werden, und Anfang des 20. Jahrhunderts hat man die Reste des Kreuzganges auf der Südseite in eine Sakristei verwandelt.

Inmitten des lebhaften Badelebens, des Trubels der Touristen, neben den römischen Bädern, der Trinkhalle des 18. Jahrhunderts, den architektonischen Leistungen von Vater und Sohn John Wood mit Royal Circus und Royal Crescent, vorbildhafter Stadtplanung, bleibt die Kirche ein Juwel spätgotischer Architektur. Ihm entbot auch Richard (Beau) Nash, der große Playboy des 18. Jahrhunderts, Vorbild aller Dandys, jeden Morgen zum Gottesdienst seine Reverenz, hier fand er auch sein Grab. Daran erinnert eine Tafel im südlichen Seitenschiff nahe dem Querhaus.

## Bristol

*(Abb. 63–65)*

Bristol an der Mündung des Avon hat beiderseits des zum Hafen aufgestauten Flusses inmitten des hastigen Lebens einer fleißigen Stadt gleich zwei architektonische Kostbarkeiten zu bieten. *St. Mary Redcliffe* auf dem Südufer ist, wenn man Queen Elizabeth I. folgen darf, »die schönste, beste und berühmteste Pfarrkirche Englands«. Ein Bau, dessen elegante Spätgotik vom prunkvollen Decorated der Nordvorhalle bis zum zierlich gehaltenen Perpendicular der Kirche man sich nicht entgehen lassen sollte.

Gegenüber, am Nordufer im eigentlichen Bristol – Redcliffe war ursprünglich ein selbständiger Vorort – liegt die Kathedrale, der Heiligen und ungeteilten Trinität geweiht und bis 1539 noch Stiftskirche der Augustiner-Chorherren mit dem Patron, dem Heiligen Augustinus von Hippo, auf den ihre Regel zurückging. Erst 1542, mit der New Foundation Heinrichs VIII., wurde der Bau Kathedrale. Dieses Schicksal, verbunden mit der ›Verstaatlichung‹ eines großen Teiles des Besitzes, traf den Bau vor seiner Vollendung. Schiff und Westfassade sind erst 1868–88 nach den Entwürfen des Architekten George Edmund Street entstanden: eine besonders in der Westfassade schwächliche Fortsetzung von Chor und Querhaus, denen anschließend eine Restaurierung unter J. L. Pearson, dem Architekten der Kathedrale von Truro, ihren alten Glanz zurückgibt.

Das Stift der Augustiner-Chorherren war 1142 von Robert Fitzharding gegründet worden, und eine erste Weihe fand bereits 1148 statt. Die Bauarbeiten gingen offensichtlich weiter, denn das Kapitelhaus ist erst um 1160 entstanden. Rechteckig, mit zwei Kreuzrippengewölben – die Rippen mit bewegtem Zackenschnitt – und reich dekorierten Wänden ist es eines der schönsten Beispiele spätnormannischer, spätromanischer Architektur in England. Man erreicht es über die Reste des südlich vorgelagerten Kreuzganges vom südlichen Querhaus aus.

Noch faszinierender allerdings sind Chor und Querhäuser der späten Gotik. Denn vom normannischen Bau ist sonst kaum etwas erhalten, und aus der Zeit des Early English berichtet nur die ältere Marienkapelle, die als Anbau ans nördliche Querhaus erhalten blieb. Manche Ähnlichkeiten der älteren Marienkapelle mit dem Westen der Kathedrale von Wells werden dadurch bestätigt, daß der Abt von Bristol sich um 1220 einen Bildhauer ›L‹ dort auslieh. Gewölbe und Ostfenster sind erst Ende des 13. Jahrhunderts eingefügt worden. Damit beginnt eine Phase phantasievoller Architektur in Bristol.

1298 wird, als Edmund Knowle Schatzmeister des Stiftes ist, der Chor des normannischen Baues abgerissen. Die Arbeiten gehen unter seiner Herrschaft als Abt (1306–32) und der seines Nachfolgers John Snow (1332–41) weiter. Schon als Hallenkirche steht der Chor als einziger seiner Art unter den englischen Kathedralen da. Durch hohe Arkaden, höher als in Westminster Abbey, damit die höchsten in England überhaupt, gelangt das Licht der hohen Fenster der Seitenschiffe in den Chor. Raffiniert wird die Gewölbekonstruktion der Seitenschiffe so gestaltet, daß sie als eine Art innerer Strebebogen die breiteren Gewölbe des Mittelschiffes abstützt (Abb. 63). Eigentlich sind es Quertonnen, die die Fenster rahmen und von dort zu den Arkaden geleitet werden. Die Unterkante der Quertonne ist aber wieder durch einen Spitzbogen abgestützt, in dessen offene Zwickel je eine Fischblase gesetzt ist. Und darüber wird noch ein kleines Doppelgewölbe geöffnet. Ein ständig wechselndes Spiel von Rippen, Bögen und Öffnungen, in dem man fast den Überblick verliert und ja auch verlieren soll.

Das kontrastiert betont mit den straffen Linien der Bündelpfeiler und erfährt seine Ergänzung in den sternförmigen Nischen für Gräber (Abb. 65) in der Marienkapelle und den Seitenschiffen des Chores. Wie aufgeschlitzt faltet sich die Wand zurück. Auch im Gewölbe des Mittelschiffs ist ein ähnlicher Effekt zu beobachten. Hier tritt vielleicht erstmals im

52 WINCHESTER Gewölbe des Schiffs

53 WINCHESTER Westfassade

54 WINCHESTER Grabkapellen der Bischöfe Fox und Waynflete

55 WINCHESTER Taufstein mit der Legende des Hl. Nikolaus

56 WINCHESTER Fächergewölbe der Grabkapelle für Kardinal Beaufort

57 WINCHESTER Reredos (Altarrückwand)

58 YORK Baldachine im Kapitelhaus

59 YORK Schiff nach Osten

60 YORK Westfassade ▷

61 YORK Kathedrale von Südosten

62 YORK Chorfassade

63 BRISTOL Strebewerk des Seitenschiffs

64 BRISTOL Kathedrale von Norden

65 BRISTOL Wandgrab für Bischof Butler

66 CARLISLE Nördliches Chorseitenschiff mit dem Salkeld-Screen

67,68 CARLISLE Misericordien

69 CHICHESTER Auferweckung des Lazarus

70 BATH Schiff nach ▷ Westen

72 EXETER Detail der Westfassade

◁ 71 CHESTER Chorgestühl

73 EXETER Schiff nach Osten ▷

74 EXETER Zwei Könige von der Westfassade

75 NORWICH Chor

76 HEREFORD König Stephens Stuhl

77 HEREFORD Ostwand des nördlichen Querhauses

78 NORWICH Chor nach Osten

79 OXFORD Chor nach Osten ▷

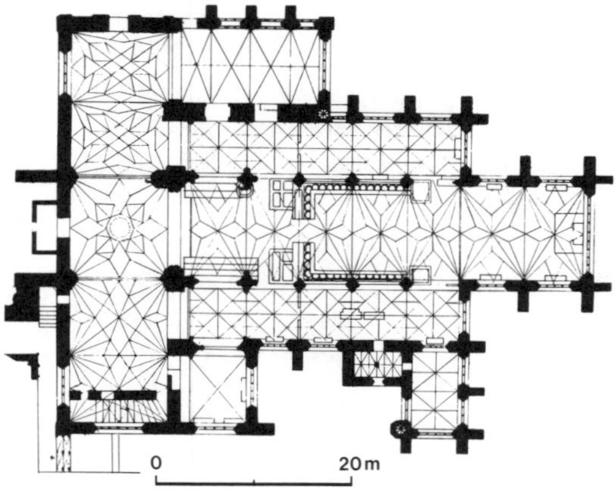


*Bristol, Kathedrale, Grundriß vor der Vollendung im 19. Jh.*

großen nach dem Untergeschoß der Stephen's Kapelle in Westminster ein Liernengewölbe an die Stelle der Mittelrippe. Während die englische Tierceron-Rippe vom Kapitell aufsteigt, aber nicht in durchgehender Linie über den Schlußstein hinweg fortgesetzt wird, ist die Lierne ohne Kontakt zum Kapitell, aber möglicherweise in Berührung mit einem Schlußstein. Hier, in Bristol, wirken sie so, als wäre unter der Zugspannung der Tierceron-Rippen die Scheitelrippe, die bis dahin das gültige Bild formte, gespalten und auseinandergerissen worden. Eine neue Öffnung und zusätzliche Schlußsteine entstehen. Das wächst noch im Reichtum nach Westen, während G. E. Street im Schiff darauf verzichtet und auch in den Gewölben der Seitenschiffe und bei den Kapitellen einiges ›normalisiert‹. Seinem Nachfolger J. L. Pearson sind auch Lettner und Altarrückwand am Haupaltar des Chores zu verdanken. Aber um so erfreulicher ist der Anblick von Retrochor, nur einem Joch und Marienkapelle. Hier hat man hinter einem barocken Altaraufbau die Altarrückwand des 14. Jahrhunderts wiedergefunden und auch nach Spuren die mittelalterliche Farbigkeit wiederhergestellt. Selbst in den Fenstern ist trotz der Restaurierungen der Mitte des 19. Jahrhunderts und der deutschen Bombenangriffe des Zweiten Weltkrieges noch teilweise mittelalterliches Glas erhalten. Die passende Ergänzung für eine beispiellose Architektur.

Eine der Grundtendenzen englischer Architektur, das Ideal des rechteckigen, breit gelagerten Raumes, den auch die Hallenkirche ja verkörpert, ist als Vorraum und ehemals Sakristei mit Dunstabzugshaube und Kamin im Strebepfeiler für die südlich am Chor angebaute Berkeley-Kapelle zugänglich. Der längsrechteckige Raum ist mit einer flachen Steindecke geschlossen. Darunter sind ohne verbindende Gewölbekappen die Rippen offengelegt. Man kann sich die verbindenden Schalen der Gewölbekappen vorstellen und behält trotzdem den reinen Raumquader vor Augen. Nur so hat man Zugang zur Berkeley-

◁ 80 RIPON Westfassade

Kapelle. Hier hängt der einzige erhaltene Messing-Leuchter Englands aus mittelalterlicher Zeit, von etwa 1460, mit Maria und dem Heiligen Georg, den Drachen tötend. Reizvoll ist auch der Durchblick zur Marienkapelle durch eines der sternförmigen Gräber, die auch fast einzigartig sind, denn nur in der Nachbarkirche St. Mary Redcliffe, die auch sonst manche Anregung von hier aufgegriffen hat, und in der Kathedrale von St. David's erscheinen sie nochmals.

Ende des 15. Jahrhunderts erst wird dann der Vierungsturm errichtet, und danach beginnt man die Querhäuser selbst umzugestalten. Abt Newland (1481–1515) scheint auch noch mit dem Neubau des Schiffes begonnen zu haben. Aber darauf nahm man keine Rücksicht und baute nach der Reformation hier Häuser, die dann erst dem Schiff von G. E. Street weichen mußten. Fast wäre die Kathedrale noch 1831 in Flammen aufgegangen. Der Bischof hatte im Parlament mit Erfolg dagegen gestimmt, daß mit anderen großen Städten nun endlich auch Bristol im Parlament vertreten sein würde. Die empörten Bürger steckten seinen Palast in Brand und verwandelten die Urkunden und Bücher der Kathedralbibliothek in Asche. Auch das Kapitelhaus, in dem diese aufbewahrt wurden, litt. Die Ostwand mußte völlig erneuert werden. Aber bevor die Tobenden sich der Kathedrale zuwandten, konnte einer der Vergers, der Wächter, sie davon überzeugen, daß sie damit ja ihren eigenen Besitz, Eigentum des Volkes vernichten würden. Ihm sei gedankt.

## Carlisle

*(Farbt. 32; Abb. 66–68)*

Ein frühchristlicher Grabstein im Museum der Stadt zeugt von den Anfängen des Christentums rings um den römischen Brückenkopf, dessen hölzernes Kastell sich dort befand, wo heute die Kathedrale steht. Ein Bischofssitz wird hier aber erst 1133 eingerichtet, nachdem 1092 William Rufus den Ort den Schotten entrissen hatte.

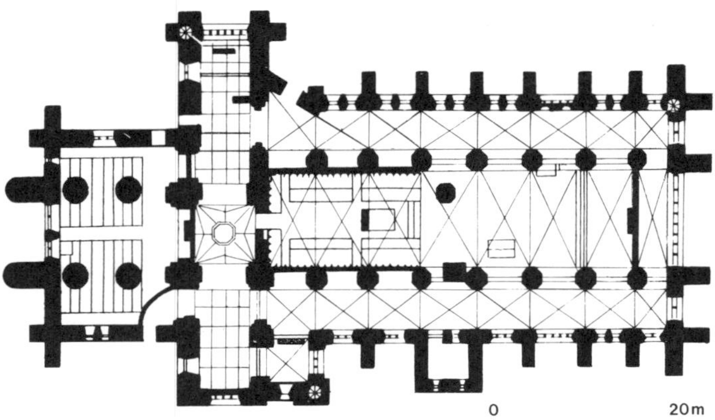


*Carlisle, Kathedrale, Grundriß*

Williams Bruder und Nachfolger Henry I. hatte eine Gründung des Jahres 1092 im Jahre 1122 den Augustiner-Chorherren übergeben und hier noch 1133, kurz vor seinem Tode, den ersten Bischof Aethelwold eingesetzt. Damit wurde der Beichtvater des Königs Bischof der einzigen Kathedrale, die nach der Regel des Heiligen Augustinus von Hippo, des Kirchenvaters, lebte. Alle anderen waren entweder mit Benediktinern oder Weltgeistlichen besetzt. Ursprünglich Maria geweiht, wurde die Kathedrale mit der Neugründung in der New Foundation Heinrichs VIII. 1542 der Trinität gewidmet. Aber damals war die Baugeschichte bereits abgeschlossen; was folgte, war mehr eine Geschichte des Abbaues.

Der bescheidene Rest des Schiffes, alles andere wurde im Bürgerkrieg des 17. Jahrhunderts für Befestigungsarbeiten verbraucht, stammt aus der ersten Zeit nach 1092. Damals hatte William Rufus den Geistlichen Walter Meschin als Gouverneur seiner jüngsten Eroberung eingesetzt. Noch vor der Gründung des Bischofssitzes wird die Kirche vollendet gewesen sein. Zwischendurch ging Carlisle wieder einmal in schottischen Besitz über, und der Bischofssitz galt bald als arm und unsicher. Als Aethelwold 1156 oder 1157 starb, bekam er erst 1204 wieder einen Nachfolger.

Als sich Anfang des 13. Jahrhunderts die Zustände langsam normalisieren, auch die Gelder wieder reichlicher fließen, entschließt man sich um 1225, neu zu bauen. Ein gotischer Chor wird um die Breite des ehemaligen nördlichen Seitenschiffes weiter angelegt. Aber kaum hat man den Chor vollendet, offensichtlich ohne Gewölbe im Mittelschiff, hinterläßt ein Brand nur eine Ruine. Die eingewölbten Seitenschiffe des Chores bleiben erhalten. Aber selbst die Pfeiler des Chores werden erneuert. Die zwölf westlichen tragen reich gearbeitete Kapitelle mit den Darstellungen der Arbeiten der zwölf Monate des Jahres. Die beiden östlichen, zugleich eine Erweiterung gegenüber dem ersten Plan, gehören nicht zum Programm, lagen sie doch ursprünglich hinter dem Hauptaltar. Erst um 1380 war der Chor, Zeuge des Decorated, vollendet.

Der Wandaufbau zeigt ein schlichtes, aus drei mit einfachem Maßwerk geschlossenen Arkaden zusammengesetztes Triforium. Vor den Fenstern des Obergadens ist ein Laufgang angelegt. Drei in Breite und Höhe gestaffelte schlichte Spitzbögen verbergen so vom Schiff aus den Blick auf das gelungene Maßwerk der Fenster. Darüber spannt sich das wieder hölzerne Tonnengewölbe, dessen Quadrate, ebenso wie die Rippen, auf blauem Grund goldene Sterne tragen. 1970 hat man die Bemalung nach den spätmittelalterlichen Spuren erneuert (Farbt. 32). Was unterhalb des Dachansatzes aussieht wie eine unkonventionelle Hammerbalkenkonstruktion, das sind die Reste einer Konstruktion, wie man sie von solchen Tonnengewölben eigentlich gewohnt ist. Ein Zugbalken überspannte dabei das Schiff und trug einen Mittelpfosten. Das hat man Ende des 18. Jahrhunderts beseitigt, als man das Holzgewölbe mit Gips in ›Stein‹ verwandelte, und im 19. Jahrhundert bei den Restaurierungen unter Ewan Christian nicht erneuert.

Im Ostfenster, einem der schönsten Beispiele des Decorated mit fließendem curvilinearem Maßwerk, ist dagegen im Couronnement sogar ein Teil des originalen Glases aus der Zeit nach 1350 erhalten. Ein Jüngstes Gericht ist zu erkennen. Die neun Bahnen des Maßwerks darunter sind Mitte des 19. Jahrhunderts entstanden. Für dieses Maßwerk mußte der

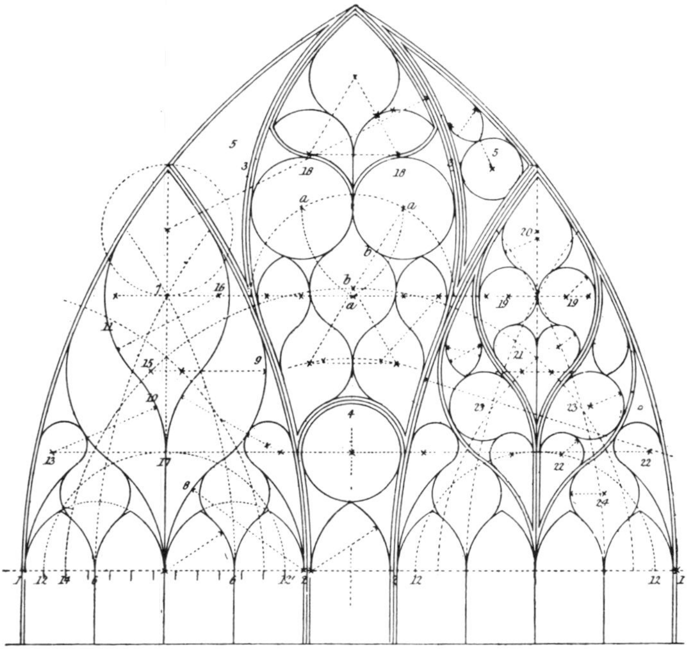

*Carlisle, Kathedrale, Rekonstruktion des Entwurfs für das Ostfenster*

Architekt, das hat ein Rekonstruktionsversuch ergeben, seinen Zirkel 263mal neu ansetzen. Das vielgerühmte Ergebnis geht mit Eleganz über diese Mühen hinweg.

Im Anschluß an die Arbeiten am Chor wird zu Beginn des 15. Jahrhunderts das nördliche Querhaus umgebaut und der Vierungsturm errichtet, dem heute sein steiler Helm allerdings fehlt. Eine optische Bereicherung sind die Stützbögen in der Vierung mit ihrem Perpendicular-Maßwerk. Auch das Chorgestühl – soweit es nicht im 19. Jahrhundert ergänzt werden mußte – entstand in diesen Jahren (Abb. 67–68). Die Rückwände des Gestühls hat man dabei Ende des Jahrhunderts mit Darstellungen der Apostel und der Legenden der Heiligen Antonius, Cuthbert und – für die Augustiner-Chorherren eigentlich selbstverständlich – des Heiligen Augustinus versehen. Das geschah, als Thomas Gondibour Prior war, der sich im Winkel zwischen südlichem Querhaus und Chor eine Gedächtniskapelle einrichtete, heute der Heiligen Katharina geweiht, aber immer noch abgeschlossen mit den hölzernen Schranken, deren flamboyantes Maßwerk zeigt, daß von Schottland her französische Einflüsse eindringen konnten.

Kurz nach der Reformation kann mit der Chorschranke, die der letzte Prior Lancelot Salkeld im Jahre 1541 als erster Dean auf der Nordseite des Chores östlich des Gestühls stiftet, die Renaissance eindringen (Abb. 66). Aber weiter reicht dann der stiftende Elan nicht mehr.

# Chester
*(Abb. 71)*

Die Kathedrale von Chester, seit 1541 Christus und der seligen Jungfrau Maria geweiht, war zuvor ein Benediktinerkloster unter dem Patronat der Heiligen Werburgh, einer Nichte der Heiligen Ethelreda, die in Ely verehrt wird. Obwohl diese zwischen 700 und 707 gestorben war, wurden ihre Gebeine erst 907 von Ethelfleda nach Chester gebracht. Sie gründete ein Stift mit zwölf Kanonikern und einem ›custos‹ an der Spitze nach dem Vorbild Christi und seiner Apostel. Nur zwei vermauerte Türöffnungen in der Südostecke des Kreuzgangs scheinen von dem Bau der angelsächsischen Zeit zu zeugen.

Unter Earl Hugh von Chester, charakterisiert durch den Spitznamen Lupus, der Wolf, wird das Stift 1093 als Benediktinerkloster erneuert. Auf seinen Wunsch kam Anselm, noch als Abt des Klosters Bec in der Normandie, kurz vor seiner Erhebung zum Erzbischof von Canterbury nach Chester, um die Neugründung zu überwachen, der er seinen Kaplan Richard als ersten Abt gab. Hugh scheint eifrige Fürbitten für sein Seelenheil nötig gehabt zu haben. Der Beiname Lupus, Wolf, wurde in diesen rauhen Zeiten der Eroberung Englands nicht leichtfertig vergeben. Selten scheint jemand raubgieriger, aber auch verschwendungssüchtiger als er gewesen zu sein; die freie Stellung eines Earls an der Grenze zu Wales bot Gelegenheiten genug. Zu seinen zahllosen außerehelichen Liebesabenteuern kam eine grenzenlose Freßgier. Am Ende seines Lebens soll er so fett gewesen sein, daß er sich kaum noch kriechend fortbewegen konnte.

Von dem von Hugh gestifteten Bau zeugt nur noch wenig. Der leuchtend rote Sandstein, den man auch während der gotischen Zeit weiterverwandte, hat der Verwitterung wenig

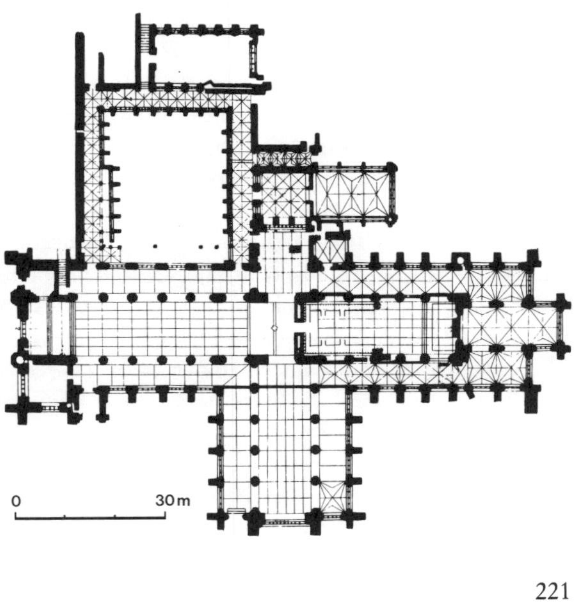


*Chester, Kathedrale, Grundriß*

Widerstand geleistet. Umfangreiche Restaurierungsarbeiten, an denen neben dem allgegenwärtigen Sir George Gilbert Scott auch sein Enkel, Sir Giles Gilbert Scott, im 19. und frühen 20. Jahrhundert beteiligt war, waren die Folge. Aber das Gestein altert so rasch, daß das heute kaum erkennbar ist. Normannisch sind noch das bescheidene nördliche Querhaus, mit einem zierlichen Triforium an der Ostwand, dazu die Wand des nördlichen Seitenschiffes und der Unterbau des nordwestlichen Turmes.

Mitte des 13. Jahrhunderts beginnt man die Modernisierungen mit Kapitelhaus und Refektorium, das sein Hammerbalkendach aber erst 1939 in dieser Form erhielt. Damit setzen Bauarbeiten ein, die sich bis zur Aufhebung des Klosters hinziehen. Als erstes wendet man sich der Marienkapelle zu, die Ende des 13. Jahrhunderts vollendet ist. Niedrig und schlicht gegenüber dem anschließenden Chor zeigen ihre gruppenweise zusammengefaßten Lanzettfenster noch Early English. Der im Westen der Marienkapelle seit dem Ende des 19. Jahrhunderts wieder aufgestellte steinerne Aufbau des Schreins der Heiligen Werburgh ist dagegen ein reiches Beispiel des Decorated mit kleinen Skulpturen, ausknospendem Maßwerk und den typischen Kielbögen der Nischen im Unterbau. Hier hinein drängten die Pilger, um der Heiligen möglichst nahe zu sein. Für die Frauen im engeren Umkreis Chesters war dazu der Gürtel der Heiligen eine heiß begehrte Leihgabe, soll er doch die Mühen der Geburt erleichtert haben. Auch er ist wie der eigentliche kostbare Schrein in der Reformation untergegangen.

Der steinerne Aufbau des Schreines war gefertigt worden, als der anschließende Chor um 1315 vollendet war. Sein Architekt, Richard of Chester, trägt den aufschlußreichen Beinamen Lenginour, der Ingenieur. Eine nicht ungewöhnliche Bezeichnung für die festungstechnische Seite des Architektenberufes. Wahrscheinlich war Richard an der großen Baukampagne Edwards I. für die Eroberung und Besetzung von Wales beteiligt. Er nutzt im Chor französische Vorbilder und bringt zwischen Obergaden und den Arkaden zu den Seitenschiffen ein niedriges Triforium unter. Dieser Wandaufbau hat sich sonst in England kaum durchgesetzt.

Man findet das Triforium auch nicht mehr in den anschließend begonnenen Wänden des Schiffs und des südlichen Querhauses. Das Geld wurde knapp. Bis zum Ende des 14. Jahrhunderts sind nur Teile errichtet: die Südwand des Schiffes und die Arkaden des südlichen Querhauses. Der weite Raum des Querhauses, genauso groß wie der Chor, umgab den Bau der Pfarrkirche St. Oswald, für den die Mönche an anderer Stelle Ersatz schufen. Ein teures Vergnügen, um ausreichend Raum für Altäre zu schaffen. Erst Ende des 15. Jahrhunderts wird das Schiff vollendet. Die Nordwand ist eine strenge Wiederholung der Südwand. Beide ziehen mit dünnen Linien ein Raster aus Gesims und Diensten, in das Obergadenfenster und Arkaden zu den Seitenschiffen eingespannt werden. Eine optische Bereicherung bringt erst das hölzerne Gewölbe. Ein Entwurf Sir George Gilbert Scotts, der ein offenes Balkendach, Zeuge einstiger Armut, ersetzt.

Anschließend wird in einem letzten Anlauf vor der Reformation – man ist fast versucht, von Vorahnung oder Torschlußpanik zu sprechen – die Klosteranlage vollendet. Der Obergaden des südlichen Querhauses entsteht in reinem Perpendicular, das Gewölbe stammt allerdings aus dem 19. Jahrhundert wie auch Glas und Maßwerk des großen Südfensters. Gleichzeitig zieht man ein Geschoß eines Vierungsturmes hoch, das kaminartige Türmchen als Eckbekrönungen erhält, und fügt die kleine Südvorhalle ans Schiff. Im Osten werden die Seitenschiffe des Chores unterschiedlich lang zu Kapellen ausgebaut, und die Westfront erhält ihre heutige Gestalt mit reichem, spätem Perpendicular-Maßwerk. Die Nordseite der Fassade, die an die großen Kapellen in Oxford, Cambridge oder Windsor erinnert, wird von einem Bankgebäude abgedeckt, das an der Stelle des Abtshauses steht. Der Kreuzgang, der im frühen 20. Jahrhundert von Sir Giles Gilbert Scott fast völlig erneuert werden mußte, entsteht 1508–37. So zeigt er noch stolz das Wappen Heinrichs VIII. neben dem Eingang zum Refektorium, des Herrschers, der schon die Aufhebung der Klöster zu planen beginnt. Der Südwestturm der Fassade, den man in diesen Jahren beginnt, wird schon nicht mehr vollendet. Hier stehen noch die Schranken und das Gestühl des bischöflichen Gerichtes aus dem frühen 17. Jahrhundert. Eine juristische Rarität ohne hohen optischen Reiz.

Da bietet das Chorgestühl mehr. Ende des 13. Jahrhunderts entstanden, als der Chor fertiggestellt wurde, ist es mit seinen reichen Schnitzereien und dem regelmäßigen Dorngesträuch seiner Baldachine das aufregendste Kunstwerk der Kathedrale (Abb. 71). Sir George Gilbert Scott hat den westlichen Abschluß entworfen, der sich völlig dem Vorbild anpaßt und seit 1876 an die Stelle eines steinernen mittelalterlichen Vorgängers getreten ist. Zur gleichen Zeit lieferte die renommierte Firma Antonio Salviati in Venedig das Mosaik des Reredos, der Rückwand des Hauptaltars. Sie hat vielleicht auch bei der Beschaffung des Taufbeckens im Untergeschoß des Nordwestturms beratend mitgewirkt, eine so gute Arbeit des Historismus des späten 19. Jahrhunderts, daß man sie manchmal noch heute für spätantik hält. Südlich des Chores hat man nach dem Entwurf des Architekten George Pace, der auch manche modernen Ausstattungsstücke für die Kathedrale entworfen hat, 1973 einen neuen Glockenturm errichtet. Er steht am Ende der Architekturgeschichte.

## Chichester

*(Farbt. 33; Abb. 69)*

Das kleine sichtbar gelassene Stück römischen Mosaikfußbodens im südlichen Seitenschiff des Chores ist kein Zeichen hohen Alters des Bischofssitzes, ganz im Gegenteil. Nach dem Ende der römischen Herrschaft hatten sich hier heidnische Angelsachsen im schönen Sussex niedergelassen, dem sie dann ihren Namen gaben. Erst dem Heiligen Wilfrid von York gelang es Ende des 7. Jahrhunderts, sie zu bekehren. An der Küste, in Selsey, wurde der erste Bischofssitz gegründet. Vom Konzil in London im Jahre 1075 kehrt Bischof Stigand (1070–87) mit der Erlaubnis zurück, den Bischofssitz nach Chichester zu verlegen. Strittig ist, ob er noch mit dem Bau einer Kathedrale am neuen Sitz begonnen hat. Sein direkter Nachfolger Godfrey, der für eine uns leider unbekannte Sünde die Absolution des Papstes einholte – die Urkunde darüber ist noch erhalten –, hat nur kurze Zeit im Jahre 1088 regiert.

*Chichester, Kathedrale, Längsschnitt*

König William Rufus hat in gewohnter Geldgier erst drei Jahre später seinen Kaplan Ralph Luffa als Bischof eingesetzt. Zu seiner Zeit ist die Kathedrale im Bau, und schon 1108 wird von einer Weihe berichtet. Im Boden der Marienkapelle liegt seit 1123 sein Grabstein mit der Inschrift Radulphus und einem Bischofsstab.

Die Weihe des Jahres 1108 war kein Zeichen eines Abschlusses von Bauarbeiten, sondern nur ein Hinweis auf Arbeiten, die sich nun bis ins 15. Jahrhundert ohne größere Unterbrechung fortsetzen. Dabei wird in einem Maße überarbeitet, verändert oder erweitert, daß es jedem Stilpuristen ein Greuel und jedem, der Vergnügen hat am lebendigen Wachstum stilistischer Moden und Formen, eine Freude ist.

Vollendet waren im Jahre 1108 wohl nur der Altarraum und ein Chor, der durch spätere Bauten ersetzt worden ist. Bis 1123 kommen dann der Ostteil des Schiffes und die Querhäuser hinzu. Nach einer Unterbrechung, die sich in der besseren Steinmetzarbeit und im Schmuck der Emporen abzeichnet, werden die westlichen vier Joche bis zur Mitte des 12. Jahrhunderts zusammen mit dem Untergeschoß des südwestlichen Turms erbaut.

Für eine Generation herrscht nun Ruhe. Im November 1186 erweist sie sich als trügerisch. Ein Brand der kleinen Stadt greift auf die Kathedrale über. Der hölzerne Dachstuhl und die farbige hölzerne Decke, ähnlich vielleicht wie in Peterborough, gehen in Flammen auf und stürzen in den Bau. Der Obergaden ist völlig vom Feuer durchglüht, und darunter ist zumindest die äußere Schicht des Mauerwerks ebenfalls kalziniert, geschädigt. Wenige

Jahrzehnte, vielleicht schon wenige Jahre später, als sich die Gotik und eine neue Bauwut durchgesetzt haben, hätte Bischof Siegfrid II. (1180–1204) wohl auch diese Reste abgerissen. Noch aber spart man und fühlt sich auch in normannischer Romanik noch wohl.

Große Teile der äußeren Steinhaut werden erneuert, der Obergaden wird völlig verändert und ein Gewölbe eingezogen. Auch die zwei Säulen mit Schaftring je Pfeiler aus Purbeck-Marmor, dem neuen Modematerial, gehören zur Neudekoration. Sie werden im Retrochor, der den gerundeten normannischen Umgangschor ersetzt, aufgegriffen. Hier wird prunkvoll der Übergang zum Early English vorgeführt. Rundpfeiler aus Purbeck-Marmor werden von freigestellten Säulen aus dem gleichen Material begleitet. Tief profiliert spannt sich zwischen den Pfeilern der noch runde Bogen zu den Seitenschiffen, während in Emporen und Obergaden bereits Lanzettformen benutzt werden. Die Empore wird über den Ansatz der niedrigen normannischen Marienkapelle hinweggeführt. Sogar ein wenig Skulpturenschmuck bricht sich dabei Bahn. Als man 1199 nun wieder eine Weihe vollzieht, wechselt man vom Patron St. Peter zur Allerheiligsten Dreieinigkeit über, wie es dann bis heute geblieben ist.

Zu Beginn des 13. Jahrhunderts erhält dann der Südwestturm sein Obergeschoß. Sein Nachbar, der Nordwestturm, ist 1899/1901 vollständig und als getreues Gegenstück erneuert worden. Danach beginnt ein für englische Kathedralen ungewöhnlicher Vorgang, der in England eigentlich nur bei Pfarrkirchen zu beobachten ist: Es werden Kapellen zwischen den Strebepfeilern errichtet, die heute, nachdem die trennenden Wände teils entfernt sind, fast den Eindruck weiterer Seitenschiffe machen. In Kathedralen finden sich in England sonst nur die Grab- und Gedächtniskapellen, die im Bau errichtet werden, die man wiederum auf dem Kontinent kaum sieht. Über der Vierung erhält Mitte des 13. Jahrhunderts, während die Kapellen gebaut werden, der Vierungsturm seine erste Etage. Und zum Abschluß dieser Arbeiten des Early English bekommt die Westfassade noch eine kleine Vorhalle.

Ende des 13. Jahrhunderts werden die drei normannischen Joche der Marienkapelle überarbeitet, und zwei weitere werden angefügt. Bischof Gilbert de St. Leofard (1288–1304) demonstriert in Gewölbe, Maßwerk und einigen Details hier die Anfänge des Decorated.

Im 14. Jahrhundert wird dann das südliche Querhaus überarbeitet und erhält ein großes Südfenster. Das wird, nun mit Perpendicular-Maßwerk, um 1410 auf der Nordseite ebenfalls durchgeführt. Zwischendurch hat man endlich, um 1400, den Helm des Vierungsturmes vollendet. Bei allem optischen Reiz erwies sich das schnell als Fehler. Schleunigst entfernte man die Glocken und baute nach den Plänen des Architekten Walter Walton noch Anfang des 15. Jahrhunderts einen separaten Glockenturm. Er ist das einzige erhaltene Beispiel seiner Gattung in England. Wenige Meter nördlich der Westfassade erhebt sich über einem schlichten Untergeschoß ein achtseitiges Obergeschoß. Man spürt, daß hier auf solide Bauweise geachtet wurde.

Beim gleichzeitigen Bau des Kreuzganges ist man sparsam. Er erhält nur drei, dazu ungleiche Seiten und wird nicht eingewölbt. Man begnügt sich mit einem offenen Holzbalkendach. Die davon begrenzte Rasenfläche wird als ›Paradise‹ bezeichnet. Hier räkelt sich

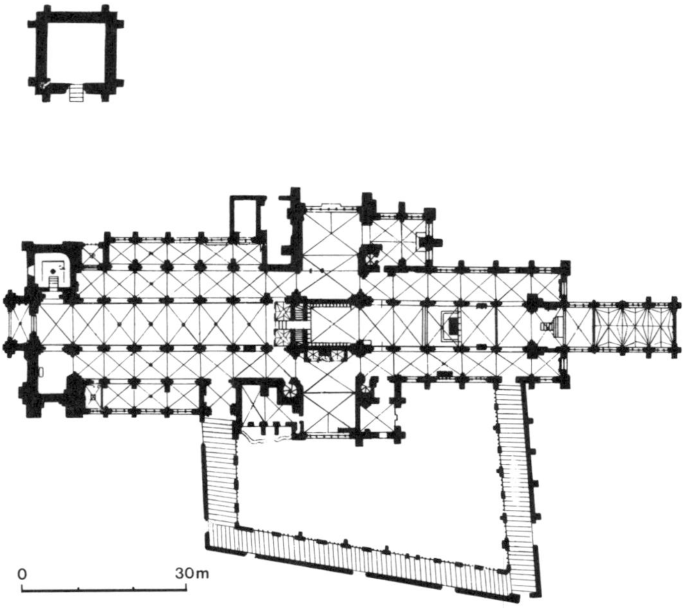


*Chichester, Kathedrale, Grundriß mit Glockenturm*

eine Skulptur Henry Moores. Bevor man durch das Portal des Heiligen Richard im Westen des Kreuzganges in die Kathedrale zurückkehrt, sollte man noch einen Blick auf den Vierungsturm werfen. Das elegante Portal des Early English des frühen 13. Jahrhunderts mit dem dolchförmig gestreckten Vierpaß über der Mittelsäule ist entstanden, bevor der Heilige Richard 1253 starb. Seine Figur im Vierpaß stammt auch erst aus dem 19. Jahrhundert. Bischof Richard of Wych wurde 1261 kanonisiert und bekam dann 1276 die schon seit bald einem Jahrhundert freie Stelle für einen Schrein im Retrochor der Kathedrale. Auch Chichester hatte endlich seinen Heiligen.

Beim Vierungsturm ist immer ein prüfender Blick berechtigt. Er ist schon einmal in sich zusammengestürzt. 1859 hatte man festgestellt, daß er gefährdet ist. Rettungsversuche blieben vergeblich. Am 21. Februar 1861, nachdem alles gewarnt war, sank er kurz nach dem Ende der Mittagsruhe in sich zusammen. Unter Sir George Gilbert Scott wurde er bis 1866 wieder aufgebaut. Dabei beseitigte man eine mittelalterliche Fehlplanung. Die Fenster des Vierungsturmes ragen nun, wie man es erwartet, mit der Brüstung ein wenig über den Dachfirst. Ordnung muß sein. Dabei hat man auch die Vierungspfeiler erneuert. Daher ist heute hier keine Spur mehr davon zu erkennen, daß an den beiden östlichen Vierungspfeilern einst ein Lettner endete. Fotos aus der Zeit des Einsturzes halten das noch fest. Der Lettner wird, als das Schiff Mitte des 12. Jahrhunderts noch nicht ganz vollendet war, hier den Chor der Mönche abgeschlossen haben. Spätestens zu Beginn des 15. Jahrhunderts hat man ihn durch den heutigen spätgotischen Lettner in strengem Perpendicular ersetzt.

Nur zwei Reliefs von vielleicht einst acht, die den romanischen Lettner schmückten, sind erhalten geblieben. Sie stehen, als große Kostbarkeiten hinter Glas gesichert, im südlichen Seitenschiff des Chores. Lange, und bis heute noch nachklingend, hat man sich um die Datierung gestritten. Wenn sie, wie gesagt, zum Lettner der romanischen Zeit gehörten, sind sie etwa um 1130/40 entstanden und keine Zeugen angelsächsischer Bildhauerkunst aus der Zeit vor der Eroberung. Sie zeigen zuerst den Einzug Christi in Bethanien, der angefleht wird von den Schwestern Maria und Martha, die um ihren Bruder Lazarus trauern. Das zweite Relief schildert die Auferweckung des Lazarus (Abb. 69). Man spürt noch das Staunen und Erschrecken vor diesem ersten Auferstehen, dem Vorbild für die Hoffnung aller.

Am Ostende desselben Chorseitenschiffes hängt Graham Sutherlands Altarbild ›Noli me tangere‹. Auch steht hier ein großer Wasserspeier, der zum Opferstock umgebaut worden ist, und mit ein paar Hinweisen auf weitere Kuriositäten und Kunstwerke sei der Rundgang geschlossen: Am Westende des nördlichen Seitenschiffs steht im Fenster die würdige Gestalt des Parlamentsmitgliedes William Huskisson, der im Jahre 1830 als das erste Todesopfer der Eisenbahn in die Geschichte einging. Vom großen Vertreter Englands im Klassizismus, John Flaxman, stammt die Gedenkplatte an der Nordwand für Henry Frankland, der 1823 starb. Das leuchtend rote Fenster im nördlichen Seitenschiff des Chores schildert das Lob Gottes nach dem 150. Psalm. Marc Chagall hat es 1978 für Chichester entworfen. Im nördlichen Querhaus hängen Rundbilder mit den imaginären Portäts früher Bischöfe, die Lambert Barnard zu Beginn des 16. Jahrhunderts malte, und von hier aus hat man auch Zugang zur Schatzkammer, einer ehemaligen Kapelle.

## Exeter

(Farbt. 8; Abb. 72–74)

Als ein Vorspiel zu den Verlegungen von Bischofssitzen nach dem Konzil von London im Jahre 1075 wurde im Jahre 1050 unter Bischof Leofric sein Bischofssitz von Crediton, einem kleinen unbefestigten Ort, nach Exeter verlegt. Dem Kloster von Exeter, dessen Mönche nun Vertretern des Weltklerus weichen mußten, hatten die Befestigungen auch nicht immer Schutz bieten können. Noch im Jahre 1003 hatten dänische Wikinger das Kloster, in dem der Missionar Deutschlands, der Heilige Bonifatius (†754), seine Ausbildung empfangen hatte, geplündert und zerstört. Aber der große dänische König Englands, Knut der Große, ließ es wenige Jahre später wieder aufbauen. Das scheint auch den Ansprüchen Leofrics († 1072) genügt zu haben. Wohl über seinem Grab lag ursprünglich die strenge, noch ungefüge Bischofsdarstellung in der Nische der Südseite der Marienkapelle. Unter dem Boden der Marienkapelle vermutet man die Reste der angelsächsischen Kirche. Auch dem ersten Normannen auf dem Thron von Exeter genügte dieser Bau noch.

Erst sein Nachfolger William Warelwast (1107–36), ein Neffe Wilhelms des Eroberers, beginnt, zusammen mit Lichfield geradezu als Nachzügler zu betrachten, einen neuen Bau.

Nach den zahlreichen Einstürzen von Vierungstürmen, die man inzwischen erlebt hatte, wählt sein Baumeister eine ungewöhnliche Lösung. Er setzt die Türme an die Enden der Querhäuser, ursprünglich nur durch einen kleinen Eingang zum Schiff hin geöffnet. Mitte des 12. Jahrhunderts werden sie vollendet gewesen sein, während der Bau des Schiffes nach Westen sich noch bis zum Ende des Jahrhunderts hinzieht. Wenige Jahrzehnte später, um 1230, wird dann in bereits perfektem Early English ein rechteckiges Kapitelhaus errichtet, das Anfang des 15. Jahrhunderts noch einmal umgebaut wird. Auf mehr verblüffende als aufschlußreiche Art und Weise hat vor wenigen Jahren Kenneth Carter in die Arkaden des Triforiums bemüht moderne Skulpturen, besser Symbole, eingebracht, die den Gang unserer Welt von der Schöpfung bis zum Auferstehen der Toten schildern sollen.

Mit dem Neubau der niedrigen Marienkapelle und des gleich hohen Retrochores beginnt ein Jahrhundert der Baugeschichte des Decorated und mit der vorgelegten Bildschirmfassade des Perpendicular. Die Höhe der Gewölbe mit gerade gut 21 Metern über dem weiten Schiff weist auf die Dimensionen des normannischen Baues zurück. Noch bevor Marienkapelle und Retrochor eingewölbt sind, beginnt man um 1288 mit dem Neubau des Chores. Hier war von dem zweiten Baumeister, vielleicht dem in den über viele Jahre erhaltenen Baurechnungen erwähnten Roger, eine sehr moderne Lösung verworfen worden. Im Chor ist am eingefügten blinden Triforium und der Balustrade mit der Doppelreihe von Vierpässen darüber der vorherige Zustand noch gut zu erkennen. Das Maßwerk der Fenster des Obergadens scheint so weit wie möglich bis zu den Arkaden hinuntergezogen worden zu sein. Die auch auf dem Kontinent moderne Lösung des Wandaufbaues in zwei Geschossen lag vor. Das gefiel nicht mehr, erschien vielleicht auch zu unsicher. Bis etwa 1326 war der Ostarm vollendet. Zumindest schreibt Bischof John Grandisson (1327–69) in einem frühen Brief an Papst Johannes XXII., daß die Kirche von Exeter bis zur Mitte vollendet sei.

Der Wandaufbau mit den rautenförmig geordneten sechzehnteiligen Pfeilern aus geschichtetem Purbeck-Marmor, den reich profilierten Arkaden, Triforium und Balustrade und den breiten, gedrückten Fenstern, die ein äußerst lebendiges curvilineares Maßwerk füllt, wird auch im Schiff dann beibehalten.

Da auch die Vierung mit Gewölbe geschlossen wird, ergibt sich, wie mit Stolz betont wird, insgesamt das längste ununterbrochene gotische Gewölbe der Welt. Trotzdem ist eine offensichtliche Planänderung festzustellen. Das westliche Joch des Chores ist ausgesprochen schmal gehalten. Das kann man sich eigentlich nur damit erklären, daß der nahe Pfeiler beim Stützen eines vorhergesehenen Vierungsturmes helfen sollte. Darauf wird beim Bau des Schiffes verzichtet, das bis zur Mitte des 14. Jahrhunderts vollendet ist. Mit der Einwölbung der letzten Joche 1369 ist fast schon der heutige Zustand erreicht (Abb. 73). Immer noch einer der auffälligsten Aspekte im Schiff ist die ministrel's gallery, einer Sängerempore, geziert mit musizierenden Engeln, die auch heute vom Chor der Kathedrale noch manchmal genutzt wird.

Im Westen schaltet man drei Schichten von Architektur hintereinander. Dabei nutzt man die Reste des normannischen Mauerwerks aus. Die vorderste Schicht, mit Zinnen abgeschlossen, rahmt die drei niedrigen und schmalen Portale mit drei Reihen von Skulpturen

*Exeter, Kathedrale, Westfassade (17. Jh.)*

(Abb. 72). Die unterste wird von einer Reihe von Engeln gebildet, den gewohnten Bewohnern des Himmlischen Jerusalem. In der Reihe darüber sitzen meist kreuzbeinig, wie es zur Darstellung als Richter gehört, Könige (Abb. 74). Teils hält man sie, wohl fälschlich, für englische Könige, teils für königliche Vorfahren Christi. Das Zentrum der obersten Reihe bildete über dem mittleren Portal eine Marienkrönung. Sie ist unzutreffend durch königliche Gestalten ersetzt. Apostel und Propheten stehen links und rechts davon, unter einem kräftigen Gesims mit einer durch Maßwerk gezierten Zinnenreihe.

Hinter diesem Bildschirm erhebt sich die zweite Fassade mit dem Westfenster, dessen Zentrum eine elegante Rose bildet. Gestuft verschleiern links und rechts Arkaden und Wimperge den Blick auf die Strebebögen, wieder von einer Zinnenreihe zusammengefaßt. Dahinter, als letzte Raumschicht, wird der Giebel sichtbar. Um 1380 werden die letzten Skulpturen fertig. Farbig gefaßt, teils vergoldet oder mit goldenen Ornamenten auf den Gewändern müssen sie einst einen atemberaubenden Anblick geboten haben. Dazu schützte die Farbe auch lange Zeit vor der Verwitterung, die viele der Figuren schon der Attribute und der Feinheiten der Darstellung beraubt hat.

Die Stufung der Fassadenschichten machte es Bischof Grandisson möglich, rechts, auf der Südseite des Hauptportals, sich ein fast höhlenartiges Gelaß als Grabkapelle einzurichten.

Mit der Vollendung des Chores war zu Beginn des 14. Jahrhunderts auch seine Ausstattung entstanden. Zwar ist das Chorgestühl, ein Entwurf von Sir George Gilbert Scott, entstanden, als er 1870–77 die Restaurierungen leitete, aber sie richten sich in ihren Formen nach dem meisterhaften Bischofsthron, einer Miniaturarchitektur von hohem Rang. Der Lettner, 1317 entstanden, mit Gemälden des 17. Jahrhunderts geschmückt, bietet sogar eine

*Exeter, Kathedrale, Grundriß*

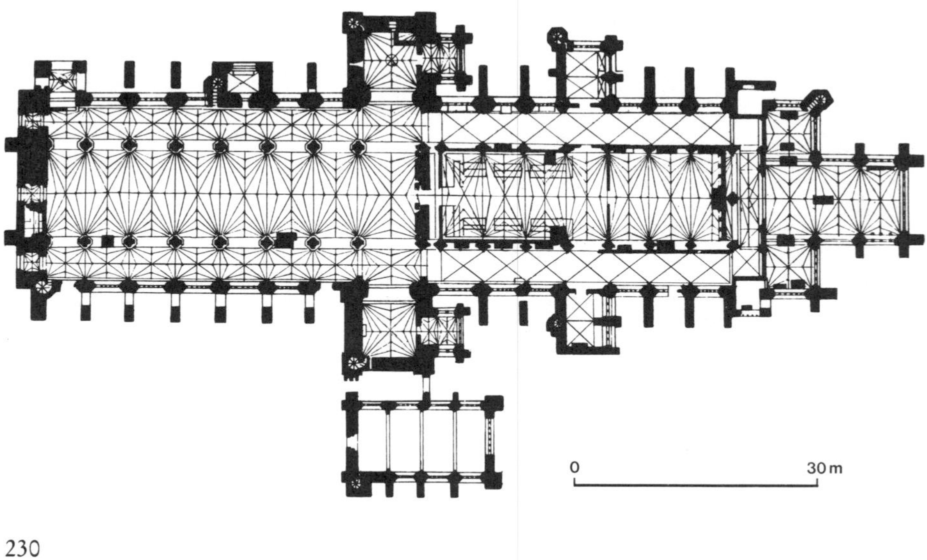

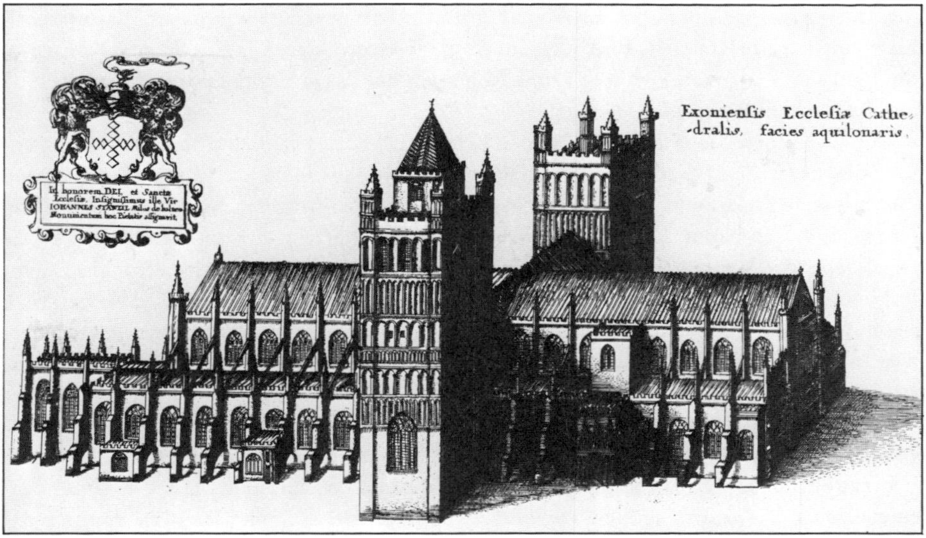


*Exeter, Kathedrale von Norden (17. Jh.)*

Art Erstaufführung. Seine kleinen Gewölbe unter der doppelten Pfeilerreihe, die zugleich als Raumgliederung die Orgel tragen, bieten die ersten Experimente mit einem Netzgewölbe, wie es später in größerem Format für das Perpendicular typisch wird, bevor sich das Fächergewölbe entwickelt. Der Dekor des Lettners dagegen ist eines der reichsten Beispiele des Decorated, das erhalten ist.

Zahlreich sind einzelne Kapellen, durch feine Steingitter als Grabkapellen und Gedächtniskapellen abgeschrankt, teils hat man sie sogar zwischen den Strebepfeilern nach außen geschoben, wie es nur selten in England begegnet. Eine davon, die Kapelle des Heiligen Jakobus, St. James, ist mit Teilen des südlichen Chorseitenschiffes 1942 einer deutschen Bombe zum Opfer gefallen. Man hat alles getreu wieder aufgebaut. Nur das Köpfchen der Konsole in der Südostecke ist ein modernes Porträt. Es zeigt den Bildhauer George Down, der darunter auch sein Grab gefunden hat, als den Steinmetz, auf dem die Hauptlast der Arbeiten ruhte.

## Hereford
*(Abb. 76, 77)*

Nicht nur den Ruhm einer weitverbreiteten Rinderrasse sollte man vor Augen haben, wenn man den Namen Hereford hört, sondern auch eine Maria und dem Heiligen Ethelbert geweihte Kathedrale. Das frühe, wohl bereits 676 gegründete Bistum kam mit König Ethelbert bereits Ende des 8. Jahrhunderts zu einem angesehenen Heiligen. Ethelbert wurde heimtückisch von König Offa von Mercia ermordet, erschien aber schon drei Tage später als Geist, um die Übertragung seiner Gebeine nach Hereford zu veranlassen. Hier verehrte man ihn bald als Heiligen, und König Offas Ruhm hat die Tat, die man einem Rat seiner Frau zuschrieb, wenig geschadet.

Von der Kirche dieser angelsächsischen Zeit ist nichts zu sehen, und auch der normannische Bau des späten 11. und frühen 12. Jahrhunderts ist teils so überarbeitet und weitgehend durch spätere Bauarbeiten ersetzt, daß kaum präzise Aussagen gemacht werden können. Im Jahre 1079 übernahm Robert de Losinga den Bischofsthron von Hereford. Da die angelsächsische Kathedrale bei einem Angriff eines walisischen Heeres wenige Jahre zuvor in Flammen aufgegangen war, hat er begonnen, einen zeitgemäßen Neubau errichten zu lassen. Sein Chor aber, mit dem man begann, ist zu Beginn des 12. Jahrhunderts überarbeitet worden und hat um 1240 seinen heutigen gotischen Obergaden und ein neues Gewölbe erhalten. Die Ostwand des südlichen Querhauses zeigt noch normannische Formen, vielleicht aus seiner Zeit. Eine für 1110 überlieferte Weihe dokumentiert, daß der Chor vollendet ist.

Bis zur Mitte des 12. Jahrhunderts errichtet man dann das Schiff und krönt die Fassade mit einem hohen Westturm, ähnlich wie in Ely. 1786 stürzt er ein und zerschlägt zugleich das westliche Joch des Schiffes. Der damals berühmte, heute wegen seiner ›Restaurierungen‹ mehr berüchtigte Architekt James Wyatt verzichtet beim Wiederaufbau auf dieses Joch. Großzügig erneuert er auch Triforium und Obergaden des ganzen Schiffes, das er mit einem Holzgewölbe schließt. Mit Gips verputzt und dekorativ bemalt zeugt es für die Nonchalance einer Rokokorestaurierung. Aber auch die Pfeiler darunter und die Bögen der Arkaden werden sorgsam überarbeitet, damit sie den Vorstellungen Wyatts von höfischer Zierlichkeit ein wenig mehr entsprechen. Nachdem man sich bald ein Jahrhundert lang über sein Wirken empörte, hat man dann zu Beginn unseres Jahrhunderts nach dem Entwurf des Architekten John Oldrid Scott 1902–08 eine neue Westfassade im Stile des Decorated errichtet. Als Denkmal im Denkmal der Neugotik ist das große Westfenster dem Andenken Queen Victorias gewidmet.

Ein besseres Geschick war anderen Bauteilen beschieden. Der Retrochor des späten 12. Jahrhunderts in Early English und die Marienkapelle des frühen 13. Jahrhunderts mit ihren reichen Staffelungen von Säulchen und kräftigen Profilen rings um die tief eingeschnittenen Lanzettfenster haben ihre Architektur bewahrt. Den Glanz des 14. Jahrhunderts bringen auf der Nordseite die Grabdenkmäler von Joanna de Bohun, die reiche Stiftungen für den Altar der Marienkapelle machte, und von dem Baron Peter de Grandisson in die Kapelle. Peter de Grandisson war ein Großneffe des Heiligen Thomas Cantilupe, Bischof von Hereford († 1282), der auch unter den Heiligen über seiner Grabfigur erscheint.

Auf der gegenüberliegenden Südseite der Marienkapelle hatte sich Bischof Edmund Audley seine Grabkapelle vorbereitet, bevor er 1503 Bischof von Salisbury wurde. Sie ist zweigeschossig an die Marienkapelle angebaut. Ein prächtiges Maßwerkgitter überzieht die Trennwand. Der untere Raum mit seinem Fächergewölbe sollte sein Grab bergen. Die leuchtende Altartafel dagegen ist ein Beispiel späterer Neugotik aus dem Jahre 1951.

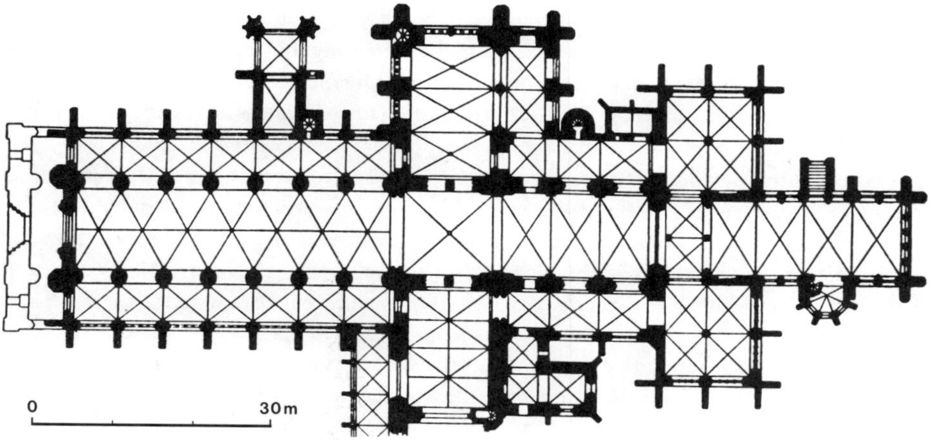


*Hereford, Kathedrale, Grundriß*

Von 1240 bis 1268 war Peter d'Aquablanca Bischof von Hereford. Er was aus Savoyen als Kaplan von Königin Eleanor an den Hof Henrys III. gekommen. Schon sein Grab im Osten des Nordquerhauses belegt, daß er sich den Stil des Hofes zum Vorbild genommen hatte. Westminster Abbey war im Bau. Und das zu seiner Zeit errichtete nördliche Querhaus erzählt voller Stolz von diesem glänzenden Vorbild. Straff wie Goldschmiedearbeiten sind die Formen gehalten. Wie ein Teppich wird die Ostwand über dem Triforium in Schmuckformen zerlegt. Dahinter verbirgt sich ein Raum, in dem jetzt die berühmte Bibliothek der Kathedrale, an Ketten, wie es sich für kostbare Bücher gehört, untergebracht ist. Und wieder wie in Westminster Abbey sind die sechsblättrigen Rosen des Obergadens in sphärische Dreiecke gesetzt. Auch die reiche Verwendung spiegelnd glatt polierten Purbeck-Marmors entspricht dem Vorbild. Befremdend ist dagegen der Schnitt der Bögen. Statt sich rundender Arkaden werden fast Dreiecke mit kaum noch gekrümmten Seiten geboten, die die metallische Starre der Architektur betonen (Abb. 77).

Als Nachbar des Grabes von Peter d'Aquablanca steht in diesem nördlichen Querhaus der steinerne Unterbau des Schreins vom Heiligen Thomas Cantilupe, eine reizvolle Steinmetzarbeit des blühenden Decorated. Thomas Cantilupe war 1275–82 Bischof von Hereford gewesen. Von einer Reise nach Rom brachte sein Sekretär Swinfield nur noch die Gebeine seines Herrn zurück. Als sein Nachfolger bemühte er sich, die Wunder, die nun am Grabe seines Herrn geschehen, für eine Heiligsprechung zu nutzen. Tote stehen wieder auf, Leprakranke werden geheilt, und König Edward I. schickt zweimal kranke Falken nach Hereford, damit sie hier Heilung finden. Erst vier Jahre nach dem Tode von Bischof Swinfield gelingt es im Jahre 1320, mit hohen finanziellen Investitionen die Heiligsprechung zu sichern. Aber das und noch mehr kann aus den Spenden der herbeiströmenden Pilgerscharen finanziert werden, seit 1287 sein Schrein im nördlichen Querhaus aufgestellt ist. Die kleinen östlichen Querhäuser werden ausgebaut, und die Außenwände der Seitenschiffe werden erneuert, vielleicht als Vorbereitung für eine Neugestaltung des normannischen Schiffes. Abes es reicht dann doch nur für einen neuen Vierungsturm, dessen hoher Helm aus Holz mit einem Bleidach 1790 unter James Wyatt wieder entfernt wurde.

Das Bleidach ist besonders dem 1359–70 errichteten neuen Kapitelhaus zum Verhängnis geworden. In der Zeit der Bürgerkriege unter Cromwell wurde es bei einer Belagerung Mitte des 17. Jahrhunderts in Kugeln gegossen, und Bischof Bisse verwandte die noch beachtlichen Reste Anfang des 18. Jahrhunderts zur Reparatur seines Palastes. Die heute sichtbaren Spuren des Kapitelhauses reichen nicht mehr aus, zu entscheiden, ob der Baumeister Thomas of Cambridge hier eines der ersten Fächergewölbe entworfen hatte, wie vermutet worden ist.

Ende des 14. Jahrhunderts folgt die Modernisierung von Fenster und Gewölbe des südlichen Querhauses. Im frühen 15. Jahrhundert wird der westliche Kreuzgang erbaut, von dem der westliche Flügel zerstört ist, und Mitte des 15. Jahrhunderts erhalten die Chorvikare einen gedeckten Zugang östlich davon zum Chor, um trockenen Fußes vom College zum Chor gelangen zu können. Den eleganten Schluß der Bauarbeiten bildet die Rahmung und Aufstockung des Nordeingangs des 14. Jahrhunderts. Treppentürmchen und Kapelle im Obergeschoß in feinem Perpendicular ließ Bischof Thomas Booth 1535 vollenden.

Trotz aller Leiden, die von der Reformation über die Bürgerkriege bis zu den Restaurierungen nun folgen, sind noch beachtenswerte Schätze an Ausstattung erhalten. Der normannische Taufstein des 12. Jahrhunderts wird von den Zwölf Aposteln umgeben. Im nördlichen Seitenschiff des Chores hängt die Weltkarte des Walter von Haldingham. Als Kanoniker der Kathedrale hat er sie um 1290 nach dem geläufigen T-Schema des Mittelalters entworfen. Rings um die T-förmig gestalteten Meere werden dabei die drei bekannten Kontinente gruppiert, mit Jerusalem als Mittelpunkt des Erdkreises. Neben den zahlreichen Gräbern und der Grabkapelle für Bischof Stanbury am gleichen nördlichen Seitenschiff des Chores aus dem späten 15. Jahrhundert ist wohl das Chorgestühl mit den typischen Baldachinwimpergen des späten Decorated Mitte des 14. Jahrhunderts im warmen Schimmer alten Holzes der reizvollste Anblick. Man spürt, daß hier – wie auch in den anderen Kathedralen – trotz sich ändernder theologischer und politischer Verhältnisse seit Jahrhunderten das Chorgebet zur Ehre Gottes dargebracht wird.

## Lichfield

*(Farbt. 15, 29; Abb. 81, 82)*

Der große Ruhm Lichfields liegt in der einzigartigen Silhoutte seiner drei steinernen Turmhelme (Abb. 81). Hier sind sie einmal sowohl vollendet worden als auch erhalten geblieben. Den Eindruck sollte man, vielleicht vom südlich vorgelagerten Teich aus, eine kleine Weile genießen; geht man dann näher heran, spürt man allerdings, daß vieles teils durchgreifend restauriert, teils ergänzt worden ist.

Die Kathedrale, deren Ruhm der Schrein und die Gebeine des Heiligen Chad waren, hat im Bürgerkrieg des 17. Jahrhunderts entsetzlich gelitten und ist dann im gleichen Jahrhundert und wieder unter dem berüchtigten James Wyatt Ende des 18. Jahrhunderts und schließlich von 1856–1884 unter Sir George Gilbert Scott restauriert worden. Die Portale im Westen wie an den Querhäusern und zum Teil auch die Skulpturen der Westfassade sind traurige Zeugen dafür. Die barocke Skulptur König Charles' II., am nördlichen Querhaus abgestellt, war nach der Erneuerung des Königtums, ohne das die Engländer ja offensichtlich nicht leben wollen, an die Stelle Christi im Westgiebel der Fassade getreten. Im 19. Jahrhundert ersetzt, hat sie seit einigen Jahren hier Aufstellung gefunden, ein wenig vielleicht doch auf den Boden der Wirklichkeit zurückgebracht.

Aber diese im wahren Sinne des Wortes oberflächlichen Beeinträchtigungen sollten nicht daran hindern, die gelungene gotische Architektur zu genießen. Der Heilige Chad war 669 als Missionsbischof in Lichfield eingesetzt worden, bereits 672 starb er im Geruch der Heiligkeit, die dann im 13. und 14. Jahrhundert reichlich spendende Pilgerscharen in Bewegung setzte.

Den 1195 begonnenen Bauarbeiten fiel Schritt für Schritt der normannische Kirchenbau-Vorgänger zum Opfer. Der eigentliche Chorbereich, wo auch heute das Gestühl des 19. Jahrhunderts vom frisch restaurierten Lettner Scotts abgeschlossen wird, war der erste Abschnitt der Bauarbeiten. Aber nur die drei westlichen Arkaden zeugen noch davon. Gewölbe und Obergaden hat man im 14. Jahrhundert modernisiert. Als nächstes wurden zu Beginn des 13. Jahrhunderts die Querhäuser errichtet, dazu für das lange Zeit separat verehrte Haupt des Heiligen eine Kapelle an der Südseite des Chores. Mit der Vollendung des nördlichen Querhauses war dann auch die Möglichkeit gegeben, ein Kapitelhaus zu errichten. Ein gedrücktes Zehneck, ins Oval verwandelt, zweigeschossig mit Mittelpfeiler und einem langgestreckten Vestibül entsteht. Das Obergeschoß diente einst als Schatzkammer. Da es keine Schätze mehr gibt, wird hier nun die Bibliothek bewahrt. Zu deren

*Lichfield, Kathedrale, Grundriß*

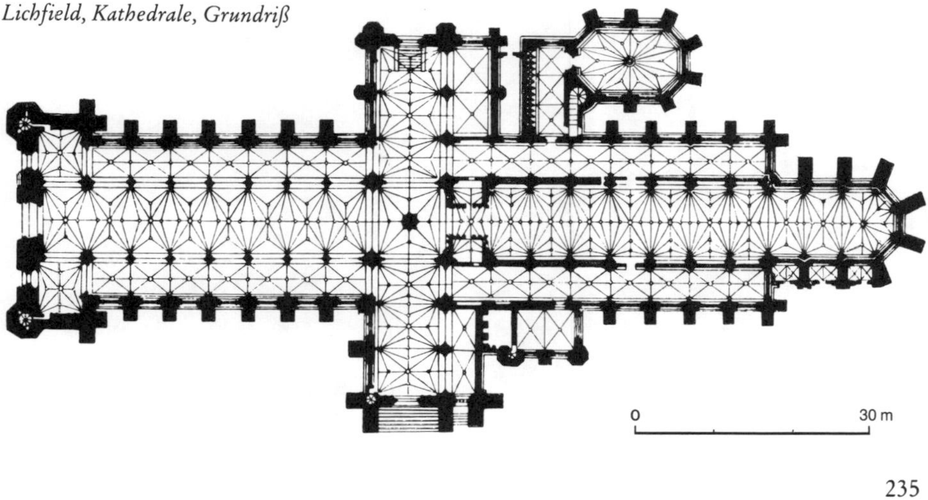

Schätzen allerdings gehört das Evangeliar St. Chads, das zwar erst im 8. Jahrhundert entstand, aber eines der schönen Beispiele keltischer Ornamentik dieser frühen Jahrhunderte bietet.

Bis zum Ende des 13. Jahrhunderts folgen nun Schiff (Abb. 82) und die unteren Teile der Fassade. Im Schiff wird die Wand über den Arkaden noch in zwei Etagen mit Emporen und den sphärischen Dreiecken der Fenster des Obergadens nach dem Vorbild von Westminster gegliedert. Anders in Marienkapelle und Chor. Aber bevor man mit diesen Arbeiten beginnt, wird in den ersten beiden Jahrzehnten des 14. Jahrhunderts die Fassade mit ihren Skulpturengalerien und dem trotz aller Restaurierungen und Änderungen lebendigen Maßwerk des Decorated vollendet. Auch hier darf man sich zumindest eine Ergänzung durch farbige Fassung einzelner Teile vorstellen.

Mit der wohl vom Architekten William of Eyton entworfenen Marienkapelle zieht eine neue Zeit ein. Die neun Fenster reichen fast bis zum Boden, außen haben gerade noch ein paar Arkaden für Gräber Platz darunter. Licht erfüllt den Raum. Die Fenster sind allerdings erst im 19. Jahrhundert eingefügt worden. Sieben davon stammen aus der Zisterzienserabtei Herckenrode bei Lüttich, wo sie bereits 1802 erworben wurden. Hinreißend schöne Zeugnisse flämischer Glasmalerei wurden so gerettet. Diese Fenster des 16. Jahrhunderts werden durch zwei weitere, etwas jüngere in den westlichsten Fenstern seit 1895 ergänzt, deren ursprünglicher Standort nicht mehr bekannt ist.

Nach der Vollendung der Marienkapelle um 1326 blieb als letzte große Aufgabe die Zusammenfügung von Chor und Marienkapelle, noch fehlten Retrochor und Altarraum. Die Aufgabe war weniger einfach, als sie heute gelöst erscheint. Die Marienkapelle war mehr als einen halben Meter schmaler als der Chor geraten und wich dazu in der Achse nach Norden aus. Das Kapitel rief William Ramsey, aus der Familie der Architekten von Norwich, zu dieser Zeit Architekt des Königs, zu Hilfe. Er verband mit für das Auge kaum spürbaren Verschiebungen beide Teile miteinander und änderte zugleich auch den Chor in modernere Formen ab. Nur zwei Etagen gliedern die Wand, auf Empore oder Triforium wird verzichtet. Aber nur noch zwei der Fenster haben nach den Zerstörungen des Bürgerkrieges im 17. Jahrhundert das beschwingte Maßwerk des 14. Jahrhunderts behalten. Ende des 14. Jahrhunderts werden die steinernen Helme fertiggestellt. Das Bild der Kathedrale der hohen Gotik ist vollendet.

## Norwich

*(Abb. 75, 78)*

Wie mancher andere englische Bischofssitz hat auch der Thron des Bischofs von Norwich einige Ortswechsel hinter sich gebracht. Hier allerdings nicht nur historisch, sondern tatsächlich. Der Thron des Bischofs im Chor enthält noch Bestandteile, die vielleicht schon im 8. Jahrhundert zum Bischofsthron von Elmham gehörten. Um 630 war der Sitz in

Norwich, Kathedrale, Grundriß

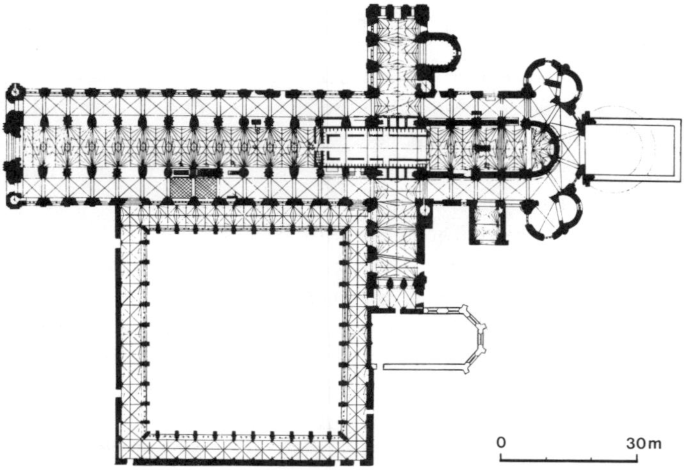


Dunwich errichtet worden, dann hatte man ihn Ende des Jahrhunderts nach Elmham verlegt, und von dort war der Thron unter Bischof Herfast, einem der Kapläne Wilhelms des Eroberers, 1070 nach Thetford übertragen worden. Im Jahre 1091 kauft der ehemalige Prior des Klosters Fécamp in der Normandie, Herbert de Losinga, seit 1088 Abt des Klosters Ramsey, die Ernennung zum Bischof für die ungeheure Summe von 1900 Pfund von William Rufus, dem geldgierigen, nicht gerade sehr kirchlich gesinnten Sohn des Eroberers. Herbert de Losinga erlangt für diesen Akt eklatanter Simonie, das große Greuel des erkauften geistlichen Amtes, sogar die Verzeihung und Absolution des Papstes. Das erstaunt besonders sein bisheriges Kapitel von Weltgeistlichen, die es Herbert de Losinga verübeln, daß sie nun, seiner mönchischen Vorgeschichte getreu, durch Benediktiner ersetzt werden.

Nach dem Erwerb des Bischofssitzes und der sicher gerechten, aber kaum billigen Absolution durch den Papst bleibt Herbert de Losinga noch genügend Geld, am neu gewählten Sitz seines Bistums in Norwich ein großes städtisches Areal für den Neubau der Kathedrale zu erwerben. Nur unter der östlichen Kapelle des Chorumgangs, die erst 1930–32 als Nachfolger einer zerstörten gotischen Marienkapelle erbaut wurde, hat man Spuren eines kleinen angelsächsischen Vorgängerbaues gefunden.

Die Bauarbeiten wurden rasch vorangetrieben. Schon am 24. September 1101 konnte eine erste Weihe gefeiert werden. Vor Herberts Tode im Jahre 1119 werden der Chor mit seinen drei ausstrahlenden Kapellen (Abb. 75), die schon eine exakte Ausrichtung des Altars ermöglichen, und zumindest die Querhäuser vollendet gewesen sein. Auch von den Querhäusern gehen, das ist auf der Nordseite noch gut zu erkennen, Kapellen nach Osten aus. Bis zur Mitte des 12. Jahrhunderts werden das Schiff mit seiner Querschnittfassade und der Vierungsturm, der einst einen hölzernen Helm besaß, vollendet.

An den stolzen Gründer Herbert de Losinga erinnert ein Wandrelief im südlichen Chorumgang. Es zeigt ihn zwischen zwei spiralförmig gedrehten Säulen, die durch einen Bogen verbunden werden und sich mit Tierköpfen in der Erde verbeißen. Spiralförmig dekorierte Säulen kennen wir bereits aus Durham und finden sie als Rahmung des Kreuzaltars vor dem Lettner auch hier wieder. Sie lassen die Würde des Bischofs erkennen und erinnern links und rechts des Altars an den Tempel Salomonis, von dessen Säulen zumindest eine, die als Colonna Santa in Rom verehrt wird, ähnlich gestaltet ist. Auch andere Pfeiler zeigen noch Spuren davon, daß sie einst als Rundpfeiler gedacht waren. Spätestens bei den Erneuerungsarbeiten nach einem Brand der Kathedrale im Jahre 1171 hat man die Pfeiler weitgehend vereinheitlicht.

Der von Herberts Nachfolger, Everard de Montgomery (1121–45), vollendete Bau betont auch sonst die Einheitlichkeit und Geschlossenheit der Gestaltung. Nur die Baudekoration wird nach Westen etwas reicher. Bei aller Massivität des Mauerwerks wird aber eigentlich Zierlichkeit betont. Die Pfeiler werden rings um den kreuzförmigen Kern aus dünnen Halbsäulen gebündelt. Vor den Arkaden liegt eine dünne Schicht Wand, durch eine Schattenstufe abgehoben. Die Bögen der Emporen bleiben offen, die Pfeiler werden wie darunter in dünne Stäbe zerlegt. Auch die Dienste entsprechen diesem Bild, nur zurückhaltend ist die Gliederung in Joche angedeutet. Die Dreierstaffelung der Bögen des Obergadens ist, auf dünne Säulen gestellt, weit geöffnet.

Diese großzügigen Öffnungen der Wände in Schiff und Chor hat man sich im 14. und 15. Jahrhundert zunutze gemacht, um dem gotischen Wunsch nach mehr Licht Folge zu leisten. Die Fenster des nördlichen Seitenschiffes werden schon zu Beginn des 14. Jahrhunderts unter John Ramsey aus der namhaften Baumeisterfamilie Südostenglands erweitert. 1361 weht ein Unwetter den hölzernen Helm des Vierungsturmes genau nach Osten in das Dach des Chores, zerstört dabei auch Teile des normannischen Obergadens. Man nutzt die Chance, gut drei Meter höher mit größeren Fenstern zu erneuern. Im Maßwerk der Fenster vollzieht sich noch ein Nebeneinander von Formen des curvilinearen Maßwerks neben ersten Formen des Perpendicular. Wieder schließt man mit einem hölzernen Dachstuhl. Erst als nach der Mitte des 15. Jh. im Schiff ein elegantes Netzgewölbe eingezogen worden ist, wird Ende des 15. Jh. nach einem Brand des Helms und des Chordachstuhls im Jahre 1462 auch der Chor in Stein gewölbt. Das macht außen auch die Strebebögen nötig.

Im Schiff werden bei der Umgestaltung die sichtbaren normannischen Formen nicht angegriffen. Nur außen sieht man, mit welcher Raffinesse zusätzlich weite Fensterflächen eingefügt worden sind. Nahe der Vierung geht man sogar so weit, die Dächer über den Emporen schräg nach innen zu stellen, um mit höheren Fenstern mehr Licht in den Chorraum (Abb. 78), der sich ja über die Vierung nach Westen erstreckt, zu bringen. Dazu gehört auch das zu Beginn des 15. Jahrhunderts eingesetzte große Westfenster. Nachdem man nach dem Brand von 1462 auch den Helm des Vierungsturmes in Stein erneuert hatte, verhilft endlich im Jahre 1509, rechtzeitig vor der nahenden Reformation, wieder ein Brand auch den Querhäusern zu ihren steinernen Gewölben. Auch das feingliedrige Steingitter, das den Zugang zum südlichen Chorseitenschiff schließt, entsteht in diesen Jahren.

*Norwich, Kathedrale, Fassade des Nordquerhauses*

Es ist schon bewundernswert, mit welcher Kunst innen spätgotische Gewölbe und Fenster mit dem spätnormannischen Aufbau der Wand in Zusammenklang gebracht worden sind. Außen wird deutlich, daß gewisse Grundmotive der Gestaltung, dichte Reihung von Arkaden und Reihung rechteckiger Formen, für beide Epochen gelten und in einer Wand nebeneinander zu bestehen vermögen. Das macht den Charme des Bauwerks aus.

Während dieser Arbeiten an der Kathedrale entsteht zugleich der Kreuzgang. Die normannischen Vorgängerbauten waren 1272 bei Auseinandersetzungen mit den Bürgern von Norwich in Flammen aufgegangen. Noch Ende des 13. Jahrhunderts beginnt man mit dem Ostflügel im Decorated. Ein Meisterstück ist dabei der östliche Zugang zum Schiff, das Portal des Priors. Reich gerahmt thront Christus mitten über dem Portal, begleitet (von links nach rechts) von Johannes dem Täufer, Petrus, dem Heiligen Edmund und Moses. Erst zu Beginn des 15. Jahrhunderts wird mit dem Nordflügel das Geviert des Kreuzganges mit seinem Formenschatz vom Decorated über curvilineare Formen zum Perpendicular geschlossen. Berühmt ist die Serie reicher Schlußsteine, die neben der Passion Christi, Szenen aus dem Leben Mariens und den Legenden der Heiligen auf der Süd- und Westseite die Apokalypse schildern. Hier sind sie einmal so nahe, daß man sie ohne Schwierigkeiten betrachten kann.

Neben der üblichen Fülle von Grabmälern und Gedenkplatten hat Norwich einige Kostbarkeiten zu bieten. Die beiden größten sind Reste zweier Altargemälde, Raritäten, die kaum an einer anderen Stelle zu finden sind. Denn noch gründlicher als in den Zeugnissen

*Norwich, Portal zum Kreuzgang*

der Architektur oder der Bildhauerei haben die religiösen Auseinandersetzungen des 16. und 17. Jahrhunderts zur Vernichtung der Altargemälde und des Altargerätes geführt. In der südlichen Kapelle am Chorumgang, dem Apostel Lukas geweiht, werden die zentralen Szenen rings um den Tod Christi vorgeführt: Geißelung, Kreuzweg, Kreuzigung, Auferstehung und Himmelfahrt. Das Altarbild soll um 1381 von Bischof Despenser und anderen gestiftet worden sein. Das Altarbild der Achskapelle ist aus Teilen unterschiedlicher Herkunft aus einer anderen Kirche zusammengesetzt, kräftig restauriert und in einem neuen Rahmen zusammengebracht. Zwei weitere Tafeln der gleichen Kirche, aus St. Michael-at-Plea, sind im neuen Besucherzentrum über dem Westflügel des Kreuzganges zu sehen.

Aber bevor man sich als Abschluß eines Rundganges dahin zurückzieht, sollte man unter der Schatzkammer mit ihrer modernen Silberausstattung in der Nordseite des Chorumganges durchgehen. Hier waren einst Reliquien sichtbar gemacht. So konnte man unter den Reliquien durchgehen, wie man auch gerne unter Schreinen durchging. Diese Atmosphäre mittelalterlicher Frömmigkeit und Farbigkeit, die mit diesem Durchgang und den Altarbildern zu spüren ist, kann noch durch einen letzten Hinweis bereichert werden. Die Abrechnung des Sakristans macht das wohlgearbeitete Loch im Zentrum des fünften Joches von Osten an der Stelle eines Schlußsteines verständlich. Die Abrechnung verzeichnet die Kosten für einen Mann, der, gekleidet wie ein Engel, vom Gewölbe heruntergelassen werden konnte, um das Kreuz der Kreuzigungsgruppe über dem Lettner zu beweihräuchern. Man fühlt sich direkt an den Deus ex machina des Theaters erinnert und versteht leichter, daß sich das Theater des Mittelalters aus der Liturgie der Kirche entwickeln konnte.

# Oxford
*(Abb. 79)*

Oxford kann sich seit 1546 rühmen, Sitz eines Bischofs zu sein. Wie es dem Ruhm der Universitätsstadt entspricht, ist seine Kathedrale vorrangig erst einmal die Kirche des Christ Church College. Und nur auf dem Wege über einen für die Besichtigung des College zu entrichtenden Obolus erreicht man auch den wohlreglementierten Zutritt zur Kathedrale.

Gebaut wurde die Kirche für ein Priorat der Augustiner-Chorherren, das 1525 aufgelöst wurde, um Kardinal Wolsey als Grundstock für sein Cardinal College zu dienen. Nach seinem Fall wurde das College von Heinrich VIII. daraus. Aber nur für vier Jahre, denn dem Bischof hatte er zuerst die Abtei Osney als Sitz zugewiesen. 1546 wurden College und Kathedrale unter dem Namen Christ Church zusammengefaßt, und die Abtei Osney konnte in finanziellem Wohlgefallen aufgelöst werden.

Die Patronin der Kathedrale, die Heilige Fridreswide, mag hier ein Kloster schon im 8. Jahrhundert gegründet haben. Die Wachstube für ihren Schrein, Ziel einer kleinen zweigeschossigen Gedächtniskapelle, steht noch im Osten auf der Südseite der Marienkapelle. Der heutige Bau stammt in seinen wesentlichen Teilen aus der zweiten Hälfte des 12. Jahrhunderts: der langgestreckte Chor (Abb. 79) von vier Jochen mit seinem rechteckigen Altarraum, die ursprünglich dreischiffigen Querhäuser und das erst unter Wolsey auf vier Joche verkürzte Schiff. Der Eindruck des Raums verbirgt seine geringe Höhe von gut 13 Metern geschickt. Der Architekt hat, wie es auch z. B. in Jedburgh oder Glastonbury

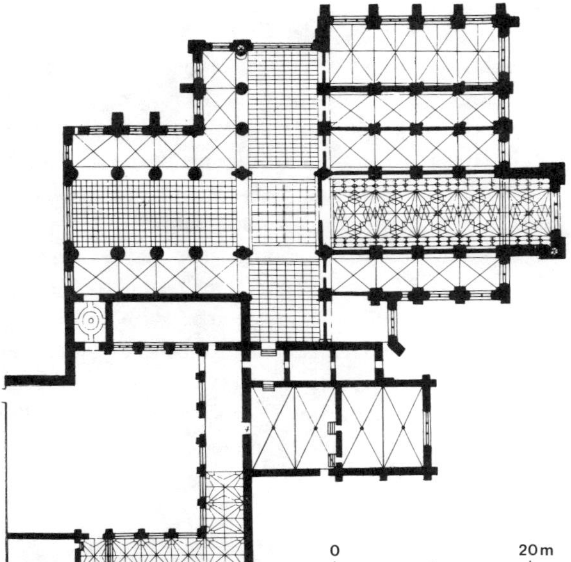


*Oxford, Kathedrale, Grundriß*

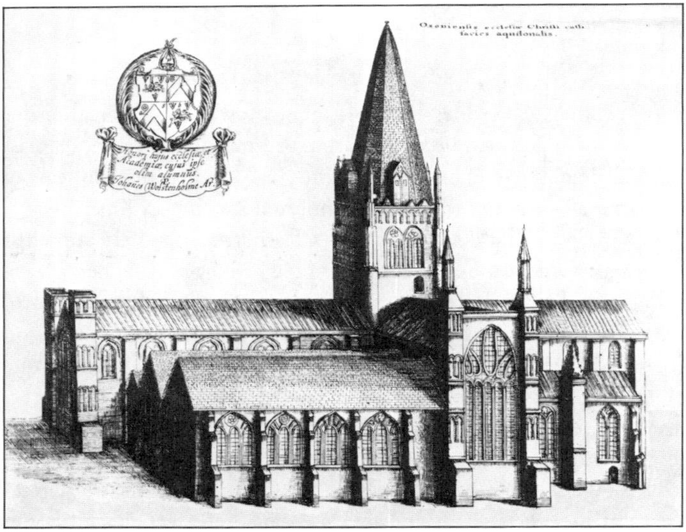

*Oxford, Kathedrale von Süden (17. Jh.)*

geschah, die Arkaden zu den Seitenschiffen über dem Triforium durchgezogen, eine raffinierte Augenwischerei. Nach Westen zu zeigt sich in der Bauzeit gegen 1180 in den Kapitellen der Einfluß des Early English und ein Wechsel im Pfeilerquerschnitt zwischen rund und achteckig.

Mitte des 13. Jahrhunderts wird, da im Osten die Stadtmauer keinen Raum ließ, eine Marienkapelle auf der Nordseite des Chores angefügt. Am Kreuzgang entsteht das rechteckige Kapitelhaus, und der Vierungsturm erhält seine heutige Form mit einem der ersten steinernen Helme, dem man das Vorbild von St. Etienne in Caen ansieht.

Mitte des 14. Jahrhunderts folgt man dann dem allgemeinen Bedürfnis nach mehr Licht, vergrößert Fenster und baut nördlich der Marienkapelle die Latin-Chapel an, deren Reiz die Formen bewegten curvilinearen Maßwerks sind. Erst um 1470 entschlossen sich die Augustiner-Chorherren, endlich statt des Holzes steinerne Gewölbe einzufügen. Diese wurden nur im Chor vollendet, eine raffinierte Delikatesse der späten Gotik, ein Netzgewölbe über hängenden Schlußsteinen (Abb. 79). Im Schiff sieht man nur die Vorbereitungen mit den ersten schon eingefügten Konsolen. Von den durchgreifenden Restaurierungen des 19. Jahrhunderts, wieder unter Sir George Gilbert Scott, zeugen der neue Westeingang und auch reizvolle Fenster nach Entwürfen von Edward Burne Jones. Einige erhaltene Fenster des 14. und 16. Jahrhunderts können sehr wohl daneben bestehen.

# Ripon
*(Abb. 80)*

Neben dem von den Angelsachsen ebenso wie von den kontinentalen Franken hoch verehrten St. Peter ist bald der zweite Abt des Klosters in Rhyphum, der Heilige Wilfrid, zum zweiten Patron der einst von ihm verwalteten Kirche geworden. Mit ihm war 661 in das etwa 657 gegründete Kloster ein Abt gekommen, der den römischen Bräuchen anhing. Seine schottischen Mönche ergreifen die Flucht, und bei ihren Nachfolgern setzt Wilfrid die Regeln benediktinischen Mönchslebens durch. Das war nur das Vorspiel für eine Tat, die europäische Geschichte formte. Sein Einfluß auf König Oswiu führt auf der Synode von Whitby im Jahre 664 zum Sieg des Einflusses der römischen Kirche. England wird Teil des kontinentalen Kulturkreises. Wilfrid wird Bischof von Northumbria, was ihn nicht hindert, durch seine undiplomatische Art ständig in Schwierigkeiten zu geraten.

Er findet, als er nach einer Reise auf den Kontinent zur Bischofsweihe zurückkehrt, einen anderen Bischof, den zukünftigen Heiligen Chad, auf seiner ›Planstelle‹ vor und zieht sich nach Ripon zurück. Hier baut er nun statt des hölzernen Klosters einen Steinbau, der Aufsehen erregt. Seine erhaltene Krypta, heute als Schatzkammer genutzt, ist damit einer der ältesten Steinbauten Englands. Die zentrale Kammer, von einem Gang umgeben, besitzt Nischen in den Wänden, wohl um Lichter darin aufzustellen. Eine davon ist zum Gang hin durchbrochen und trägt die schöne Bezeichnung St. Wilfrid's Needle, was man besser als Wilfrids Nadelöhr übersetzt. Denn nach mittelalterlicher Legende bewies eine Frau ihre Keuschheit, wenn es ihr gelang, durch die enge Öffnung zu klettern.

Gegen den Willen Wilfrids teilt in diesen Jahren Theodor von Tarsus, der organisationsfreudige Erzbischof von Canterbury, das Bistum Northumbria in kleinere Diözesen unter der Leitung Yorks ein, das auf diese Weise zum Sitz eines Erzbischofs wird. Damals wird Ripon für kurze fünf Jahre, 681–686, ein erstes Mal Sitz eines Bischofs, eine Tradition, die erst 1836 erneuert wurde.

Die enge Verbindung zwischen Wilfrids Bischofssitz York und seinem geliebten Kloster Ripon, wo er auch 709 sein Grab findet, führt zu reichem Besitz der Erzbischöfe in Ripon, denn bei aller Streitlust war Wilfrid auch immer ein freudiger Empfänger von Geschenken an Grund und Boden. Aber das Kloster fällt spätestens 860 den Plünderungen der Dänen zum Opfer und gehört auch seit 878 zum Danelaw.

Erst im 10. Jahrhundert kehrt Ripon wieder unter die Herrschaft von Wessex zurück, ohne daß man über die nächsten Jahre viel wüßte. Nur wird berichtet, daß das Kloster Mitte des 10. Jahrhunderts in Streitigkeiten mit den Dänen von York in Flammen aufgeht. Spuren von Bautätigkeit finden wir erst um 1100 wieder. Ripon wird wie der ganze Norden Englands unter dem verwüstenden Straffeldzug Wilhelms des Eroberers gelitten haben, den er 1070 nach einer Rebellion im Jahre 1069 durchführt. Noch bei der Erstellung des Domesday Book werden die Gebiete ringsum als wüst und unkultiviert bezeichnet.

Aus der Zeit des ersten normannischen Erzbischofs von York, Thomas of Bayeux (1070–1100) oder aus der seines späteren Nachfolgers Thurstan (1114–1141) stammt die

Apsis der langgestreckten Kapelle an der Südseite des Chores. Die als Totenkapelle genutzte Substruktion gehört noch zu dieser ersten Bauzeit. Das als Kapitelhaus verwendete gewölbte Gemach des ersten Geschosses gehört zum Bau des späten 12. Jahrhunderts, und die ehemalige Marienkapelle darüber, die Lady Loft, gehört zum Perpendicular des späten 15. Jahrhunderts. Über eine Treppe vom südlichen Querhaus aus zugänglich, wird sie heute als Bibliothek, die noch einiges an Kostbarkeiten enthält, benutzt. Die Marienkapelle nach Osten anzubauen wäre wegen des stark abfallenden Geländes schwierig gewesen, so hat man hier eine Lösung gewählt, wie sie ähnlich z. B. in Oxford erscheint. Erst aus der Zeit, als Robert de Pont l'Evêque 1154–81, Erzbischof von York, einer der geistlichen Gegner Thomas Beckets, war, sind wesentliche Bauteile erhalten.

Erzbischof Roger scheint um 1175 mit den Bauarbeiten begonnen zu haben. Die beiden Querhäuser und jeweils das westliche und östliche Joch des Mittelschiffes und der Westen des dreischiffig angelegten Chores zeigen früheste englische Gotik, den Übergang von normannischer Solidität zur Linienhaftigkeit des Early English. Am besten erhalten ist auch außen das nördliche Querhaus.

Das Schiff hatte man, vielleicht weil man es ohne Seitenschiffe lassen wollte, weiter als das Mittelschiff des Chors angelegt. Dadurch erhält der Vierungsturm seinen trapezförmigen Zuschnitt. Noch heute erstaunt der weite Raum mit gut 12 Meter Breite, aber seit dem frühen 16. Jahrhundert hat man Seitenschiffe angebaut, wohl um etwas mehr wie eine Kathedrale auszusehen. Dabei schloß man sich an die Breite der von zwei Türmen begleiteten Fassade der Mitte des 13. Jahrhunderts an. Sie bestimmt den ersten Eindruck, den die Kathedrale heute bietet (Abb. 80). Drei niedrige Portale führen in das Mittelschiff, schmucklos von Wimpergen gerahmt. Darüber, parallel in den Türmen aufgenommen, sind zwei Etagen an Lanzettfenstern gereiht. Je fünf füllen, sich in der Höhe steigernd, die Fassade des Mittelschiffs. In dieser betonten Zurückhaltung liegt ein eigenartiger Reiz, den die sich gegenseitig hebenden, immer wieder gleichen Elemente ergeben. Sir George Gilbert Scott hat bei seiner Restaurierung 1861–69 zierliches Maßwerk des 14. Jahrhunderts aus den Lanzettfenstern entfernt, mit gutem Erfolg.

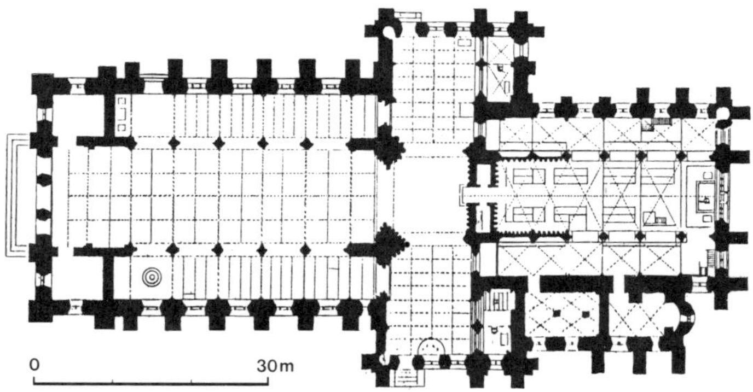


*Ripon, Kathedrale, Grundriß*

*Ripon, Kathedrale, Westfassade*

Der Fassade wie dem Vierungsturm fehlen für die Wirkung in die Landschaft die hohen bleigedeckten Helme. Aber nachdem der morsche Helm des Vierungsturmes, durch einen Blitzschlag noch zusätzlich geschwächt, 1660 in den Chor stürzte und schweren Schaden anrichtete, hat man 1664 auch die Helme der Westtürme abgetragen.

Trotz des prächtigen Baues, der den sieben Kanonikern von Ripon zur Verfügung stand, hört man Ende des 13. Jahrhunderts laute Klagen über ihr Verhalten. Sie vernachlässigen ihren Dienst, nehmen nicht am Chorgebet teil, singen schlecht und leben meist nicht einmal in Ripon. Bei dieser Achtlosigkeit wundert es nicht, daß der Chor unter Erzbischof John Romanus von York, von dem diese Klagen stammen, um 1290 erneuert werden muß. Der Übergang zwischen den frühen Anfängen der Gotik im Westen des Chores und dem voll entwickelten Decorated in seiner geometrischen Variante ist gut gelungen. Höhen und Grundformen werden aufgenommen, in die Formsprache der eigenen Generation umgesetzt. Statt einer Sammlung von Lanzettfenstern, die vielleicht auch nach Osten den Raum abschloß, wird jetzt ein elegantes siebenbahniges Riesenfenster von gut fünfzehn Meter Höhe und halb so breit eingefügt. Das Glas ist allerdings aus dem 19. Jahrhundert. Den Raum schließt das hölzerne Gewölbe mit seiner farbigen Fassung und den erhaltenen vergoldeten Schlußsteinen der Zeit um 1300.

Den Prunk seines Chorgestühls verdankt die Kathedrale von Ripon dem Einsturz des Vierungsturmes im Jahre 1458. Die Süd- und Ostwand findet man im Chor wieder. Aber der Schaden war schnell behoben, neues Gestühl und ein neuer Lettner zeugen davon. Die farbenprächtigen Skulpturen des Lettners sind allerdings erst ein halbes Jahrhundert alt. Auch der Hochaltar entstand erst nach dem Ersten Weltkrieg nach dem Entwurf Sir Ninian Compers, ein Juwel später Neugotik. Aber damit ist die Freude an Stiftungen nicht zu Ende. 1970 ist das südliche Seitenschiff des Chores als Kapelle des Heiligen Geistes ausgestaltet worden. Aber ich fürchte, daß die oszillierenden Linien der Gitter, auch von der Kommunionbank wiederholt, selbst ihn etwas nervös machen könnten.

## Rochester

*(Abb. 83, 85)*

Die Kathedrale des Heiligen und Apostel Andreas in Rochester, seit der Reformation Christus und Maria geweiht, rühmt sich, mit dem Gründungsdatum 604 nach Canterbury der zweitälteste Bischofssitz Englands zu sein. Dabei hatte man dem Heiligen Augustinus, als er hier bald nach seiner Landung in England im Jahre 597 predigte, statt sich bekehren zu lassen Fischschwänze ans Gewand geheftet. Wutentbrannt wünschte er, daß die Einwohner Rochesters selbst mit solchen Schwänzen versehen werden sollten. Ein zwar wenig frommer Wunsch, der aber noch im späten Mittelalter, auf alle Engländer übertragen, oft die Bewohner des Kontinentes zu unhöflichen Bemerkungen veranlaßte.

Im Nordwesten des heutigen Kirchenschiffes hat man bei Grabungen Spuren der angelsächsischen einschiffigen Kirche gefunden und mit Linien im Boden nachgezeichnet. Dieser Bau mag noch zur Zeit des Heiligen Justus, der 604 Bischof von Rochester wurde, erstmals formuliert worden sein. Bischof Gundulf, zuvor am Hofe von Erzbischof Lanfrank von Canterbury und ehemals Mönch im Kloster Bec, der gemeinsamen Heimat, ist dieser angelsächsische Bau zu bescheiden. Allerdings baut er erst einmal einen festen Turm, bevor er seine neue Kathedrale beginnt. Auf der Nordseite der Kathedrale, zwischen östlichem und westlichem Querhaus, ist der untere Teil der massiven Anlage noch zu sehen. Erst zu Beginn des 12. Jahrhunderts wird er durch das gegenüberliegende Kastell ersetzt, das William de Corbeuil als Erzbischof von Canterbury erbauen läßt.

Den Reformbestrebungen der normannischen Kirchenfürsten entsprechend wird 1182 das bisher weltliche Kollegium der Geistlichen der Kathedrale durch ein Benediktinerkloster ersetzt. Von der Kathedrale der Zeit von Bischof Gundulf, die nun in Angriff genommen wird, sind noch die beiden westlichen Joche der Krypta erhalten, wohl die frühesten normannischen überhaupt. Auch die Struktur des Chores der Mönche, mit durchgehenden Mauerzügen wie in St. Albans von den Chorseitenschiffen abgetrennt, ist geblieben. Aber hier wie auch im Schiff sind die Bauarbeiten der Zeit Gundulfs später überformt, teils mit saubererem Mauerwerk verkleidet worden. Der Beginn dieser Arbeiten in perfekter normannischer Romanik geht auf Bischof Ernulf zurück. Er war zuvor Prior in Canterbury, mitverantwortlich für umfangreiche Bauarbeiten, dann Abt in Peterborough, bevor er Bischof von Rochester wurde (1114–24).

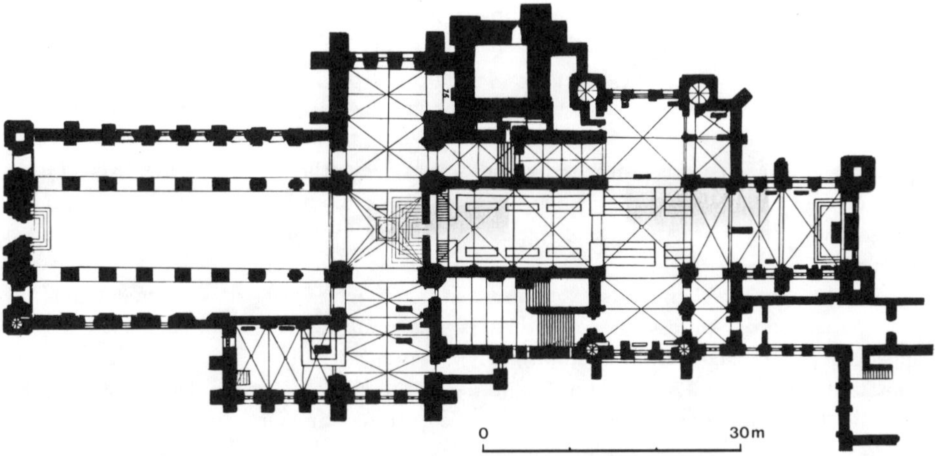


*Rochester, Kathedrale, Grundriß*

Bis in die Mitte des 12. Jahrhunderts ziehen sich die Arbeiten am Schiff noch hin, um 1160 wird auch die elegante Westfassade vollendet gewesen sein. Das Westportal (Abb. 85) ist der für England einzigartige Versuch, das französische Vorbild der Säulenfiguren zu kopieren. Salomon und die Königin von Saba stehen sich gegenüber. Im Tympanon erscheint, wie in Chartres oder Le Mans und oft genug an anderen Stellen, Christus als Richter des Jüngsten Gerichtes, in der von Engeln getragenen Mandorla, begleitet von den vier Wesen, die zugleich zu den Symbolen der Evangelisten geworden sind.

Die heutigen Lichtverhältnisse in Fassade und Schiff werden durch die Änderungen des späten 15. Jahrhunderts bestimmt. Die Fenster der Seitenschiffe werden vergrößert, ein neuer Obergaden ohne große Rücksicht auf Symmetrieachsen wird eingezogen, eine hölzerne Flachdecke schließt den Raum. Das große Westfenster nimmt mit dem steifen Raster des späten Perpendicular das enge Arkadenmuster der späten normannischen Fassade passend wieder auf.

Noch das ganze 13. Jahrhundert ist hier von Bauarbeiten erfüllt. Ihre Finanzierung verdankt die Kathedrale den reichlich fließenden Spenden am Grabe des Heiligen William von Perth. Der fromme schottische Bäcker war von seinem Begleiter, den er in Perth als Findelkind aufgezogen hatte, vor den Toren Rochesters auf der Pilgerfahrt ins Heilige Land beraubt und getötet worden. Das ereignete sich im Jahre 1201. Bald danach geschehen am Grabe Wunder, und für den Rest des Jahrhunderts ist der Heilige William, der als Bäcker jedes zehnte seiner Brote für die Armen bestimmte, einer der am meisten verehrten Heiligen im Süden Englands, dessen Schrein man, von Norden kommend, auf dem Weg nach Canterbury oder in Richtung Kontinent unbedingt besuchen mußte. Chor, Altarraum und das östliche Querhaus sind daher ihm zu verdanken.

Mitte und Ende des 13. Jahrhunderts finanziert der langsam wieder versiegende Pilgerstrom noch nordwestliches und südwestliches Querhaus. Das südwestliche wird zugleich als Marienkapelle genutzt und zu Beginn des 16. Jahrhunderts nach Westen verlängert. Dabei dachte man dort zuerst an Fächergewölbe, entschied sich aber vorsichtshalber für eine hölzerne Decke.

Die östlichen Teile der Kathedrale sind so im wesentlichen durch die frühe Gotik bestimmt, in der das Vorbild des nahegelegenen Canterbury zu spüren ist. Der Schrein des Heiligen William, zu dem recht ausgetretene Stufen führen, stand im nordwestlichen Querhaus.

Das reizvollste Bauelement der Kathedrale ist sicher der Zugang zum Raum des Kapitels an der Ostwand des südöstlichen Querhauses. Das ursprüngliche Kapitelhaus am Kreuzgang aus der Zeit Bischof Ernulfs ist nur noch in Spuren vorhanden. Das Portal des heutigen Kapitelraumes hat um 1342 Bischof Hamo de Hythe gestiftet, dessen nackte Seele in der Spitze des Portalbogens erscheint. Links und rechts treten ihm Kirchenlehrer zur Seite, und das Portal wird in großen Skulpturen von den Figuren der Kirche und der Synagoge gerahmt. Noch einmal erscheint kontinentale Anregung, Bischof Hamo hat zur gleichen Zeit auch das obere Geschoß des Vierungsturmes und den Helm gestiftet. Den Helm hat man erst Ende des 19. Jahrhunderts nach alten Kupferstichen erneuert. Daran waren wie gewohnt Sir George Gilbert Scott und J. L. Pearson beteiligt.

Bevor man die Kathedrale verläßt, sollte man noch einen Blick auf die hölzernen Türen mit ihren Eisenbeschlägen werfen. Auf dem reizvollen Muster hat wohl schon der Blick des großen englischen Tagebuchschreibers Samuel Pepys am 10. April des Jahres 1661 geruht, denn er vermerkt in seinem geheimen Tagebuch das Gerücht, daß diese Türen früher mit Dänenhäuten bespannt gewesen seien. Man erinnert sich mit Grausen an diese schlimmen Zeiten und das verständliche Sicherheitsbedürfnis, das Gundulfs Turm und das Kastell gegenüber noch bezeugen.

## St. Albans

*(Abb. 84)*

Der Heilige Alban, ein edler Römer, hatte während der Christenverfolgung unter Diocletian, so berichtet die Legende, nicht nur dem Priester Amphibalus Schutz gewährt, sondern sich auch in dessen Gewändern den Verfolgern gestellt und auf dem sanft ansteigenden Hügel gegenüber dem römischen Verulamium für ihn den Tod erlitten. Aber auch Amphibalus entging nicht dem gleichen Schicksal, und das von König Offa von Mercia Ende des 8. Jahrhunderts gegründete Kloster bewahrte die Gebeine beider als seine größten Schätze.

81 LICHFIELD Kathedrale von Nordwesten ▷

82 LICHFIELD Schiff

83 ROCHESTER Kathedrale

84 ST. ALBANS Kathedrale von Südwesten

85 ROCHESTER Westportal

87 COVENTRY Kathedrale von Osten

◁ 86 SOUTHWELL Westfassade

88 SOUTHWELL Schiff nach Osten

89 SOUTHWELL Kapitell aus dem Kapitelhaus

91 LIVERPOOL Anglikanische Kathedrale von Südosten (Zustand 1971)

◁ 90 LONDON St. Paul's

92 LONDON Westminster Cathedral

93 LIVERPOOL Marienkapelle der anglikanischen Kathedrale

94 LIVERPOOL Katholische Kathedrale

95 GUILDFORD Kathedrale

96 EDINBURGH Kathedrale St. Giles ▷

97 GLASGOW Kathedrale St. Mungo

98 ABERDEEN Kathedrale St. Machar

99 DORNOCH Kathedrale

100 FORTROSE Kathedrale

101 IONA Kathedrale

102 ST. ASAPH Kathedrale

103 BRECHIN Kathedrale mit Rundturm ▷

104 BRECON Obergaden und Gewölbeansatz im Chor

105 BRECON Kathedrale von Nordwesten

106 LLANDAFF Schiff nach Osten mit ›Lettner‹ und Orgelgehäuse (G. Pace / J. Epstein)

108 ST. DAVID'S Holzdecke des Schiffs

◁ 107 LLANDAFF Westfassade

Solche Schätze waren auch schon vor den Zeiten Heinrichs VIII., dem sie dann schließlich zum Opfer fielen, gefährdet. Abt Aelfric (968–990) rettete die Gebeine vor der drohenden Plünderung durch dänische Wikinger. Er mauerte sie ein und sandte zugleich, zur Täuschung der Öffentlichkeit, eine Kiste mit den angeblichen Gebeinen nach Ely. Dort wollte man sich verständlicherweise bald darauf von dem anvertrauten vermeintlich kostbaren Gut nicht mehr trennen und gab Ersatzgebeine zurück. So glaubten über fast zwei Jahrhunderte beide die Gebeine des Heiligen Alban zu besitzen, ein Streit ähnlich dem um den wahren Jakob zwischen Toulouse und Santiago de Compostela. Hier in St. Albans wurde der Streit aber schon Mitte des 12. Jahrhunderts durch den einzigen Engländer auf dem Thron des Papstes, Hadrian IV. (1154–59), entschieden. Fortan konnte sich St. Albans des wahren Alban rühmen und die weiter vorgebrachten Ansprüche Elys waren erfolglos.

Zu dieser Zeit war die kleine angelsächsische Kirche in St. Albans längst durch einen neuen normannischen Bau in noch erkennbarem Imponiergestus ersetzt worden. Im Jahre 1077 hatte Abt Frithrig nach langen Querelen mit dem König endlich resigniert. Er zog sich nach Ely zurück und starb noch im gleichen Jahr. Als seinen Nachfolger bestimmte Erzbischof Lanfrank den Benediktinermönch Paul aus seiner alten Abtei in Caen. Die nicht immer zuverlässige böse Nachrede behauptet, Paul sei nicht nur mit ihm verwandt, sondern sogar der Sohn des Erzbischofs gewesen. Zumindest stiftet dieser seinem Schützling 1000 Mark Silber für den sofort in Angriff genommenen Neubau. Die alte Kirche wurde samt den Gräbern der angelsächsischen Äbte, die Paul als ›rudes et idiotas‹ disqualifizierte, eingeebnet.

Paul ließ dann seinen Bauleiter Robert aus der Normandie kommen, verzichtete aber darauf, kostspielig Steine von dort zu holen. Hier in St. Albans hatte man schon vor seiner Zeit eine bessere Idee gehabt, nämlich die Ruinen von Verulamium auszuschlachten. Von

*St. Albans, Kathedrale von Norden (17. Jh.)*

diesem Material, römischen Ziegeln, hatte die neue Siedlung rings um das Kloster sich schon manches geholt. Nun konnte in rapidem Tempo eine ganze Kirche daraus errichtet werden. 1088, nach elf Jahren, war sie bereits vollendet. Die feierliche Weihe wurde aber erst am 28. Dezember 1115 vollzogen.

Außen wie innen ist gut zu erkennen, daß große Teile des normannischen Baues erhalten geblieben sind. Der Vierungsturm gehört zu den großen architektonischen Eindrücken in England. Aber der Schimmer der unregelmäßig geschichteten Backsteinoberfläche im Wechsel mit Feuerstein, dem typischen Baumaterial der Gegend, die den gewaltigen Massen ihren Reiz verleihen, war nicht von dem Architekten Robert beabsichtigt. Er ließ den Bau außen und innen sauber verputzen und auf dem gekälkten Verputz farbige Linien so auftragen, daß Mauerwerk aus sauber gehauenem Stein imitiert wurde. Farbige Dekoration, wie sie an einigen Stellen erhalten ist, ergänzte das bunte Bild. Die heutige helle Einfarbigkeit im Innern läßt natürlich stärker als ursprünglich die Flächigkeit des Mauerwerks, die Stufungen im Abstand von Ziegelgrößen und den Verzicht auf Rundungen noch mehr hervortreten. Die Bedingungen des Baumaterials erzwingen ihren eigenen Kanon an Formen, eine archaisch wirkende Strenge, die durch das Fehlen von Bildhauerarbeiten, notwendigerweise, noch betont wird. Verschwunden sind der westliche Abschluß des Baues, sechs der Pfeiler auf der Südseite des Schiffs, die nach Osten gerichteten Kapellen der Querhäuser und der aus diesen Kapellen in gestaffelter Länge herausragende Chor, der rund abschloß, begleitet von langgestreckten Seitenkapellen.

Trotz des anderen Baumaterials ist das Vorbild von St. Etienne in Caen angedeutet, auch wenn man über den Westabschluß gerne mehr wüßte und der Obergaden im Gegensatz zu Caen als einfacher, nicht gestaffelter Bogen das Fenster umschließt, die strenge Gleichförmigkeit betonend.

Schon in der Gestaltung der Querhäuser macht sich der Mann bemerkbar, dessen Großzügigkeit zum Schicksal der Kathedrale geworden ist. Nach der Reformation war die Klosterkirche Pfarrkirche geworden, die Marienkapelle wurde als Schule genutzt, und ein

*St. Albans, Kathedrale, Grundriß mit dem normannischen Bau und seinen Entwicklungsstufen*

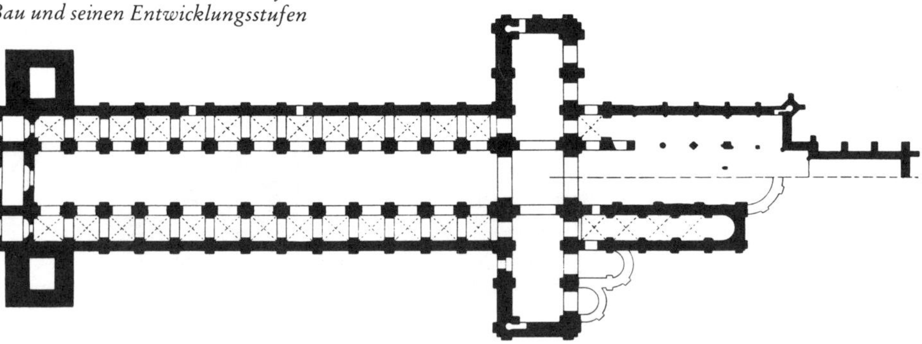

Fußweg führte durch den Retrochor. Erste Restaurierungen hatte zwischen 1856 und 1877 Sir George Gilbert Scott geleitet. 1877 wurde St. Albans Kathedrale. Rochester mußte einen Teil seines Gebietes abgeben.

Neue Restaurierungswünsche machten sich bemerkbar. Und hier betritt der Mann die Szene, der sie bis 1895 beherrscht und ihr unauslöschlich seine Züge aufgeprägt hat: Aus Edmund Beckett Denison, dem Sohn eines Eisenbahnkönigs, neureich im exemplarischen Sinne, wurde im Laufe seines Lebens ein Baron Gimthorpe, der Kanzler und Generalvikar des Erzbistums York, ein Amateuruhrmacher, dem man die Konstruktion von Big Ben anvertraute. Zugleich scheint er sich mit wahrer Freude Feinde gemacht zu haben. In die Fassade des südlichen Querhauses in St. Albans setzte er ein noch vorgefundenes Portal aus dem Kreuzgang ein, wobei einige Steine ergänzt werden mußten. Er veränderte nicht nur die Fassaden beider Querhäuser nach seinem Geschmack, sondern ließ seine Ergänzungen an diesem originalen Portal auch so sorgfältig arbeiten, daß man sie keinesfalls von den alten Teilen unterscheiden können sollte. Das, meinte er, ärgert die Kunsthistoriker, obwohl es doch das ist, was man bei Restaurierungen immer haben will. Diesem Charme verdanken die Querhäuser ihre Fassaden mit den Lanzettfenstern auf der Südseite und der merkwürdigen Rose auf der Nordseite. Böse Zungen behaupten, daß das Maßwerk der Rose die Formen des Kleingelds viktorianischer Zeit wiedergäbe. Dieses habe Lord Grimthorpe benutzt, um sein Maßwerk entwickeln zu können. Ihm zu verdanken ist auch die ›Berichtigung‹ der Marienkapelle und die Totalerneuerung der Westfassade. Dort hat er sich unter den Evangelistensymbolen als Engel des Matthäus verewigen lassen, obwohl er Skulpturen sonst meist für Götzenbilder hielt.

Damit haben wir weit vorgegriffen. Die ersten Änderungen am normannischen Bau erfolgten unter Abt John de Cella (1195–1214). Seine Vorstellung war von französischen Vorbildern geprägt. Zwei Westtürme sollten drei mächtige Portale, ähnlich den heutigen, rahmen. Mit dem Bau der neuen Fassade begann sein Architekt, Hugh de Godelif, von dem es in zeitgenössischem Bericht heißt, er sei ein heimtückischer und unzuverlässiger Mensch, aber hervorragender Künstler gewesen, zehn Meter westlich der alten Fassade. Damit wurde das Schiff um drei Joche verlängert. Aber bevor es dazu kam, erlebte John de Cella manche Enttäuschung und mußte seinem Nachfolger, William of Trumpington (1214–35), die Vollendung der Fassade überlassen. Hugh de Godelif, der einem guten Leben mehr als der Arbeit dafür zugetan war, verließ mit seiner Mannschaft Ende 1197 unter Protest den Bauplatz, als dem Abt das Geld ausging. Dabei deckte er das unfertige Mauerwerk nicht ab. Wasser drang ein, das dann bei Frost die Mauern sprengte. John de Cella hatte den Schaden, für den Spott sorgten die Bewohner der Stadt, die dem Abt und seinen Mönchen nicht immer wohlgesonnen waren. Diese Geschichte war noch frisch, und die Wunden schmerzten noch, als 1217 Matthew Paris Mönch in St. Albans wurde, der große Chronist seiner Zeit, dessen nicht immer wohlwollende Berichterstattung sich noch heute gut lesen läßt.

Bei den Bauarbeiten im Westen in sauberem Early English scheint man zuerst eine Einwölbung des Schiffs vorbereitet zu haben. Die Ansätze der Dienste sind bis in den Bereich der Emporen hochgezogen worden, dann verzichtete man aus Geldmangel auf die

Fortführung. Insgesamt wollte man wohl auch etwas höher hinaus. Schon die Arkaden zu den Seitenschiffen sind höher geschnitten, und ein Gewölbe läge im Scheitel ein ganzes Stück höher als die heutige flache Holzdecke. Aber immerhin reichte das Geld in den gleichen Jahren zu Beginn des 13. Jahrhunderts für einen neuen Schrein für den Heiligen Amphibalus und die Altargemälde an den massigen normannischen Pfeilern. Hier hatte man neue Altäre einrichten müssen, denn in diesen besten Zeiten des Klosters, das unter den benediktinischen noch den Rang vor Westminster Abbey beanspruchte, lebten bis zu hundert Mönche.

Unter Abt John de Hertford (1235–63) beginnt man 1257 mit den Bauarbeiten im Osten. Hier mußte Raum für die liturgischen Prozessionen der Mönche entstehen, und auch der Heilige Alban sollte sein eigenes Reich erhalten. Ganz im Osten schließt, wie gewohnt, eine Marienkapelle in (restaurierten) Formen des Decorated den Bau ab. Erst um 1325 sind diese Unternehmungen beendet. Das Prunkstück wird dabei der steinerne, aus kostbarem Purbeck-Marmor errichtete Unterbau des Schreins, trotz aller Zerstörung in der Reformation ist er, neu zusammengesetzt, wieder ein Zeuge glanzvollsten Decorated. Ihn errichtete zu Beginn des 14. Jahrhunderts Abt John de Maryns (1302–08).

Abt Hough of Evesden (1308–26) glaubte dann mit dem Bau der Marienkapelle mehr als ein Jahrhundert dauernde Bauarbeiten beenden zu können, als ihn am 10. Oktober des Jahres 1323 der Einsturz eines Teils der Südwand des Schiffes eines anderen belehrte. Die Arbeiten zogen sich unter Architekt Henry Wy bis in die Mitte des 14. Jahrhunderts hin. Das lag sicher zum großen Teil daran, daß Abt Richard of Wallingford (1326–34) an ganz anderen Dingen interessiert war. Selbst König Edward III. kritisierte sein Interesse an seiner für Jahrhunderte berühmten astronomischen Uhr. Aber Richard gab ihm wohl zu Recht die Antwort, daß jeder (Abt) die Kirche reparieren lassen könne, nur er aber könne die Uhr bauen. Erst 1965 hat man seine Beschreibung des Mechanismus, der seine Selbsteinschätzung bestätigte, wieder entdeckt. Noch 1540 glaubte John Leland, eifriger englischer Reiseschriftsteller, daß sich ihresgleichen in ganz Europa nicht fände.

Richard of Wallingfords Nachfolger Michael de Mentmore (1335–49) vollendet dann die Erneuerung des Schiffes. Die neuen Arkaden und die Wände darüber greifen bei etwas Decorated im Detail die Vorbilder des Early English wieder auf.

Der Einsturz der Südwand hatte auch den alten Lettner zerstört. Abt Thomas de la Mare (1349–96), der nach dem Wüten des Schwarzen Todes die Leitung des Klosters übernahm, ließ den neuen Lettner um 1360 errichten. Ursprünglich wird er auch die Seitenschiffe geschlossen haben, um den Bereich der Mönche ganz einzugrenzen. Aller Farbe und Skulpturen beraubt bleibt er trotzdem eines der vornehmsten Beispiele seiner Art, frühes Perpendicular von nobler Eleganz. Abt Thomas de la Mare läßt auch das hölzerne Wachhaus neben dem Schrein des Heiligen Alban errichten. Hier hielten Mönche nachts Wache, sowohl um Kollegen anderer Klöster am Raub der Gebeine zu hindern als auch einfache Diebe abzuschrecken, die es nur auf die Kostbarkeiten des Schreins und die Weihgeschenke abgesehen hatten.

Das Gedächtnis des Abtes Thomas de la Mare wird schließlich durch seine großartige Grabplatte südlich des Hauptaltares wachgehalten, das wohl prunkvollste Exemplar dieser

*St. Albans, Kathedrale, Thomas de la Mare, Grabplatte*

Grabplatten in Messing graviert, die, aus den Niederlanden importiert, in England erhalten blieb. Gegenüber, auf der Nordseite des Hauptaltares, hat sich Abt Thomas Ramryge (1492–1521) seine elegante Grabkapelle errichten lassen. Dagegen hat einer der großen Wohltäter der Abtei, Humphrey, Duke of Gloucester, nach seiner Ermordung 1447 hier sein Grab gefunden. Seine Grabkapelle läßt aber höflich den Durchblick auf den Schrein für die vorüberziehenden Pilger frei, auch wenn er selbst hier einen Betrüger, der vorgab, von seiner Blindheit geheilt worden zu sein, entlarvte. Das greift, wie es auch Thomas More erzählte, dann Shakespeare in Henry VI., 2. Teil auf. ›Good Duke Humphrey‹ war ein Freund des Abtes John of Wheathampstead, der eine kleine Kapelle der Transfiguration an der Südseite der Marienkapelle anbauen ließ. Er scheint auch sonst ein tüchtiger, aber bescheidener Mann gewesen zu sein. Im Jahre 1440 tritt er von seinem Amt zurück, weil er, wie es heißt, es nicht verhindern könne, zu erröten, wenn er in der Öffentlichkeit unflätige Bemerkungen zu hören bekommt.

Zwölf Jahre später jedoch wählen ihn die Mönche erneut, und nun bleibt er bis zu seinem Tode 1465 Abt. Gerne wüßte man, aber die Quellen berichten nichts darüber, wie es nun um sein Erröten stand?

Unter seinen Nachfolgern entstand die farbige Gestaltung der hölzernen Gewölbe, die man im 19. Jahrhundert wieder freigelegt hat mit ihrem reichen Wappenschmuck, und unter Abt William of Wallinford (1476–84) die Altarrückwand. Zwar fehlt die ursprüngliche Farbigkeit und Vergoldung, und auch die Skulpturen sind erst unter Lord Grimthorpe im späten 19. Jahrhundert von Harry Hems erneuert worden, aber sie bleibt ein spätgotisches Meisterstück, Vorbild für ein ähnliches Werk in Winchester. Das Altarrelief der Auferstehung stammt von Sir Alfred Gilbert, passendes neugotisches 19. Jahrhundert. Wie ja auch der ganze Bau eine fast rührende Symbiose von Mittelalter und eigenwilligem 19. Jahrhundert darstellt.

## Southwell

*(Abb. 86, 88, 89)*

Die hohen pyramidenförmigen Helme der beiden Westtürme sind zwar erst 1880 wieder errichtet worden, wohl in Vorbereitung auf die Einrichtung des Bischofssitzes im Jahre 1884, aber sie entsprechen dem ursprünglichen Bild des 12. Jahrhunderts (Abb. 86). Auch der Vierungsturm wird einst einen ähnlichen Helm getragen haben. Damit bietet Southwell unter den englischen Kathedralen sicher die kontinentalste Erscheinung.

Die Geschichte und die Architektur der Kirche sind aber, davon einmal abgesehen, typisch englisch. So finden sich in Southwell Reste eines römischen Fußbodens unter dem Boden des südlichen Querhauses, ohne daß man daraus Genaueres über das Christentum in römischer Zeit in Southwell schließen könnte. Und auch die angelsächsische Neugründung des 7. Jahrhunderts, dem Heiligen Paulinus zugeschrieben, scheint spurlos dem normannischen Neubeginn gewichen zu sein. Ähnlich wie Ripon oder Beverley, dessen Kirche es trotz ihrer hervorragenden architektonischen Qualitäten bisher nicht zum Sitz eines Bischofs gebracht hat, ist auch Southwell einer der Stützpunkte des Erzbischofs von York in seiner riesigen Diözese gewesen. Südlich der Kirche liegen noch die Ruinen seines Palastes.

1108 begann Erzbischof Thomas II. von York mit dem Bau einer dieser Bedeutung angemessenen Kirche, die von einem Kollegium von Geistlichen als Stiftskirche betreut wurde. Von diesem normannischen Bau sind noch Schiff, Querhäuser, Vierung und Vierungsturm und die beiden Westtürme erhalten. Reiche Dekoration findet man nur am Portal des südlichen Querhauses. Dagegen ist im nördlichen Querhaus von einem Vorgängerbau, vielleicht aus der Zeit um die Jahrtausendwende, ein figürlich skulptiertes Tympanon erhalten und eingemauert worden. Es zeigt links David oder Samson mit einem Löwen und rechts, mit deutlich skandinavischem Vorbild, den Erzengel Michael im Kampf mit dem Drachen. Dieser scheint allerdings mehr unter den ornamentalen Verschlingungen seines Leibes als unter der Lanze des Engels zu leiden.

Der normannische Wandaufbau unter dem hölzernen Tonnengewölbe des späten 19. Jahrhunderts ist streng und plastisch gut durchformt. Die weiten Arkaden werden von soliden Rundpfeilern getragen. Eine Kapitellzone bleibt nur angedeutet. Darüber öffnen sich die Emporen in weiten unverstellten Bögen (Abb. 88). Teils sind die Ansätze einer Unterteilung wie in Romsey zu erkennen. In der gleichen Achse steht dann auch der einfache Bogen, der das Fenster des Obergadens rahmt. Durch die Linien der horizontalen Gesimse zwischen den Geschossen entsteht fast das Bild eines Aquäduktes.

*Southwell, Kathedrale, Grundriß*

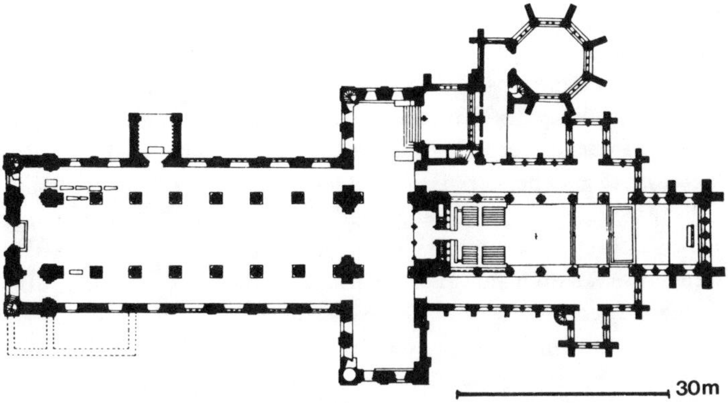


Beim Neubau des Chors folgte man in Höhe und Breite den Vorgaben des normannischen Baues, verlängerte aber nun kräftig nach Osten.

Im Jahre 1233 verlieh Erzbischof Walter de Grey von York allen, die Geld für die Vollendung des vor einigen Jahren begonnenen Baues gestiftet hatten, einen Ablaß von dreißig Tagen. Ähnliches habe zuvor schon der Papst bewilligt. Daraus läßt sich schließen, daß die Arbeiten an der gotischen Erneuerung des Chores zwischen 1225 und 1230 begonnen hatten. Es werden sechs Joche mit Seitenschiffen, zwei weitere ohne Seitenschiffe und die üblichen östlichen Querhäuser errichtet. Das Kapitel erhält reichlich Raum für Gottesdienst, Messen und Prozessionen.

Ein Blick nach Osten auf die geschickt sich steigernde Doppelreihe von Lanzettfenstern läßt eine Gliederung in zwei Geschosse vermuten. Das trifft auch fast zu. Aber bei aller Bescheidenheit, wie sie im Verzicht auf die im Early English sonst gewohnte demonstrative Verwendung von Purbeck-Marmor liegt, geht man doch mit Raffinesse vor. Die Rahmung der Fenster des Obergadens umfängt als übergreifende Form auch die dunklen Lanzettdoppelarkaden des Triforiums. So werden aus zwei Etagen eine. Eine geschickte Lösung, die versucht, aus dem breiten und relativ niedrigen Raum das Beste zu machen. Solches Durchdenken neuer Lösungsmöglichkeiten zeigt sich auch im Auffangen der Scheitelrippe mit Gewölbe und Dienst an der Ostwand des Chores.

Der Höhepunkt der gotischen Architektur und Bildhauerkunst in Southwell bleibt jedoch das über einen Gang vom nördlichen Chorseitenschiff aus erreichbare Kapitelhaus. Schon der Gang und sein Portal sind mit ihren Blattkapitellen und Arkaden ein Vorgeschmack auf die vorzügliche Dekoration in reichem Blattwerk, der man im Kapitelhaus begegnet. Dabei hält man sich mit immer wieder bewunderter Exaktheit an die Vorbilder der Natur. Eine Fülle verschiedener Pflanzen läßt sich neben den fein gearbeiteten Köpfen erkennen (Abb. 89).

Dieses Juwel des frühen Decorated, das manchmal mit Amiens oder dem Kölner Dom verglichen wird – auch Engländer können ins Schwärmen geraten –, ist 1294 im Bau, als

Erzbischof John le Romeyn ihn erstmals erwähnt. Er weist die Geldstrafen, die die Mitglieder des Kapitels zahlen sollen, die nicht binnen eines Jahres ihre Häuser instand setzen, dem Baufonds für das neue Kapitelhaus zu: »ad fabricam novi capituli.« Es ist neben dem Kapitelhaus der Kathedrale von York das einzige ohne einen Mittelpfeiler. In York wagte man bei einem Durchmesser von gut 18 Metern nur noch ein Scheingewölbe in Holz, hier konnte man bei der Hälfte an Durchmesser den Raum in Stein schließen.

Eine weitere Höchstleistung folgt. Um 1330 wird der Lettner errichtet, der noch heute mit seinen zierlichen Formen den Chorraum nach Westen abschließt. Drei großzügige Arkaden wenden sich dem Schiff zu. Nur die mittlere ist als Zugang geöffnet. Feingliedriger ist die Chorseite gestaltet, reiches Blattwerk ziert die Kielbögen der Arkaden. Trotzdem wird der Reichtum des voll erblühten Decorated mit Zurückhaltung, mit Maß dargeboten.

Neben und nach diesen Glanzleistungen erfolgen kleine Änderungen. Um 1260 hat man eine Kapelle an die Ostseite des nördlichen Querhauses angebaut. 1280 stiftet eines der Mitglieder des Kapitels, Henry de Vavasour, eine Gedächtniskapelle, die an den südwestlichen Turm angebaut war. Sie und ihre jüngeren Erweiterungen wurde Ende des 19. Jahrhunderts beseitigt.

Ende des 14. Jahrhunderts vergrößert man die Fenster der Seitenschiffe, um mehr Licht in den Raum zu bekommen. Die gleiche Begründung führt Mitte des 15. Jahrhunderts dann zum Einfügen des großen siebenbahnigen Westfensters, dessen kleinteiliges Maßwerk des Perpendicular das Raster der Fassade wieder aufgreift. Aber es verschleiert die Anklänge an die Fassade von St. Etienne in Caen, die man als Vorbild eigentlich vermuten möchte.

## Worcester

*(Farbt. 17)*

Gerechterweise gerühmt wird der Blick auf die Kathedrale von Worcester über den Severn hinweg (Farbt. 17). Eine Lage von verführerischer Schönheit, die Ende des 7. Jahrhunderts endlich genutzt wurde, um einen neuen Bischofssitz zu gründen. Ihre Geschichte bis ins blühende Mittelalter läßt sich an der Reihe ihrer Patrone ablesen, ist sie doch St. Peter, Maria und den Heiligen Oswald und Wulstan seit 1218 geweiht gewesen. Seit der Zeit Heinrichs VIII. sind dann nur noch Maria und dazu Christus die Patrone. Die Anfänge waren mit St. Peter der großen Verehrung der Angelsachsen für den Himmelsfürsten gemäß. Unter dem Heiligen und Bischof Oswald (961–992) wurde eine neue Kathedrale Maria geweiht und wurde zugleich die Kirche eines Benediktinerklosters, wie gewohnt bis 1540. Bischof Wulstan (1062–95) muß schon zu Lebzeiten beeindruckt haben. Er ist einer der wenigen, die nicht ihre ›Planstelle‹ einem normannischen Eroberer räumen müssen.

Er kann sogar 1084 mit dem Bau einer neuen Kathedrale, die auch unter einem angelsächsischen Bischof normannischen Zuschnitt erhält, beginnen. Den Vorgängerbau hatten dänische Wikinger in Brand gesetzt. In der von ihm selbst geweihten Krypta kann Wulstan 1092 eine Synode empfangen. Abgesehen von den Wänden der Querhäuser, die von

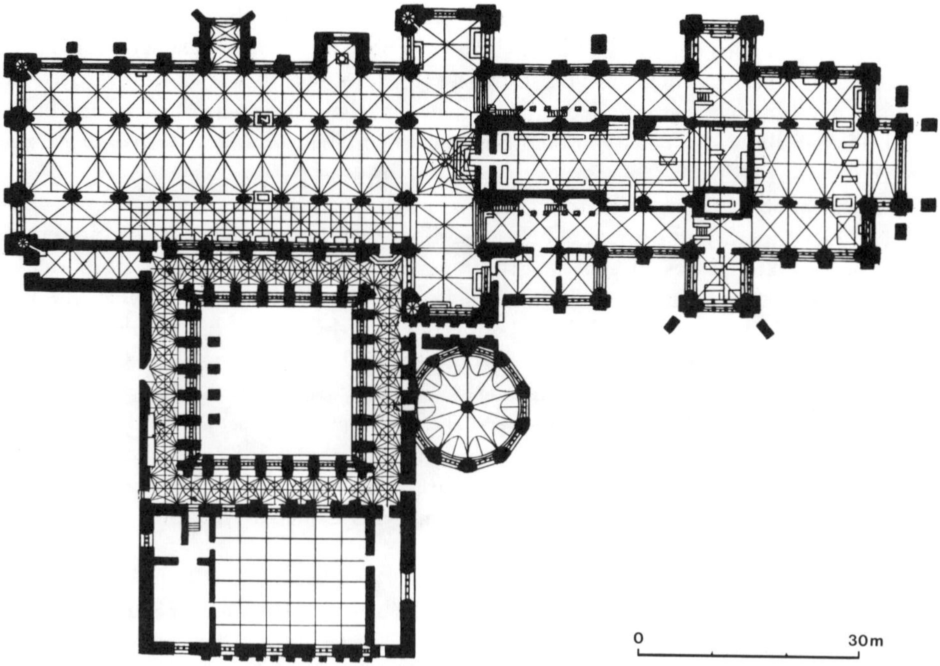


*Worcester, Kathedrale, Grundriß*

Perpendicular-Architektur überdeckt sind, ist diese Krypta der einzige Teil seines Baues, der erhalten geblieben ist. Neben der Krypta der Kathedrale von Canterbury gehört sie zu den schönsten Englands. Sie läßt den ursprünglich runden Chorabschluß mit spitzen, rautenförmig ausstrahlenden Kapellen am Chorumgang noch recht gut erkennen.

Seit 1201 nachweisbar häufen sich die Wunder am Grabe Wulstans, und so erstaunt es nicht, daß man 1218 bei einer Neuweihe der Kathedrale nach den Wirren der Herrschaft von Johann ohne Land, der hier im Chor sein Grab findet, die Heiligen Oswald und Wulstan zu zusätzlichen Patronen erhebt. Schützend erscheinen die beiden Heiligen zu den Seiten des königlichen Hauptes. Auf dem jüngeren, spätgotischen Unterbau liegend, ist die Grabskulptur, um 1230 entstanden, der Anfang einer ganzen Serie von Skulpturen in kostbarem Purbeck-Marmor.

Die zahlreich strömende und sicher ebenso lärmende wie spendenfreudige Pilgerschar zu den Heiligen, die das Grab des Königs als skandalumwitterte Zugabe betrachtete, machte bald den Neubau eines geräumigen Chores und Retrochores erforderlich. Bis in die ersten Jahrzehnte des 12. Jahrhunderts hatten sich wohl noch die von Wulstan begonnenen Bauarbeiten hingezogen. Das um 1125 erbaute runde Kapitelhaus steht vielleicht am Ende dieser Bauphase. Ende des 14. Jahrhunderts sind die Fenster vergrößert worden mit kräftigen Eingriffen ins Gewölbe und die gesamte Struktur, aber der Vorläufer der vollendeten gotischen polygonalen Kapitelhäuser ist noch zu erkennen. Dann hatte man um 1175, vielleicht nach einem kleinen Einsturz, zwei Joche im Westen des Schiffes erneuert. Sie gehören mit ihren schon gotisierenden Formen, dem reichen normannischen Zackenschnitt, zu den ersten Beispielen des eigenständigen englischen Übergangs, des ›Transitional‹, zur Gotik.

Diese zieht ab 1224 mit perfekter Präzision in Marienkapelle, Retrochor, den östlichen zarten Querhäusern und dem anschließenden Chor in Worcester ein. Der heutige etwas trockene Perfektionismus ist erst ein Ergebnis der Restaurierungen des 19. Jahrhunderts unter W. A. Perkins und dem unumgänglichen Sir George Gilbert Scott. Nicht nur Altarrückwand, der Reredos, und der Lettner von fast byzantinischer Pracht sowie die Fenster stammen aus dieser Zeit. Selbst die doppelte Reihe Lanzettfenster als Ostabschluß der Marienkapelle ist erst damals entstanden. Anstelle eines spätgotischen Fensters hat Perkins diese stilreine Rekonstruktion versucht. Sie folgt dem Vorbild der Fassaden der östlichen Querhäuser. Den vollen Effekt erreicht die Wirkung der Architektur des Early English in Worcester erst östlich des Hauptaltares. Hier wird jenseits der normannischen Krypta der Boden um sechs Stufen abgesenkt, eine entscheidende Änderung der Maßverhältnisse, der Perspektive.

Aber insgesamt sind die breite Lagerung und mit dem fensterlosen Triforium auch die Dunkelheit des normannischen Baues weitgehend beibehalten worden. Das ändert sich auch nicht, als man unter Bischof Thomas Cobham (1317–27) beginnt, das Schiff zu erneuern. Bis etwa 1324 werden die fünf östlichen Joche des nördlichen Seitenschiffes errichtet. Dann tritt eine Bauunterbrechung ein, die wohl durch die Auswirkungen der großen Pestepidemie des Jahres 1349 noch verlängert wird. Erst um 1370 werden die letzten beiden Joche auf der Nordseite fertiggestellt und die entsprechenden sieben Joche der Südseite erbaut. Danach folgen endlich die Gewölbe des Schiffes und eine neue Westfassade. Die beiden fast gotischen Joche des späten 12. Jahrhunderts läßt man sparsam unbehelligt. Auf der Nordseite wird eine Vorhalle angefügt und der Vierungsturm hochgezogen. Nur am Kreuzgang baut man noch bis 1438 weiter, dann ist er mit der letzten, der Westseite, auch vollendet.

Am Ende der mittelalterlichen Bauunternehmungen steht noch einmal ein königliches Begräbnis. Gerade fünf Monate nach seiner Hochzeit mit Katharina von Aragon starb 1502 Kronprinz Arthur im jugendlichen Alter von fünfzehn Jahren. Für ihn wurde seit 1504 eine prunkvolle Grabkapelle auf der Südseite des Hauptaltares begonnen. Seine Witwe wurde an den Nachfolger als Kronprinz, den zukünftigen Heinrich VIII., verheiratet. Die englische Reformation, das Ende des Baueifers für Kathedralen und Klöster, zeichnet sich ab.

# Die Kathedralen der Neuzeit

## *Was man sich ansehen müßte*

### London: St. Paul's
*(Farbt. 27, 28; Abb. 90)*

St. Paul's ist die eigentliche Kathedrale Londons, die Kathedrale der City, der Stadt London im Gegensatz zur königlichen Abtei Westminster und der königlichen Westminster Hall, die bewußt vor den Toren der bürgerlichen Stadt lagen, gut bewacht und kontrolliert vom Tower am anderen Ende Londons.

Hier in der City, auf Ludgate Hill, bekam Bischof Mellitus von London, nachdem ihn der Heilige Augustinus im Jahre 604 in Canterbury geweiht hatte, von König Ethelbert von Kent seine erste hölzerne Kathedrale errichtet. Sie fiel bald einem Brand zum Opfer und wurde in Stein von Bischof Erkenbald Ende des 7. Jahrhunderts erneuert. Erkenbalds Gebeine, in kostbarem Schrein bewahrt und zur Verehrung ausgestellt, werden zum Ziel der Pilger bis zur Reformation Heinrichs VIII. Seine Kirche ging in den Raubzügen dänischer Wikinger im 9. Jahrhundert unter. Wiederaufgebaut, nun der dritte Bau an dieser Stelle, fiel die angelsächsische Kirche 1087 den Flammen anheim. Gerade im Jahr zuvor, 1086, war Maurice, zeitweise Kaplan und Kanzler von Wilhelm dem Eroberer, Bischof von London geworden. Nun öffnete sich auch für ihn, wie für viele seiner normannischen Kollegen im Amte, die Chance, größer, schöner und natürlich auch teurer als seine Vorgänger zu bauen. ›Old St. Paul's‹, der vierte Bau, entstand.

Großzügig geplant, zog sich die Vollendung bis ins Jahr 1240 hin. Dann beschloß man bereits nach kurzer Pause, den Chor erheblich nach Osten zu verlängern. Dem Bemühen um Symmetrie entsprechend erhielt der Chor zwar nicht ganz die gleiche Länge wie das normannische Schiff, aber ebenfalls zwölf Joche. Die Kirche der Pfarre St. Faith mußte weichen. Die Gemeinde erhielt Hausrecht in der Krypta. Der Chor mit seinem östlichen Rosenfenster, wie ihn Stiche von Wenzel Hollar in voller Pracht zeigen, muß ein glänzendes Beispiel der frühen geometrischen Phase des Decorated gewesen sein. 1316 war er vollendet.

Als nächstes entstanden unter der Leitung William Ramseys, der zuvor an der Palastkapelle St. Stephen in Westminster gearbeitet hatte, ab 1332 Kreuzgang und das Kapitelhaus.

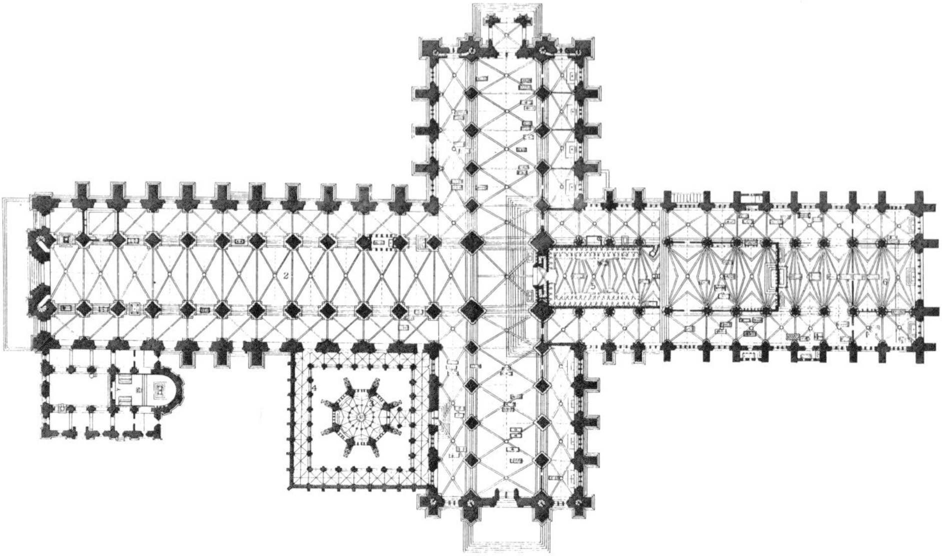

*Old St. Paul's, Grundriß*

Bescheiden im Zuschnitt wurde fast die gesamte Fläche im Kreuzgang vom Kapitelhaus gefüllt. Hier werden neben Gloucester die Anfänge des Perpendicular sichtbar.

Auch der stolze Helm des Vierungsturmes mit etwa 150 Meter Höhe wurde in diesen Jahren fertig. Und Old St. Paul's, Treffpunkt von ganz London, Wandelhalle mit starkem Durchgangsverkehr, über den immer wieder Klage geführt wird, wurde mit seiner Länge von gut 180 Metern nur noch von Sevilla und Mailand übertroffen. Ein so großer Bau ist nicht pflegeleicht und nicht billig im Unterhalt. 1447 setzt ein Blitzschlag den Vierungsturm in Brand. Es dauert bis 1462, bevor sich wieder ein Hahn im Wind dreht. Das war noch in den reichen Zeiten der englischen Kirche. Nach der Reformation sieht es schlechter aus.

Dean und Kapitel von St. Paul's besitzen zwar noch heute das Gut Tillingham in Essex, das Bischof Mellitus Anfang des 7. Jahrhunderts von König Ethelbert als Ausstattung erhalten hatte, vieles andere aber ging in der Reformation verloren. Das 16. und 17. Jahrhundert erzählen eine Geschichte des Verfalls, die im Großen Brand von London des Jahres 1666 endet. 1561 schlägt erneut der Blitz ein, nur die notdürftigsten Reparaturen werden ausgeführt. Als 1620 eine königliche Kommission eingesetzt wird, dauert es verständlicherweise bis 1628, bevor dann die Arbeiten in Angriff genommen werden. Man kann schon von einem Umbau sprechen, den Inigo Jones leitet, der für den König arbeitet und hier seiner Freude an der Architektur der Renaissance freien Lauf läßt. Er hat das fast bis heute wirkende Vorbild Andrea Palladio in England populär gemacht. St. Paul's erhielt einen Portikus aus gigantischen korinthischen Säulen (Farbt. 28).

*Old St. Paul's, Ansicht von Süden*

Der Bürgerkrieg und der Sieg Cromwells unterbrachen die Arbeiten, und erst 1663 trat eine neue königliche Kommission zusammen. Hier erscheint auch im Jahre 1666 am 1. Mai erstmals der Name von Christopher Wren mit dem Vorschlag, statt des Vierungsturmes eine Kuppel, wie sie England bisher noch nicht kannte, zu errichten. Noch bevor nach langen Diskussionen mit Bauarbeiten begonnen werden kann, geht London in Flammen auf. Nur das Grabmonument des Dean Dr. John Donne, der noch vor seinem Tode 1631 in seinem Totenlaken dem Bildhauer posiert hatte, ist aus dem alten Bau übernommen worden. Heute ist es im südlichen Seitenschiff des Chores untergebracht.

Nachdem man zuerst noch glaubte, daß Reparaturen möglich seien, bekommt Christopher Wren schließlich den Auftrag, einen Plan für einen Neubau zu entwerfen. Wren, 1632 geboren, Neffe des Bischofs von Ely, brachte es schnell zu naturwissenschaftlichem Ruhm, war mit 25 Jahren Professor für Astronomie in Oxford, und begann erst mit 31 Jahren, gereizt wohl von den mathematischen und physikalischen Problemen, sich mit Architektur zu beschäftigen. Eine Reise zu Studienzwecken auf den Kontinent führt ihn allerdings nur bis Paris. Die großen Renaissancebauten in Italien, die Kuppeln in Florenz oder Rom kennt er nur aus den Ansichtswerken der Zeit.

Um so erstaunlicher sind seine Entwürfe für St. Paul's. Erstmals seit Jahrhunderten, nach anderthalb Jahrhunderten durchgeführter, durchgekämpfter Reformation soll wieder eine Kathedrale gebaut werden Nun folgt Plan auf Plan, denn auch wenn der König jedem Plan zustimmt, den Wren vorlegt, so lehnt doch die Kommission ihn wieder ab. 1670 liegt der erste, das ›New Model‹ vor. Die Kommission war entsetzt, daß er ein protestantisches Bethaus entworfen hatte. Traditionsbewußt hielten die Mitglieder der Kommission an der Vorstellung eines langgestreckten Baues mit reichlich Seitenschiffen für die längst aufgegebenen Prozessionen fest. Wren hatte sich auf einen von seiner geliebten Kuppel überwölbten Predigtraum konzentriert. Auch der nächste Entwurf, das ›Great Model‹, dessen Eichenholzmodell noch in der Kathedrale zu besichtigen ist, lebt noch aus diesem Gedanken und wird wieder abgelehnt.

Erst der dritte Entwurf wird, immer noch teils widerstrebend, nicht nur vom König, sondern auch von der Kommission genehmigt. Charles II. unterschreibt im April 1675 den Bauauftrag, der Wren die Erlaubnis zu Änderungen, die allerdings nur ornamental, nicht wesentlich sein dürfen, gibt. Diese Erlaubnis (Warrant) gibt dem Plan seinen Namen, und Wren nutzt sie nach der Grundsteinlegung am 21. Juni 1675 gründlich. Chor und Schiff erhalten zumindest wieder die gleiche Zahl von je drei Jochen, und im Westen legt er zusätzlich Kapellen an. Aber statt eines Schiffes muß er mit Seitenschiffen arbeiten, statt schwingender Einheit der Mauern, durchaus barock gedacht, wird die langgestreckte Reihung immer wieder gleicher Bauelemente betont. Die Tradition hat sich durchgesetzt, auch die beiden Westtürme markieren diesen Triumph. Wren versucht darüber hinwegzutäuschen. Die Mauern der Seitenschiffe werden höher gezogen als nötig. Hinter der Balustrade verbergen sich Strebebögen wie bei einer gotischen Kathedrale. Das hat August

*Old St. Paul's, Ostfassade*

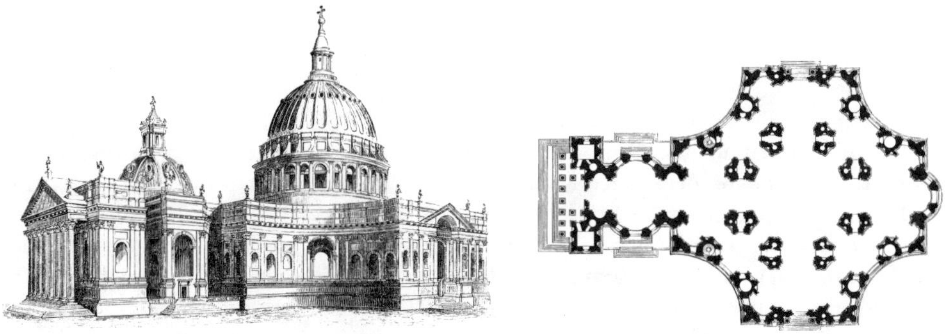

*London, St. Paul's, nicht ausgeführter Entwurf von Christopher Wren*

Welby Pugin, den großen Neugotiker des frühen 19. Jahrhunderts, zu der bösen Bemerkung veranlaßt, Wren habe die eine Hälfte seines Baues errichtet, um die andere zu verbergen.

Das trifft sogar für den Höhepunkt, die Kuppel über der Vierung, zu. Hier mußte das sein. Außen wirkt eine Kuppel in der Landschaft einer Stadt nur, wenn sie weithin, hoch über ihrem Bau schwebend, sichtbar ist. Innen wirkt eine Kuppel dagegen nur, wenn sie tief genug sitzt, um von allen Seiten beim Betreten des Baues möglichst bald den Blick an sich zu reißen. Das war bei den aufgezwungenen Änderungen schwer genug.

Die innere Kuppel, aus dünnen Ziegeln gemauert, mit den Gemälden James Thornhills geschmückt, erfüllt ihren Zweck. Sie ruht auf acht massiven Pfeilern, wie sie Wren in der Kathedrale seines Onkels, des Bischofs von Ely, gesehen hat oder von den Plänen der Kathedrale von Florenz kannte. Hoch darüber wölbt sich eine Holzkonstruktion unter dem Bleidach. Diese Konstruktion (s. Figur S. 281) wäre nicht in der Lage, die steinerne Laterne zu tragen, die das vergoldete Kreuz in den Himmel der Stadt hebt. So ist zwischen beide Kuppeln ein steiler Kegel aus Ziegeln gesetzt, der die Laterne trägt. Und dazu wird der Rand der, schräg sich abstützend, in die Säulenkolonnade gesetzten unteren Kuppel noch von eisernen Ketten umspannt, die die ganze Konstruktion zusammenhalten. Inzwischen sind die Ketten durch rostfreien Stahl verstärkt worden. Aber Wrens raffinierte Konstruktion hat auch die Erschütterungen durch die Bomben und Raketen des Zweiten Weltkrieges überstanden.

Die Fresken James Thornhills sind 1716–19 als malerische Fortsetzung der Architektur entstanden. Sie dokumentieren die Vollendung des Baues, bald zweihundert Jahre nachdem zuletzt an Kathedralen in England gebaut wurde. So gelingt Christopher Wren das, was im Mittelalter wohl kaum einer seiner Vorgänger erlebte: die Vollendung seines Planes, die Wirklichkeit seiner Schöpfung zu erleben. Im mehr als gesegneten Alter von 91 Jahren stirbt er im Jahre 1723. Oft soll er noch im hohen Alter seinen Bau besucht haben, wo er dann auch in der Krypta sein Grab gefunden hat mit der passenden Inschrift: »lector, si monumentum requiris, circumspice« – Leser, wenn Du ein Denkmal suchst, schau Dich um. Sein nicht gerade reichliches Gehalt als leitender Architekt von 200 Pfund, das immer wieder rühmend hervorgehoben wird, wird aber großzügige Aufbesserung durch Honorare bei seinen zahllosen anderen Bauaufträgen nach dem Großen Brand von London des Jahres 1666 gefunden haben. Stammt doch fast jede Kirche im Zentrum von ihm und mancher andere Bau dazu.

Als Grablege ist dann St. Paul's ein Gegenstück zur Westminster Abbey geworden. Die Krypta, die sich unter der ganzen Kathedrale erstreckt, bietet weiten Raum, besonders für militärische Helden. Schon im Schiff begegnet man im dritten der großen Triumphbögen zu den Seitenschiffen auf der Nordseite dem Denkmal für Lord Wellington, sein Grab findet sich wie das Nelsons in der Krypta. Horatio Nelson wurde in englischer Sparsamkeit in wiederverwendetem Material beerdigt. Sein hölzerner Sarg wurde aus dem Mast des französischen Flaggschiffes der Schlacht bei Abukir gefertigt, und der äußere Sarkophag war ursprünglich für Kardinal Wolsey gedacht. Diesem wurde von Heinrich VIII. dann nicht mehr die Gelegenheit gegeben, ihn zu benutzen, er wurde konfisziert und aus königlichem Eigentum für Nelson zur Verfügung gestellt.

Neben anderen militärischen Größen wie Lawrence of Arabia hat aber auch eine Reihe von Malern hier ihr Grab gefunden: Joshua Reynolds und J. M. W. Turner sowie John Millais, William Blake und Holman Hunt. Mit Holman Hunt aus der Gruppe der Präraffaeliten können wir auch wieder nach oben zurückkehren. Eine Kopie von eigener Hand seines berühmtesten Werkes, ›The Light of the World‹ aus dem Jahre 1900 hängt im südlichen Seitenschiff. Das Original befindet sich im Keble College in Oxford.

Das späte 19. Jahrhundert hat überhaupt noch einmal einiges für die Ausstattung der Kathedrale getan. Aus der Bauzeit stammen noch das Chorgestühl des genialen Schnitzers

*London, St. Paul's, Grundriß*

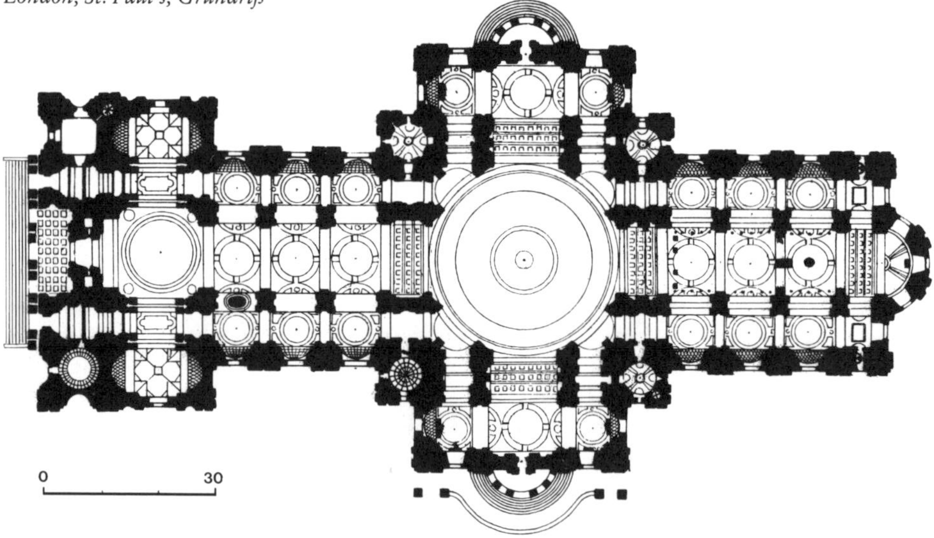

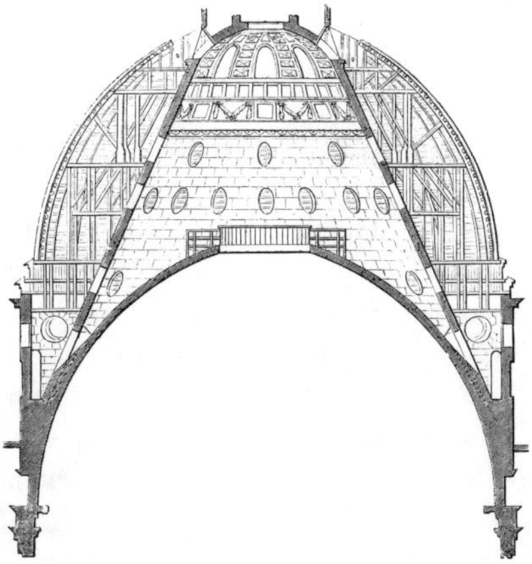

*London, St. Paul's, Schnitt durch die Kuppel*

und Holzbildhauers Grinling Gibbons und das Gitter von Jean Tijou, das den Chor abschließt. Aber der Baldachin des Hauptaltars ist erst nach den Zerstörungen des Zweiten Weltkrieges entstanden. Sicher würde er Wrens Geschmack treffen. Ob dagegen die Mosaiken der Chorjoche und der Apsis mit ihrem farbenprächtigen Byzantinismus à la William Morris seinen Vorstellungen entsprächen, darf bezweifelt werden. Die Arbeiten William Richmonds, zwischen 1891 und 1904 entstanden, gehören jedoch zu den faszinierendsten Zeugnissen der Spätphase des Historismus in England. Ihre Gegenstücke findet man in der katholischen Westminster Cathedral. Dagegen rechnet wohl kaum ein Besucher damit, daß die Kanzel 1964 das erste Mal benutzt worden ist.

Erfüllt von Überraschungen verschiedenster Art, erdrückt von der Wucht staatserhaltender Kraft, kann man sich zum Schluß sicher mit einer Gründungslegende aus Wrens Zeit wieder stärken: Als er sich einen Stein bringen ließ, um den Mittelpunkt seines Entwurfes auf der Baustelle zu markieren, brachte man ihm ein Bruchstück eines Grabsteins mit dem Rest einer Inschrift: ›Resurgam‹ – ich werde auferstehen. Sie ist an der Südseite der Kathedrale zum Motto geworden und wird vom Phönix darüber, der aus den Flammen wiedergeboren wird, symbolisiert. Dagegen zeigt das Giebelrelief über dem westlichen Portikus mit seinen Doppelreihen korinthischer Säulen unten und Kompositkapitellen oben, wie das dem Geschoßaufbau ringsum entspricht, das Damaskus-Erlebnis des Heiligen Paulus: eine Arbeit des Bildhauers Francis Bird in flachem Klassizismus, überragt von einer Kolossalfigur des Apostels selbst, des Patrons der Kathedrale.

# *Was man sich ansehen könnte*

## Birmingham: Anglikanische Kathedrale

Nach der Reformation hatte sich der Kirchenbau Englands in den ersten Jahrhunderten, von St. Paul's einmal abgesehen, auf Pfarrkirchen beschränkt. Wie später, nach Abschluß der eigentlichen Bauzeit, Kloster- und Stiftskirchen zu Kathedralen aufstiegen, so geschah dies auch mit neuzeitlichen Pfarrkirchen. Die anglikanische Kathedrale von Birmingham und ihr Gegenstück in Derby, erst seit 1905 und 1927 Bischofssitze, sind gute Beispiele dafür.

Das rapide Wachstum Birminghams bedingte 1708 die Gründung einer zweiten Pfarre für die Stadt. Architekt des barock wirkenden Baues, der gerne als späte englische Renaissance bezeichnet wird, war Thomas Archer. Dieser Schüler des Architekten Vanbrugh ist ebenso bekannt für seine Kirche St. John am Smith Square in London. Als der 1711 begonnene Bau 1715 geweiht wurde, war er noch nicht vollendet. Noch 1725 gibt König George II. eine Stiftung von 600 Pfund dazu.

Der einem Kinosaal ähnelnde Bau wird durch eine Balustrade mit aufgesetzten Urnen abgeschlossen. Der Westturm ist als Mittelrisalit aus der Fassade herausgezogen und krönt seine lebendig nach innen geschwungenen Wände mit einer gerundeten Kuppel unter der Laterne. Seitlich davon liegen die Eingänge. Sie führen in einen Saal, zwischen dessen zwei Pfeilerreihen die für einen protestantischen Kirchenraum fast typischen Emporengalerien gespannt sind. 1884 hat man unter dem Architekten J. A. Chatwin den Chor verlängert, ohne die Formen grundsätzlich zu verändern. 1887 hat man hier drei von Edward Burne-Jones entworfene Fenster eingesetzt, die unter der Leitung von William Morris verwirklicht wurden. Im Zentrum steht die Himmelfahrt, links und rechts von der Geburt Christi und der Kreuzigung begleitet. Das Gegenstück dazu ist, 1897 fertiggestellt, das Jüngste Gericht im gegenüberliegenden Westfenster.

## Derby

Die allen Heiligen geweihte Kathedrale in Derby wurde erst 1927 zu diesem Rang erhoben. Das hat inzwischen architektonische Folgen gezeitigt. Unter dem Architekten Sebastian Comper, Sohn des Malers Sir Ninian Comper, dessen Arbeiten man in mancher Kathedrale begegnet, wurde 1965–72 der Chor erweitert.

Aber ihren architekturgeschichtlichen Ruhm verdankt die Kathedrale noch dem 18. Jahrhundert. In einer Nacht des Jahres 1723 bestellte Pfarrer Dr. Hutchinson eine Gruppe Arbeiter und ließ sie den gotischen Vorgängerbau bis auf den Westturm abbrechen. Die Schnelligkeit des Vorgangs spricht für die Baufälligkeit, die als Begründung vorgegeben wurde. Der stattliche erhaltene Westturm war zu Tudorzeiten 1511–30 in trockenem Perpendicular entstanden. Nun fügte man einen Renaissanceraum nach den Entwürfen des

Architekten James Gibbs an, des wohl berühmtesten Mannes der Generation nach Christopher Wren. Toskanische Säulen teilen den Raum der Kirche in drei Schiffe, tragen das Tonnengewölbe. James Gibbs entwarf z. B. St. Martin-in-the-Fields und St. Mary-le-Strand in London, in Oxford die Radcliffe-Bibliothek.

## Birmingham: Katholische Kathedrale

Erst nach der Aufhebung des Ausschlusses der Katholiken vom öffentlichen Leben im Jahre 1829 beginnt auch neues Leben im Zeichen der Neugotik im katholischen Kirchenbau. Der Architekt Augustus Welby Pugin, der auch am Neubau des Parlaments in Westminster entscheidend beteiligt war, ist hier die treibende Kraft. Die dem heiligen Chad geweihte Pfarrkirche, die nach Pugins Plänen 1839–41 errichtet wurde, verwandelte man 1850 in eine Kathedrale und vollendete 1856 den letzten der beiden Westtürme.

Für Pugin ungewöhnlich ist der Gebrauch von Backstein, und Anklänge an die nordeuropäische Backsteingotik sind auch nicht zu verkennen. An die steile Westfassade wurde 1933 eine Kapelle, dem Heiligen König Edward dem Bekenner geweiht, nach den Plänen des Architekten Powell angefügt. Auch das Innere der dreischiffigen Hallenkirche hat gelitten. Pugins Lettner ist entfernt worden, auch manches andere Ausstattungsstück ist verschwunden. Dafür hat man einen Altar nach der Liturgiereform in die Vierung gesetzt mit einem ungeheuren Podest darunter. Aber noch zeugt die erhaltene Farbigkeit, die sich zum Chor hin steigert, von den Absichten des frühen 19. Jahrhunderts. Der Hochaltar ist zumindest nicht entfernt worden, auch wenn er nicht mehr im Zentrum der Liturgie steht. Das Chorgestühl stammt teils noch aus Pugins Zeit. Damals hat man einiges an Schnitzereien mitverwendet, was aus der Kirche St. Maria im Kapitol in Köln stammt und im 15. Jahrhundert entstanden war. Auch das Tafelbild, das Maria begleitet von Aposteln zeigt, stammt aus Köln. Das verstreute Kulturgut der Säkularisation hat hier wieder einen sicheren Ort gefunden.

## London: Westminster Cathedral
*(Abb. 92)*

Mit der Neueinrichtung der katholischen Hierarchie in England durch Papst Pius IX. im Jahre 1850 fand sich der neugewählte Erzbischof von Westminster ohne Kathedrale. Es darf berichtet werden, daß man den Bau einer Kathedrale nicht als das Wichtigste und Vordringlichste empfand und erst im Jahre 1884 Grund und Boden für den Bau erwarb.

Dafür ging es nach der Grundsteinlegung im Jahre 1895 erst einmal schnell voran. Im nächsten Jahre waren schon die Fundamente gelegt. Dabei kam dem Architekten John

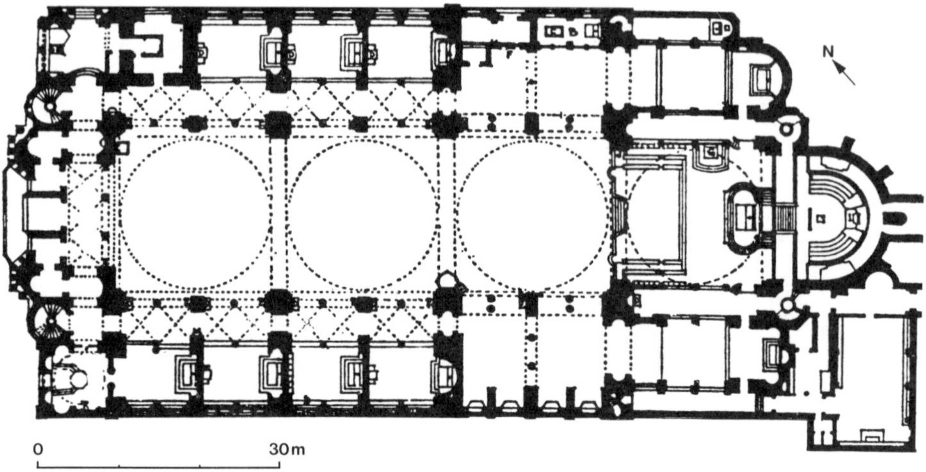


*London, Westminster Cathedral, Grundriß*

Francis Bentley zugute, daß auf dem alten Moorgelände, das einst die Mönche von Westminster hatten kultivieren lassen, im frühen 19. Jahrhundert auf soliden Fundamenten ein Gefängnis errichtet worden war. Das ersparte nun Kosten und Mühe. 1902 starb der Architekt, und wenige Monate später folgte ihm der Kardinal Erzbischof Vaughan am 19. Juni 1903 ins Grab. Sein Requiem, das des Grundsteinlegers, war der erste öffentliche Gottesdienst, der in der neuen Kathedrale gefeiert wurde, deren Rohbau 1903 vollendet war. Die Weihe folgte am 28. Juni 1910. Fertig ist die Kathedrale selbst heute noch nicht. Es werden wohl noch Jahrzehnte und manche Mode vergehen, bis aller Schmuck an Marmor und Mosaik finanziert und angebracht ist.

Damit ist das Stichwort byzantinischen Glanzes und Gepränges schon gegeben. Den ersten Entwurf des Architekten John Francis Bentley hatte man abgelehnt. Man wollte nicht mit einer Kathedrale in imitiertem Early English Westminster Abbey hoffnungslose Konkurrenz machen. Und mit den nun gewählten Rückgriffen auf die Hagia Sophia in Konstantinopel oder San Marco in Venedig läuft die Kathedrale, dem Allerheiligsten Blute Christi, Maria, Josef und Petrus geweiht, architektonisch weitgehend außer jeder Konkurrenz. Selten hat man, wohl schon aus Kostengründen, gewagt, im Zeitalter des Historismus diese Vorbilder zu wählen.

Mit zwölfeinhalb Millionen handgefertigter Backsteine hat John Francis Bentley die Grundstruktur des Baues errichtet. An drei gewaltige Kuppeln des Schiffes schließt sich die vierte, etwas kleinere über dem Altarraum an. Eine gerundete Apsis schließt den Raum. Breite Bögen nehmen über den Emporen den Druck der Kuppeln auf. Und die Querhäuser fallen bei dieser Konstruktion kaum auf, da die Emporen über sie hinweggezogen werden. Auch außen beeindruckt die geschlossene Form der Baumassen, die Stufe für Stufe die

Lasten der Kuppeln verteilt und das Mauerwerk nach spätantikem Vorbild in dunkle und schmalere helle Streifen zerlegt. Darüber ragt der Turm mit seinen fast neunzig Metern auf (Abb. 92). Von seiner Spitze aus, mit Lift erreichbar, bietet sich bei günstigem Wetter eine reizvolle Aussicht über London.

Der Plan von John Francis Bentley wird erst ganz zu würdigen sein, wenn der Schmuck des Inneren einmal vollendet sein wird. Die dunklen Höhlen des noch sichtbaren Backsteins verweigern den Blick auf die Gesamtheit des Raums. Die rauhe Oberfläche, die den Mörtel für Mosaiken und Marmor haften lassen soll, hat Ruß und Staub angesetzt. Aber sie zeugt noch immer, neben den Vorbildern von Byzanz bis Ravenna, von einem Bau ohne Verstärkungen in Stahl oder Eisen. Mit dieser Bauweise kam die Kathedrale verständlicherweise schnell und preiswert unter Dach, da kaum zeit- und kostenintensive Steinmetzarbeit gefordert war, aber der abschließende Schmuck ist aus eben diesen Gründen noch nicht vollendet.

Schon die Marmorsäulen, die die Emporen über die Querhäuser hinwegtragen, haben eine abenteuerliche Geschichte. Diese acht Monolithe aus dunkelgrünem Marmor stammen aus demselben thessalischen Steinbruch, der unter Justinian für die Hagia Sophia lieferte. Nachdem diese wiederentdeckt und -genutzt waren, fielen die dort gebrochenen Säulen 1897 erst einmal den Türken in die Hände, die gegen Griechenland zu Felde zogen. Erst zwei Jahre später erreichten sie ihren vorbestimmten Platz in der Kathedrale.

So bieten erst wenige der Kapellen und einige Bereiche des Schiffes den geplanten Eindruck. Aber schon jetzt wirkt die architektonische Inszenierung des Altarraumes, auf den sich mit erhöhtem Niveau und raffinierter Lichtführung der Blick konzentriert. Gefesselt wird er dann von den zwei Tonnen Gewicht des Kreuzes und dem Baldachin über dem Altar, einem Stück Granit aus Cornwall von zwölf Tonnen Gewicht.

Spürbar wird auch die Einwirkung des Jugendstils, vielleicht am deutlichsten in den von Eric Gill entworfenen Kreuzwegstationen an den Pfeilern des Schiffes. Und auch die neuesten Errungenschaften der Technik brachen sich Bahn, die bynzantinisierenden Leuchter nach Bentleys Entwurf gehören zu den ersten, die für elektrisches Licht in einer Kirche geplant wurden.

## Liverpool: Anglikanische Kathedrale
*(Abb. 91, 93)*

Im Jahr 1880, als die Diözese Liverpool geschaffen wurde, um der rasant gewachsenen Bevölkerungszahl Rechnung zu tragen, hatte man in *Truro* nach den Plänen J. L. Pearsons eine Kathedrale zu bauen begonnen (Farbt. 34). Hier, nahe der Südwestspitze Cornwalls, war 1876 eine Diözese errichtet worden. In beengter Lage wurde ein akademisch trockener Versuch unternommen, in Early English zu bauen. In Liverpool hatte man mehr Glück.

Ein erster Plan für eine Kathedrale, in anderer Lage als heute und nach französischen Vorbildern gestaltet, scheiterte. Geld und Begeisterung fehlten der an diese Aufgabe noch nicht gewöhnten Diözese. Einen Architektenwettbewerb für einen neuen Standort, hoch über dem Mersey, am Abhang eines alten Steinbruchs, gewann ein junger Mann, gerade 22 Jahre alt. Aber schon Name und Herkunft waren vielversprechend: Giles Gilbert Scott war ein Enkel des großen Sir George Gilbert Scott, dessen Wirken man in fast jeder der englischen Kathedralen begegnet. Und bei aller Verwendung gotischer Formen im Großen wie im Kleinen spricht des Enkels Architektur die Sprache einer neuen Generation. Er versucht nicht, historische Formen aufzugreifen, nur um es dann besser zu machen als seine Vorgänger im Mittelalter. Statt diesem Motto des Historismus zu folgen, wandelt er Gotisches ins Zeitgemäße. Dem entspricht, daß die Pläne während des fortschreitenden Baues immer wieder geändert werden. Das wäre übrigens im Mittelalter nicht anders gewesen.

Man beginnt im Osten nach der Grundsteinlegung durch König Edward VII. bei strahlendem Kaiserwetter am 19. Juli des Jahres 1904 mit dem Bau der Marienkapelle im Osten (Abb. 93). Zwar sind ihre Fenster bei einem Luftangriff während des Zweiten Weltkrieges zerstört worden, aber der prunkende Altarschrein, der Reichtum an Steinmetzarbeit sprechen noch von den ersten, fast rein neugotischen Anfängen, als der Preisrichter und Architekt G. F. Bodley noch den Auftrag hatte, dem (zu) jungen Sieger beratend zur Seite zu stehen.

Der Hügellage gemäß ist das Niveau des Chores erheblich höher. Es entspricht der Empore in der Marienkapelle, was zu einem gelungenen Blick auf diese Anfänge führt. Dabei merkt man auch, daß die Seitenschiffe des Chores (und auch des Schiffes) kaum als solche zu bezeichnen sind. Sie gleichen mehr einem Tunnel, lichtlos und von nur geringer Höhe.

Während der Chor im Bau ist, seit 1907 leitet Giles Gilbert Scott allein die Arbeiten, genehmigt die zuständige Kommission eine überraschende, durchgreifende Planänderung. Ähnlich wie in Exeter hatte der erste Plan zwei Türme über einem Querschiff, jeweils an den Enden, vorgesehen. Nun wird statt dessen ein zweites Querschiff eingefügt, und der nun einzige Turm steht über den vier Pfeilern dazwischen. Gleichzeitig ist damit der Rahmen für zwei großzügige Portalanlagen geschaffen. Aber auch am Plan des Turmes wird nach dem Ersten Weltkrieg noch einmal geändert. Mit gut 100 Meter Höhe über dem Boden der Kathedrale erinnert er mit seinen glatten Flächen und der großteiligen Gliederung an die Hochhäuser vor dem Zweiten Weltkrieg. Mitten in diesem Krieg konnte der Architekt selbst den letzten Stein der höchsten Fiale setzen. Denn auch wenn am Ende des Krieges nur noch fünfunddreißig Mann am Bau arbeiteten, statt der bald dreihundert in Friedenszeiten, wurden die Arbeiten nicht unterbrochen. Vielleicht wäre man sonst nie damit fortgefahren. Die Geschichte der katholischen Kathedrale von Liverpool mag ein warnendes Beispiel gewesen sein.

Aber trotzdem konnte man erst am 25. Oktober 1978, natürlich in Gegenwart der Königin, die Vollendung der Kathedrale feiern. Noch gemäß Sir Giles Gilbert Scotts Plan grenzt eine Brücke, die die Emporen über das Schiff hinweg verbindet, das Schiff vom Chor und vom zentralen Raum unter dem Regenschirmgewölbe des Turmes ab. Es liegt auch

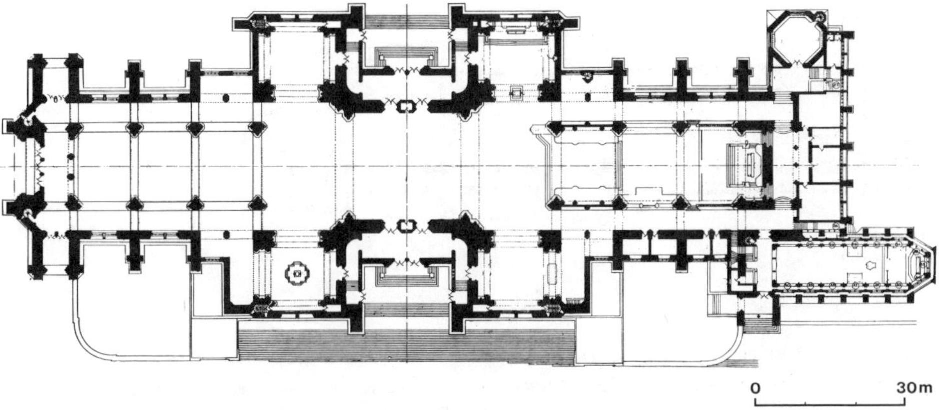


*Liverpool, Kathedrale, Grundriß 1924*

wieder etwas tiefer, dem natürlichen Bodenniveau ein wenig folgend und dem Besucher so einen geschickt inszenierten Blick bietend. Die Westfassade hat man nach dem Tode Scotts im Jahre 1960, z. B. wurde auf die seitlichen Vorhallen verzichtet, mit einem neuen Plan von Frederick Thomas vereinfacht. Die Kosten wuchsen ins Unermeßliche, und die Spendenfreude konnte kaum folgen. Und ganz vollendet ist die Kathedrale noch immer nicht. Dem einen oder anderen Steinmetzen kann man immer noch bei Detailarbeiten begegnen, und auch die unausweichlichen Reparaturen stehen an. Trotzdem rühmt man sich gerne, die zweitgrößte Kathedrale nach St. Peter in Rom zu besitzen, die mit der größten Orgel der Welt versehen sein soll.

## Guildford

*(Abb. 95)*

Die anglikanische Kathedrale in Liverpool, von Giles Gilbert Scott entworfen, weist in Details und Gesamtwirkung schon über die strenge historisierende Gotik hinaus. Während in Liverpool die Änderungen während des Bauens diesen Trend nur betonen können, kann er sich mit dem 1932 begonnenen Bau der katholischen Kathedrale an der Strandpromenade in *Oban* deutlich entfalten. Auch dieser Bau in seinem rosafarben schimmernden Granit aus Schottland ist von Giles Gilbert Scott entworfen worden. Obwohl er erst nach dem Zweiten Weltkrieg vollendet wurde, spürt man, daß gotische Gedanken nachwirken, aber der Bau ist nicht mehr von Linien her gedacht, sondern bezieht seine Kraft aus weiten Flächen, Prismen als Pfeilern und zart eingeschnittenen Öffnungen als Fenster.

Ebenfalls im Jahr 1932 gewinnt Sir Edward Maufe den Wettbewerb für den Bau der neuen Kathedrale in Guildford nahe London. Durch die Unterbrechung der Bauarbeiten im

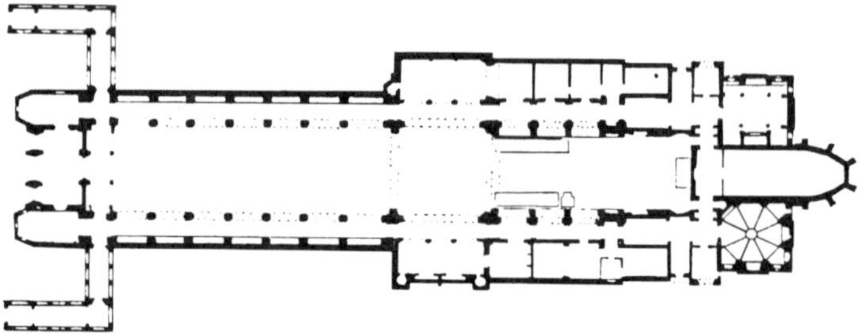

*Guildford, Kathedrale, Grundriß*

Zweiten Weltkrieg wurde auch sie erst 1961 vollendet und geweiht. So erscheint hier das gleiche Prinzip zur gleichen Zeit. Die gotische Grundstruktur ist im Grundriß, der alle klassischen Bauteile einer Kathedrale im Rechteck rings um das Kreuz von Schiff und Querschiff zusammenfaßt, sogar noch deutlicher ausgeprägt. Im Material und im Aufriß hat Sir Edward Maufe auf das Vorbild der Kathedrale im südfranzösischen Albi zurückgegriffen. Backstein, der als billiges Baumaterial aus dem Stag Hill selbst, auf dem die Kathedrale steht, gewonnen wurde, zwingt zum Verzicht auf reiche Gliederung, hier wie in Albi. Die Strebepfeiler werden wie in Albi ins Innere des Baues gezogen und nehmen auch die breiten Gurtbögen auf. Die schmalen Fenster geben den gleichen Rhythmus wieder. Eine Einheitlichkeit, die durch das Fehlen von Rippen noch betont wird. Außen können dadurch die glatten Flächen zum hohen Vierungsturm hin gesteigert werden. Ein eigenständiger Versuch, moderne Architektur aus mittelalterlicher Tradition heraus zu gestalten.

## Coventry

*(Abb. 87)*

In der Nacht des 14. November 1940 ging die spätgotische Kathedrale von Coventry und weitgehend auch die Stadt selbst im Feuersturm der Brandbomben eines deutschen Luftangriffs unter. Damit sollte die traditionsreiche Industrie der Stadt zerstört und England an den Verhandlungstisch gezwungen werden. Ein Vorbild grauenvoller Kriegsführung, dessen Nachahmung sich gegen die Erfinder kehren sollte.

Die stolze Pfarrkirche St. Michael, nur St. Nicholas in Yarmouth deckte als Pfarrkirche eine größere Fläche, war erst 1918 zur Kathedrale erhoben worden. Der spätgotische Bau in perfektem Perpendicular pfarrkirchlichen Zuschnitts zeugte mit seinem Kapellenkranz vom Reichtum der Zünfte der Stadt. In grauer Vorzeit soll sie allerdings einmal so arm gewesen sein, daß Lady Godiva nackt durch die Straßen reitend ihren Gemahl davon überzeugen mußte, daß die Einwohner unfähig seien, Steuern zu zahlen. Wer täte das heute noch zu diesem Zweck, und welches Finanzamt ließe sich dadurch überzeugen? Die Zeiten sind herzlos geworden.

Das Feuer des Jahres 1940 ließ die Umfassungsmauern der Kirche mit Trümmern gefüllt zurück. Der Westturm blieb erhalten. Von 1373 bis 1394 stifteten William und Adam Botoner, Bürgermeister der Stadt, jedes Jahr 100 Pfund zur Finanzierung des Baues. Im Jahre 1433 wurde schließlich der Helm vollendet. Mit fast 90 Meter Höhe, weit in die Landschaft hineinwirkend, ist er einer der schönsten Türme in seiner ständig reicher werdenden Gliederung, die die späte Gotik hervorgebracht hat. Das gilt auch, wenn man vielleicht im Preisen nicht so weit gehen will wie John Harvey, einer der bekanntesten Architekturhistoriker Englands, der selbst das Athen des Perikles nicht für größer an höchster Schönheit hielt.

Heute wird der Raum, gepflastert und unter freiem Himmel, hin und wieder für Gottesdienste genutzt. Sie konzentrieren sich um das Kreuz aus zwei angekohlten Balken im Chorraum. Kurz nach dem Brand geschaffen, steht hier heute eine Kopie, das Original befindet sich, vor Vandalismus in Sicherheit gebracht, in der Krypta. Sonst dient die Ruine als Mahnmal, als Vorraum zur neuen Kathedrale.

Eine Treppe führt durch ein ehemaliges Fenster in die offene Vorhalle des neuen Baues, dessen Achse senkrecht zum alten Bau steht. Hier ist auch rechts des Eingangs Sir Jacob Epsteins St. Michael im Kampf mit dem Teufel angebracht. Vom selben Bildhauer ist ein frühes Werk, sein einst fast Aufruhr erregender ›Ecce Homo‹, in der Ruine gegenüber den Stufen als Stiftung seiner Nachlaßverwalter angebracht.

*Coventry, Kathedrale, Grundriß*

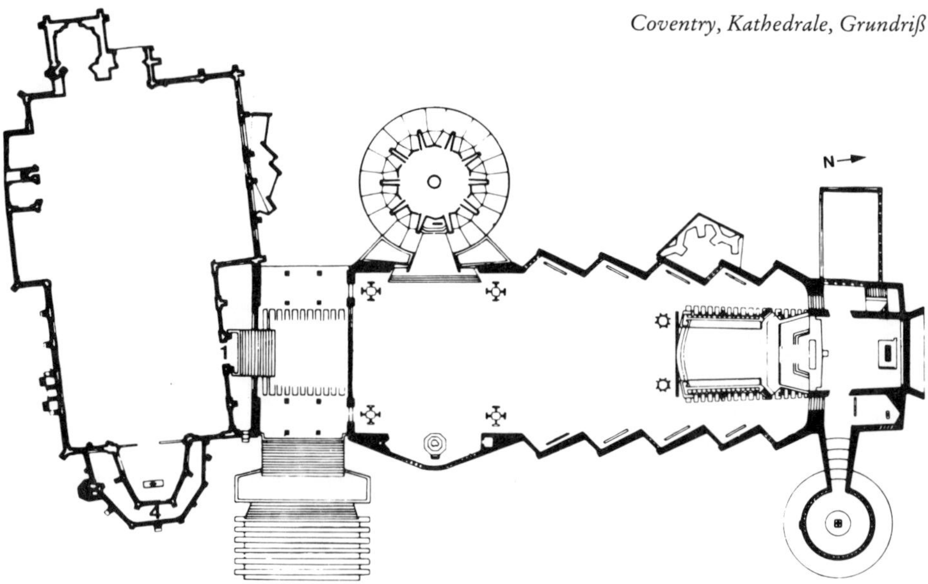

Der Entwurf für die neue Kathedrale des Architekten Sir Basil Spence, in den Jahren zwischen 1956 und 1962 errichtet, wird gerne als Bruch mit der architektonischen Tradition zitiert. Das ist leichtfertig und offensichtlich, zumindest im Abstand einer Generation, falsch.

Vieles, was wir von mittelalterlichen Kathedralen gewohnt sind, ist geblieben. Von den grundlegenden Bedingungen, die die Liturgie schafft, können wir dabei absehen. Die weite Halle des rechteckig geschnittenen Raumes wird durch hohe Pfeiler in drei Schiffe zerlegt. Damit ist zugleich das Maß des Chores festgelegt. Über den Pfeilern spannt sich ein leichtes Netzgewölbe. Das sind auf den ersten Blick ungewohnte Bilder, die auch die stufenartig gestaffelte Wand mit ihren in Richtung des Altarraumes gestaffelten Fenstern nicht verändern kann. Die Fenster bringen in ihrem Betonmaßwerk dazu das seit der Spätgotik gewohnte kleinteilige Raster aus gereihten Rechtecken, wie sie hoch und schlank ja auch die Wand selbst bietet. Die ›Chapel of Unity‹ – die Kapelle der Einheit – greift als Kapelle die Idee der englischen Kapitelhäuser auf. Die Strebepfeiler sind in hohe Mauerscheiben verwandelt worden. Ein gelungenes Bild, das bis heute beeindruckend geblieben ist.

Manche Details ergänzen das. Das größte darunter ist der riesenhafte Gobelin mit Christus als Richter des Jüngsten Gerichtes, der, in Frankreich gefertigt, mit 24 Meter Höhe und 11,5 Meter Breite der größte der Welt sein soll. Der englische Maler Graham Sutherland hat ihn für die Kathedrale entworfen, von dem auch das Altarbild darunter für die Marienkapelle mit der Kreuzigung Christi stammt. Beide gehören sicher zu den eindrucksvollsten Beispielen der Darstellung christlicher Themen in der Moderne. Auf dem Hochaltar steht ein großes Kreuz in vergoldetem Silber. Als Symbol der Auferstehung geformt, was man auch erkennen kann, wenn es einem gesagt wird, rahmt es im Zentrum ein Kreuz aus drei Nägeln, das als Symbol des Bemühens gilt, das von der Kathedrale ausgehen soll: die Einheit der Christen zu erneuern. Es ist aus dreien der Nägel gefertigt, die einst das Holzwerk der zerstörten Kathedrale zusammenhielten. Eine Hoffnung auf die eine Kirche, die ein internationales Echo, auch in Deutschland, gefunden hat. Eine faszinierende Antwort ist sicher das jordanische Geschenk: Ein Felsbrocken aus der Nähe von Bethlehem, schlicht vor der leuchtenden Folie des sich rundenden Fensters nach dem Entwurf John Pipers.

## Liverpool: Katholische Kathedrale
*(Abb. 94)*

Gegenüber, im übertragenen wie im geographischen Sinne, der anglikanischen Kathedrale von Liverpool ist die Baugeschichte der katholischen Kathedrale eine Leidensgeschichte aufgegebener Planungen, die dann erst binnen fünf Jahren, 1962–67, den heutigen, überraschenden Abschluß fanden.

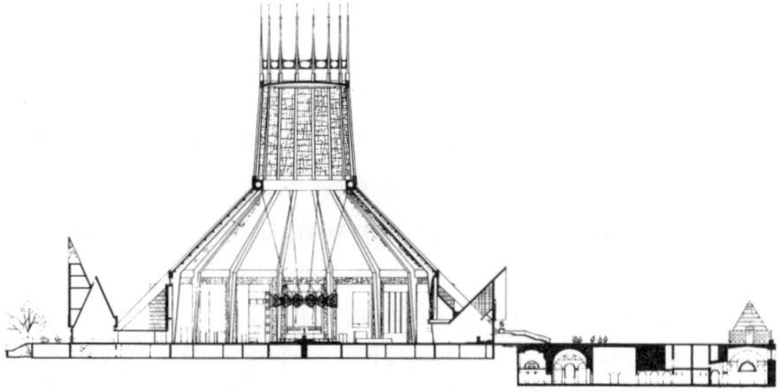

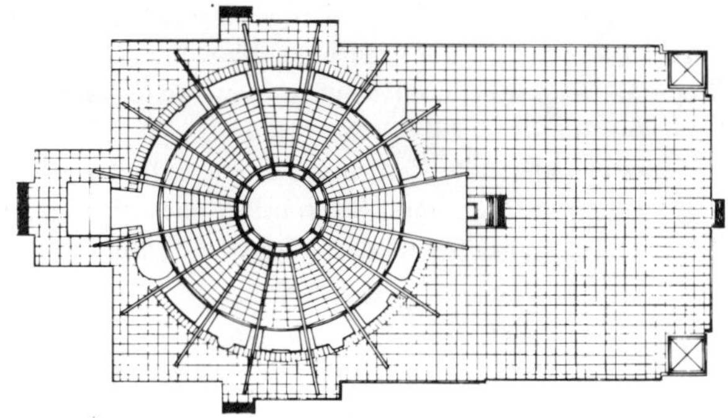

*Liverpool, katholische Kathedrale, Schnitt und Grundriß*

Nur die Marienkapelle der ersten Kathedralenplanung ist vollendet worden. Nach dem kühnen neugotischen Entwurf Edward Welby Pugins, Sohn von Augustus Welby Pugin, des großen Neugotikers, entstand sie 1853. Damals war Liverpool gerade seit drei Jahren zum Sitz eines Bischofs geworden. Ungepflegt, fast vergessen und vom Zahn der Zeit angenagt steht sie heute noch an der San Domingo Street.

Erst im Jahre 1922, Liverpool war inzwischen zum Sitz eines katholischen Erzbischofs geworden, wurde der Gedanke an eine Kathedrale wieder belebt. Der Grundstein für die Christkönig geweihte Kathedrale wurde an der heutigen Stelle am 5. Juni des Jahres 1933 gelegt. Die Pläne hatte Sir Edwin Lutyns entworfen, der große Architekt Englands im frühen 20. Jahrhundert. Über einer weit ausgedehnten Krypta sollte sich ein Bau in Backstein, fünfschiffig in Haupt- und Querschiff erheben. Und die riesige Kuppel war für hundert Meter Höhe im Inneren bei gut fünfzig Metern Durchmesser gedacht. Ein wenig standen dabei sowohl St. Paul's wie auch Westminster Cathedral Pate.

1941 unterbrach der Krieg die Bauarbeiten. 1953 bekam Adrian Gilbert Scott – es wäre ja auch verwunderlich gewesen, wenn die Dynastie nicht irgendwann in Erscheinung tritt – den Auftrag, eine reduzierte Fassung für den Fortgang der Arbeiten zu entwerfen. Aber bevor man daran ging, sie auszuführen, wechselte Kardinal William Godfrey nach Westminster, und sein Nachfolger in Liverpool, Kardinal John Heenan, dachte an noch Preiswerteres. Ein Wettbewerb für einen Bau auf der vorhandenen Krypta binnen fünf

Jahren für eine Million Pfund zu den damaligen Preisen brachte im Jahre 1960 über dreihundert Beiträge. Ausgeführt wurde von Oktober 1962 bis Mai 1967 der Plan des Architekten Sir Frederick Gibberd. Ein Kreis von sechzehn Streben in Stahlbeton faßt das Zelt des Kirchenbaues ein und trägt den als Rundfenster gestalteten Turm. Mit ihm wird eine Gesamthöhe von fast neunzig Metern erreicht, wie schwebend über der weiten Fläche der Krypta errichtet. Eine Architektur, die sowohl auf den Gedanken der Apokalypse vom Zelt Gottes unter den Menschen zurückgreift wie auch mit der strengen Rasterung gewohnte englische Tradition verbindet. Und auch der Kreis als architektonische Form ist ja nichts Ungewohntes. Hier soll er eine Liturgie ermöglichen, die den Altar als Zentrum der Kirche sieht. Aber man braucht sich nur an die Stadtstrukturen des immer wieder erscheinenden Motivs des ›Circus‹, die gotischen Kapitelhäuser oder, wenn man es wagt, so weit zurückzugreifen, an die Steinringe, die Kultstätten der Vorzeit Englands zu erinnern. Von ihnen hat man, mit Stonehenge an der Spitze, immerhin fast zweihundert archäologisch nachgewiesen.

Trotzdem bleibt der Eindruck befremdend. Das betont schon eine Farbigkeit der Fenster des Turmes, die zumindest für kontinentale Augen ungewohnt ist. Die Entwürfe , die die Trinität symbolisieren sollen, stammen von John Piper und Patrick Reytiens.

# Weitere Kathedralen mit Abstechern nach Wales und Schottland

## *Was noch anzusehen bleibt:*

**Aberdeen** (Schottland)
*(Abb. 98)*
Die *Kathedrale St. Machar* (Church of Scotland) wurde im 6. Jahrhundert vom Heiligen Machar, einem Freund des Heiligen Columba, gegründet. Von der 1532 vollendeten Kathedrale des 14./15. Jahrhunderts überstand nur das Schiff das reformerische Eingreifen der Truppen Cromwells. Es wurde 1869–71 wie üblich unter der Leitung von Sir George Gilbert Scott restauriert.

*Die Kathedrale St. Andrew* (Scottish Episcopal Church) wurde 1817 nach den Plänen von Archibald Simpson begonnen. Den Chorraum erneuerte man 1935–48 unter Sir Ninian

*Aberdeen, Kathedrale St. Machar*

Comper. Eigentlich sollte damals die gesamte Kirche als Geschenk der amerikanischen Kirche erneuert werden, aber das Geld reichte nicht.

Die katholische *Kathedrale St. Mary of the Assumption* wurde 1858–60 nach den Plänen von Alexander Ellis erbaut. Von seinem Partner R. G. Wilson stammt der Entwurf für den Turm (1876/77). In ›Decorated‹ erbaut, hat man den größten Teil der neugotischen Ausstattung 1960 vernichtet und durch Moderneres, nicht durch Besseres ersetzt.

## Arundel

Die katholische *Kathedrale St. Philip Neri* ist erst 1965 bei der Gründung der Diözese Arundel und Brighton zu dieser Würde gekommen. Die bisherige Pfarrkirche wurde 1870–73 nach den Plänen von Joseph A. Hansom erbaut. Gestiftet vom damaligen Herzog von Norfolk bietet sie eine Imitation französischer Gotik. Die Kapellen des Chorumgangs wurden zwar geplant, aber nicht gebaut.

## Ayr (Schottland)

Die katholische *Kathedrale The Good Sheperd,* Zum guten Hirten, ist ein schlichter Backsteinbau des Jahres 1955.

## Bangor (Wales)

Die *Kathedrale St. Deiniol* ist zwar vom Heiligen Deiniol, der sich 525 hier niederließ und 546 Bischof wurde, gegründet, zeigt aber keine Spuren aus seiner Zeit. Das Älteste sind Spuren des frühen 12. Jahrhunderts. Die wesentlichen Bauteile stammen aus der Zeit um 1500, wie gewohnt 1868–84 unter Sir George Gilbert Scott restauriert. Der Charme des Baues liegt in seiner spätgotischen Schlichtheit.

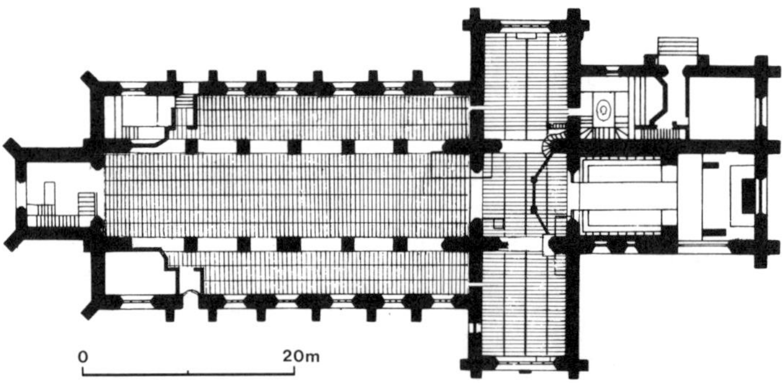


*Bangor, Kathedrale, Grundriß*

## Blackburn

Die *Kathedrale St. Mary,* erst seit 1926 Sitz eines Bischofs, besteht aus Resten der frühen neugotischen Pfarrkirche John Palmers, 1820–26, nach einem Brand teils von Thomas

Rickman erneuert. 1933 wurden nach Plänen von W. A. Forsythe Vierung und Chor angebaut. Statt seines Vierungsturmes entstand 1961 der von Laurence King entworfene Turm. Insgesamt eine aparte Mischung von Neugotik und Modernem.

## Bradford

Die *Kathedrale St. Peter* trägt diese Würde erst seit 1919. Die spätmittelalterliche Pfarrkirche mit Westturm, 1493–1508, erhielt 1961–65 moderne Ostteile nach den Entwürfen von Sir Edward Maufe, dem Architekten der Kathedrale von Guildford.

## Brechin (Schottland)

*(Abb. 103)*

Die *Kathedrale Holy Trinity* der Church of Scotland besitzt als Reizvollstes der hier um 980 gegründeten keltischen Kirche noch den steilen Rundturm, wie man sie sonst nur noch in Irland findet. Nach mehrfachen Restaurierungen ist der Zustand des frühen 13. Jahrhunderts gerade noch zu ahnen.

## Brecon (Wales)

*(Abb. 104, 105)*

Eine wieder von Sir George Gilbert Scott 1860–75 restaurierte Klosterkirche des 13. Jahrhunderts, die im folgenden Jahrhundert überarbeitet wurde. Aus normannischer Zeit stammt noch der Taufstein.

## Bury St. Edmunds

Die *Kathedrale St. James* entstand um 1500 in elegantem Perpendicular, das im Schiff noch zu sehen ist, als Pfarrkirche im Bereich der bald darauf untergegangenen Abtei, die das Grab des Heiligen Königs Edmund hütete – daher der Name des Ortes. Der hölzerne Dachstuhl entstammt der Restaurierung unter Sir George Gilbert Scott 1865–69. Die Erweiterungen nach Osten der seit 1914 zur Kathedrale erhobenen Kirche wurden von Stephen Dykes Bower geplant. Eine reizvolle Mischung zwischen Decorated und Perpendicular. Der Vierungsturm ist noch nicht vollendet. Als Glockenturm dient der prunkvoll dekorierte Wachturm des Abteiportals, späte normannische Baukunst.

## Chelmsford

Die *Kathedrale St. Mary, St. Peter und St. Cedd* ist seit 1914 mit dieser neuen Würde versehen. Aber schon im Jahre 1800 hatte die Pfarrkirche des 15. Jahrhunderts bei einem Einsturz ihr Schiff verloren. 1873 wurde das nördliche Seitenschiff angebaut. Eine Erweiterung des Chores und der Anbau des Kapitelhauses folgten 1923–26 nach Plänen Sir Charles Nicholsons. Sehenswert ist die südliche Vorhalle, die das typische Baumaterial der Region, hellen und dunklen Feuerstein, zu gotischem Dekor zusammensetzt.

## Clifton

Die katholische *Kathedrale St. Peter und St. Paul* ist als unregelmäßiges Sechseck zeltförmig aufsteigend vom Architekturbüro Percy Thomas konzipiert worden und wurde als modernste Kathedrale Englands 1973 eröffnet.

## Dornoch (Schottland)

*(Abb. 99)*

Die *Kathedrale St. Barr* der Church of Scotland stammt im wesentlichen aus der Mitte des 13. Jahrhunderts. Allerdings fehlt dem Schiff das südliche Seitenschiff völlig und das nördliche zur Hälfte. Sie haben die Restaurierung unter William Burn 1835–37 nicht überstanden. Die Ostfenster haben 1913 Glas nach Entwürfen von Christopher Wall erhalten.

## Dunblane (Schottland)

Die *Kathedrale St. Blane und St. Laurence* der Church of Scotland besteht aus einem Turm auf der Südseite aus der Zeit um 1100 und dem Rest der Kathedrale, der zwischen 1237 und 1260 mit ersten Einflüssen des Decorated in die Architektur des Early English entstand. Das

*Dunblane, Kathedrale*

Schiff wurde in der Reformation zur Ruine. Erst 1892–95 wurde es unter Sir Robert Rowand Anderson wiederhergestellt. Dem entspricht die teils qualitätvolle Ausstattung.

### **Dundee** (Schottland)

Die katholische *Kathedrale St. Andrew,* als Pfarrkirche 1836 von George Mathewson entworfen, ist seit 1923 Kathedrale. Sie verbindet ein weites Raumgefühl mit neugotischer Dekoration.

### **Dunkeld** (Schottland)

Die *Kathedrale St. Columba* der Church of Scotland benutzt nur noch den Chor des 13. und das Kapitelhaus des 15. Jahrhunderts. Das Schiff des 15. Jahrhunderts ist seit der Reformation Ruine, umgeben von einer hinreißend schönen Parkanlage am Tay.

### **Edinburgh** (Schottland)

*(Abb. 96)*

Die *Kathedrale St. Giles* der Church of Scotland ist nur von 1633–39 und 1662–90 tatsächlich Kathedrale gewesen, aber den Titel hat sie behalten. Niedergebrannt von den Engländern im Jahre 1385, wurde sie wiederaufgebaut, und 1495 war auch der Turm mit seiner Krone aus Strebebögen vollendet. In den Stürmen der Reformation teils in drei, vier Pfarrkirchen aufgeteilt, wurde sie im 19. Jahrhundert restauriert, und 1909–11 wurde die Thistle-Kapelle angebaut. Das nördliche Fenster der Westfassade ist nach dem Entwurf von Sir Edward Burne-Jones 1881 von der Firma William Morris eingebaut.

Die *Kathedrale St. Mary* der Scottish Episcopal Church ist das neugotische Meisterstück von Sir George Gilbert Scott, das als Vorbild mehr auf französische als auf englische Gotik zurückgreift. Aber der typisch englische gerade Chorschluß blieb. Geweiht wurde St. Mary 1879, ein Jahr nach dem Tode Scotts. Erst 1890 wurde das Kapitelhaus erbaut, und die Westtürme wurden erst 1917 vollendet.

Die katholische *Kathedrale St. Mary* besteht im Kern noch aus der einfachen Kapelle, die James Gillespie Graham 1813 in früher Neugotik erbaute. Schritt für Schritt erweitert, wurde der Bau 1878 Kathedrale. Die moderne Nordwestvorhalle entstand 1976. Das Innere, erstaunlich weit, ist noch von der jugendstilartigen Renovierung des Jahres 1932 geprägt.

### **Elgin** (Schottland)

*(Umschlagrückseite, Farbt. 31)*

Die *Kathedrale Holy Trinity* ist eine der schönsten Ruinen Schottlands. Im wesentlichen wurde sie nach einem Brand im Jahre 1270 noch in Early English erneuert, dann aber 1390 wieder zerstört. Der Bischof hatte unvorsichtigerweise Alexander Stewart, den ›Wolf of Badenoch‹ exkommuniziert. Vom Wiederaufbau zeugt noch das reizvolle Westportal. Schön ist auch das achtseitige Kapitelhaus. Das Bleidach der Kathedrale wurde während der Reformation in Munition verwandelt, und Cromwells Truppen ruinierten das Innere einige

*Elgin, Kathedrale, Ostfassade*

Jahrzehnte später. 1711 stürzte der Vierungsturm in sich zusammen, passend zur aufblühenden Ruinenromantik.

## **Fortrose** (Schottland)

*(Abb. 100)*

Die *Kathedrale St. Peter und St. Boniface* ist endgültig unter Cromwell zur Ruine geworden. Er ließ Schiff und Chor als Baumaterial für sein Fort in Inverness abbrechen. So stehen noch das südliche Seitenschiff und das sogenannte Kapitelhaus aus der Bauzeit des 14. und 15. Jahrhunderts.

## **Glasgow** (Schottland)

*(Abb. 97)*

Die *Kathedrale St. Mungo* oder *St. Kentigern* der Church of Scotland entstand nach einem Brand Mitte des 12. Jahrhunderts schrittweise neu. Mitte des 13. Jahrhunderts waren die ausgedehnte Krypta und der Chor vollendet, noch deutlich Early English. Das Schiff ist eine Erneuerung des 14. Jahrhunderts, und das Kapitelhaus mit der Sakristei darunter, dazu der Vierungsturm entstanden im anschließenden frühen 15. Jahrhundert. Um 1500 begann man mit einem ausgedehnten Querhaus nach Süden. Aber nur die Krypta wurde fertig, das Querschiff darüber, vielleicht für den Schrein des Patrons gedacht, nicht mehr. In den nächsten Jahrhunderten teilten sich bis zu drei Pfarren den Bau, der aber so wenigstens erhalten und unter Dach blieb.

Die *Kathedrale St. Mary* der Scottish Episcopal Church ist 1870–71 von Sir George Gilbert Scott als Pfarrkirche erbaut worden. Turm und Helm kamen 1892–93 unter J. Oldrid Scott hinzu, und 1907 wurde das Ganze, weitgehend eine Imitation des Decorated, Sitz eines Bischofs.

Die katholische *Kathedrale St. Andrew* wurde 1814–16 nach neugotischen Plänen à la Perpendicular des Architekten James Gillespie Graham erbaut, ein immer noch reizvolles frühes Beispiel.

## **Inverness** (Schottland)

Die *Kathedrale St. Andrews* der Scottish Episcopal Church wurde 1866–69 nach den Plänen des ortsansässigen Architekten Alexander Ross erbaut. Der Chor wurde etwas bescheidener als eigentlich im Stile des Decorated geplant. Die Helme der Westtürme sind nie gebaut

*Glasgow, Kathedrale St. Mungo*

*Iona, Kathedrale vor der Restaurierung mit dem St. Martin's-Kreuz*

worden, den Helm des Vierungsturmes hat man vor einigen Jahren aus Sicherheitsgründen abgetragen.

## **Iona** (Schottland)

*(Abb. 101)*

Die ehemalige *Kathedrale St. Mary* der Church of Scotland lohnt einen Besuch wegen ihrer Insellage und wegen der Fülle historischer Erinnerungen. Hier hat St. Columba im Jahre 563 ein Kloster gegründet, mit dem der Rückfluß antiker Kultur ins Abendland begann. Die irische Mission gehört für Mitteleuropa zum Sauerteig des Mittelalters. Grundlage des heutigen Kirchenbaues ist die Kirche des hochmittelalterlichen Benediktinerklosters, ein Bau des 12. und 13. Jahrhunderts, der um 1450 kräftig überarbeitet und erneuert worden ist. Er ist nach der Reformation als Ruine in den Besitz der Herzöge von Argyll übergegangen. 1899 schenkte George Douglas Campbell, achter Herzog von Argyll, Land und Ruine der Church of Scotland. Hier hat sich die Iona Community gebildet, mit Mitgliedern aus verschiedenen Kirchen, die zum Treffpunkt von Jugendlichen in den Sommermonaten geworden ist. Anfang unseres Jahrhunderts ist der Bau erneuert worden.

Im südlichen Querschiff liegen die Grabdenkmäler für den Stifter und seine Frau. Vor der Kirche stehen, teils Original teils Replik, hohe Steinkreuze, wie man sie sonst fast nur aus Irland kennt: Aus Granit St. Martin's Cross, das auf der Westseite Maria mit dem Kind und alttestamentarische Szenen zeigt, und als Replik das etwas eleganter geschnittene größere St. John's Cross, während von St. Matthew's Cross nur noch der untere Teil erhalten blieb. Sie sind entstanden, als das irische Kloster in den Normannenüberfällen vom Untergang bedroht war und sich die Mönche fast alle nach Kells in Irland zurückzogen.

Eine kleine Kapelle, St. Oran's Chapel, ist als Lapidarium eingerichtet, und ein kleiner Gang rings um das Gelände der Abtei zeigt schnell, in welcher Einsamkeit und Öde die europäische Kultur wieder in Gang gesetzt wurde.

## **Kirkwall** (Schottland)

(Farbt. 36)

Die *Kathedrale des Heiligen Magnus* der Church of Scotland auf Orkney ist eine Überraschung. Heute, wo das Nordseeöl das Leben bewegter und bunter gemacht hat, vielleicht weniger als noch vor einigen Jahren. Was für den Mitteleuropäer im fernsten Norden Schottlands liegt, nur mit Fähre erreichbar, war zu Wikingerzeiten und noch lange danach Verbindungsstation auf dem Weg nach Skandinavien, kultureller Mittelpunkt. Und noch bis 1472 unterstand der Bischof von Kirkwall dem Erzbischof von Trondheim.

Der heilige Magnus teilte sich für einige Jahre die Herrschaft über die Orkneys mit seinem Vetter Hakon. Streitigkeiten sollten mit Verhandlungen auf der kleinen Insel Egilsay beigelegt werden. Aber Hakon erschien statt dessen mit zahlreichem Gefolge und verlangte die ganze Macht. Magnus bot an, um Hakon vor der Sünde des Mordes zu bewahren, auf Pilgerfahrt ohne Rückkehr zu gehen oder sich als Gefangener in Hakons Gewalt zu begeben.

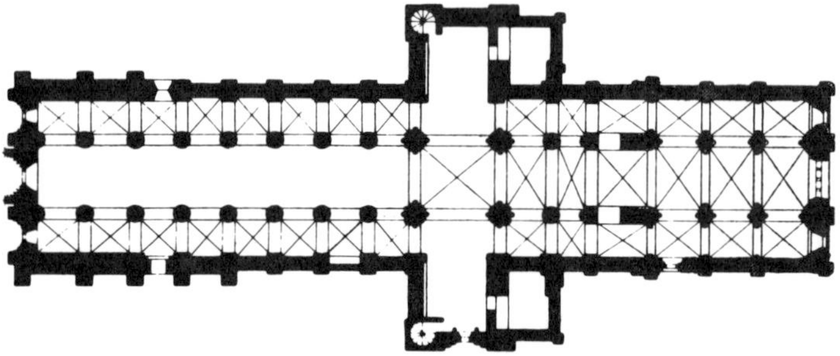

*Kirkwall, Kathedrale, Grundriß*

Ohne Erfolg. So empfing er wohl am 16. April des Jahres 1117 den Todesstreich von der Axt des Kochs Lifolf, den Hakon damit beauftragt hatte. Gebeine, die man in einem Pfeiler der Kathedrale im Jahre 1919 wohlverwahrt fand, zeigten die entsprechende Kopfwunde, und man hält sie für die Reliquien des Heiligen, die man später von seiner Grabstätte auf Birsay nach Kirkwall übertragen hat.

Sein Neffe Rognvald begann 1137 mit dem Bau der Kathedrale. Er gewann wohl eine Truppe von Steinmetzen und einen Architekten, der in Durham gelernt und gearbeitet hatte. Schon die Wiederholung der mächtigen Rundpfeiler macht das deutlich. Im 13. Jahrhundert hat man den Bau mit Gewölbe modernisiert, nach Osten und Westen verlängert und im 14. Jahrhundert den Vierungsturm aufgestockt. An der Westfassade, das Maßwerk des Fensters erinnert daran, waren die Bauarbeiten erst im 15. Jahrhundert abgeschlossen. Den leuchtend roten Sandstein, der in der Portalzone reizvoll mit gelbem Sandstein abwechselt, konnte man ganz in der Nähe brechen. Jahrhunderte salzigen Windes haben hier ihre Spuren hinterlassen.

## **Llandaff** (Wales)

*(Abb. 106, 107)*

Die *Kathedrale St. Peter und St. Paul* wurde der Legende nach Mitte des 6. Jahrhunderts durch den Heiligen Teilo gegründet, dem man am Westportal wiederbegegnet. Der heutige Bau wurde allerdings erst im frühen 12. Jahrhundert begonnen. So zeigt sich der Chor noch romanisch, das Schiff schon gotisch, schlicht und auf Emporen verzichtend. Kapitelhaus und Marienkapelle werden Mitte des 13. Jahrhunderts angefügt.

Aber all das wird beim Eintritt in das Schiff vom kühnen Bogen des ›Lettners‹, der ein rundes Gehäuse für die Orgel trägt, überstrahlt. Ein Entwurf des Architekten George Pace, der den Wiederaufbau nach den ausgedehnten Zerstörungen im Zweiten Weltkrieg leitete. Der Lettner zieht alle Aufmerksamkeit auf sich und wird in England hoch gerühmt. Da ich auf dem Kontinent schreibe, brauche ich mich dem nicht anzuschließen. Qualitativ entsprechend ist der Aluminiumguß der Erscheinung Christi, der am Orgelgehäuse angebracht ist, eine Arbeit Sir Jacob Epsteins. Man sieht das alles und glaubt kaum, daß es möglich sei.

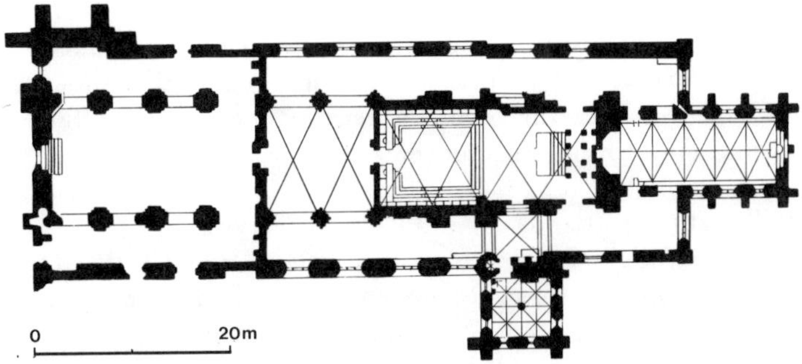


*Llandaff, Kathedrale, Grundriß*

Ein Trost ist das ehemalige Altarbild des Hauptaltars, das heute im Nordwestturm, in der Kapelle des Heiligen Illtyd aufgestellt ist. ›The Seed of David‹ ist eine Arbeit von Dante Gabriel Rossetti, eines der begabtesten Maler der englischen Präraffaeliten.

## London: Southwark

Die *Kathedrale St. Saviour* liegt am Südufer der Themse am Ende der London Bridge. Über den zerstörten Resten einer vornormannischen Kirche bauten die Bischöfe von Winchester hier nahe ihres Londoner Stadtsitzes die Kirche eines Priorats der Augustiner-Chorherren St. Mary Overie (›over the river‹). Der Reformation folgte der langsame Verbrauch der Kirche als Pfarrkirche. 1831 wurde das Dach des Schiffes entfernt, es galt endlich als baufällig. Erst die gründliche Restaurierung unter Sir Arthur Blomfield 1890–97 stellte den Bau wieder her. Inmitten des Trubels des geschäftsmäßigen Londons auf dieser Seite der Themse, auf die man sich als Tourist seltener verirrt, wird die Kirche zur Überraschung. Seit 1905 ist sie Sitz eines Bischofs.

Nach einem Brand im Jahre 1213 wurde der Bau unter Peter de Rupibus, Bischof von Winchester (1205–38), in Early English wiederaufgebaut. Spuren haben dann noch einmal ein Brand 1385 und der Einsturz des Gewölbes im Schiff 1469 hinterlassen. Reizvoll ist der Kontrast zwischen Chor und Retrochor, die durch den hohen Reredos getrennt werden, den um 1520 Richard Fox, Bischof von Winchester, errichten ließ. Ihm ist auch die Aufstockung des Vierungsturmes auf seine heutige Höhe zu verdanken. Bis auf den riesigen Leuchter aus dem 17. Jahrhundert in der Vierung ist die Ausstattung sonst im wesentlichen ein Werk der Zeit um 1900.

## Manchester

Die *Kathedrale St. Mary* ist ein Prunkstück unter Englands spätgotischen Pfarrkirchen, stolzes Perpendicular, das 1848 zur Kathedrale wurde. Danach wurde gründlich, teils mit leichten Veränderungen, restauriert. Die erstaunliche Weite des Baues, nur noch von der Ruine der ebenfalls von einer Pfarrkirche zur Kathedrale erhobenen Kirche St. Michael in

Coventry übertroffen, entstand durch das Anfügen von Grab- und Gedächtniskapellen. Reizvollen Kontrast zum Rechteckschema des Perpendicular bietet das winzige Kapitelhaus auf der Südseite. Innen beachte man den Lettner der Mitte des 18. Jahrhunderts, die hölzernen Chorschranken und das reiche Chorgestühl des frühen 16. Jahrhunderts. Über allem spannt sich ein prächtiger hölzerner Dachstuhl.

**Millport** (Schottland)

Die *Kathedrale Holy Spirit* trägt nur noch ehrenhalber den Titel einer Cathedral of the Isles. Diese Funktion hat Oban übernommen. Aber der Bau des Architekten William Butterfield auf Great Cumbrae aus dem späten 19. Jahrhundert hat bei aller Schlichtheit der Konstruktion Glanz durch reichlich verwandte farbige Fliesen und die weitgehend erhaltene Ausstattung. Er steht damit besser da, als die ebenfalls von William Butterfield begonnene Kathedrale in Perth.

*St. Andrews, Kathedrale*

## Motherwell (Schottland)

Die katholische *Kathedrale Our Lady of Good Aid* entstand um 1900 nach den Plänen von Peter Paul Pugin und wurde erst 1948 Kathedrale. Dreischiffig wird schlichte Spätgotik imitiert. Prunkstück ist das Westfenster mit der Darstellung des Baumes Jesse.

## St. Andrews (Schottland)

Die *Kathedrale St. Andrew* in St. Andrews, das für seine Golfplätze bekannt ist, existiert nur noch als malerische Ruine. Um 1160 begonnen, war der Chor 1238 vollendet, 1318 konnte die ganze Kirche geweiht werden. 1472 wurde die längste Kathedrale Schottlands sogar Sitz eines Erzbischofs. Aber mit der Reformation begann der Untergang, den Ost- und Westfassade einigermaßen überstanden haben. Sie prägen zusammen mit dem Turm der kleinen Vorgängerkathedrale St. Regulus aus dem späten 11. Jh. die Ruinenlandschaft.

## St. Asaph (Wales)

*(Abb. 102)*

Die gleichnamige Kathedrale ist ein bescheidener Bau, der in seiner heutigen Erscheinung aus dem späten 14. Jahrhundert stammt. Im 15. Jahrhundert mußten Obergaden und Dach erneuert werden, und nach der Reformation setzte der Verfall ein. Das Kapitelhaus fiel ihm

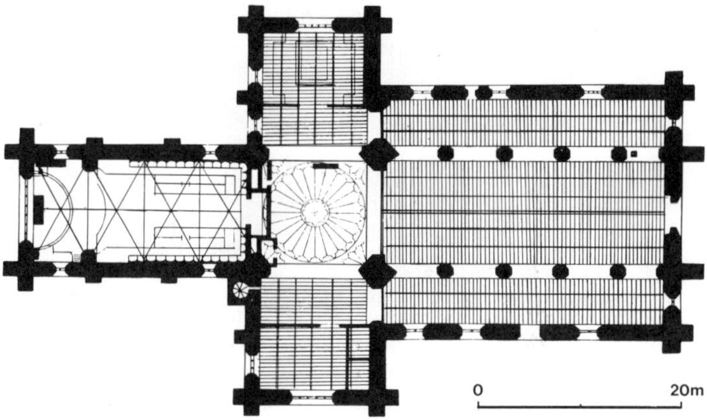


*St. Asaph, Kathedrale, Grundriß*

völlig zum Opfer. Schließlich folgte das Dach des Schiffs, und erst mit der Restaurierung unter Sir George Gilbert Scott 1869–75 entstand wieder eine vollständige und vollständig ausgerüstete Kathedrale.

## St. David's (Wales)

*(Farbt. 35; Abb. 108)*

Die *Kathedrale St. David* soll vom Heiligen Dewi (David) im 6. Jahrhundert gegründet worden sein. Henry II. und zahlreiche andere Pilger zum Heiligen David brachten im späten

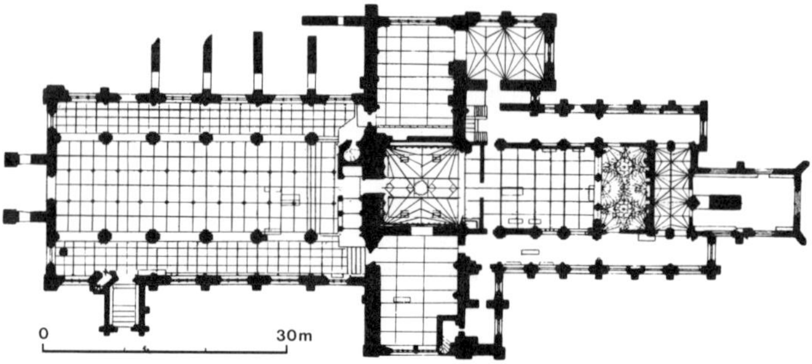


*St. David's, Kathedrale, Grundriß*

12. Jahrhundert genügend Geld mit, daß man an einen Neubau denken konnte. Dessen Vierungsturm stürzte 1220 in sich zusammen und wurde erneuert. Dann fügte man an das nördliche Querhaus die Kapelle des Heiligen Thomas an und verlängerte den Chor nach Osten. Um 1300 wird der Bau mit der Marienkapelle noch weiter nach Osten ausgedehnt, und schließlich werden zwischen 1330 und 1345 mit aufgestockten Mauern, auch beim Vierungsturm, und eingefügten Fenstern des Decorated die räumlichen Verhältnisse wieder verwandelt. Der attraktivste Zug des Baues ist das flache hölzerne Gewölbe des späten 15. Jahrhunderts, das eigentlich aus einer flachen Decke mit hängenden Schlußsteinen (in Holz) und verbindenden Bögen besteht (Abb. 108).

*Kathedralen bieten auch noch:* Belmont, Birnie, Birsay, Brentwood, Cardiff, Lancaster, Leeds, Leicester, Lismore, London, Middlesbrough, Newcastle, Newport, Northampton, Norwich, Nottingham, Oban, Paisley, Peel, Perth, Plymouth, Portsmouth, Salford, Sheffield, Shrewsbury, Truro, Wakefield, Whithorn und Wrexham.

# Glossar

**Almosenier** Leiter der Almosenverteilung im Kloster, beim Bischof oder bei höherem Adel und dem Herrscher. Chef der Sozialverwaltung, die weltliche Einkünfte in himmlische Reichtümer verwandelte.

**Bildschirmfassade** s. S. 31

**Chantry** oder auch Chantry Chapel nennt man Grabkapellen oder Gedächtniskapellen, in denen bis zur Zeit Heinrichs VIII. regelmäßig eine Messe gelesen, besser gesungen (chanter) wurde. In Kathedralen erscheinen sie fast immer als zierliche Kleinarchitekturen, die zwischen Pfeiler in den Raum gesetzt wurden. Sonst werden sie wie auf dem Kontinent als Erweiterung des Kirchenraums angebaut.

**Close** s. S. 16

**Couronnement** Das Couronnement, die Krönung, schließt als reiches Maßwerkornament die gerade verlaufenden Bahnen des Fensters ab. Hier haben Mode, Stilentwicklung, Phantasie und Phantasielosigkeit ihren Spielraum.

**Curvilinears** s. S. 26

**Decorated** s. S. 25

**Early English** s. S. 24

**England** wird im deutschen Sprachgebrauch gerne synonym mit Großbritannien verwandt, das aus England, Wales, Schottland und Nord-Irland als Vereinigtes Königreich, United Kingdom, besteht. Die Bretagne, wohin die alten Briten vor den Angeln und Sachsen auswanderten, gehört nicht dazu, so daß die Franzosen zwischen ihrer Bretagne und Grande Bretagne für unser Großbritannien zu unterscheiden haben. Aber warum sollen sie es einfacher haben als wir.

**Fächergewölbe** s. S. 28

**Flamboyant** Flammenhaft bewegtes Maßwerk der französischen Spätgotik ergab diese Bezeichnung. Die Vorbilder lieferte die curvilineare Phase des Decorated.

**Geometrical** s. S. 25

**Glossar** Der lästige Versuch, das dem Autor zugeläufige Fachchinesisch umständlich in (un)-verständliches Hochdeutsch zu übersetzen, wobei das Übersetzen, wie bei der Fähre über den Kanal, die Gefahr von Seekrankheit und Gepäckverlusten mit sich bringt.

**Hammerbalkendach** Waagerecht von der Wand ausgehende Balken tragen wie ein Hammerkopf die senkrechten Stützbalken der Dachkonstruktion. Ein früher Versuch zu einer sich selbst tragenden Dachkonstruktion, der notwendig wurde, als lange Balken, die den ganzen Raum überspannen konnten, selten und zu teuer wurden.

**Kathedrale** Kirche, auch winzigsten Formates, in der ein Bischof einen Sitz hat. Ein juristischer Titel, demgegenüber ›Dom‹ und ›Münster‹ je nach Gunst des Volkes gebraucht werden können.

**Liernen** Zusätzliche Rippen, die von zusätzlichen Schlußsteinen ausgehen, und wieder mit einem Schlußstein verbunden – von ›lier‹ verbinden – das Mustergewölbe zusammen mit den Tiercerons ermöglichen.

**Marienkapelle** Die Marienkapelle oder ›Lady Chapel‹ wird seit der Zeit um 1200 wenn möglich als östliche Verlängerung an den Chor angefügt. Sie ist ein Beispiel der im Abendland zu dieser Zeit aufblühenden Marienverehrung.

**Norman** s. S. 22

**Perpendiculare** s. S. 27

**Reredos** Die hohe mit Skulpturen geschmückte Altarrückwand, die zugleich den Altarraum vom Retrochor trennt.

**Retrochor** Der Raum östlich des Altarraums, der beim geraden Chorabschluß der englischen Kathedralen oft genutzt wurde, um den Schrein des verehrten Heiligen aufzustellen.

**Sedilia** Der Dreisitz für Priester, Diakon und Subdiakon, den sie während des Gottesdienstes benutzen.

**Simonie** nennt man den Versuch, ein kirchliches Amt käuflich zu erwerben. Ihren Namen bezieht diese Tat von Simon Magus, der versuchte, Petrus zu bestechen.

**Transitional** s. S. 24

**Translation** Die Übertragung der Reliquien, der Gebeine eines Heiligen an einen anderen Ort.

**Tudor** s. S. 28

**Tiercerons** Rippen, die als dritte zu den Gurtbögen und den Kreuzrippen hinzu kommen. Sie gehen, im Gegensatz zu den Liernen, wie Kreuzrippen und Gurtbogen von den Kapitellen der Dienste aus.

## Literatur in Auswahl

Allen, F. J.: The Great Church Towers of England. London 1932
Anderson, W. F. D.: Cathedrals in Britain and Ireland from Early Times to the Reign of Henry VIII. New York 1978
Andrews, F. B.: The Mediaeval Builder and His Methods. Wakefield ²1974
Anfray, M.: L'architecture normande. Paris 1939
Atkinsons, Th. D.: An Architectural History of the Benedictine Monastery of Saint Ethelreda at Ely. Cambridge 1933
Aylmer, G. E. u. Cant, R.: A History of York Minster. Oxford 1977
Baker, R. W. u. E.: An Account of the Conservation of the Painted Vault in the Chapel of the Guardian Angels, Winchester Cathedral. in: The Conservator 1 (1977)
Bannister, A. T.: The Cathedral Church of Hereford, its History and Constitution. London 1924
Beckett, L. u. A. Hornack: York Minster. London 1980
Beeson, C. F.: English Church Clocks 1280 bis 1850. Chichester 1971
Bialostocki, J.: Late Gothic: Disagreements about the Concept. in: Journal of the British Archaeological Ass. 29 (1966)
Billings, R. W.: The Baronial and Ecclesiastical Antiquities of Scotland. 4 Bde. Edinburgh/London 1848/52
Bilson, J.: Durham Cathedral. The Chronology of its Vaults. in: Archaeological Journal 79 (1922)
Bishop, H. E. und E. K. Prideaux: The Building of the Cathedral Church of St. Peter in Exeter. Exeter 1922
Bishop, H. E.: Notes on Exeter Cathedral. Exeter ⁴1928
Blum, P. Z.: The Middle English Romance ›Jacob and Joseph‹ and the Joseph Cycle of the Salisbury Chapter House. Gesta 8 (1969)
Boase, T. S. R.: English Art, 1100–1216. Oxford 1953
Bock, H.: Der Decorated Style. Untersuchungen zur englischen Kathedralarchitektur der 1. H. des 14. Jhdts. Heidelberg 1962
– Bristol Cathedral and its Place in European Architecture. Bristol 1965
Böker, H. J.: Der Beginn einer Spätgotik innerhalb der englischen Architektur zwischen 1370 und 1450. Köln 1981
Bond, F.: Gothic Architecture in England. New York 1905 (ND 1972)
– Westminster Abbey. London 1909
– Wood Carvings in English Churches. 2 Bde. Oxford 1910

– The Cathedrals of England and Wales. London 1912
– An Introduction to English Church Architecture from the Eleventh Century to the Sixteenth Century. 2 Bde. London 1913
Bony, J.: La technique normande du mur épais à l'époque romane. in: Bulletin Monumental 98 (1939)
– Gloucester et l'origine des voûtes d'hémicycle gothiques. Bulletin Monumental 98 (1939)
– Le projet premier de Durham. in: Urbanisme et Architecture en honneur de Pierre Lavedan. Paris 1954 S. 41–47
– French Influences on the Origins of Gothic Architecture. in: Journal of the Warburg and Courtauld Institutes 12 (1949)
– Gothic Architecture Transformed: The English Decorated Style. Oxford 1979
Booz, P.: Der Baumeister der Gotik. München/Berlin 1956
Branner, R.: Westminster Abbey and the French Court Style. in: Journal of the Society of Architectural Historians 23 (1964)
Brieger, P.: English Art, 1216–1307. Oxford 1957
Britton. J.: Cathedral Antiquities. 6 Bde. London 1814–36
Burne, R. H. V.: The Monks of Chester. London 1962
Caiger-Smith, A.: English Medieval Mural Painting. Oxford 1963
Carpenter, S. C.: The Church of England 597 bis 1688. London 1954
Cave, C. J. P.: Roof Bosses in Medieval Churches. Cambridge 1948
Cave, C. J. P. and T. Borenius: The Painted Ceiling in the Nave of Peterborough. in: Archaeology 87 (1937)
Caviness, M. H.: The Early Stained Glass of Canterbury Cathedral. Princeton 1977
– The Windows of Christ Church Cathedral Canterbury. London 1981
Clapham, A. W.: English Romanesque Architecture after the Conquest. Oxford 1934
Clasen, K. H.: Deutsche Gewölbe der Spätgotik. Berlin ²1961
Clifton-Taylor, A.: The Cathedrals of England. London ²1976
Cobb, G.: English Cathedrals, the Forgotten Centuries. Restauration and Change from 1530 to the Present Day. London 1980
Colchester, L. S. and J. H. Harvey: Wells Cathedral. in: Archaeological Journal 131 (1974)
Colchester, L. S.: Stained Glass in Wells Cathedral. Wells ⁵1977
Colchester, L. S. (Ed.): Well Cathedral, a History. Shepton Mallet 1982
Colvin, H. M.: Building Accounts of King Henry III. Oxford 1971
Colvin, H. M. (Ed.): The History of the King's Works. I. The Middle Ages. London 1963 ff
Cook, G. H.: The English Cathedral through the Centuries. London 1957
– Mediaeval Chantries and Chantry Chapels. London ²1963
Crone, G. R. (Ed.): The World Map by Richard of Haldingham in Hereford Cathedral c. 1285. London 1954
Crossley, F. H.: English Church Monuments A.D. 1150–1550. London o. J. (1921)
Dimock, J. F.: Metrical Life of Hugh of Lincoln. Lincoln 1860
Dixon, R. and St. Muthesius: Victorian Architecture. London 1978
Dobson, R. B.: Durham Priory 1400–1450. Cambridge 1973
Douie, D. L. und H. Farmer: Magna Vita S. Hugonis. Oxford 1961
Drinkwater, N.: Hereford Cathedral. The Chapter House. in: Archaeological Journal 112 (1956)
Dufty, A. R.: Lichfield Cathedral. in: Archaeological Journal 120 (1963)
Eden, C. H.: Black Tournai Fonts in England. London 1909
Edwards, K.: The English Secular Cathedrals in the Middle Ages. New York ²1967
Erskine, A.: Accounts of the Fabric of Exeter Cathedral I. Part 1 (1279–1326). Exeter 1981
Escher, K.: Englische Kathedralen. München/Berlin 1929

Evans, J.: English Art, 1307–1461. Oxford 1949
Fitchen, J.: The Construction of Gothic Cathedrals. A Study of Medieval Vault Erection. Oxford 1961
Foreville, Raymonde (Ed.): Thomas Becket. Actes du colloque international de Sédères 19.–24. Août 1973. Paris 1973
Frankl, P.: The ›Crazy‹ Vaults of Lincoln Cathedral. in: Art Bulletin 35 (1953)
– The Gothic. Literary Sources and Interpretations through Eight Centuries. Princeton 1960
– Gothic Architecture. Harmondsworth 1963
Frey, D.: Englisches Wesen in der bildenden Kunst. Stuttgart/Berlin 1942
Gardner, A.: English Medieval Sculpture. Cambridge ²1951
Gee, E. A.: York Minster: Chapter House and Vestibule. London 1974
Gem, R. D. H.: The Romanesque Rebuilding of Westminster Abbey. in: Proceedings of the Battle Conference III (1980)
– Chichester Cathedral, When Was the Romanesque Church Begun? in: Proceedings of the Battle Conference III (1980)
Girdlestone, C. M.: Thirteenth Century Gothic Architecture in England and Normandy. in: Archaeological Journal 102 (1945)
Gloag, J.: The English Tradition in Architecture. London 1963
Goring, E.: Lichfield Cathedral. Worcester 1954
Götz, W.: Zentralbau und Zentralbautendenz in der gotischen Architektur. Berlin 1968
Greenwell, W.: Durham Cathedral. Durham 1904
Grigson, G.; Meyer, P. und H. Hürlimann: English Cathedrals. London 1950
Grimthorpe, E.: St. Albans Cathedral and its Restauration. St. Albans 1885
Grodecki, L.: Architektur der Gotik. Stuttgart 1976
Gross, W.: Die abendländische Baukunst um 1300. Stuttgart 1948
Hahnloser, H. R.: Villard de Honnecourt. Graz ²1972
Harrison, F.: Music in Mediaeval Britain. London 1958
Harvey, B.: Westminster Abbey and its Estates in the Middle Ages. Oxford 1977
Harvey, J.: Henry Yevele ca. 1320 to 1400. The Life of an English Architect. London 1944
– Gothic England: A Survey of National Culture 1300–1550. London ²1948
– The Tracing Floor in York Minster. in: Report of the Friends of York Minster 40 (1969)
– The Master Builders: Architecture in the Middle Ages. London 1972
– The Mediaeval Architect. London 1972
– Cathedrals of England and Wales. London 1974
– The Perpendicular Style. London 1978
Harvey. J. und H. Felton: The English Cathedrals. London 1950
Harvey, J. und A. Oswald: English Mediaeval Architects. A Biographical Dictionary down to 1550. London 1954
Hastings, M.: St. Stephen's Chapel and its Place in the Development of Perpendicular Style in England. London 1955
Hayter, W.: William of Wykeham, Patron of the Arts. London 1970
Hewett, C. A.: English Cathedral Carpentry. London 1974
Hussey, W.: Chichester Cathedral. Chichester 1970
Jantzen, H.: Die Gotik des Abendlandes, Idee und Gestalt. Köln 1962
Johnson, P.: British Cathedrals. London 1980
King, D.: The Cathedral and Conventual Churches of England and Wales Orthographically Delineated by Daniel King. London 1656 (ND 1969)
Knoop, D. und G. P. Jones: The Mediaeval Mason. Manchester ³1967
Kraus, H.: Gold was the Mortar. The Economics of Cathedral Building. London 1979
Kunst, H. J.: Der Chor von Westminster Abbey und die Kathedrale von Reims. in: Zeitschrift für Kunstgeschichte 31 (1968)
Leedy, W. C.: Fan Vaulting: A Study of Form, Technology and Meaning. London 1980
Lehmann-Brockhaus, O.: Lateinische Schrift-

quellen zur Kunst in England, Wales und Schottland vom Jahre 901 bis zum Jahre 1307. 5 Bde. München 1955–60

Lesser, G.: Gothic Cathedrals and Sacred Geometry. 3 Bde. London 1957

Lethaby, W. R.: Westminster Abbey: Re-examined. London 1925

Little, B.: Catholic Churches since 1623. London 1966

Longman, W.: A History of the Three Cathedrals Dedicated to St. Paul. London 1873

MacGibbon, D. T. R.: The Ecclesiastical Architecture of Scotland from the Earliest Times to the 17. Century. 2 Bde. Edinburgh 1896/97

Maclees, A.: Henry Yevele; Disposer of the King's Works of Masonry. in: Journal of the British Archaeological Association 36 (1973)

Mark, R.: Experiments in Gothic Structure. Cambridge/Mass. 1982

Marshall, G.: Hereford Cathedral, its Evolution and Growth. Worcester 1951

Matthews, W. R. und W. M. Atkins: A History of St. Paul's and the Men Associated with it. London 1957

Maufe, E.: Guildford Cathedral. London 1973

Mooney, J.: The Cathedral and Royal Burgh of Kirkwall. Kirkwall [2]1947

Morgan, B. G.: Canonical Design in English Mediaeval Architecture. Liverpool 1961

Morris, R. K.: The Remodelling of the Hereford Aisles. in: Jornal of the British Archaeological Association 37 (1974)

Morris, R.: Cathedrals and Abbeys of England and Wales. The Building Church, 600–1540. London 1979

Naredi-Rainer, P. v.: Architektur und Harmonie. Zahl, Maß und Proportion in der abendländischen Baukunst. Köln 1982

New, A.: A Guide to the Cathedrals of Britain. London 1980

Nordstrom, F.: Peterborough, Lincoln and the Science of Robert Grosseteste: A Study in Thirteenth Century Architecture and Iconography. in: Art Bulletin 37 (1955)

O'Neilly, J. G. und L. E. Tanner: The Shrine of St. Edward the Confessor. in: Archaeologia 100 (1966)

Pálsson, H. und P. Edwards: Orkneyinga Saga. London 1978

Pantin, A.: Durham Cathedral. London 1948

Perkins, J.: Westminster Abbey: its Worship and Ornaments. 3 Bde. London 1938–52

Pevsner, N.: The Leaves of Southwell. London/New York 1945

– Bristol, Troyes, Gloucester. The Character of the Early Fourteenth Century in Architecture. Architectural Review 113 (1953)

– The Choir of Lincoln Cathedral. London 1963

– Ruskin and Viollet-le-Duc: Englishness and Frenchness in the Appreciation of Gothic Architecture. London 1969

– Robert Willis. Northampton, Mass. 1970

– Das Englische in der englischen Kunst. 1974

Plenderleith, H. J. und H. Maryon: The Royal Bronze Effigies in Westminster. in: The Antiquarian Journal 1959

Prache, A.: Les arcs-boutants au XIIe siècle. in: Gesta 15 (1976)

– The Cathedral Builders in England. London 1905 (ND Boston 1979)

Power, C. E.: English Mediaeval Architecture. 3 Bde. London 1923

Pugin, A. W.: The True Principles of Pointed or Christian Architecture. London 1841

Reid, R. D.: Wells Cathedral. Leighton Buzzard [2]1973

Richert, M.: Painting in Britain. The Middle Ages. Harmondsworth 1954

Rigold, S. E.: The Chapter House and the Pyx Chamber of Westminster Abbey. London 1976

Runcie, R. (Ed.): Cathedral and City. St. Albans Ancient and Modern. London 1977

Ruprich-Robert, V.: L'architecture normande aux XIe et XIIe siècles en Normandie et Angleterre. 2 Bde. Paris 1884/89

Salzman, L. F.: Building in England down to 1540. A Documentary History. Oxford 1952

Saxl, F.: Lincoln Cathedral: The Eleventh Century Design for the Westfront. in: Archaeological Journal 103 (1946)

Scott, G. G.: Gleanings from Westminster Abbey. Oxford 1863
Shelby, L. R.: Mediaeval Masons' Tools. The Level and the Plumb Rule. in: Technology and Culture 2 (1961)
– Mediaeval Masons' Tools II: Compass and Square. in: Technology and Culture 6 (1965)
– The Education of Mediaeval English Master Masons. in: Mediaeval Studies 32 (1970)
– Mediaeval Masons' Templates. in: Journal of the Society of Architectural Historians 30 (1971)
– The Geometrical Knowledge of Mediaeval Master Masons. in: Speculum 47 (1972)
– Gothic Design Techniques. London/Amsterdam 1977
Smith, R. A. L.: Canterbury Cathedral Priory. A Study in Monastic Administration. Cambridge [2]1969
Srawley, J. H.: Robert Grosseteste, Bishop of Lincoln. Lincoln 1953
Stone, L.: Sculpture in Britain. The Middle Ages. Harmondsworth 1955
Sumption, J.: Pilgrimage, an Image of Medieval Religion. London 1975
Taylor, H. M.: Anglo-Saxon Architecture. Cambridge 1965–78
Thompson, A. H.: The Cathedral Churches of England. London 1925
– Cathedral Builders of the Middle Ages. in: History 10 (1926)
– York Minster Historical Tracts. London 1927
Transactions/ The British Archaeological Association Conference Transactions:
I (1975) Worcester. Manchester 1978
II (1976) Ely. Manchester 1979
III (1977) Durham. Manchester 1980
IV (1978) Wells and Glastonbury. Manch. 1981
V (1979) Canterbury. Manchester 1982
Tristram, E. W.: English Medieval Wall Paintings: The Twelfth Century. Oxford 1944
– English Medieval Wall Paintings: The Thirteenth Century. Oxford 1950
Vallance, A.: Greater English Church Screens. London 1947
Warner, St. A.: Oxford Cathedral. London 1924
Watson, E. W.: The Cathedral Church of Christ in Oxford. London 1935
Webb, G.: The Decorative Character of Westminster Abbey. in: Jornal of the Warburg and Courtauld Institues 12 (1949)
Webb, G. E.: Architecture in Britain: The Middle Ages. Harmondsworth 1956
Webb, G. F.: Gothic Architecture in England. London 1951
– The Sources of Design of the Westfront of Peterborough Cathedral. in: Archaeological Journal 106 (1952)
Williams, H. C. N.: Coventry Cathedral. Coventry 1974
Williams, L. F. R.: History of the Abbey of St. Albans. London 1917
Willis, B.: A Survey of the Cathedrals of York, Durham, Carlisle, Chester, Manchester, Lichfield, Hereford, Worcester, Gloucester and Bristol. 2 Bde. London 1727
– A Survey of the Cathedrals of Lincoln, Ely, Oxford, Peterborough. London [2]1742
Willis, R.: The Architectural History of Canterbury Cathedral. London 1845
– The Architectural History of Chichester Cathedral. Chichester 1861 (ND 1972)
Wilson, Chr.: The Shrines of St. William of York. York 1977
Whittingham, A. B.: Norwich Cathedral. in: Archaeological Journal 106 (1949)
Winkles, B.: Illustrations of the Cathedral Churches of England and Wales. London 1836–42
Woodman, F.: The Architectural History of Canterbury Cathedral. London 1981
Wordsworth, Chr. (Ed.): Ceremonies and Processions of the Cathedral Church of Salisbury. Cambridge 1901
Zarnecki, G.: The Chichester Reliefs. in: Archaeological Journal 110 (1953)
– Later English Romanesque Sculpture 1140–1210. London 1953
– Early Sculpture of Ely Cathedral. London 1958
– Romanesque Sculpture at Lincoln Cathedral. London 1963

# Praktische Reisehinweise

## Auskunft, Botschaften andere Organisationen

*In Deutschland*

**Britische Zentrale für Fremdenverkehr**
Neue Mainzer Straße 22
*6000 Frankfurt a. M.*
✆ 0611–236428 und 236429

Für Österreich:
Wiedener Hauptstr. 5/8
*A 1040 Wien*
✆ 0222–650366

Für die Schweiz:
Limmatquai 78
*CH 8001 Zürich*
✆ 01–474277 und 474297

**British Rail Office**
Neue Mainzer Str. 22
*6000 Frankfurt a.M.*
✆ 0611–232381

**Königlich Britische Botschaft**
Friedrich-Ebert-Allee 77
*5300 Bonn*
✆ 0228–234061

*In Großbritannien*

**British Tourist Authority**
64 St. James's Street
*London SW1*
✆ 01–4999325

**London Tourist Board**
26 Grosvenor Gardens
*London SW1*
✆ 01–7300791

**Scottish Tourist Board**
23 Ravelston Terrace
*Edinburgh EH 4 3 EU*
✆ 031–3322433

**Botschaft der Bundesrepublik Deutschland**
23 Belgrave Square
*London SW1*
✆ 01–2355033

**Generalkonsulat Edinburgh**
16 Eglinton Crescent
✆ 031–3372323/24

**Generalkonsulat Liverpool**
Norwich House, 8–12 Water Street
✆ 051–2360294

**Österreichische Botschaft**
18 Belgrave Mews West
*London SW1*
✆ 01-2343731

**Schweizer Botschaft**
Montagu Place
*London W1*
✆ 01-7230701

**Deutsches Kulturinstitut**
50 Princes Gate Exhibition Road
*London SW7*
✆ 01-5813344-7

**Deutsche Bundesbahn**
10 Old Bond Street
*London W1*
✆ 01-4990577/8/9

**AA – Automobile Association**
Fanum House, Leicester Square
*London WC2*
Auskunft: ✆ 01-9547355
Pannenhilfe: ✆ 01-9547373

**RAC – Royal Automobile Club**
83–85 Pall Mall
*London SW1*
Auskunft: 01-9304343
Pannenhilfe
Nördlich der Themse:
✆ Watford (92) 33555
Südlich der Themse: ✆ 6813611

**Vorwahlnummern**
*Nach der Bundesrepublik Deutschland:*
✆ 01049 – gefolgt von der Vorwahl der deutschen Stadt (ohne die erste Null)
*Nach Österreich:* ✆ 01043
*Nach der Schweiz:* ✆ 01041

## Besichtigen der Kathedralen

Fangen wir ruhig mit den Problemen des Besichtigens einer Kathedrale an, denn diese Besuche sind ja schließlich der Anlaß für dieses Buch und zumindest ein Ziel Ihrer Reise.

Bei den bedeutenden Kathedralen ist es gewiß nicht schwer, sie zu finden. Hinweisschilder sind häufig, und selbst wenn man diese und die Kathedrale selbst übersehen haben sollte, wird dem Suchenden fast immer hilfsbereit, hilfsbereiter als auf dem Kontinent der Weg gewiesen.

Der Autofahrer hat dann immer noch das Problem des Parkens zu lösen. Parkplätze sind selten oder kostenpflichtig, manchmal sogar beides gleichzeitig. Für Parkscheinautomaten sollte man immer Kleingeld im Vorrat halten. Parkwächter, die Sie auf einen Parkplatz einweisen wollen, sind es gewohnt, daß ihren Anordnungen Folge geleistet wird. Auf diesem Gewohnheitsrecht bestehen sie wie alle Briten auf ihren Gewohnheitsrechten mit für den Besucher vom Kontinent ungewohnter Hartnäckigkeit.

Der Weg zur Kathedrale führt dann oft über den legendären englischen Rasen, der meist, aber nicht immer betreten werden darf. Diese großzügige Lage sollte man nutzen. Oft stehen Bänke zur Verfügung; man kann sich dort vielleicht mit Hilfe dieses Führers in bequemer Position und in unmittelbarer Anschauung erste Informationen über die Kathedrale verschaffen. Man sieht schließlich nur, was man weiß. Nehmen Sie sich deshalb die Zeit zu einer geruhsamen Besichtigungsvorbereitung. Man sieht einen Bau, dessen Geschichte man kennt, auf dessen besondere Schönheiten aufmerksam gemacht wurde, mit ganz anderen Augen. Jedenfalls geht das mir so.

Natürlich reizt es dann jeden, erst einmal in die Kathedrale zu gehen; und wie es darin aussieht, geht ja schließlich auch jeden etwas an. Aber vielleicht sollte man sich beherrschen. Ein Rundgang, auf dem bewußten grünen Rasen, in weitem Bogen um die Kathedrale zeigt zuerst und besser, als man es innen erkennen kann, die Lage der Bauteile. Er gibt auch einen ersten Eindruck von der Baugeschichte. Außerdem sollte man ein in England nicht selbstverständliches gutes Wetter besser sofort nutzen, um außen Aufnahmen zu machen.

Erst dann geht man hinein und erlebt eine Überraschung: Der Besucher wird zur Kasse gebeten. Das geschieht in den unterschiedlichsten Formen und hat sich im Laufe der letzten Jahre in fast allen Kathedralen, die das Ziel größerer Besuchermengen sind, eingebürgert. Es geht auch nicht mehr anders, da in England Kathedralen nicht als historische oder nationale Denkmäler gelten, die staatliche Gelder bekommen, um erhalten werden zu können. Nur einige Ruinen machen eine Ausnahme, sie sind in Staatsbesitz und kostenpflichtig für den Besucher. Im übrigen zahlen wir ja auch gewohntermaßen, wenn auch widerwillig, beim Besuch von Schlössern, Zoos oder Museen. Und, wenn wir ehrlich sind, besuchen wir eine Kathedrale ja in den meisten Fällen auch weniger, um zu beten als um sie zu besichtigen.

Man überwinde sich also und zahle. In York bekommt man sogar für zusätzliche Spenden, die überall willkommen sind, eine Urkunde ausgehändigt, in der kalligraphisch kunstvoll der Name des Spenders und die Anzahl der Minuten eingetragen werden, für die man den Unterhalt der Kathedrale übernommen hat. Und ein Tag hat immerhin schon 1440 Minuten, die finanziert werden müssen.

Es sind immense Aufgaben, die teils schon durchgeführt wurden, teils noch durchgeführt werden müssen. Erst vor wenigen Jahren hat die Kathedrale von York völlig neue Fundamente erhalten. In Wells war an der Westfassade die größte Sammlung mittelalterlicher Skulpturen zu restaurieren. Eine Aufgabe, die jetzt zwar abgeschlossen, aber noch nicht bezahlt ist. In größerem oder kleinerem Umfang gilt das für alle Kathedralen. In den Dachstühlen müssen Holzschädlinge bekämpft werden, außen greift die Luftverschmutzung mit unterschiedlicher Intensität das Gestein an, und der Verkehr erschüttert die gesamte Konstruktion. Fenster müssen konserviert werden, Orgeln bedürfen der Erneuerung. Eine Fülle von Aufgaben, für die die Einkünfte aus dem Vermögen der Kathedralen, das nach Heinrich VIII. und Cromwell verblieben ist, nicht ausreichen. Zum Füllen der leeren Kassen werden daher die Besucher angesprochen, da die öffentliche Hand bei leeren Taschen zahlungsunwillig und wohl auch zahlungsunfähig ist. Auch das ist englische Tradition.

Neben den Eintrittsgeldern werden noch genügend andere Möglichkeiten genutzt, um an Geld zu kommen. Fast immer findet man in den Kathedralen einen Bookshop, in dem von freundlichem Personal nicht nur religiöses Schrifttum, sondern auch preiswerte Führer, heute meist mehr Bildhefte, angeboten werden. (Deutschsprachige Broschüren sind relativ selten, wenn überhaupt, dann nur in den meistbesuchten Kathedralen zu haben.) Weitere Literatur und eine Fülle von Souvenirs ergänzen das Angebot.

Neben dem geistigen wird auch für das leibliche Wohl gesorgt. Das Angebot reicht von Restaurants bis zu kleinen Teestuben, oft während der Mittagszeit eine große Reiseerleichterung weil Zeitersparnis, da die Kathedralen ja nicht immer zentral gelegen sind. Alles wird als gewinnbringendes Unternehmen zugunsten der Kathedrale betrieben und ist meist preiswerter als außerhalb. So sind diese Einrichtungen für Kathedrale und Besucher gleichermaßen vorteilhaft.

In manchen Kathedralen ist noch eine weitere typisch englische Einrichtung zu finden: Für ein meist bescheidenes Entgelt werden dem Besucher Papier und Stift zur Verfügung gestellt, um sein eigenes ›Brassrubbing‹ zu erstellen. Seit langem ist es Sitte, ähnlich den chinesischen Steinabreibungen von den großen und reich ornamentierten Messinggrabplatten als Dokument Abreibungen zu machen. Diese sind bei heute nicht mehr erhaltenen Platten von hohem Wert. Und auch sonst sind sie bei eigener Arbeitsleistung eine reizvolle Dekoration.

Für den fotografierenden Besucher wird meist ein weiterer Obolus fällig. Für umgerechnet ein, zwei Mark kann man sich eine Fotografiererlaubnis anstecken. Geht man ohne diese auf Bilderjagd, wird man sehr bald vom Verger auf seine mangelhafte Ausstattung aufmerksam gemacht und muß auch noch, und dann mehr oder weniger beschämt, zur Geldbörse greifen.

Der Verger ist eine der wichtigsten Personen in den Kathedralen. Zwar trägt er nur noch in Westminster Abbey prächtige Uniform und selten noch den Stab, die virga, der er seinen Namen verdankt, aber er sorgt für Ordnung in den heiligen Hallen und gibt auch gerne Auskunft. Er ist wie der Parkwächter gewohnt, daß seinen Anordnungen Folge geleistet wird. Selten hat er allerdings ein so schwieriges Amt wie in Westminster Abbey, wo sich fast zu jeder Jahreszeit ein sorgsam regulierter Touristenstrom entlang kanalisierter Wege bewegt und in gewissen Zeitabständen per dröhnenden Lautsprecher zu Innehalten und stillem Gebet angehalten wird. Inmitten der Gräber eine Apotheose des Tourismus.

Gerade die großen anglikanischen Kathedralen sind noch immer Zentren eines intensiv gepflegten Gottesdienstes. Dabei steht nicht die Predigt im Vordergrund. Regelmäßig, oft auch während der Woche, ziehen die anwesenden Mitglieder des Kapitels, der Dean oder sein Vertreter mehrmals am Tage mit dem Chor zusammen zum Chorgebet ein. Morgens ist das für den Touristen meist zu früh, aber am späten Nachmittag sollte man sich von Zeit zu Zeit die Ruhe gönnen, um den Evensong in einer Kathedrale zu erleben. Es ist oft ein farbenprächtiges Bild, der Einzug mit dem stabtragenden Verger an der Spitze. Die seit Jahrhunderten gepflegten Chöre können sich hören lassen. Als Tourist wird man gleichzeitig daran erinnert, daß Gottesdienst die eigentliche Bestimmung der Bauwerke ist, die man bildungsbeflissen besichtigt. Auch sollte man sich genügend Zeit gönnen, dem bereits geschilderten Wechselläuten zu lauschen und hinter das Geheimnis der uns fremd anmutenden Klangfolge zu kommen. In einigen Kathedralen wie z. B. in Canterbury kann man auch an ›Abend‹-Konzerten teilnehmen, die aber schon nachmittags beginnen und derentwegen dann jedes Umhergehen in der Kirche und Besichtigen unterbunden wird.

## Autofahren

Bevor man nach England fährt, sollte man sich, besonders in der sommerlichen Urlaubszeit, vorab über ein Reisebüro unbedingt einen Fährplatz sichern. Das gilt natürlich nur für den Autofahrer, nicht für die Bahnreisenden oder gar den Flugpassagier. All das sind die gebräuchlichen Möglichkeiten, den Kanal zu überqueren. Er wird zwar inzwischen immer häufiger durchschwommen, aber bisher wohl kaum mit dem Ziel, anschließend die englischen Kathedralen zu besichtigen.

Dieses Vorhaben, englische Kathedralen zu besuchen, läßt sich am einfachsten mit dem Auto verwirklichen. Ein Versuch mit der Eisenbahn, berühmt durch die Hartnäkkigkeit der Streiks ihres Personals, würde sicher das Dreifache an Zeit kosten.

Am anderen Ufer, nachdem man recht anschaulich erfahren hat, daß der Kanal breiter ist, als man dachte, und daß die zollfreien Waren kaum billiger sind als an Land, wird man nachdrücklich darauf hingewiesen, daß in England Linksverkehr gilt. Vielleicht paßt man sich hier irgendwann doch einmal den kontinentalen Gewohnheiten an, aber bitte tun Sie es nicht voreilig auf eigene Faust! Meist hat man sich nach einigen Kilometern schon daran gewöhnt. Nur als Fußgänger fällt es einem viel schwerer, daß man beim Überqueren der Straße zuerst nach rechts und nicht wie von Kindheit an gewohnt nach links zu sehen hat. Irritierend, aber sicher praktisch sind für den Autofahrer die häufigen Kreisverkehre, die manchmal wie Perlen an einer Schnur in kurzen Abständen hintereinander aufgereiht sind.

Man fährt in England langsamer. Teils, um die Geschwindigkeitsbeschränkungen einzuhalten (z. B. auf der Autobahn 70 Meilen = 113 km/h), teils weil die Landstraßen durch hohe Hecken links und rechts so unübersichtlich sind, daß man gar nicht anders kann. Auch pflegt man in England erfreulich viel Rücksicht auf Fußgänger zu nehmen, auch wenn sie nicht auf einem Zebrastreifen die Straße überqueren.

Lästig sind für den Autofahrer die einfachen oder gar doppelten gelben Streifen entlang der Straße. Sie dokumentieren Parkverbot und absolutes Halteverbot. Auf beides sollte man unbedingt achten, um nicht das inzwischen abgeschleppte Auto nach einer Besichtigung oder Essenspause suchen zu müssen. Übrigens sind wie bei uns Autobahnen bestens geeignet, große Entfernungen zu überwinden, aber Fahrten auf kleinen Sträßchen durch die parkähnliche Landschaft mit wundervollen Baumgruppen und entzückenden, manchmal noch strohgedeckten Häuschen oder hübschen Landsitzen unendlich viel reizvoller. Allerdings wohl mehr für die Mitfahrer als für den, der den Wagen lenkt.

Trotz des landeseigenen Nordseeöls ist in England Benzin nicht billiger als bei uns. Es wird meist noch in Gallons gemessen und verkauft (1 Gallon = 4,546 Liter). Für den Biertrinker ist dagegen die Pint = 0,568 Liter wichtiger. Allerdings sollte man auch in England nicht beide Maße miteinander in Verbindung bringen!

Hilfreich sind in England AA und RAC, die Automobile Association und der Royal Automobile Club, mit denen der ADAC Hilfevereinbarungen auf Gegenseitigkeit geschlossen hat. Trotzdem kann ein Auslandsschutzbrief sehr nützlich sein.

Nützlich sind auch Kenntnisse des Englischen. In einer Welt, die von englischen Schlagern erfüllt ist, kann man in der Heimat dieser Sprache kaum Fremdsprachenkenntnisse erwarten. Das war im alten Rom auch nicht anders, und letztendlich kann man auch Hände und Füße zur Hilfe nehmen. Hilfsbereitschaft wird dem Touristen in jedem Fall in immer wieder erstaunlichem Ausmaß zuteil.

## Übernachten

Übernachten ist in England ein teures Vergnügen. Sogar der ›Selbstversorger‹ kommt als Camper oder Zelter auf den weitverbreiteten Campingplätzen nicht eben billig davon.

Hotels mit bis zu vier Sternen liegen leicht bei Preisen über DM 100,– für Übernachtung und Frühstück. Die Schwankungsbreite ist allerdings groß. Auch hier sollte man sich für die sommerliche Ferienzeit rechtzeitig ein Quartier reservieren. Bei Hotelketten gehört eine Reservierung teils zum Service, wenn Sie auf dieselbe Kette am nächsten Ort und am nächsten Abend wieder zurückgreifen wollen.

Preiswerter, aber auch nicht mehr billig ist die Übernachtung in Privathäusern, die mit B & B für ›Bed and Breakfast‹, Bett und Frühstück, auf sich aufmerksam machen. Dabei lernt man die Spannbreite englischen Wohnens kennen und hat meist noch Gelegenheit zu einem Schwätzchen mit den Gastgebern. Auf das Frühstück, das vielgerühmte, komme ich gleich noch zurück.

Für Hotels und B & B gilt, daß man sich besonders in der Urlaubszeit zweckmäßigerweise schon am frühen Nachmittag sein Bett sichert. Man kann die Kathedrale in der Regel auch danach noch besichtigen und hat das beruhigende Gefühl einer festen Unterkunft.

Damit gelangt man abschließend zum klassischen englischen Thema, dem Wetter und der Frage nach der besten Reisezeit. Die beste Reisezeit ist ein sonniges Frühjahr, wenn im grünen englischen Rasen die Narzissen leuchten. Aber kein Frühjahr ist ständig sonnig, heftige Schauer können es unterbrechen. Eine sehr angenehme Reisezeit ist auch der September, aber das gilt schließlich für ganz Europa. Auch Nebel und sanfter Landregen gehören zum Repertoire des insgesamt milden englischen Klimas.

Diese Golfstromheizung hat in England lange dazu verführt, weniger an Heizungsanlagen zu denken, als wir es tun. Man zog sich dann einfach etwas wärmer an, legte eine Schicht Kleidung zu. Obwohl sich viel geändert hat, wird man doch manchmal mit dem Problem noch konfrontiert und sollte dann ebenfalls noch einmal in den Koffer greifen. So handhabte man das schon im Mittelalter.

## Essen und Trinken

Niemand wird des Essens wegen nach England fahren. Trotzdem gibt es genügend Gelegenheiten festzustellen, daß die englische Küche nicht immer so schlecht ist wie ihr Ruf. Um einigermaßen sicherzugehen, kann man sich der jährlich neu erscheinenden Führer bedienen: ›The Good Food Guide‹ oder ›Egon Ronay's Lucas Guide to Hotels and Restaurants‹. Das ›English Tourist Board‹ hat mit einem eigenen Führer den Weg zur traditionellen englischen Küche erleichtert: ›A Taste of England; 750 restaurants offering English food prepared in the traditional way‹.

Alle dort vertretenen Restaurants sind meist gut, selten billig. Oft will man mittags auch gar keine vollständige Mahlzeit zu sich nehmen. Kleinigkeiten, die keinen unwiderstehlichen Mittagsschlaf im Gefolge haben, bieten meist die Bars, wo es z. B. Sandwiches in allen Variationen gibt. Wenn man sich etwas umschaut, entdeckt man häufig auch noch die ›Fish & Chips‹ von denen man einst im Schulbuch las und deren Angebot auszuprobieren man nun Gelegenheit hat.

Einen Rundgang durch die englische Küche sollte man aber am besten mit dem Frühstück beginnen: Es ist nahrhaft und gut, auch wenn man seine eigenen Eßgewohnheiten etwas umstellen muß. Neben den kontinentalen Grundbestandteilen Toast, Butter und Marmelade, die man als ›continental breakfast‹ heute leider schon in vielen Hotels angeboten bekommt, gehört meist aber noch bacon & eggs dazu: Frühstücksspeck und ein, meist zwei Eier (als Spiegel- oder Rühreier). Diese Delikatesse wird manchenorts durch gebratene Bücklinge, oft leider auch durch Würstchen ergänzt, die offensichtlich aus einer Art Weichplastik hergestellt zu sein scheinen. Beim ersten Mal mag das eine äußerst interessante Begegnung sein; viele wünschen sie nicht zu wiederholen.

Selten wird noch das klassische, schulbuchberühmte Porridge angeboten. Die Haferflocken quellen in kochendem Wasser mit ein wenig Salz zu einem löffelfertigen Brei, der – mit kalter Milch übergossen – dann eigentlich mit einem Hornlöffel gegessen werden sollte. Eine Morgenmahlzeit, wie sie schon im Mittelalter, auch auf dem Kontinent, üblich war. Gleichzeitig ein Bestandteil englischer Tradition, den man eigentlich wenigstens einmal im Andenken an diejenigen, die mit einem solchen Frühstück im Leib solche Kathedralen bauten, probieren sollte.

In sehr guten Hotels gehören zum vollständigen englischen Frühstück noch wahlweise Cornflakes oder andere Getreideprodukte, die man mit gekochtem Obst oder Milch anfeuchten kann. Tomaten- oder Grapefruitsäfte komplettieren das reichhaltige Angebot.

Wenn man zu diesem englischen Frühstück dann einmal Kaffee getrunken hat, versteht man sehr gut, weshalb fast alle Engländer es vorziehen, Tee zu trinken.

Hat man nicht auf eine der vielen Möglichkeiten zurückgegriffen, sich mit einem billigeren kleinen Imbiß zu versorgen, gibt es einiges, was man mittags oder abends im Restaurant bedenken sollte, bevor man bestellt.

Natürlich bekommt man überall sein Steak mit den auch in England heimisch gewordenen Pommes frites, die die gröber geschnittenen Chips ersetzen. Wer sein Steak gut durchgebraten haben will, bestelle es well done; ich ziehe es medium vor, damit nicht der Geschmack des oft hervorragenden Fleisches völlig verlorengeht. Berühmt, und oft auch auf der Speisekarte hervorgehoben, sind die Aberdeen Angus Rinder. Sie gehören zu den berühmten englischen Züchtungen, die Großbritannien im 19. Jahrhundert zum Viehmarkt der Welt machten. Aber auch schon in den Jahrhunderten zuvor war die Fleischproduktion hervorragend.

Eine gut erfundene Geschichte mag das belegen, die ebenso von König James I. (1603–25) wie auch von Heinrich VIII. erzählt wird. In verzückter Begeisterung habe er einst ein hervorragendes Stück Lendenbraten (loin) geadelt. Daraus wurde das Sirloin, das aber oberhalb der Lende geschnitten wird und seinen adligen Klang dem französischen ›sur‹ = auf, über verdankt. Trotzdem bleiben Sirloin steaks ebenso wie ihre Genossen, das Rump steak, das Fillet steak oder das T-bone steak echte Gaumenfreuden, wenn sie von gut abgehangenem Fleisch stammen und gut zubereitet sind.

Als Fleischlieferanten darf man daneben das Schwein und ganz besonders in England das Schaf nicht vergessen. Beim Schwein gibt es allerdings ein Produkt, vor dem, da es meist billig angeboten wird und deshalb auf Reisende mit etwas schmalerer Geldbörse recht ansprechend wirken könnte, gewarnt sei: Das Gammon steak. Das ist eine Scheibe gepökelter Schinken, Kassler, kurz übergebraten und mit einer Scheibe Dosenananas serviert. Gammon ist vom französischen jambon = Schinken abgeleitet. Das heutige englische Endergebnis hat sich ebensoweit von seinen Vorbildern entfernt.

Das Schaf, als lamb serviert, ist für den, der sich mit dem meist nur zarten Eigengeschmack anfreunden kann, ein Gaumengenuß. Es erscheint in den verschiedensten Zubereitungsformen, aber die eigentümlichste, dem Schaf sehr angemessene, ist das Servieren mit Pfefferminzsauce. Ein frischer Kontrast, den man zumindest einmal probieren sollte. Die Pfefferminze wird dazu in frischem Zustand kleingehackt und süß als jelly, als Gelee oder mit Essig als Sauce serviert.

Auch das Gemüse verblüfft meist beim ersten Mal. Man pflegt es in Wasser ohne Salz zu garen, damit der Eigengeschmack bleibt. Eine sicherlich löbliche Zielvorstellung, die aber oft damit endet, daß aller Geschmack im Wasser geblieben zu sein scheint. Auch die intensive Grünfärbung englischer Erbsen ist auf dieses Frischeideal zurückzuführen: Ein Grün, dem man auf den ersten Blick kaum zu glauben wagt. Auch beim Gemüse kann nur wiederholt werden, was für die ganze englische Küche gilt: Wird die Vorstellung, die der Koch oder das Kochbuch hatte, erreicht, ist das Essen hervorragend. Diese Gelegenheiten gilt es zu finden. Sie sind auch zu finden, sogar einfacher, als der Gral für die Ritter der Tafelrunde.

Die Hauptmahlzeiten sehen also nicht wesentlich anders aus, als man es vom Kontinent her gewohnt ist. Mit Pudding und Pie wird das anders, und diese wieder von einem kräftigen Hauch mittelalterlicher Tradition umweht. Der Pie entspricht der Pastete, wird also gebacken, der Pudding wird gekocht. Beide haben mit ihren schwächlichen, oft von der Chemie bestimmten kontinentalen Gegenstücken wenig gemein. In England entsprechen sie noch mit der Fülle der Rezepte und regionalen Variationen der Freßwelle des späten Mittelalters und der frühen Neuzeit. Bei Pies und Puddings handelt es sich um einen Teig, der süß oder salzig gefüllt wird. Früchte aller Art, Eier, Butter, aber auch Fleisch verschiedener Herkunft gehören dazu. Die jeweilige Form wird mit Teig ausgelegt, die Füllung hineingegeben und das Ganze mit dem Rest des Teigs abgedeckt.

Zwar gelten die gekochten Puddings als vornehmer, aber manche Bäckerei und mancher Metzger bietet zu fast jeder Tageszeit warm gehaltene Pies an. Oft ist der Steak and kidney pie dabei, bei dem traditionsgemäß zwei Drittel Rindfleisch mit einem Drittel Niere ergänzt und geschmacklich abgerundet wird. Auch das kann ein angenehmer Ersatz einer vollen Mittagsmahlzeit sein, wenn man den Geschmack von Nierenfett mag.

Die schottische Variante des Puddings, der Haggis, ist noch konservativer und mittelalterlicher. Ein Schafsmagen wird mit kleingehackten Innereien vom Schaf und angeröstetem Hafermehl gefüllt und gekocht. Das Ergebnis wird bei festlichen Gelegenheiten oder für Touristen mit Rübenbrei oder Kartoffelbrei serviert. Anschließend weiß man dann den schottischen Whisky besonders zu schätzen.

Das führt auch schon zu den Getränken. Eine Fülle von Biersorten vom dunklen, wie Guinness, bis zum hellen Lager steht zum Probieren bereit, so weit man mit den Öffnungszeiten der Bars und Pubs zurecht kommt: Während der Woche von 11–15 und 17.30–23 Uhr, sonntags von 12–14 und 19–22.30 Uhr. Aber die Öffnungszeiten können auch kürzer sein, und das gilt oft auch für die Hotelbar.

Man kann aber auch englischen Wein trinken. Auf den Kanalinseln, an der Südküste und an manchen Stellen bis zum nördlichen Lincoln wird wieder Wein angebaut. Und zum Erstaunen des wagemutigen Trinkers ist er sogar trinkbar, wenn auch nicht gerade billig.

Ansonsten trinkt man bekanntlich in England Tee zu allen Tages- und Nachtzeiten. Hotels, die etwas auf sich halten, bieten dem Gast durch entsprechende Einrichtungen im Zimmer sogar schon vor dem Frühstück die Gelegenheit zum early-morning-tea.

# Abbildungsnachweis

## Farbtafeln und Schwarzweiß-Abbildungen

Anthony-Verlag, Starnberg Farbt. 7, 20
Bildarchiv Jürgen Lindenburger, Kastl/Obb. Farbt. 14
Bildarchiv Foto Marburg Abb. 1, 2, 6, 9, 10, 13, 14, 19, 20, 22–24, 26, 29, 30, 32, 38, 43, 47, 48, 50, 51, 54, 59, 63–65, 71, 75, 86
Britische Zentrale für Fremdenverkehr, Frankfurt/M. Farbt. 6
F. Bruckmann KG, München Abb. 34, 35, 46, 81
British Tourist Authority, London Farbt. 28; Abb. 87
Interfoto Friedrich Rauch (Roithmeier), München Farbt. 27
Gerhard Kerff, Hamburg Farbt. 8; Abb. 72
A. F. Kersting, London Abb. 4, 11, 12, 73
Luftbild Klammet und Aberl, Germering Farbt. 5, 33
Manfred Mehlig, Lauf Farbt. 2, 3, 13, 17, 35
Laenderpress (Streichan), Düsseldorf Farbt. 24, 26
National Monuments Record, London Abb. 5, 7, 15, 17, 18, 21, 27, 28, 33, 36, 37, 39, 40, 42, 49, 56, 58, 66–68, 70, 76, 77, 79, 80, 83, 84, 88–90, 92, 93, 95
Werner Neumeister, München Umschlagklappe vorn Farbt. 18, 36; Abb. 8, 16, 44, 45, 52, 53, 55, 57, 60–62, 96–98, 100–108
Photo Prenzel, Gröbenzell Farbt. 1; Abb. 91
Peter Sager, Hamburg Farbt. 11, 16
Werner Schäfke, Köln Umschlagrückseite, Farbt. 9, 10, 12, 15, 19, 21, 22, 25, 29–32; Abb. 3, 41, 85, 94, 99
Spectrum Colour Library, London Farbt. 34
ZEFA (Gollnow/Sharpe), Düsseldorf Umschlagrückseite; Farbt. 4, 23
Bildarchiv DuMont Buchverlag, Köln Abb. 31, 69, 74, 78, 82

## Zeichnungen und Pläne im Text
*(Die Zahlen bezeichnen die Seiten im Buch)*

Billings, R. W.: The Baronical and and Ecclesiastical Antiquities of Scotland, 4 Bde., Edinburgh/London 1848/52 293, 296, 298–300, 304
Bracey, D. W.: The Story of Peterborough, Peterborough o. J. 135
Britton, J.: Cathedral Antiquites, 6 Bde., London 1814–36 190, 240
Cobb, G.: English Cathedrals, the Forgotten Centuries. Restauration and Change form 1530 to the Present Day, London 1980 83, 139
Colchester, L. S. and J. H. Harvey: Wells Cathedral, in: Archaeological Journal 131 (1974) 180
Colvin, H. M.: Building Accounts of King Henry III., Oxford 1971 117, 120
Cook, G. H.: Portrait of Lincoln Cathedral, London 1950 95 oben
Coventry Cathedral, London 1971 289
Dehio, G. und G. von Bezold: Die kirchliche Baukunst des Abendlandes, Stuttgart 1882 bis 1901 77, 137, 170, 173, 182, 187, 191, 233, 239, 245, 266, 302
Dodsworth, R. and W. Dugdale: Monasticon Anglicanum, London 1655 37, 75 oben, 89, 136, 175, 197, 228, 229, 231, 242, 265
Du Colombier, P.: Les Chantiers des Cathédrales, Paris 1973 Frontispiz S. 2, 15
Feaver, D. R.: St. Albans Cathedral, London 1976 269
Harvey, J.: Cathedrals of England and Wales, London 1974 181, 271
Hastings, M.: St. Stephen's Chapel and its Place in the Development of Perpendicular Style in England, London 1955 26
Hayter, W.: William of Wykeham, Patron of the Arts, London 1970 20

Hewett, C. A.: English Cathedral Carpentry, London 1974 86
Liverpool Cathedral. Official Handbook, Liverpool 1924 287
Leedy, W. C.: Fan Vaulting: A Study of Form, Technology and Meaning, London 1980 28
Longman, W.: A History of the Three Cathedrals Dedicated to St. Paul, London 1873 27, 276–279
Metropolitan Cathedral of Christ the King, Liverpool, St. Ives/Huntington 1924 291
Prior, E. S.: A History of Gothic Art in England, London 1900 30–33, 92, 178, 220
Saxl, F.: Lincoln Cathedral: The Eleventh Century Design for the Westfront, in: Archaeological Journal 103 (1946) 94
Scott, G. G.: Gleanings from Westminster Abbey, Oxford 1863 121, 123, 127
Stevens, T. P.: Southwark Cathedral 606–1949, Redhill o.J. 47
Storer, J.: History and Antiquities of Cathedral Churches of Great Britain, 4 Bde., Loneon 1814–1819 39, 75 unten, 82, 88, 95 unten, 142, 177, 184, 198, 217, 218, 221, 225, 230, 235, 237, 241, 244, 247, 273, 280, 294, 303, 305, 306
Thompson, A. H.: The Cathedral Churches of England, London 1925 25, 288
Vallance, A.: Greater English Church Screens, London 1947 21
Westlake, H. F.: Westminster Abbey, 2 Bde., London 1923 125
Westminster Cathedral. A Popular Guide, London o.J. 284
Westminster Abbey. The Annenberg School of Communication. Radnar, Pa., USA (Weidenfeld & Nicolson, London) 1972 128–132
Willis, R.: On the Construction of the Vaults of the Middle Ages, in: Transactions of the Royal Institute of British Architects. Vol. I, II London 1842 126
– The Architectural History of Canterbury Cathedral, London 1845 68, 73
– The Architectural History of Chichester Cathedral, Chichester 1861 (ND 1972) 224
Wilson, Chr.: The Shrines of St. William of York, York 1977 189

**Raum für Reisenotizen**

Anschriften neuer Freunde, Foto- u. Filmvermerke, neuentdeckte gute Restaurants, etc.

# Register

## Personen

## Orte

# DuMont Kunst-Reiseführer

**Ägypten und Sinai – Geschichte, Kunst und Kultur im Niltal**
Vom Reich der Pharaonen bis zur Gegenwart. Von Hans Strelocke.

**Algerien – Kunst, Kultur und Landschaft**
Von den Stätten der Römer zu den Tuareg der zentralen Sahara. Von Hans Strelocke

**Belgien – Spiegelbild Europas**
Eine Einladung nach Brüssel, Gent, Brügge, Antwerpen, Lüttich und zu anderen Kunststätten. Von Ernst Günther Grimme

**Dänemark**
Land zwischen den Meeren. Kunst – Kultur – Geschichte. Von Reinhold Dey

**Deutsche Demokratische Republik**
Geschichte und Kunst von der Romanik bis zur Gegenwart. Brandenburg, Mecklenburg, Sachsen-Anhalt, Sachsen, Thüringen. Von Gerd Baier, Elmar Faber und Eckhard Hollmann

**Bundesrepublik Deutschland**

**Das Bergische Land**
Kultur, Geschichte, Landschaft zwischen Ruhr und Sieg. Von Bernd Fischer

**Bodensee und Oberschwaben**
Zwischen Donau und Alpen: Wege und Wunder im ›Himmelreich des Barock‹. Von Karlheinz Ebert

**Franken – Kunst, Geschichte und Landschaft**
Entdeckungsfahrten in einem schönen Land – Würzburg, Rothenburg, Bamberg, Nürnberg und die Kunststätten der Umgebung. Von Werner Dettelbacher

**Hessen**
Vom Edersee zur Bergstraße. Die Vielfalt von Kunst und Landschaft zwischen Kassel und Darmstadt. Von Friedhelm Häring und Hans-Joachim Klein

**Köln**
Stadt am Rhein zwischen Tradition und Fortschritt. Von Willehad Paul Eckert

**München**
Von der welfischen Gründung Heinrichs des Löwen bis zur Gegenwart: Kunst, Kultur, Geschichte. Von Klaus Gallas

**Münster und das Münsterland**
Geschichte und Kultur. Ein Reisebegleiter in das Herz Westfalens. Von Bernd Fischer

**Der Niederrhein**
Das Land und seine Städte, Burgen und Kirchen. Von Willehad Paul Eckert

**Oberbayern**
Kultur, Geschichte, Landschaft zwischen Donau und Alpen, Lech und Salzach. Von Gerhard Eckert

**Oberpfalz, Bayerischer Wald, Niederbayern**
Regensburg und das nordöstliche Bayern. Kunst, Kultur und Landschaft. Von Werner Dettelbacher

**Ostfriesland mit Jever- und Wangerland**
Über Moor, Geest und Marsch zum Wattenmeer und zu den Inseln Borkum, Juist, Norderney, Baltrum, Langeoog, Spiekeroog und Wangerooge. Von Rainer Krawitz

**Die Pfalz**
Die Weinstraße – Der Pfälzer Wald – Wasgau und Westrich. Wanderungen im ›Garten Deutschlands‹. Von Peter Mayer

**Der Rhein von Mainz bis Köln**
Eine Reise durch das Rheintal – Geschichte, Kunst und Landschaft. Von Werner Schäfke

**Schleswig-Holstein**
Zwischen Nordsee und Ostsee: Kultur – Geschichte – Landschaft. Von Johannes Hugo Koch

**Der Schwarzwald und das Oberrheinland**
Wege zur Kunst zwischen Karlsruhe und Waldshut: Ortenau, Breisgau, Kaiserstuhl und Markgräflerland. Von Karlheinz Ebert.

**Sylt, Amrum, Föhr, Helgoland, Pellworm, Nordstrand und Halligen**
Natur und Kultur auf Helgoland und den Nordfriesischen Inseln. Entdeckungsreisen durch eine Landschaft zwischen Meer und Festlandküste. Von Albert am Zehnhoff (DuMont Landschaftsführer)

**Der Westerwald**
Vom Siebengebirge zum Hessischen Hinterland. Kultur und Landschaft zwischen Rhein, Lahn und Sieg. Von Hermann Joseph Roth

**Zwischen Neckar und Donau**
Kunst, Kultur und Landschaft von Heidelberg bis Heilbronn, im Hohenloher Land, Ries, Altmühltal und an der oberen Donau. Von Werner Dettelbacher

**Frankreich**

**Auvergne und Zentralmassiv**
Entdeckungsreisen von Clermont-Ferrand über die Vulkane und Schluchten des Zentralmassivs zum Cevennen-Nationalpark. Von Ulrich Rosenbaum

**Die Bretagne**
Im Land der Dolmen, Menhire und Calvaires. Von Almut und Frank Rother

**Burgund**
Kunst, Geschichte, Landschaft. Burgen, Klöster und Kathedralen im Herzen Frankreichs: Das Land um Dijon, Auxerre, Nevers, Autun und Tournus. Von Klaus Bußmann

**Côte d'Azur**
Frankreichs Mittelmeer-Küste von Marseille bis Menton. Von Rolf Legler

**Das Elsaß**
Wegzeichen europäischer Kultur und Geschichte zwischen Oberrhein und Vogesen. Von Karlheinz Ebert

**Frankreich für Pferdefreunde**
Kulturgeschichte des Pferdes von der Höhlenmalerei bis zur Gegenwart. Camargue, Pyrenäen-Vorland, Périgord, Burgund, Loiretal, Bretagne, Normandie, Lothringen. Von Gerhard Kapitzke (DuMont Landschaftsführer)

**Frankreichs gotische Kathedralen**
Eine Reise zu den Höhepunkten mittelalterlicher Architektur in Frankreich. Von Werner Schäfke

**Languedoc – Roussillon**
Von der Rhône zu den Pyrenäen. Von Rolf Legler

**Das Tal der Loire**
Schlösser, Kirchen und Städte im ›Garten Frankreichs‹. Von Wilfried Hansmann

**Die Normandie**
Vom Seine-Tal zum Mont St. Michel. Von Werner Schäfke

**Paris und die Ile de France**
Die Metropole und das Herzland Frankreichs. Von der antiken Lutetia bis zur Millionenstadt. Von Klaus Bußmann

**Périgord und Atlantikküste**
Kunst und Natur im Lande der Dordogne und an der Côte d'Argent von Bordeaux bis Biarritz. Von Thorsten Droste

**Die Provence**
Ein Reisebegleiter durch eine der schönsten Kulturlandschaften Europas. Von Ingeborg Tetzlaff

**Savoyen**
Vom Genfer See zum Montblanc – Natur und Kunst in den französischen Alpen. Von Ruth und Jean-Yves Mariotte

**Südwest-Frankreich**
Vom Zentralmassiv zu den Pyrenäen – Kunst, Kultur und Geschichte. Von Rolf Legler

---

## Griechenland

**Athen**
Geschichte, Kunst und Leben der ältesten europäischen Großstadt von der Antike bis zur Gegenwart. Von Evi Melas

**Die griechischen Inseln**
Ein Reisebegleiter zu den Inseln des Lichts. Kultur und Geschichte. Hrsg. von Evi Melas

**Kreta – Kunst aus fünf Jahrtausenden**
Minoische Paläste – Byzantinische Kirchen – Venezianische Kastelle. Von Klaus Gallas

**Alte Kirchen und Klöster Griechenlands**
Ein Begleiter zu den byzantinischen Stätten. Hrsg. von Evi Melas

**Tempel und Stätten der Götter Griechenlands**
Ein Reisebegleiter zu den antiken Kultzentren der Griechen. Hrsg. von Evi Melas

---

## Großbritannien

**Englische Kathedralen**
Eine Reise zu den Höhepunkten englischer Architektur von 1066 bis heute. Von Werner Schäfke

**Die Kanalinseln und die Insel Wight**
Kunst, Geschichte und Landschaft. Die britischen Inseln zwischen Normandie und Süd-England. Von Bernd Rink

**Schottland**
Geschichte und Literatur. Architektur und Landschaft. Von Peter Sager

**Süd-England**
Von Kent bis Cornwall. Architektur und Landschaft, Literatur und Geschichte. Von Peter Sager

---

## Guatemala

Honduras – Belize. Die versunkene Welt der Maya. Von Hans Helfritz

---

## Holland

Kunst, Kultur und Landschaft. Ein Reisebegleiter durch Städte und Provinzen der Niederlande. Von Jutka Rona

---

## Indien

**Indien**
Von den Klöstern im Himalaya zu den Tempelstätten Südindiens. Von Niels Gutschow und Jan Pieper

**Ladakh und Zanskar**
Lamaistische Klosterkultur im Land zwischen Indien und Tibet. Von Anneliese und Peter Keilhauer

---

## Indonesien

Ein Reisebegleiter nach Java, Sumatra, Bali und Sulawesi (Celebes). Von Hans Helfritz

---

## Iran

Kulturstätten Persiens zwischen Wüsten, Steppen und Bergen. Von Klaus Gallas

---

## Irland – Kunst, Kultur und Landschaft

Entdeckungsfahrten zu den Kunststätten der ›Grünen Insel‹. Von Wolfgang Ziegler

---

## Italien

**Apulien – Kathedralen und Kastelle**
Ein Reisebegleiter durch das normannisch-staufische Apulien. Von Carl Arnold Willemsen

**Elba**
Ferieninsel im Tyrrhenischen Meer. Macchienwildnis, Kulturstätten, Dörfer, Mineralienfundorte. Von Almut und Frank Rother (DuMont Landschaftsführer)

**Das etruskische Italien**
Entdeckungsfahrten zu den Kunststätten und Nekropolen der Etrusker. Von Robert Hess und Elfriede Paschinger

**Florenz und die Medici**
Ein Begleiter durch das Florenz der Renaissance. Von My Heilmann

**Ober-Italien**
Kunst, Kultur und Landschaft zwischen den Oberitalienischen Seen und der Adria. Von Fritz Baumgart

**Von Pavia nach Rom**
Ein Reisebegleiter entlang der mittelalterlichen Kaiserstraße Italiens. Von Werner Goez

**Rom**
Kunst und Kultur der ›Ewigen Stadt‹ in mehr als 1000 Bildern. Von Leonard von Matt und Franco Barelli

**Das antike Rom**
Die Stadt der sieben Hügel: Plätze, Monumente und Kunstwerke. Geschichte und Leben im alten Rom. Von Herbert Alexander Stützer

**Sardinien**
Geschichte, Kultur und Landschaft – Entdeckungsreisen auf einer der schönsten Inseln im Mittelmeer. Von Rainer Pauli

**Sizilien**
Insel zwischen Morgenland und Abendland. Sikaner/Sikuler, Karthager/Phönizier, Griechen, Römer, Araber, Normannen und Staufer. Von Klaus Gallas

**Südtirol**
Begegnungen nördlicher und südlicher Kulturtradition in der Landschaft zwischen Brenner und Salurner Klause. Von Ida Pallhuber und Walter Pippke

**Toscana**
Das Hügelland und die historischen Stadtzentren. Pisa · Lucca · Pistoia · Prato · Arezzo · Siena · San Gimignano · Volterra. Von Klaus Zimmermanns

**Venedig – Geschichte und Kunst**
Erlebnis einer einzigartigen Stadt. Von Marianne Langewiesche

---

**Japan – Tempel, Gärten und Paläste**
Einführung in Geschichte und Kultur und Begleiter zu den Kunststätten Japans. Von Thomas Immoos und Erwin Halpern

---

**Der Jemen**
Nord- und Südjemen. Antikes und islamisches Südarabien – Geschichte, Kultur und Kunst zwischen Rotem Meer und Arabischer Wüste. Von Peter Wald

---

**Jugoslawien**
Kunst, Geschichte und Landschaft zwischen Adria und Donau. Von Frank Rother

---

**Luxemburg**
Entdeckungsfahrten zu den Burgen, Schlössern, Kirchen und Städten des Großherzogtums. Von Udo Moll

---

**Malta und Gozo**
Die goldenen Felseninseln – Urzeittempel und Malteserburgen. Von Ingeborg Tetzlaff

---

**Kenya**
Kunst, Kultur und Geschichte am Eingangstor zu Innerafrika. Von Helmtraut Sheikh-Dilthey

---

**Marokko – Berberburgen und Königsstädte des Islam**
Ein Reisebegleiter zur Kunst Marokkos. Von Hans Helfritz

---

**Mexiko**
Ein Reisebegleiter zu den Götterburgen und Kolonialbauten Mexikos. Von Hans Helfritz

---

**Nepal – Königreich im Himalaya**
Geschichte, Kunst und Kultur im Kathmandu-Tal. Von Ulrich Wiesner

---

**Österreich**
**Kärnten und Steiermark**
Vom Großglockner zum steirischen Weinland. Geschichte, Kultur und Landschaft ›Innerösterreichs‹. Von Heinz Held

**Salzburg, Salzkammergut, Oberösterreich**
Kunst und Kultur auf einer Alpenreise vom Dachstein bis zum Böhmerwald. Von Werner Dettelbacher

**Tirol**
Nordtirol und Osttirol. Kunstlandschaft und Urlaubsland an Inn und Isel. Von Bernd Fischer

**Wien und Umgebung**
Kunst, Kultur und Geschichte der Donaumetropole. Von Felix Czeike und Walther Brauneis

---

**Portugal**
Vom Algarve zum Minho. Von Hans Strelocke

**Rumänien**
Schwarzmeerküste – Donaudelta – Moldau – Walachei – Siebenbürgen: Kultur und Geschichte. Von Evi Melas

---

**Sahel Senegal, Mauretanien, Mali, Niger**
Islamische und traditionelle schwarzafrikanische Kultur zwischen Atlantik und Tschadsee. Von Thomas Krings

---

**Die Schweiz**
Zwischen Basel und Bodensee · Französische Schweiz · Das Tessin · Graubünden · Vierwaldstätter See · Berner Land · Die großen Städte. Von Gerhard Eckert

---

**Skandinavien – Dänemark, Norwegen, Schweden, Finnland**
Kultur, Geschichte, Landschaft. Von Reinhold Dey

---

**Sowjetunion**
**Kunst in Rußland**
Ein Reisebegleiter zu russischen Kunststätten. Von Ewald Behrens

**Sowjetischer Orient**
Kunst und Kultur, Geschichte und Gegenwart der Völker Mittelasiens. Von Klaus Pander

---

**Spanien**
**Die Kanarischen Inseln**
Inseln des ewigen Frühlings: Teneriffa, Gomera, Hierro, La Palma, Gran Canaria, Fuerteventura, Lanzarote. Von Almut und Frank Rother (DuMont Landschaftsführer)

**Katalonien und Andorra**
Von den Pyrenäen zum Ebro. Costa Brava – Barcelona – Tarragona – Die Königsklöster. Von Fritz René Allemann und Xenia v. Bahder

**Mallorca – Menorca**
Ein Begleiter zu den kulturellen Stätten und landschaftlichen Schönheiten der großen Balearen-Inseln. Von Hans Strelocke

**Zentral-Spanien**
Kunst und Kultur in Madrid, El Escorial, Toledo und Aranjuez, Avila, Segovia, Alcalá de Henares. Von Anton Dieterich

---

**Sudan**
Steinerne Gräber und lebendige Kulturen am Nil. Von Bernhard Streck

---

**Syrien**
Hochkulturen zwischen Mittelmeer und Arabischer Wüste – 5000 Jahre Geschichte im Spannungsfeld von Orient und Okzident. Von Johannes Odenthal

---

**Südamerika: präkolumbische Hochkulturen**
Kunst der Kolonialzeit. Ein Reisebegleiter zu den Kunststätten in Kolumbien, Ekuador, Peru und Bolivien. Von Hans Helfritz

---

**Thailand und Burma**
Tempelanlagen und Königsstädte zwischen Mekong und Indischem Ozean. Von Johanna Dittmar

---

**Städte und Stätten der Türkei**
Ein Begleiter zu den Kunstwerken Istanbuls und Kleinasiens. Von Kurt Wilhelm Blohm

---

**Tunesien**
Karthager, Römer, Araber – Kunst, Kultur und Geschichte am Rande der Wüste. Von Hans Strelocke

---

**USA – Der Südwesten**
Indianerkulturen und Naturwunder zwischen Colorado und Rio Grande. Von Werner Rockstroh

# »Richtig reisen«

**»Richtig reisen«: Algerische Sahara**
*Reise-Handbuch*
Von Ursula und Wolfgang Eckert. 330 Seiten mit 42 farbigen und 151 einfarbigen Abbildungen

**»Richtig reisen«: Amsterdam**
Von Eddy und Henriette Posthuma de Boer. 252 Seiten mit 50 farbigen und 142 einfarbigen Abbildungen

**»Richtig reisen«: Arabische Halbinsel**
*Reise-Handbuch*
Saudi-Arabien und Golfstaaten
Von Gerhard Heck und Manfred Wöbcke. 294 Seiten mit 48 farbigen und 146 einfarbigen Abbildungen

**»Richtig reisen«: Bangkok**
Von Stefan Loose und Renate Ramb. 326 Seiten mit 58 farbigen und 286 einfarbigen Abbildungen

**»Richtig reisen«: Berlin**
Von Ursula von Kardorff und Helga Sittl. 344 Seiten mit 76 farbigen und 217 einfarbigen Abbildungen

**»Richtig reisen«: Florida**
Von Manfred Ph. Obst. Fotos von Werner Lengemann. 334 Seiten mit 45 farbigen und 170 einfarbigen Abbildungen

**»Richtig reisen«: Griechenland**
Delphi, Athen, Peloponnes und Inseln
Von Evi Melas. 344 Seiten mit 45 farbigen und 124 einfarbigen Abbildungen

**»Richtig reisen«: Griechische Inseln**
*Reise-Handbuch*
Von Dana Facaros. 344 Seiten mit 50 farbigen und 142 einfarbigen Abbildungen

**»Richtig reisen«: Großbritannien**
England, Wales, Schottland
Von Rolf Breitenstein. 284 Seiten mit 58 farbigen und 140 einfarbigen Abbildungen

**»Richtig reisen«: Hongkong**
Mit Macau und Kanton. Von Uli Franz. 360 Seiten mit 52 farbigen und 158 einfarbigen Abbildungen

**»Richtig reisen«: Ibiza/Formentera**
Von Ursula von Kardorff und Helga Sittl. 248 Seiten mit 52 farbigen und 153 einfarbigen Abbildungen

**»Richtig reisen«: Istanbul**
Von Klaus und Lissi Barisch. 257 Seiten mit 28 farbigen und 173 einfarbigen Abbildungen

**»Richtig reisen«: Kairo**
Von Peter Wald. 336 Seiten mit 90 farbigen und 166 einfarbigen Abbildungen

**»Richtig reisen«: Kalifornien**
Von Horst Schmidt-Brümmer und Gudrun Wasmuth. 408 Seiten mit 59 farbigen und 295 einfarbigen Abbildungen

**»Richtig reisen«: Kanada und Alaska**
Von Ferdi Wenger. 325 Seiten mit 39 farbigen und 118 einfarbigen Abbildungen

**»Richtig reisen«: Kopenhagen**
Von Karl-Richard Könnecke. 200 Seiten mit 32 farbigen und 118 einfarbigen Abbildungen

**»Richtig reisen«: Kreta**
Von Horst Schwartz. 240 Seiten mit 48 farbigen und 106 einfarbigen Abbildungen

**»Richtig reisen«: London**
Von Klaus Barisch und Peter Sahla. 251 Seiten mit 18 farbigen und 189 einfarbigen Abbildungen

**»Richtig reisen«: Los Angeles**
Hollywood, Venice, Santa Monica
Von Priscilla und Matthew Breindel. 344 Seiten mit 75 farbigen und 256 einfarbigen Abbildungen

**»Richtig reisen«: Malediven**
*Reise-Handbuch*
Von Norbert Schmidt. 207 Seiten mit 43 farbigen und 64 einfarbigen Abbildungen

**»Richtig reisen«: Marokko**
*Reise-Handbuch*
Von Michael Köhler. 387 Seiten mit 38 farbigen und 170 einfarbigen Abbildungen

**»Richtig reisen«: Mexiko und Zentralamerika**
Von Thomas Binder. 330 Seiten mit 32 farbigen und 119 einfarbigen Abbildungen

**»Richtig reisen«: Moskau**
Von Wolfgang Kuballa. 268 Seiten mit 36 farbigen und 157 einfarbigen Abbildungen

**»Richtig reisen«: München**
Von Hannelore Schütz-Doinet und Brigitte Zander. 365 Seiten mit 63 farbigen und 272 einfarbigen Abbildungen

**»Richtig reisen«: Nepal**
Kathmandu: Tor zum Nepal-Trekking
Von Dieter Bedenig. 288 Seiten mit 37 farbigen und 97 einfarbigen Abbildungen

**»Richtig reisen«: New Mexico**
Santa Fe – Rio Grande – Taos
Von Gudrun Wasmuth u. a. 320 Seiten mit 65 farbigen und 200 einfarbigen Abbildungen

**»Richtig reisen«: New Orleans und die Südstaaten**
Louisiana, Mississippi, Alabama, Tennessee, Georgia
Von Hanne Zens, Horst Schmidt-Brümmer und Gudrun Wasmuth. 407 Seiten mit 66 farbigen und 241 einfarbigen Abbildungen

**»Richtig reisen«: New York**
Von Gabriele von Arnim und Bruni Mayor. 312 Seiten mit 61 farbigen und 178 einfarbigen Abbildungen

**»Richtig reisen«: Nord-Indien**
Von Henriette Rouillard. 332 Seiten mit 36 farbigen und 121 einfarbigen Abbildungen

**»Richtig reisen«: Paris**
Von Ursula von Kardorff und Helga Sittl. 277 Seiten mit 34 farbigen und 178 einfarbigen Abbildungen

**»Richtig reisen«: Peking und Shanghai**
Von Uli Franz. 334 Seiten mit 46 farbigen und 138 einfarbigen Abbildungen

**»Richtig reisen«: Rom**
Von Birgit Kraatz. 360 Seiten mit 70 farbigen und 296 einfarbigen Abbildungen

**»Richtig reisen«: San Francisco**
Von Hartmut Gerdes. 248 Seiten mit 33 farbigen und 155 einfarbigen Abbildungen

**»Richtig reisen«: Die Schweiz und ihre Städte**
Von Antje Ziehr. 317 Seiten mit 50 farbigen und 219 einfarbigen Abbildungen

**»Richtig reisen«: Südamerika 1**
Kolumbien, Ekuador, Peru, Bolivien
Von Thomas Binder. 252 Seiten mit 35 farbigen und 121 einfarbigen Abbildungen

**»Richtig reisen«: Südamerika 2**
Argentinien, Chile, Uruguay, Paraguay
Von Thomas Binder. 330 Seiten mit 37 farbigen und 110 einfarbigen Abbildungen

**»Richtig reisen«: Südamerika 3**
Brasilien, Venezuela, die Guayanas
Von Thomas Binder. 332 Seiten mit 39 farbigen und 117 einfarbigen Abbildungen

**»Richtig reisen«: Süd-Indien**
Von Henriette Rouillard. 352 Seiten mit 43 farbigen und 110 einfarbigen Abbildungen

**»Richtig reisen«: Tokio**
Von Frank und Ceci Whitford. 270 Seiten mit 49 farbigen und 120 einfarbigen Abbildungen

**»Richtig reisen«: Venedig**
Von Eva Bakos. 312 Seiten mit 46 farbigen und 221 einfarbigen Abbildungen

**»Richtig reisen«: Wien**
Wachau, Wienerwald, Burgenland
Von Wolfgang Kuballa und Arno Mayer. 320 Seiten mit 66 farbigen und 172 einfarbigen Abbildungen